摩登法律人

沈伟／著

近代上海法学教育研究（1901-1937）

上海三联书店

前言

一

　　"一国法律教育的得失,有关于国家法治的前途。"[1]法学教育于法治发展之重要性,毋庸赘言。自西方法学知识输入以来,我国法学教育的现代化迄今已逾百年,然而时至今日,虽取得了一些成绩,但仍不可谓成功,离预想的目标还有不少的距离。反思过往,不禁要问,我们究竟前进了多少? 在法学教育现代化的过程中,又有哪些做法是我们在不断重复演绎的呢? 回答这些问题,则有必要先将时间的指针回调至我国法学教育萌蘖之际,重新回顾其波澜起伏的发展历程,而研究近代法学教育现代化最好的样本,莫过于彼时中国最摩登(Modern)的都市——上海。

　　近代上海的法学院校(以下简称"法校"),作为法政人才的制造机,在向社会稳定输送知识"精英"的同时,也成为了法律职业化的重要一环。撷取 1901 至 1937年间的历史可见,一所所法校从奇葩竞放到尽入彀中,在风云万变的时局之下,不变的是制造法律人才的生产线始终没有停产过。各校对外出版的年刊、报纸和杂志也呈现出了欣欣向荣的场景,那么事实真的是这样吗? 这一时期的法科教员,是律师,亦是司法官,还是各校的兼职教授,疲于应付不同场景之际,身份也在不断切换,他们台前与幕后的转变,带给法学教育又有哪些影响? 作为他们的学生,正在通过各种方式变现自己的权利,课堂已不再是单纯的传道授业解惑之地,隐藏在一张张阳光的笑容和精美的学士服背后的法学校园究竟是怎么样的呢? 与此同时,对于政府而言,在努力形塑法学教育专业化的外衣下,法学教育工具主义的属性始

---

[1] 孙晓楼:《法律教育》,商务印书馆 1935 年版,自序。

终没有改变,需才孔亟时,法科成为解决人才短缺的强心剂;重实轻文时,法科又沦为首当其冲的牺牲品。教师、学生、法校和政府之间,有博弈,有妥协,有默契,有合作,他们剪不断理还乱的关系,共同绘就了法学教育的另一幅画卷,法学知识对于他们各自的意味又是什么呢? 以上这些问题,均是本书所关切的。

当然,本书并非仅仅是描绘上海这所城市法学教育的变迁史,而是以具象化的视角,反思近代中国法学教育的建构过程;亦并非旨在回答正确的法学教育应该是怎么样的,而是试图通过描绘彼时法学教育形态的另一面,进而道出错误的法学教育是怎么样的。如此,近代上海的法学教育的研究便可成为一面镜子,以既往之经验明今日之得失,倘能为当前的法学教育提供些许的启示,减少一些无谓的尝试与兜转循环般的所谓"创新",是为至盼。

二

晚近的上海虽是学界研究的热点,但对 1937 年前上海法学教育的研究尚属薄弱。仅蒋晓伟编著的《上海法学教育史研究》一书有过专题论述,该书基本梳理清楚了近代以来上海法学教育的发展脉络,书中对一些学校的法学教育做了简单介绍,并且总结了各校的办学特色。不过,该书的阐述篇幅与史料运用有限,对各校法学教育的发展未能更进一步深入研究。[1]

大体而言,近几年对上海法学教育的研究可以分为三个方向:

(一) 有关上海法学教育史的研究

王立民的《上海法制史》专章介绍了旧上海的法学教育,尤其对 1937 年后的学校着墨颇多,内容涉及院系设置、经费来源、思想教育、培养目标等问题。[2] 王健在《中国近代的法律教育》一书中,将上海几所法校置于近代中国法学教育发展的大背景下,对南洋公学特班、震旦大学、东吴大学法学院均有深入阐述。[3] 此外,还有汤能松的《中国法学教育发展史略》、张耕的《中国政法教育的历史发展》与侯强的《中国近代法律教育转型与社会变迁研究》,他们虽未专章讨论近代上海的法

---

[1] 蒋晓伟:《上海法学教育史研究》,法律出版社 2008 年版。
[2] 王立民:《上海法制史》,上海人民出版社 1998 年版,第 359—379 页。
[3] 王健:《中国近代的法律教育》,中国政法大学出版社 2001 年版。

学教育,但均有笔墨涉及。近年曹义孙和胡晓进编著的《三十年中国法学教育大事记 1919—1949》一书,以编年的形式记录了一些近代上海法学教育界发生的史事。[1] 袁哲的论著则侧重于关注各校管理层与教师群体的留学背景,围绕法科留学生在上海法学教育中扮演的角色阐发论述。[2]

台湾学者孙慧敏的研究,虽然主要讨论近代上海中国律师群体的问题,但对法律人的培养亦着墨颇多,对民初法学教育与执业律师之间的联系有深入论述。[3] 李黛惠(Tahirih V. Lee)同样以上海律师作为切入点,倾向于探讨上海多样性的法学教育培养模式的生成、运作及演变,但限于未加深入挖掘档案资料,因此论断较为简单。[4]

(二) 有关上海法学院校史的研究

民国时期已经出现了一些研究上海高等教育发展的著述,这其中,尤以李纯康的《上海的高等教育》一文最具参考价值,该文非常详细的梳理了自清末广方言馆至 1934 年间,上海多所公私立大学的校史及发展概况,并且对许多已经被取缔的法校有所介绍,拓宽了近代上海法学教育研究的对象。[5]

近年,对上海法学院校史的研究可谓一大热门,如复旦大学出版的《复旦大学法学院历史图片集》一书,披露了自 1905 年起该校传播法律知识的珍贵史料。[6] 华东师范大学则出版了一系列有关大夏大学校史的丛书,[7]其中《大夏大学编年事辑》收录展现了大夏大学法学院成长的原始资料,极具参考价值。[8] 此外,还有关于震旦大学法学院的研究,如许美德(Ruth Hayhoe)的《对中国大学精神的锻

---

〔1〕曹义孙,胡晓进编著:《三十年中国法学教育大事记 1919—1949》,中国政法大学出版社 2011 年版。

〔2〕袁哲:《良性互动法学留学生与近代城市生活(清末—1937 年)》,上海人民出版社 2016 年版。

〔3〕孙慧敏:《制度移植:民初上海的中国律师(1912—1937)》,台北中央研究院近代史研究所 2012 年版,第 81—210 页。

〔4〕Tahirih V. Lee, "Orienting Lawyers at China's International Tribunals Before 1949", *Maryland Journal of International Law*, Vol. 27, 2012, p. 188.

〔5〕李纯康:《上海的高等教育》,《上海市通志馆期刊》1934 年第 2 卷第 2 期。

〔6〕王伟主编:《复旦大学法学院历史图片集:百年法律教育珍档(汉英对照)》,复旦大学出版社 2019 年版,第 1—10 页。

〔7〕汤涛,朱小怡主编:《大夏文萃》,华东师范大学出版社 2014 年版。汤涛主编:《大夏大学 90 年 90 人》,华东师范大学出版社 2014 年版。汤涛主编:《王伯群与大夏大学》,上海人民出版社 2015 年版。

〔8〕娄岙菲主编:《大夏大学编年事辑》上下,华东师范大学出版社 2014 年版。

造：震旦和复旦(1903—1919)》一文,详细介绍了震旦大学的发展历程。[1] 王微佳不仅考证了震旦大学的性质,并且披露了不少鲜为人知的档案材料,[2] 两者的成果均对震旦大学法学教育有所描绘。王伟的系列研究则聚焦于法科博士教育,尤其是通过解读档案及整理博士论文,对震旦大学法学博士的养成体系进行了深入阐述。

在众多关于近代上海法学院校的研究中,对东吴大学法学教育的关注是最为突出的,不仅相关成果数量最多,而且讨论的也更加具体,研究方向大致分为:对东吴大学法学院院史的综述;[3] 关注该校教师群体;[4] 以及法学教育特点的;[5] 还有讨论法学院管理方式的。[6] 这些成果中,就史料挖掘和研究深度而言,康雅信(Alison W. Conner)的系列论文是最值得注意的,其视角深入至东吴大学法学教育的方方面面,不仅讨论了东吴大学英美法教育的梗概,比较法的教学模式情形,以及师生阶层的构成等,而且将亲历者口述与史事结合,丰富了近代上海法学教育研究的内容视域。[7]

---

[1] Ruth Hayhoe, "Towards the Forging of a Chinese University Ethos: Zhendan and Fudan, 1903 - 1919", *The China Quarterly*, No. 94 (Jun. , 1983), pp. 323 - 341.

[2] 王薇佳:《震旦大学性质辨析》,载卓新平,许志伟主编:《基督宗教研究》第 7 辑,北京宗教文化出版社 204 年,第 386—411 页。

[3] 盛振为:《十九年来之东吴法律教育》,《法学杂志》1934 年第 7 卷第 2 期。杨大春:《中国英美法的摇篮——东吴法学院院史研究》,载杨海坤主编:《东吴法学. 2003 年卷》,黑龙江人民出版社 2004 年版,第 1—42 页。Neal Nianyi Xu, *Rise and Demise of The Comparative Law School of China—With a Focus on Case Method and Case Law*, A Project Sponsored by the Colgate University, 2013.

[4] 李洋:《罗炳吉与东吴法学院》,载《华东政法大学学报》2014 年第 6 期。白晟:《不该遗忘的法科学人费青》,载《政法论坛》2014 年第 4 期。孙伟:《吴经熊法律实践研究(1917—1949)》,苏州大学中国近现代史专业 2009 年博士学位论文。

[5] 孙伟,王国平:《中国最早的法学研究生教育——东吴大学法学研究生教育》,载《苏州大学学报(社会科学版)》2008 年第 2 期。曾涛:《东吴大学法学院国际法教育初探》,载《中国法学教育研究》2009 年第 1 期。何勤华、高童非、袁也:《东吴大学法学院的英美法学教育》,载《苏州大学学报(法学版)》2015 年第 3 期。汪强:《东吴大学法学院的罗马法教育》,载《苏州大学学报(法学版)》2018 年第 3 期。Robert E. Tindall, "The Graduate School of Law, Soochow University, Republic of China", *The International Lawyer*, Vol. 7, No. 3 (July 1973), pp. 711 - 715.

[6] 孙伟、高积顺:《近代中国一流法学院管理之研究——以东吴法学院与东吴大学之关系为考察对象》,载《苏州大学学报(社会科学版)》2010 年第 1 期。

[7] Alison W. Conner, "Training China's Early Modern Lawyers: Soochow University Law School", *Journal of Chinese Law*, Vol. 8, No. 1, 1994, pp. 1 - 46. Alison W. Conner, "The Comparative Law School of China", in C. Stephen Hsu, ed. , *Understanding China's Legal System*, New York University Press, 2003, pp. 210 - 273. Alison W. Conner, "Soochow Law School and the Shanghai Bar", *Hong Kong Law Journal*, Vol. 23, No. 3, 1993, pp. 395 - 411.

(三) 有关近代法律教育学的研究

值得一提的是,1937 年前已有不少学者从法律教育学的视角出发,指出彼时法学教育存在的问题。民国肇建,法政教育突飞猛进,学界便开始了广泛的讨论,如黄炎培、刘英等人均有详细著述,[1]他们对当时蜂拥而出的法政学校提出了不少批评,其中尤以黄炎培的文章最具影响力。黄炎培通过实地调查指出了当时江苏省内法政学校发展的畸形,分析了这类学校出现的原因,并劝诫社会重新审视法政教育。[2]

南京国民政府成立后,对法学教育的讨论仍在继续。例如,1934 年东吴大学法学院在《法学杂志》连刊了两编共计 22 篇论文,专门讨论中国法学教育的诸多问题,并且还引介了欧美的法学教育。除此以外,阮毅成、吴经熊、梅仲协、朱正等彼时上海的学界名流,也对法学教育的学制、课程及办学方面的不足提出了犀利的批评,引起了很大的反响。[3]这其中,如周新民从自己的教师经历出发,提出了改进法学教育的诸多建议,其对教师工资的介绍反映出这一时期法科教授的教学状态与待遇等之间的关联性问题。[4]此外,还有如孙晓楼的《法律教育》一书是中国近代史上第一部研究法学教育问题的专著,[5]作者凭借自己的留学经历,及在东吴大学法学院的教学经验,分专章讨论了专任教授、英美法及比较法教育等问题,结合该书出版之际适值国民政府施行限制法科之举措,不可不谓意义深远。[6]

彼时参与法学教育的外国学者针对当时的法学教育情形亦多有评述,如刘伯穆(W. W. Blume)发表的《中国的法学教育》,与罗炳吉(Charles Sumner Lobingier)撰写的《二十世纪中国的法学教育》,两位作者曾共事于东吴大学法科,所撰文章均从执教经历出发,针对中国法学教育的得失提出了诸多建议。[7]

---

[1] 刘英:《悲法政学校之发达》,载《神州》1913 年第 1 卷第 1 期。

[2] 黄炎培:《教育前途危险之现象》,载《东方杂志》1913 年第 12 期。

[3] 阮毅成:《条文主义的法律教育》,载《时代公论》1934 年第 111 期。吴经熊:《法律教育与法律头脑》,载《法令周刊》1935 年第 239 期。梅仲协:《改革法律教育与提高司法官待遇》,载《新政治》1938 年第 2 期。朱正:《法律教育之建设》,载《东方杂志》1941 年第 12 期。

[4] 周新民:《法学教育改进的我见》,载《法轨》1935 年第 2 期。

[5] 侯强:《中国近代法律教育转型与社会变迁研究》,中国社会科学出版社 2008 年版,第 5 页。

[6] 孙晓楼:《法律教育》,商务印书馆 1935 年版。

[7] W. W. Blume, "Legal Education in China", *The China Law Review*, Vol. Ⅰ, No. 7, 1923, pp. 310 - 311. C. Sumner Lobingier, "Legal Education in Twentieth Century China", *Lawyers Guild Review*, Vol. Ⅳ, 1944(4), p. 2.

综上所述,目前讨论近代上海法学教育的著述,虽已出现不少,但普遍存在的问题亦很明显。例如,多数研究局限于一校或一人,存在评价畸轻畸重的现象,且粉饰色彩较浓,进而导致得出的学术观点有失偏颇。此外,研究材料过于单一,多围绕学校出版品发论,而对丰富的原始档案利用不足,即使有所利用也仅是点到即止,并未对缩微或手写档案进行深入研究,忽略了其中存在的重要信息。基于此,本书在前辈学者的研究基础之上,通过解读原始档案,串联报刊文献,并结合亲历者口述,力图从更多的视角展现 1901 至 1937 年间上海法学教育的现代化过程。

三

档案作为第一手资料历来为方家所重视,这也是本书主要依赖的研究材料。[1]就涉及上海法学教育的档案而论,大致可以分为两种:一类是印刷品;另一类是手写型。两类档案并无优劣之判,只是在历史细节的反馈上,可能后者略胜一筹,前一类档案多是"官样文章",而后一类则蕴含了不少私密信息。[2]举例而言,对比两类档案可见,东吴大学法学院实际开课可能并不能如数完结,或者有些课程并未开设,又或者由他人代课,而这些变化不一定会出现在第一类档案中。但因为后一类档案常常字迹难以辨认,或是存量浩繁,或是毁灭缺失,学界利用较少,故而导致了上海法学教育史的研究往往不够深入。

通过对上述两类档案的解读,进而可见彼时法学教育的两种情境:一是校方希望呈现的图景,二是经过加工和掩饰了的画面。这两种景象亦无高下之分,恰似硬币的两面,均是彼时教育情况的真实展现。只不过,前者易掺粉饰的成分,后者常有散佚的遗憾。例如,一些学校的招生存在"走后门",乃至伪造成绩、刻意拉高分数的做法,这类情况不大可能出现在第一种图景中。因此,在拥有充足资料的情况下,如若仍痴于解读"官样文章",执迷于研究彼时档案制造者希望展现的画面,

---

[1]上海市档案馆所藏民国时期各所法学院校的档案,较全的有暨南大学档(全宗号 Q240)、震旦大学档(全宗号 Q244)、东吴大学法学院档(全宗号 Q245)、上海法学院档(全宗号 Q247)、上海法政学院档(全宗号 Q248)。除上述各校档案外,尚有不少零散的法学院校档案,在上海教育局档案(全宗号 Q235)中也藏有一些关于法校立案问题的重要相关资料。

[2]参见桑兵:《治学的门径与取法——晚清民国研究的史料与史学》,社会科学文献出版社 2014 年版,第 108 页。

则可能会陷入一叶蔽目之境。

除档案外,本书还利用了《申报》、《中央日报》、《东方杂志》、《北华捷报》(North-China Herald)、《密勒氏评论报》(China Weekly Review),以及《福尔摩斯》、《晶报》等城市小报。并且,本书通过对民国时期一些法学院校校友、教师及其后裔的采访,将亲历者口述与文本史料相衔接,丰满历史人物之外,以期能还原近代上海法学教育不为人知的一面,更加充实该领域的研究。

四

观当下图书市场,学术类著作的文笔多晦涩难懂,可读性不高,加上研究主题的冷僻,更让普通读者望而却步。历史类著作应是"阳春白雪"曲高和寡吗?史学研究的目的是自绝于普罗大众吗?有鉴于此,笔者无意且无力谋高深论述,力图以简洁易懂的文字,做兼顾学术性与可读性的尝试。

本书在行文上有二条思路:一是描述近代上海法学教育从萌芽到成熟,至凋零的历史变迁,还原在时代洪流的裹挟下,法学教育现代化的整体演变;二是将研究的视角投射于教育内容及参与教育的个体,考察不同参与者的表现,反映法学教育现代化于不同受众的影响。本书具体结构安排如下:

第一章关注近代上海法学教育的发轫。从辨析京师同文馆的设立谈起,讨论晚清法学教育体系的建立过程,以及在新政背景下,清末法政学堂的兴办热潮。以自上而下的视角,审视上海法学教育发展中的地方实践特征。以 1901 年兴办的南洋公学特班作为研究对象,通过解读学生日记与作文,还原这所学校的法学教育概貌,演绎晚近上海乃至中国法学教育的发轫。另以自下而上的视角,对民初上海法学教育的短暂繁荣做总体性阐述,指出私人办学存在的痼疾,描述随后的整顿与上海法学教育市场的形态。

第二章旨在描绘 1920 年代上海法学教育界,如何再次掀起兴学热潮。通过考证 1919 年至 1929 年间出现过的法学院校,在对各校做简单介绍的基础上,分析兴学背后的成因,解读各校的办学目的,进而把脉私人兴学的顽疾。再以超脱于政治和宗教的私立大夏大学为例,呈现其办学精神与良好校风,清晰地还原该校法学教育发展的过程,指出其教学专业化与本土化的趋势,借以道出私立法校存在的良性因子。

第三章侧重关注 1930 年代上海法学院校内外的不同变化。《大学组织法》的颁布，预示着新的高等教育体系的建立，法学教育新气象的到来，上海的法校开始面临准予立案或被取缔的问题。经过 1930 年的整顿，又有一批法学院校被取缔，缩减的教育资源已无法满足市场的需求，法律函授学校再次出现，承担起普及法律知识的角色。与此同时，一只无形的手渐渐伸入法校，管理层、教员、学生都受到了影响，法学教育的内涵开始发生变化。

第四章意在将 1937 年前上海法学教育的变迁具化于一所学校。以著名的东吴大学法学院为例，审视东吴大学法科创设之初的宗教目的，讨论美式法学教育模式移植的成效，分析校外法学教育环境变化前后，校内教员、学生与校方相互之间的关系的演变，进一步阐明政府权力介入之后东吴大学法学教育的量变与质变，辨正近世学者对其法学教育过度解读。

第五章从比较的视角明晰近代上海法学教育在中国法学教育史中的历史地位。对比 1919 至 1929 年间，上海和北京私立法学院校之间的办学差异，指出"海派"法学教育的特质。比较 1929 年前后上海法校教学方式与内容的变化，证实法学教育内涵的变化与不同政策环境之间的关联。1937 年上海沦为战场，在日寇的铁蹄之下，法学教育的发展告一段落，是曲终人散，亦是序曲开幕。这一时期，上海的法学教育者展现出了不屈不挠的民族气节与弦歌不辍的办学精神。

结语部分，在回溯全文的基础上，归纳近代上海法学教育的演进历程，阐明法学教育与法律职业之间的关联，以及法学教育观念的深远影响，回应法律教育现代化主题的同时，以期镜鉴当下。最后，本书在附录中，收录了南洋公学特班学生黄炎培与李叔同的日记作文，以及几位近代上海法校毕业生的采访记录，以飨读者。

目 录　　C O N T E N T S

第一章　燎原之星火：上海法学教育的萌生

第一节　"译书尤为兴学之基址"：清末法学教育与上海

近代中国法学教育的诞生乃应时局之所需，从京师同文馆的发轫，到专门法政学堂的出现，经过了由养成译才到形塑判才的历程。朝堂内，原附属于翻译之学的法学知识，演变为专门系统的法学教育，并自上而下地作用于地方，后者为法学教育注入了别样的特质。

近代上海法学教育从无到有的过程，与清廷的决策息息相关，亦离不开沪上办学人的开拓进取。自上海广方言馆至南洋公学，再到夭折的龙华法政大学，亦步亦趋的办学之路，与远在京城的教育理路在步调上保持着高度的一致性。但无论是盛宣怀，还是其他办学人，始终在尝试从既往范式中有所突破，不过囿于彼时限令的束缚和姗姗来迟的解禁，这一时期上海的法学教育虽有所创新，但亦非常有限，最终伴随着政局的日暮西山而昙花一现。

一、近代中国法学教育的启蒙与上海

（一）从京师同文馆说起

京师同文馆是中国开办讲授近代西方法律最早的一个教育机构。[1] 关于同

---

[1] 参见王健：《中国近代的法律教育》，中国政法大学出版社 2001 年版，第 130 页。

文馆的创立构想,学界普遍认为源于 1858 年《中英天津条约》第 50 款的约定:"嗣后英国文书俱用英字书写,暂时仍以汉文配送,俟中国选派学生学习英文,英语熟习,即不用配送汉文。自今以后,遇有文词辩论之处,总以英文作为正义。此次定约,汉、英文书详细较对无讹,亦照此例。"[1]学者多对此条解读为,清朝政府迫于外交压力,志在努力培养翻译人才,因此有了创设同文馆的想法。[2] 但这一说法并不严谨,因为《中英天津条约》有中英文两个版本,对比《中英天津条约》第 50 款的英文原文:

All official communications, addressed by the Diplomatic and Consular Agents of Her Majesty the Queen to the Chinese authorities shall, henceforth, be written in English. They will for the present be accompanied by a Chinese version, but it is understood that, in the event of there being any difference of meaning between the English and Chinese text, the English Government will hold the sense as expressed in the English text to be the correct sense.

This provision is to apply to the Treaty now negotiated, the Chinese text of which has been carefully corrected by the English original. [3]

不难发现,英文版并无中文版中所称:"俟中国选派学生学习英文、英语熟习,即不用配送汉文"的约定条款。相对而言,我们再看《中法天津条约》第 3 款对此的规定:

Les communications officielles des Agents diplomatiques et

---

[1] *Treaties, Conventions, Etc. Between China and Foreign States.* Vol. I, Shanghai: The Inspector General of Customs, China, 1908, First Edition, p. 226.

[2] 这一说法较为常见,可见于陈向阳:《晚清京师同文馆组织研究》,广东高等教育出版社 2004 年版,第 7 页。王健:《中国近代的法律教育》,中国政法大学出版社 2001 年版,第 131 页。尚智丛:《传教士与西学东渐》,山西教育出版社 2012 年版,第 140 页。施正宇:《试论清代来华西方人的中国语言水平——从京师同文馆的建立说起》,载《清华大学学报(哲学社会科学版)》2014 年第 6 期。

[3] *Treaties, Conventions, Etc. Between China and Foreign States.* Vol. I, Shanghai: The Inspector General of Customs, China, 1908, First Edition, p. 226.

consulaires Français avec les autorités Chinoises seront écrites en français,
mais seront accompagnées, pour faciliter le service, d'une traduction
Chinoise aussi exacte que possible, jusqu'au moment où le Gonvernement
Impérial de Pékin, ayant des interprètes pour parler et-écrire correctement
le Français, la correspondance diplomatique aura lieu dans cette langue
pour les Agents Français, et en chinois pour les fonctionnaires de
l'Empire. Il est convenu que jusque-là, et en cas de dissidence dans
l'interprétation à donner au texte Français et au texte Chinois, au sujet des
clauses arrêtées d'avance dans les Conventions faites de commun accord,
ce sera le texte français qui devra prévaloir. Cette disposition est
applicable au présent Traité.

Dans les communications entre les autorités des deux Pays, ce sera
toujours le texte original et non la traduction qui fera foi.

　　凡大法国大宪、领事等官有公文照会中国大宪及地方官员,均用大法
国字样,惟为办事妥速之便,亦有翻译中国文字一件附之,其附件务尽力
以相符,候大清国京师有通事谙晓且能译大法国言语,即时大法国官员照
会大清国官员公文应用大法国字样,大清国官员照会大法国官员公文应
用大清国字样。自今以后,所有议定各款,或有两国文词辩论之处,总以
法文作为正义。兹所定者,均与现立章程而为然。其两国官员照会,各以
本国文字为正,不得将翻译言语以为正也。[1]

　　上文法文版《中法天津条约》中:"Jusqu'au moment où le Gonvernement
Impérial de Pékin, ayant des interprètes pour parler et-écrire correctement le
Français",可译为:"直到清政府配备翻译,能正确地说法语和写法语的时候",也即
中文版《中法天津条约》:"候大清国京师有通事谙晓且能译大法国言语"。

　　据此,不难发现,中文版《中英天津条约》50 款:"俟中国选派学生学习英文、英

---

[1] *Treaties, Conventions, Etc. Between China and Foreign States.* Vol. I, Shanghai: The Inspector General of Customs, China, 1908, First Edition, p. 604.

语熟习,即不用配送"和《中法天津条约》第3款规定的:"候大清国京师有通事谙晓且能译大法国言语"。两者并无太多差别,但在英文版《中英天津条约》却只字未提,这也难怪当时的媒体对于同文馆建立的初衷大为困惑,并且认为对于这一误解也只有当时翻译条款的译者才能解释得清了。[1]

因此,准确的说根据中文版《中英天津条约》及《中法天津条约》之规定,又鉴于现实翻译人才的匮乏,有碍于外交事务,清廷才有了创设同文馆以期培养译才的想法,"查与外国交涉事件,必先识其性情。今语言不通,文字难辨,一切隔膜,安望其能妥协。从前俄罗斯馆文字,曾例定设立文馆学习,具有深意。今日久视为具文,未能通晓,似宜量为鼓舞,以资观感"。[2]

1862年7月11日,同文馆正式开学,先设英文馆,次年春又设法文馆和俄文馆,1866年同文馆开始招收年长的学生学习西方天文算学,招生对象不再局限于八旗子弟,[3]教学上视满汉均等。[4] 1871年同文馆内又开设了德文馆,1897年再设东文馆。无论是成立背景,还是扮演的职能,均以培养翻译人才为主,并且规定:"每届三年考试一次,核实旌别,优者授为八九品等官,并拟给升阶,劣者分别降格留学及咨回旗籍"。[5]

同文馆法律课程的引介始自于丁韪良(W. A. P. Martin)担任教习,因此,它也被誉为中国开办讲授近代西方法律最早的教育机构。[6] 1864年,丁韪良被聘为英文教习,1869年11月26日,就任同文馆总教习,并兼任万国公法的教习。[7] 1870年后,同文馆进行了改革,实行两套培养方案。第一种是8年方案;第二种是简化后的5年方案,供"年齿稍长者,不暇肄洋文,仅求译本者"学习,相对减少了翻译课目,但两套课表均要求学习"万国公法",只不过前者开课于第7年,后者开设

---

[1] "The causes which led to the establishment of the T'ung-wen-kwan", *The North-China Daily News*, December 12,1870.

[2] 贾桢等纂:《筹办夷务始末》咸丰朝卷七十一,载沈云龙主编:《近代中国史料丛刊第五十九辑——筹办夷务始末(咸丰朝)》,文海出版社1966年版,第5754页。

[3] [美]毕乃德:《同文馆考》,傅任敢译,载《中华教育界》1935年第23卷第2期。

[4] "Chinese in the Tang-wen College", *The North-China Herald and Supreme Court & Consular Gazette*, Aug 25,1882.

[5] 《奖叙同文馆学生奏稿》,载《益闻录》1887年第702期。

[6] 王健:《中国近代的法律教育》,中国政法大学出版社2001年版,第130—132页。

[7] [美]丁韪良:《花甲忆记——一个美国传教士眼中的晚清帝国》,沈宏、恽文捷、郝田虎译,广西师范大学出版社2004年版,第199页。

于第5年。

　　京师总理衙门设立同文馆招生徒而诱掖之，初学者每日以半日习汉文、经学，稍进者练习时文、医学，亦随时看体骨等论，所有课程列左：首年，认字写字，浅解辞句，讲解浅书；二年，讲解浅书，练习句法，翻译条子；三年，讲各国地图，读各国史略，翻译选编。四年，数理启蒙，代数学，翻译公文；五年，讲求格物，几何原本，平三角弧三角，练习译书；六年，讲求机器，微分积分，航海测算，练习译书。七年，讲求化学，天文测学，万国公法，练习译书；八年，天文测算，地理金石，富国策，练习译书。有资质不聪者，分途学之，不兼习。又年齿稍长者，不暇肆洋文，仅求译本者，亦须五年。首年，数理启蒙，九章算法，代数学；二年，学四元解，几何原本，平三角弧三角；三年，格物入门，兼讲化学，重学，测算；四年，微分积分，航海测算，天文测算，讲求机器；五年，万国公法，富国策，天文测算，地理金石。[1]

　　万国公法一课，《清会典》的介绍甚为简要，"公法有军宾二例，军例，战时之例也。宾例，平时之例也。即军宾二体所资以办交涉也"。[2] 在教授万国公法前，丁韪良已经在翻译《万国公法》一书，[3] 该书译自美国著名国际法学家亨利·惠顿（Henry Wheaton）1863 年出版的《国际法原理》（*Elements of International Law*），而丁韪良所译的《万国公法》于1864 年在总理衙门的资助下出版，它是中国正式出版发行的第一本系统完整的西方国际法著作。从框架体系、结构内容、制度原则、概念术语乃至思想观念等各个方面，将西方的国际法输入中国。[4] 除《万国公法》外，丁韪良还和其学生译有"德·玛登（De Marten）的《星轺指掌》、伍尔西（Woolsey）的《公法通览》、步伦（Bluntschli）的《民法典》和由欧洲国际法协会编写

<hr>

[1]《同文馆课程》，载《益闻录》1894 年第 1353 期。
[2]《清会典》卷一百，中华书局 1991 年版，第 908 页。
[3]［美］丁韪良：《花甲忆记——一个美国传教士眼中的晚清帝国》，沈弘，恽文捷，郝田虎译，广西师范大学出版社 2004 年版，第 161 页。
[4]［美］惠顿：《万国公法》，［美］丁韪良译，中国政法大学出版社 2002 年版，点校前言。

的十分重要的法律手册。"〔1〕此外,从万国公法一课的考题中,我们也可以看到这一时期法学教育的内容非常细致:

> 各家之论公法者,其分类稍有区别,试略会之;邦国往来,既立有条约以限定彼此应得之权利,何必复须讲求公法,试辩之;邦国有视公法如本国法度一体者,试述之;除兵船不归管辖外,其商船经过他国之海界者,应否归该国管辖,试论之,并引成案以证之;无论水路,按欧洲公例,异邦人入境,免于地方管辖者有数等,试论之;东方诸国,近来有将此例推广者,其故何也,其推广宽免之例,系由何国而始;人之滋事及犯法者逃避越境,而求他国保护者,按公法处之若何;邦国欲邻邦交出逃逸罪犯,其大概办法何如;昔者邦国有争辖海面,而不准他国与享其利,今则公例渐臻宽洪,试述之。〔2〕

> 按战例待敌有四端,试言之;报复之例有时可行,而仍有限制之处,试辩之;海上拿敌国商船,可行有三,其应以何为先务;迩来诸国有免拿商船之议,而尚未成例,其事何如;局外之船有可拿者,其例何也;遇敌国占据地方,而后被逐者,其善后办法例,应何如;敌国于局外之海面被拿者,按例何以处之;遇败兵避入局外者之境内例,应待之何如;邦国有永守局外者,其故何也;昔者法人焚烧敌船,有局外者因货被焚索偿,法人何以置办。〔3〕

据学者不完全统计,1879 年同文馆修习万国公法的学生人数有 9 人,1888 年有 8 人,1893 年有 12 人。〔4〕除授课外,丁韪良还通过和学生翻译西方法律书籍,传授近代法律知识。对这些学生,丁韪良曾如此评价:"中国学生理解力很强,而且在实际运用中非常耐心,所以格致科课程学得不错。他们最喜欢学习化学,这也许

---

〔1〕[美]丁韪良:《花甲忆记——一个美国传教士眼中的晚清帝国》,沈弘,恽文捷,郝田虎译,广西师范大学出版社 2004 年版,第 160 页。
〔2〕《京都同文馆甲申岁考题》,载《字林沪报》1885 年 4 月 5 日,第 2 页。
〔3〕《癸未十二月同文馆大考题》,载《字林沪报》1884 年 3 月 25 日,第 3 页。
〔4〕[美]毕乃德:《洋务学堂》,曾钜生译,杭州大学出版社 1993 年版,第 100 页。

是因为化学源自中国的炼金术,而他们在广泛涉猎的中文书中已经对炼金术耳熟能详。……对于外语学习来说,他们的基础稍差一点,这也许是因为他们本国的文字比较特殊,没有字母表,单词中也没有性别、单复数和时态的区别,音节也很有限。所以我们从不要求学生学习第二外语,因为能掌握一门外语对于他们来说,就已经是难能可贵了。"[1]

同文馆建立后,一些媒体对其并不看好,他们不相信,中国人会花精力和时间去学之前闻所未闻,见所未见的东西,"一所令中国人尊敬的大学,一定是具有非常实用的特征,并有熟悉中文的教职员,且没有特别扭曲的思想偏见对于欧洲的教育模式",他们甚至认为中国政府不会愿意等五六年,特别是聘任的外籍教师自己还是半路出家的。[2] 在这些报道中,有关同文馆暴露出的教学问题颇为值得注意,"除了精通中国文学外,在未来的提升上没有明确的目标,从未对外公布,甚至没有对此思考过。中国的管理人,对学习外国没有一点兴趣,因此办学渐渐地在浮滥。不管年龄和能力,学程名册是不会变的,学员也被戏谑为五六十岁的'老顽童'(frisky old boys),而且名单上一半的人员从未出现在外国班中,他们每个月领薪水,甚至不用出现工作。……没有官方的职位给予学员,有些学员因为要花七八年时间学习外语,内心的意志力已经有些松动了,后悔现在就这么浪费时间"。[3]

对于教学质量,丁韪良也承认存在许多不足之处,"一些要来学外语的'年已四十的调皮鬼'曾闹过不少的笑话",但不久之后,丁韪良就将他们逐出了同文馆,"那些'老家伙'中的大部分很快就被淘汰,只剩下了六位比较用功的学生"。[4] 不过,同文馆后期的教学状态,仍旧十分松散,"学生们资质鲁钝,无动于衷,教员选了最差的,纪律也是形同虚设。他们个人学习的热情,可能是因为每人出席会有固定的薪水,只要这份工资照付,他们就会全身心地去得到它"。[5] 上课迟到成为了普

〔1〕[美]丁韪良:《花甲忆记——一个美国传教士眼中的晚清帝国》,沈宏,恽文捷,郝田虎译,广西师范大学出版社 2004 年版,第 212 页。

〔2〕"The Peking College", *The North-China Herald and Market Report*, November 28, 1868.

〔3〕"The causes which led to the establishment of the T'ung-wen-kwan", *The North-China Daily News*, December 12, 1870.

〔4〕[美]丁韪良:《花甲忆记——一个美国传教士眼中的晚清帝国》,沈宏,恽文捷,郝田虎译,广西师范大学出版社 2004 年版,第 213 页。

〔5〕"The T'ung-wen-Kuan is one of the most unique institutions in existence", *The North-China Daily News*, November 15, 1881.

遍现象,每月考试原定辰刻点名,而学生竟有迟至数刻,犹未到馆者,以至于同文馆不得不制定纪律约束,"同文馆为储才之地,各学生功课必须认真讲求,方足以收得人之效。除按月考试外,本大臣现定于每月初二、初九、十六、廿三等日,亲赴提调公所分班接见洋汉教习,抽考副教习及前后馆生徒……有学业生疏毫无长进者,轻则罚扣膏火,重则除名"。[1] 1902 年 1 月 11 日,清政府创办京师大学堂,同文馆随即并入,"所有从前设立之同文馆,毋庸隶外务部,着即归入大学堂,一并责成张百熙管理,务即认真整饬,以副委任"。[2] 这也意味着近代中国法学教育从萌芽开始步入成长阶段。

(二) 清末的法学教育体系

经历了中日甲午战争和庚子事变的惨痛后,1901 年清廷决心施行新政励精图治,在学制上分别于 1902 年和 1904 年,颁布了《钦定学堂章程》和《奏定大学堂章程》,前者颁行不久便被后者取代,而后者拟定的"癸卯学制"沿用到了清朝覆灭。"癸卯学制"规定高等教育机构分高等学堂和大学堂,前者相当于民初的大学预科,高等学堂学科分为三类,均以 3 年毕业,预备攻读政法科者与经学科、文学科、商科归为第一类,在其第 3 年课程中就有法学一科,实际课程是法学通论。[3] 大学堂分 8 科,分别为:经学科、政法科、文学科、医科、格致科、农科、工科、商科。各科修习时间均以 3 年为限,唯政法科及医科医学门特别规定 4 年,其中政法科又分政治学门和法律门,法律门分主课(有法律原理学、大清律例要义、中国历代刑律考、中国古今历代法制考、东西各国法制比较、各国宪法、各国民法及民事诉讼法、各国刑法及民事诉讼法、各国商法、交涉法、泰西各国法)和补助课(各国行政机关学、全国人民财用学、国家财政学。泰西各国法包括罗马法、英吉利法、法兰西法、德意志法),毕业时还须呈交毕业课艺及自著论说。[4]

除学制改变外,这一时期,法学教育机构也发生了巨大的变化。一方面,北洋

---

〔1〕《京师同文馆增定稽查功课章程》,载《萃报》1897 年第 19 期。

〔2〕《光绪二十七年十二月初二日上谕》,载朱有瓛主编:《中国近代学制史料》第一辑上册,华东师范大学出版社 1983 年版,第 19 页。

〔3〕《奏定高等学堂章程》,载朱有瓛主编:《中国近代学制史料》第二辑上册,华东师范大学出版社 1987 年版,第 570—573 页。

〔4〕《奏定大学堂章程》,载陈元晖主编;璩鑫圭,唐良炎编:《中国近代教育史资料汇编——学制演变》,上海教育出版社 2007 年版,第 356—357 页。

大学堂、南洋公学、京师大学堂、湖南时务学堂等新式学校在各地出现,多校开始讲授法学知识,这些学堂的法律科课程,已与京师同文馆有显著区别,显现出了进步性和体系性。其中,北洋大学堂是中国近代创办的第一所大学,其法律科也是中国近代的第一个法律教育机构。[1]

北洋大学堂由时任津海关道的盛宣怀于1895年呈请设立,并于11月19日前后正式开学授课。[2] 按盛宣怀拟定的学校章程,北洋大学堂设头等学堂和二等学堂,二等学堂功课满4年,升入头等学堂,头等学堂功课也须满4年,方能修习专门之学。头等学堂第4年课程中设有万国公法一课,而专门学分为五门,其中即有律例学一门,授以大清律例、各国通商条约、万国公约等课。[3] 至于具体的法学教育内容,我们可从王宠惠的成绩单中一窥究竟。1895年王宠惠入读北洋大学堂头等学堂,并于1899年毕业,四年内共修习了下列科目:英文、几何学、八线学、化学、格致学、身理学、天文学、富国策、通商约章、律法总论、罗马律例、英国合同律、英国犯罪学、万国公法、商务律例、民间词讼律、英国宪章、田产易主律例、船政律例、听讼律例。[4] 由这些课程所见,北洋大学堂不仅开设了万国公法和各种律例,还设有一些外国法等课程,相比同文馆时期的法学教育,确实已经进步不少。

1900年,北洋大学堂因八国联军侵略,校舍被侵占而停办,至1902年乃由直隶总督袁世凯呈请重建,定于次年开学,仍请丁家立为总教习,分设法律科、土木工科、采矿工科,[5] 法律科依章程改制,设置课目有:国文国史、英文(兼习法文或德文)西史、生理、天文、大清律例要义、中国近世外交史、宪法史、宪法、法律总义、法律原理学、罗马法律史、合同律例、刑法、交涉法、罗马法、商法、损伤赔偿法、田产法、成案比较、船法、诉讼法则、约章及交涉法参考、理财学、兵学、兵操。[6] 但法律

---

[1] 参见王健:《中国近代的法律教育》,中国政法大学出版社2001年版,第157—158页。
[2] 参见欧七斤:《盛宣怀与中国教育早期现代化——兼论晚清绅商兴学》,华东师范大学教育史专业2012年博士学位论文,第61页。
[3] 《拟设天津中西学堂章程禀》,载沈云龙主编:《近代史料丛刊第七十八辑》,文海出版社1966年版,第385—393页。
[4] 中国第一历史档案馆,天津大学编:《中国近代第一所大学——北洋大学(天津大学)历史档案珍藏目录》,天津大学出版社2005年版,第26页。
[5] 杨奎明:《述本校之建置及其历史》,载《北洋大学校季刊》1915年第1期。
[6] 《奏派调查直隶学务员报告书》,载《学部官报》1907年第21期。

教员偏少,仅有林乐知(Young John Allen)长子美国律师林文德(Edgar Pierce Allen)讲授法律学,附贡生刘国珍讲授中国法律。[1] 因而受到了学部的批评,"所招学生普通学之素养未深致,教习虽有学力合度者,成绩大减于旧。宜增添高等教习,改良校舍,推广名额,以期进步"。[2]

另一方面,伴随着新政改革及修律进程的加快,法政专门学堂在多地陆续出现。1905 年,近代第一所法政专门学堂——直隶法政学堂开办,[3]1906 年 10 月,第一所法律专门学校——京师法律学堂正式开学,"以造已仕人员,研精中外法律各具政治知识足资应用为宗旨,并养成裁判人材",[4]主要招收清廷各部属员,学制 3 年,[5]毕业后"派充京外警务裁判官,其部署及各省按察司应用人员"。[6] 同时,为了保证教学质量,传播新式法律知识,沈家本"乃赴东瀛,访求名士",[7]聘请了冈田朝太郎、松冈义正、志田钾太郎等日本法律精英授课,课程对比《大学堂章程》略作增减:

第一年科目:大清律例及唐明律、现行法制及历代法制沿革、法学通论、经济通论、国法学、罗马法、民法、刑法、外国文、体操。

第二年科目:宪法、刑法、民法、商法、民事诉讼法、刑事诉讼法、裁判所编制法、国际公法、行政法、监狱法、诉讼实习、外国文、体操。

第三年科目:宪法、刑法、民法、商法、民事诉讼法、刑事诉讼法、国际私法、行政法、财政通论、诉讼实习、外国文、体操。[8]

此外,该校还设有学期一年半的速成科,期收速效。值得一提的是,京师法律

---

[1]《奏派调查直隶学务员报告书》,载《学部官报》1907 年第 22 期。
[2]《奏派调查直隶学务员报告书》,载《学部官报》1907 年第 21 期。
[3]参见王健:《中国近代的法律教育》,中国政法大学出版社 2001 年版,第 200 页。
[4]《修律大臣订定法律学堂章程》,载潘懋元,刘海峰编:《中国近代教育史资料汇编高等教育》,上海教育出版社 1993 年版,第 129 页。
[5]参见李贵连:《二十世纪初期的中国法学(续)》,载于《中外法学》1997 年第 5 期。
[6]《北京五日报》,第 20 期,光绪三十二年五月六日。
[7](清)沈家本:《法学通论讲义序》,载于《寄簃文存》卷六,第 26 页。
[8]《修律大臣订定法律学堂章程》,载潘懋元,刘海峰编:《中国近代教育史资料汇编高等教育》,上海教育出版社 1993 年版,第 130 页。

学堂的讲义也成为了传播近代法律知识的重要媒介。[1] 1906年,鉴于科举制度废除后,仕途拥挤,御史乔树枏上陈清廷,呈请广添法政学堂,令生员习裁判理财之学,解决各省士子出路无所着落的问题,"现在仕途各省均以拥挤为虑,而明习法政之选,实不多觏,亟应及早预备,以待任使……现在各省裁判课税人员,若无专门之学,可否饬下各省督抚,一律添设法政学堂,令前项贡生员各习裁判理财之学,则三年毕业之后居官官乡,足备任使。庶嘉惠士林之中,更有合于国家造就人才之旨矣"。[2] 经过考虑,清廷认为法政之学易于成就,且能达会通中西之效,"举贡生员苦无求学之地,以之肄业法政,既不如他项科学难于成就,而年齿长则阅历富,中学深则根底完,必能会通中西,以为效用之具。"于是下令各省扩充法政学堂,"凡未经设立此项学堂之省分,应即一体设立,其业经设立者,亦应酌量扩充"。[3] 1908年,御史徐定超进一步上陈,将法政修习背景作为委任官员的前提条件,"各省凡非习法政之员,以后不得差委,其已习法政者,速即遴选,委以示大公"。[4]

由此,各省法政学堂峰峰迭起,如1908年,鉴于"吏治之隆污,视乎人才,而人才之盛衰,基于培养",徐世昌遵请设立吉林法政学堂。[5] "窃维甘省地处边陬,吏才缺乏",1908年陕甘总督升允奏请设立法政学堂。[6] 1909年,山西巡抚宝棻奏请扩充山西法政学堂,"窃维法政本专门之学,此时预备立宪,一切自治、行政事宜,尤待此项人才相助为理"。[7]

虽然,这一时期法政学堂数量激增,但却仍不能解决现实用材孔亟的问题,以福建省为例,闽浙总督松寿就感叹福建境内法政官吏不足以分任地方,陈情扩充校舍增添班级,"新政繁兴,非养成多数通晓法政之官吏,不足以分任地方,即如裁判

---

〔1〕关于熊辑《京师法律学堂笔记》的产生及影响,可参见拙作:《〈京师法律学堂笔记〉的诞生及历史地位》,载《中南大学学报(社会科学版)》2014年第6期。
〔2〕《通行各省御史乔树枏奏请各省添设法政学堂文》,载沈云龙主编:《近代中国史料丛刊三编第十辑——学部奏咨辑要》,台湾文海出版社1986年版,第78页。
〔3〕同上书,第77页。
〔4〕台湾国立故宫博物院藏:军机处档折件,文献编号166148,《奏请整顿各省法政学堂》。
〔5〕台湾国立故宫博物院藏:军机处档折件,文献编号166238,《奏为吉省遵设法政学堂并实行考验储才》。
〔6〕台湾国立故宫博物院藏:军机处档折件,文献编号167770,《奏请遵设法政学堂酌拟办法由》。
〔7〕台湾国立故宫博物院藏:军机处档折件,文献编号169084,《奏报晋省设法扩充法政学堂之情形》。

一项,闽省二州五十八县,应各设地方审判厅一所,民刑两科推事遂照定额设立,已不下三百余人,其高等审判厅、初级审判厅以及检察人员,尚不在内,需材既多,造就宜豫"。[1] 1910年,随着《法院编制法》的出台,法政人才不足的情况更加严重,于是学部通令各省法政学堂应次第扩充,新一波兴学热潮开始,"就京外现设及将来续设法政、法律各学堂次第扩充以期通才日出,藉为审判检察之取资……兹准宪政编查馆奏定法官考试任用司法各章程,此项人员需用尤众,自应切实筹划,一律扩充。"[2]同时,鉴于"现正预备立宪,需才孔亟,凡宗室、外藩、王公、满汉世爵,若不预为培植,其何以储政才",[3]专门以造就贵胄法政通才为宗旨[4]的贵胄法政学堂也定于宣统二年(1910年)二月初一日开学。[5]兴学之气,蔚然成风,且尤以法政学堂建设最多,自1904至1909年宣统元年,仅各省督抚奏设的省城法政学堂就有22所。[6]

1910年,清廷进一步放开对私立学堂开设专门法政科的限制,"凡繁盛商埠及交通便利之地,经费充裕、课程完备者,一律准予呈请设立法政学堂,以广造就"。[7]可惜的是,不久之后辛亥革命爆发了,各地法政教育的蓬勃发展告一段落。1912年民国成立,各所法政学校由新政府接收,如此多的学校也为民初的整顿埋下了伏笔。

(三)近代上海法学教育的萌发

迫于各种现实情况,清廷自洋务运动开始,在中央层面引入近代西方法学教育模式并渐趋成熟完备,与之相呼应的,在地方实践中亦是如此。地方法学教育的兴衰亦与中央政策的变动息息相关,体现出了一定的滞后性与地域属性。

迄今有据可考的在上海最早传授法律知识的机构是上海广方言馆,而其成立

---

[1] 台湾国立故宫博物院藏:军机处档折件,文献编号178834,《奏陈闽省法政学堂二年来扩充及授课情形》。

[2]《学部通行各省法政学堂应次第扩充文》,载朱有瓛主编:《中国近代学制史料》第二辑下册,华东师范大学1989年版,第489页。

[3] 台湾国立故宫博物院藏:军机处档折件,文献编号178127,《奏陈设立贵胄法政学堂拨用校舍由》。

[4] 台湾国立故宫博物院藏:军机处档折件,文献编号182706,《奏为续拟贵胄法政学堂章程呈览》。

[5] 台湾国立故宫博物院藏:军机处档折件,文献编号184710,《奏陈贵胄法政学堂考试情形及预订开学日期》。

[6]《清末各省督抚奏设省城法政学堂一览表》,载朱有瓛主编:《中国近代学制史料》第二辑下册,华东师范大学出版社1989年版,第499—502页。

[7]《学部奏酌量推广私立法政学堂片》,载《浙江教育官报》1910年第44期。

自然与清末的变革不无关系。上海广方言馆[1]成立于1863年，由冯桂芬奏请李鸿章，经清廷同意设立，旨在培养译才，[2]"三五年后，有此一种读书明理之人，精通番语，凡通商督抚衙门及海关监督应添设翻译官承办洋务，即于学馆中遴选承充，庶关税军需，可期核实，而无赖通事亦可敛迹矣"。[3]馆中学科分经学、史学、算学、词章四类，又分上班下班，进馆学生先在下班修习外国公理公法。[4]广方言馆聘请的西人教习中有不少从事传播法律工作的，如著名的傅兰雅（John Freyer）就译有《法律医学》（*Principles of Medical Jurisprudence*，1881年）、《公法总论》（*International Law*，1894年）、《各国交涉公法论》（*Commentaries Upon International Law*，1894年）等法学名著。[5]其继任者是教授国际学的法国法学家鲍安（Mr. Boyer）。[6]值得一提的是，在上海广方言馆的毕业生中也有参与翻译法律著作引介法律知识的，如汪凤藻即是一例，译有《公法便览》、《新加坡刑律》、《富国策》等书。[7]1905年，为振兴实业，广方言馆改为工业学堂。[8]

1881年，同样为传播西学，林乐知创办的中西书院，[9]致力于让中国人的子女"通晓西学，以臻大成"，[10]其第7年课程中就开设了"万国公法"一课：

第一年：认字写字，浅解辞句，讲解浅书，习学琴韵，年年如此。

第二年：讲解各种浅书，练习文法，翻译字句，习学西语，年年如此。

[1] 上海广方言馆最初名为"上海外国语言文字学馆"，之后在冯桂芬上呈的试办章程中定名为"学习外国语言文字同文馆"，简称"上海同文馆"，1867年改名为"上海广方言馆"。参见熊月之：《西学东渐与晚清社会》，上海人民出版社1994年版，第215页。
[2] 选益报：《广方言馆记略》，载《万国公报》第361期。
[3] 李鸿章：《请设外国语言文字学馆折》，载陈元晖主编，高时良，黄仁贤编：《中国、近代教育史资料汇编　洋务运动时期教育》，上海教育出版社2007年版，第174页。
[4] 冯焌光、郑藻如：《上督抚宪禀（附酌拟广方言馆课程十条）拟开办学馆事宜章程十六条》，载陈元晖主编，高时良，黄仁贤编：《中国近代教育史资料汇编　洋务运动时期教育》，上海教育出版社2007年版，第182页。
[5] 何勤华：《中国法学史（第三卷）》，法律出版社2006年版，第54页。
[6] 甘作霖：《记上海广方言馆教习和毕业生》，载陈元晖主编，高时良，黄仁贤编：《中国近代教育史资料汇编　洋务运动时期教育》，上海教育出版社2007年版，第211页。
[7] 周川主编：《中国近现代高等教育人物词典》，福建教育出版社2012年版，第290页。
[8] 《两江总督周札饬江海关道袁改广方言馆为工业学堂文》，载《东方杂志》1905年第2卷第6期。
[9] 海滨隐士：《上海中西书院记》，载《万国公报》1892年第60期。
[10] 林乐知：《设立中西书院启》，载《万国公报》1881年第657期。

第三年：数学启蒙，各国地图，翻译选编，查考文法。

第四年：代数学，讲求格致，翻译书信等。

第五年：考究天文，勾股法则，平三角，弧三角。

第六年：化学，重学，微分，积分，讲解性理，翻译诸书。

第七年：航海测量，万国公法，全体功用，翻书作文。

第八年：富国策，天文测量，地学，金石类考，翻书作文。[1]

此外，林乐知自己也参与了传播法律知识的工作，其翻译的《中东战纪本末》一书引介了西方近代宪政制度、理念，以及法制、法律面前人人平等等诸项原则，对中国近代法学的诞生具有启蒙和引导作用。[2] 1911 年中西书院并入东吴大学，1915 年原址改名为东吴第二中学，成为了日后东吴法科创办的基础。[3]

1900 年庚子国变后，清廷将变法改革提上日程，法律科学逐步受到社会重视，法学教育从西学教育中脱颖而出，新兴的沪上学校也开始重视法律课程。1902 年，由蔡元培和从南洋公学脱离的 200 余名同学，[4]在中国教育会的帮助下一同组建的爱国学社，[5]其高等级教科中便开设了法理一课。"高等级教科之目，第一学年：伦理、算学、物理、国文、心理、论理、日文、英文、体操；第二学年：算学、化学、国文、社会、国家、经济、政治、法理、英文、体操。"[6]此外，还有如震旦学院，在 1903 年创校之初的章程中，文学科的政治附课中就有公法（International Law）的课程。[7]复旦公学正斋第一部中设有法学一科，作为升入政法科大学的预备。[8]

如上所述，不难发现，清末时期上海的法学教育大体仍处于萌芽阶段，法律之

〔1〕《中西书院课程规条》，载《万国公报》1881 年第 666 期。

〔2〕参见何勤华：《中国法学史（第三卷）》，法律出版社 2006 年版，第 714 页。

〔3〕参见胡卫清：《东吴大学的起源——上海中西书院简论》，载周建屏，王国平主编：《苏州大学校史研究文选》，苏州大学出版社 2008 年版，第 6 页。

〔4〕《爱国学社之建设》，载《选报》1902 年第 35 期。

〔5〕1903 年，爱国学社被清廷查封。参见陈科美主编：《上海近代教育史 1843—1949》，上海教育出版社 2003 年版，第 158 页。

〔6〕《爱国学社章程》，载《政艺通报》1902 年第 22 期。

〔7〕《震旦学院章程》，载《翻译世界》1902 年第 2 期。

〔8〕复旦公学实际性质仅是高等学堂，为大学的预备学校，介于大学堂和中学堂之间。参见复旦大学校史编写组：《复旦大学志第一卷（1905—1949）》，复旦大学出版社 1985 年版，第 58—66 页。

学多混合于其他学科之中，教授的课程虽不仅限于某一部门法（主要是国际法），只是始终没有普遍出现法政专门科。这一阶段的学堂还常常面临经费困难的问题，南洋公学的改制便是迫于办学经费的压力："闻南洋公学已罢散，能否趁此停办，或请南洋另筹款，请酌。"[1]"轮电两局各拨南洋公学常年费十万两，本年起应即停拨。"[2]

另一方面在 1904 年，清廷因惧民权自由思想的传播，主张崇实戒虚，禁止私立学堂开设法政专门科，"近来少年躁妄之徒，凡有妄谈民权自由种种悖谬者，皆由并不知西学、西政为何事，亦并未多见西书。耳食臆揣，腾为谬说。其病由不讲西国科学而好谈西国政治法律起。盖科学皆有实艺，政法易涉空谈，崇实戒虚，最为防患正俗要领"。[3] 这一禁令，直到 1910 年 11 月才得到解禁："凡繁盛商埠及交通便利之地，经费充裕、课程完备者，一律准予呈请设立法政学堂，以广造就。"[4]

但对沪上私立学校的法学教育而言，这一解禁来得晚了些，被报媒称为中国"私立大学嚆矢"的龙华法政大学，[5] 拟筹设之地就在上海的龙华镇火车站附近。[6] 1911 年，江苏省教育会得上海刘江氏捐款十万银元，拟用作建设私立法政大学，但因后续款项未至，"私立龙华法政大学经费延，未拨到情形"。[7] 同时鉴于1913 年各地法政大学纷纷设立，数量激增，故而改办中华博物馆，"民国二年，本会以各地法政大学之设，已有供过于求之势，因经是年五月十六日干事员会议议决，改办中华博物馆，以立实业教育之基础。"[8]

〔1〕袁世凯全集数据库：10—937，《致会办商务大臣盛宣怀接电》，1903 年 1 月 24 日。
〔2〕袁世凯全集数据库：11—6，《致商约大臣盛宣怀电》，1903 年 2 月 5 日。
〔3〕张百熙，荣庆，张之洞：《学务纲要》，载朱有瓛：《中国近代学制史料》第二辑上册，华东师范大学出版社 1987 年版，第 88 页。
〔4〕《学部奏酌量推广私立法政学堂片》，载《浙江教育官报》1910 年第 44 期。
〔5〕近代アジア教育史研究史：《近代日本のアジア教育認識・資料編［中国の部］—明治後期教育雑誌所収中国・韓国・台湾関係記事—第 19 巻（中国の部）》，龙溪书舍 2002 年版，第 275 页。
〔6〕《江苏教育总会呈江苏都督文请追捐款十万元》，载《申报》1912 年 10 月 12 日，第 7 版。
〔7〕《教育会类志》，载《教育杂志》1912 年第 4 卷第 6 期。
〔8〕《江苏省教育会处理刘江氏捐款纪略》，载赵和珩：《江苏省鉴（下）》，上海大文印刷所 1935 年版，第203—204 页。

二、管中窥豹：南洋公学特班的法学教育

在中国近代法律教育体系确立前，诸多新式学校是传播法学知识的主要机构，它们选择教育的模式及其生员学习西方法学知识的过程，展现出了法学教育启蒙时期的探索。在这一时期，南洋公学特班的法学教育尤其值得注意，从其师生日记可见，特班借鉴传统书院制教学的同时糅合了中西之学，其教育内容不再囿于"交涉公法"，体现出了比较法学教育的精神、西方公法知识的输入等现象，具备这一时期新式学校法学教育的一些共同特征。该校在坚持契合"中体西用"思想的同时，衔接了本土与西方的法学教育模式，并取得了优秀的办学成绩，因而成为展现上海，乃至中国法学教育萌芽时期的最佳代表。

（一）南洋公学特班法学教育体系

1897 年，南洋公学正式开课，仿近代西方及日本的三级学制，初建师范院及附属外院。次年建成中院，并且开设了法律浅学课程，由外籍教员讲授，而后设立铁路班和政治班，逐步形成上院，各生外院毕业后先升中院再入上院，按班递进。"依其所学之浅深，按班递进，上院生即以法文理三部为纲，而以法文两部为重。"[1]由此，公学建构起由外院、中院、上院组成的正规学校教育系统，采用分年级按班级的授课制度，成为中国最早的分层设学，且相互衔接的三级学制体系。[2]

1. 特班成立背景

1901 年，南洋公学于上院、中院之外，特设一班"以待成材之彦之有志于西学"，定名为"南洋公学特班"，[3]专教中西政治、文学、法律、道德诸学，"养成新式从政人才"[4]。其实，早在特班成立之前，盛宣怀就已经注意到了法政之学的重要性："政法交涉士夫所当研求，异国衔使命来者，莫不精心结撰，知己知彼，春秋巳

---

〔1〕《南洋公学纲领》，载《实学报》1897 年第 1—14 期，第 331 页。

〔2〕参见欧七斤：《盛宣怀与中国教育早期现代化——兼论晚清绅商兴学》，华东师范大学 2012 年教育史专业博士学位论文，第 65 页。

〔3〕《拟设南洋公学特班章程》，载《交通大学校史》撰写组编：《交通大学校史资料选编（第一卷）》，西安交通大学出版社 1986 年版，第 64 页。

〔4〕蔡元培：《记三十六年以前之南洋公学特班》，载《交通大学校史》撰写组编：《交通大学校史资料选编（第一卷）》，西安交通大学出版社 1986 年版，第 69 页。

重为命,近日何独不然。"〔1〕筹建南洋公学时,盛宣怀就想在北京和上海分别设立一所专教法政之学的达成馆,附于南洋公学之内,以期能培养外交人才:"在京师及上海两处各设一达成馆,取成才之士,专学英法语言文字,专课法律、公法、政治、通商之学,期以三年,均有门径,已通大要,请命出使大臣奏调随员悉取于两馆。"〔2〕可惜的是,碍于经费有限,达成馆最终未能设立。

　　1901年,清廷诏令开设经济特科,借此契机,盛宣怀便请求设立特班应经济特科之选,以储国家栋梁之材,"去岁变法,治下人心奋起,海内明达之士必多有志西学,亟宜于南洋公学设立特班,以待成才之彦。他日学成,可备朝廷器使等因"。〔3〕因此,特班的创设构想实际脱胎于达成馆,"但公学设此特等,系本达成馆初意,"〔4〕故而,在办学理念上也可看出特班一脉相承于达成馆,"变通原奏速成之意,专教中西政治、文学、法律、道德诸学,以为有志应经济特科者预备之地"。〔5〕具体如校方注重专学的教育观念,在设计达成馆时盛宣怀就提出了让学员专学一门的构想:"达成馆专学政法、交涉,在今日为济时之急务,在他日即为专学之一门"〔6〕。尽管达成馆的计划被清廷否决了,但是专学的办学理念最终在之后的南洋公学管理层中达成了一致,监院福开森(John Calvin Ferguson)明确表示公学的教员应当限定在专教几门课程上:"我们的方针是不给学生从范围广的课程中取得肤浅的知识,而是把我们自己局限在教几门课程上,使得学生能够透彻地掌握知识。"〔7〕特班的教学设计亦是如此,学生仅专攻政学中一门,不再涉猎其他学科,"宜专志政学,不必兼涉艺学"。〔8〕

---

〔1〕盛宣怀:《督办铁路大臣盛复允湘学院捐助湖南算学生员赴顺天乡试书》,载(清)江标等编.:《湘学报》1,湖南师范大学出版社2010版,第186页。
〔2〕上海市图书馆藏:盛宣怀档案,117634-2,《请设学堂片》。
〔3〕《请设特班呈文(节录)》,载《交通大学校史》撰写组编:《交通大学校史资料选编(第一卷)》,西安交通大学出版社1986年版,第12—13页。
〔4〕《批复南洋公学设立特班》,载《交通大学校史》撰写组编:《交通大学校史资料选编(第一卷)》,西安交通大学出版社1986年版,第39页。
〔5〕上海市图书馆藏:盛宣怀档案,044845,《奏陈南洋公学历年办理情形请旨遵行折》。
〔6〕上海市图书馆藏:盛宣怀档案,045033,《筹建南洋公学及达成学舍片》。
〔7〕[加]福开森:《南洋公学早期历史》,载《交通大学校史》撰写组编:《交通大学校史资料选编(第一卷)》,西安交通大学出版社1986年版,第12—13页。
〔8〕《南洋公学添设特班是为应经济特科之选》,载《交通大学校史》撰写组编:《交通大学校史资料选编(第一卷)》,西安交通大学出版社1986年版,第39页。

特班成立后,盛宣怀对其期望很高,因为自己不谙外语,每逢办理对外交涉事宜备尝辛苦,盛宣怀希望特班能培养出如曾国藩、李鸿章之类的股肱名臣:"但望学成之后,能如曾李两星,使以少年贵胄而习方言,折衡俎豆,获益良多。本大臣不谙文语,每逢办理交涉备尝艰苦,此中损益情形应与诸生共喻之。"[1]

2. 特班的师生

特班专设管理者两名,分别担任监督和指导,前者初由赵从蕃担任,不久赵氏辞职,改由王舟瑶继任,而指导一职始终由蔡元培负责,"特设教员二人以管理之,其一任监督,初聘江西赵君从蕃任之,赵君辞职后聘黄岩王君舟瑶继任;其一任指导,则由我任之"。[2] 除此之外,特班还配有英文教习,由吴纯之和冯玉帆担任。[3] 尽管教员数量略少,但均有功名在身且学识渊博。赵从蕃在任特班监督前已是光绪甲午科进士,[4] 履职公学期间,尽心办学,"措置一切,尤为井井有条"[5]。继任者王舟瑶,1885 年入杭州诂经精舍,学识为俞樾称赞,1889 年中举人,先后被福建、江苏督学聘任,主讲清献和临海东湖书院,1896 年受清廷赏内阁中书衔。[6] 蔡元培则是 1892 年的进士,1894 年得授翰林院编修职,之后历任绍兴中西学堂监督、澄衷学堂校长。受聘为特班指导后,蔡元培也承担了主要的教学任务。

1901 年 5 月,特班举行招生考试,分初试和复试,初试地点在南洋公学,复试地点则在盛宣怀宅内。考试方式为笔试,内容为国文,试题涉及国学和时策,题目晦涩难懂,如《明夏良胜中庸衍义书后》《请建陪都议》,"与试者大都不知第一题之出处。由监试员检试四库全书提要,乃勉强完卷"。[7]

尽管特班章程载明:"凡学识淹通,年力健强者,均可入学。有无出身勿论,曾

---

〔1〕《南洋公学添设特班是为应经济特科之选》,载《交通大学校史》撰写组编:《交通大学校史资料选编(第一卷)》,西安交通大学出版社 1986 年版,第 39 页。

〔2〕蔡元培:《记三十六年以前之南洋公学特班》,载《交通大学校史》撰写组编:《交通大学校史资料选编(第一卷)》,西安交通大学出版社 1986 年版,第 69 页。

〔3〕王世儒编:《蔡元培日记(上)》,北京大学出版社 2010 版,第 181 页。

〔4〕秦国经主编:《清代官员履历档案全编》8,华东师范大学出版社 1997 年版,第 736 页。

〔5〕陈璧:《望岩堂奏稿》,载沈云龙主编:《近代中国史料丛刊》第十辑,文海出版社 1966 年版,第 256 页。

〔6〕严振非总纂:《浙江省黄岩县志》,三联书店上海分店 1992 年版,第 605 页。

〔7〕蔡元培:《记三十六年以前之南洋公学特班》,载《交通大学校史》撰写组编:《交通大学校史资料选编第 2 卷》,西安交通大学出版社 1986 年版,第 75 页。

习西文否勿论。"[1]但在首批录取的学员 42 人中,多数新生已有功名在身,其中有举人 2 人,附生 16 人,监生 8 人,廪生 5 人,近四分之三是江浙籍,在两年的学习中有不少学员中途辍学,毕业时学生人数已降至 35 人。[2]尽管学生人数时有波动,但是丝毫不影响学员的学习热情,如洪允祥就时常在其日记中自勉:"近日功课潦草,大有做一日和尚撞一日钟之意,如此岂有圆满之日哉,提起精神,着鞭向前,毋落人后也","日月逝矣,所学无一可恃者,千病百痛,由无恒二字耳,今特发宏愿,力矫夙弊,作功课表如左,偶或违此,便惰子之归而君子之弃矣,吁其戒之"。[3]

1902 年,公学爆发"墨水瓶事件",[4]特班濒临分崩离析。1903 年,南洋公学办学方向由政学转向实学,各班遂被裁撤:"现拟将译书院、东文学堂及特班、师范班全裁,商务学堂亦缓办,只留中院生六班,以二百人为度。"[5]1905 年,公学彻底转型成为上海高等实业学堂。[6]

3. 特班的法学教育

南洋公学的教学主旨始终围绕"中学为体,西学为用"的思想,"公学所教,以通达中国经史大义,厚植根柢为基础,以西国政治家日本法部文部为指归,略仿法国国政学堂之意"。[7]但盛宣怀对特班则有更高的要求,他主张特班应当专攻政学,达到中西贯通之效果:"宜专志政学,不必兼涉艺学,尤宜讲求中西贯通,希合公理之学,不可偏蹈新奇乖僻混入异端之学。"[8]

在这一思想指导下,特班章程规定课程分前后两期,各限 3 年卒业。前期的初级课程包括:英文(写、诵、文法、章句),算学(数学、代数、几何、平三角),格致化学

---

[1]《拟设南洋公学特班章程》,载《交通大学校史》撰写组编:《交通大学校史资料选编(第一卷)》,西安交通大学出版社 1986 年版,第 64 页。
[2]上海市图书馆藏:盛宣怀档案,026498,《南洋公学特班生成绩表》。
[3]上海市图书馆藏:盛宣怀档案,044922,《洪允祥日记等》。
[4]1902 年 11 月 14 日,南洋公学教习郭镇瀛到五班上国文课,发现座椅上有一个空墨水瓶,认为是学生讽刺他胸中无墨,便要求开除伍正钧等 3 名学生,引发五班学生集体抗议. 总办汪凤藻决定开除五班全部学生,引起南洋公学 145 名学生退学,史称"墨水瓶事件"。参见秦国强:《中国教育史话》,复旦大学出版社 2014 年版,第 180 页。
[5]袁世凯全集数据库:《附录 商约大臣盛宣怀来电》,11 - 7,1903 年 2 月 3 日。
[6]《商部奏改南洋公学为上海高等实业学堂折》,载《申报》1905 年 3 月 29 日,第 9 版。
[7]《南洋公学章程》,载《交通大学校史》撰写组编:《交通大学校史资料选编(第一卷)》,西安交通大学出版社 1986 年版,第 36 页。
[8]《南洋公学添设特班是为应经济特科之选》,载《交通大学校史》撰写组编:《交通大学校史资料选编(第一卷)》,西安交通大学出版社 1986 年版,第 39 页。

(手演);后期的高级课程包括:格致化学(阐理)、地志、史学、政治学、理财学、名学。[1] 考虑到有些特班学生已经学习过了初级课程,有些则没有接触过,校方统一将特班安排在中院学习:"因特班生对于初级功课.有已习或未习者,故均在中院上课,或插班,或开班,我已忘之。"[2]

需要注意的是,因特班仅存在2年,实际教学仅仅停留在前期课程,[3] 亦即主要讲授英文、算学和格致化学的课程。具体的教学安排可从黄炎培就学时的课程表中窥见:

课程表	日曜 时刻	月	火	水	木	金	土
	七半	读西文					
	九半	上西课堂					
	十二	阅报译英文法					
	十二半	译东文					
	二半	格致	算学	格致	算学	格致	算学
	三半	看书					
	七	读西文					
	九	杂阅书报,补未竟功课					

(上海市图书馆藏:盛宣怀档案,044357-1,《黄炎培日记》)

由上表可知,特班课程安排得非常密集,星期的称谓以日式的月、火、水、木、金、土指代,教学偏重历史性和理论性,按其规章所定,每日的课程中有三小时编纂,三小时讲义,一小时修辞之学。"编纂为探迹之学。凡所看记叙之书(日本人所谓历史的)皆属之。……讲义为探理之学,凡所看论著之书皆属之(日本人所

---

[1] 张元济:《张元济全集 第5卷 诗文》,商务印书馆2008年版,第17页。
[2] 蔡元培:《记三十六年以前之南洋公学特班》,载《交通大学校史》撰写组编:《交通大学校史资料选编(第一卷)》,西安交通大学出版社1986年版,第69页。
[3] 蔡元培:《记三十六年以前之南洋公学特班》,载《交通大学校史》撰写组编:《交通大学校史资料选编(第一卷)》,西安交通大学出版社1986年版,第78—79页。

谓理论的）。……讲堂七小时外，随意看书，有心得疑义，可别录，与札记同缴。"〔1〕

特班学生除了要学习格致、算学、西文外，还承担了不少翻译书籍的任务，这也是受盛宣怀"译书尤为兴学之基址"〔2〕的教育思想影响。特班日文的教学由蔡元培亲任，以和文汉读法帮助学员速成，似乎取得了不错的教学效果，"其时学生中能读英文者甚少，群思读日文书，我乃以不习日语而强读日文书之不彻底法授之。不数日，人人能读日文，且有译书者。"〔3〕"学生有愿习和文汉读者，是日始课之。"〔4〕对照洪允祥日记中的内容可见，特班的学习日程得到了学员们更加严格的执行：

> 六点半闻钟即起，温习西文；九点半上西课堂；午后之二点半看《国法学》兼及宪法门应看之书，如《国家学原理》等，他门书不必看；二点半之三点半，东文算学；间日上课余，涉猎词章时务各书不拘，灯下读西文，不得以他课间之。〔5〕

至此，我们不禁要问，特班是否存在法学教育？

事实上，特班的法学教育比较特殊，它并不在初级课程的课表中，而是隶属于课外学习，即"西课余暇，当博览中西政事诸书，以为学优则仕之地"，校方配以上文介绍的两位教员（监督和指导）加以辅导，整体上借鉴了传统书院的方式，"指导之法，稍参书院方式"。〔6〕学生每人写札记交由教员阅批，辅以考试问答作为补充，

〔1〕《南洋公学特班生学习办法》，载高平叔编：《蔡元培全集（第一卷）》，中华书局出版社 1984 年版，第134—135 页。
〔2〕《南洋公学推广翻辑政书折》，载夏东元编：《盛宣怀年谱长编（下）》，上海交通大学出版社 2004 年版，第 745 页。
〔3〕蔡元培：《记三十六年以前之南洋公学特班》，载《交通大学校史》撰写组编：《交通大学校史资料选编（第一卷）》，西安交通大学出版社 1986 年版，第 69 页。
〔4〕王世儒编：《蔡元培日记上》，北京大学出版社 2010 版，第 196 页。
〔5〕上海市图书馆藏：盛宣怀档案，044922，《洪允祥日记等》。
〔6〕蔡元培：《记三十六年以前之南洋公学特班》，载《交通大学校史》撰写组编：《交通大学校史资料选编（第一卷）》，西安交通大学出版社 1986 年版，第 69 页。

札记每7日一缴,一节精要,一著心得,一记疑义。[1] 特班学生开始学习前,先由蔡元培开示修习门类及相对的应读书目,学生可自由选择一至二门,凭着书目顺序向学校图书馆借书或者自购阅读。特班的专研科种类多样,如有:法律学、哲学、外交学、政治学、理财学、理化学、行政学、文学、教育学等。[2] 在这些修学门类中,黄炎培选习了外交学一门,蔡元培于是列出了国际公法和外交文牍给他。[3] 至于阅读频率,专研科为法律学的王世澂一个月的学习书目大致如下:阅读《法学通论》(4次)、温习《东文文法》(2次)、阅读《支那文明史》(13次)。[4] 具体的教学情形,在黄炎培的回忆中得到了展现:

> 吾师手写修学门类及每一门类应读之书,与其读书先后次序。其门类就此时所忆及,为政治、法律、外交、财政、教育、经济、哲学、科学——此类分析特细,文学、论理、伦理等等。每生自认一门或二门,乃依书目次序,向学校图书馆借书或自购阅读。每日令写札记呈缴,手自批改,隔一二日发下,批语则书于本节之眉,佳者则于本节左下角加一圈,尤佳者双圈。每月命题作文一篇,亦手自批改。每夜招二三生入师朝夕起居之室谈话,或发问,或令自述读书心得,或对时事感想。[5]

考试问答每月月中由教员命题,以甲乙划分等次,"学生每人写札记由教员批阅,月终由教员命题考试,评次甲乙,送总理鉴定。"[6]笔者遴选了部分考题,以现代法学学科体系划分,试做如下归类:

---

[1] "札记之例:一稽本末(即因果,凡下论断,必先推其前因后果),略如纪事本末之属。一比事类,略如赵氏札记之属(此即论理学归纳之法,谓于杀散殊别中,抽出共同公理以贯之)。一附佐证,略如商榷考异之类(本书不详,别引书证明之,或援以比例时事,惟不可涉于琐屑)。"《南洋公学特班生学习办法》,载高平叔编:《蔡元培全集》第一卷,中华书局出版社1984年版,第134—135页。

[2] 上海市图书馆藏:盛宣怀档案,026498,《南洋公学特班生成绩表》。

[3] 黄炎培:《八十年来》,文史资料出版社1982年版,第38页。

[4] 上海市图书馆藏:盛宣怀档案,044357-3,《王世澂日记》。

[5] 黄炎培:《敬悼吾师蔡孑民先生》,载浙江研究社编辑:《蔡孑民先生纪念集》,浙江研究社1941年版,第50页。

[6] 蔡元培:《记三十六年以前之南洋公学特班》,载《交通大学校史》撰写组:《交通大学校史资料选编(第一卷)》,西安交通大学出版社1986年版,第69页。

宪法	论立法司法两权分立之理
行政法	论绅权之关系
民法	吾国素无民法之名按民法定义而刺取律目之合于其义者证明之
刑事诉讼法	论刑逼招供之非理
法理	论法律与道德区别之界随各国文明之程度而转移
国际法	论国际公法之性质可以国家学中之民约论证明之
法制史	游侠平议,殷法刑弃灰于道辨
刑法	论监禁与放流两刑用意之异同
比较法学	日本钦定宪法与布鲁士宪法异者何在

（上海市图书馆藏：盛宣怀档案,044927,《节译克氏亚洲游历记》。王世儒编:《蔡元培日记上》,北京大学出版社 2010 版,第 186—199 页。）

从问答题目中可见特班法律科的教学范围很广,涉及国际法、民法、刑法等方面,较之同时期的味经书院、崇实书院乃至京师同文馆,特班的法学教育显得更加细致多样,与北洋大学堂相比而言,则更突出了"中学为体"的元素。且从其课堂讨论的内容中可以看到特班的法学教育不仅仅停留在法律知识的介绍,还带着一些学理性的思考。例如,在讨论中国有无民法时,特班学生从物权、债权、亲族、继承四点,解读中国有类似民法的规定而无民法原理,甚至已经考虑到未来民法的修订必须重视国民之习惯。

> 吾国民无法律概念者不得谓非吾国无民法有以致之也,……法之立也,必有立法者之意载乎其中,其法谓之法律,其意则法理也,吾国立法者,曾无意于民法,故虽有民法之规定,而实无此条法理。欲修一完全民法,为国民所共遵守,则非特取诸成文法而已,尤必究吾民之惯习法而厘订之而后可也。[1]

值得注意的是,法律科的修习书目颇为专业,如宪法学修习的书目有:《国文》、《国家学原理》、《国家学》、《宪法精理》、《万国宪法志》、《国法学》、《大清会典》、

---

〔1〕上海市图书馆藏：盛宣怀档案,044927,《节译克氏亚洲游历记》。

《历国岁计政要》。[1] 学习方法上以循序渐进、按部就班为主，且课外书目的种类亦很广泛：

> 宪法学：国法学，每日看一课，《国家学原理》每日看一章；算学：演代数备旨；西文：每课极少课二十遍，每日温已读书三课，饭后学西字，七点半译西文；东文：看和文汉读法；涉猎各书：三通考辑要，《史记》《杜诗》《义山诗》《万国地志》《新民丛报》《天演论》《日本宪法》《熙朝纪政》。以上所定课程，与永藩同志，互相结束，不得偶旷，三月初一日书。此月三十日内应看毕书目：《国家学原理》《日本宪法》《三通考辑要》《舆地门》《万国地志》《曾选义山诗》。[2]

特班学生毕业时，校方会考察学生专研科、文词、算学、英文、日文的成绩，此外也会评判学员日常的行仪举止，如下表中王世澄、徐敬熙、王世谦的成绩不仅反映出特班对法学教育的重视，而且可以发现法律学已作为一门专业科目独立出现：

籍贯	姓名	专研科	文词	算学	英文	日文	行仪
福建侯官县举人	王世澄	法律学，精研法理阐显微幽，锲而不舍，足以专门名家	隽永		如中院二班生	甲	安详
江西湖口县廪生	徐敬熙	法律学，研求学理日有进步	条达			肄业东文学堂	谨饬
福建侯官县	王世谦	法律学，颇能演绎法理，旷课甚久	清矫		如中院二班生		拘谨

（上海市图书馆藏：盛宣怀档案，026498，《南洋公学特班生成绩表》[3]）

---

[1] 上海市图书馆藏：盛宣怀档案，044925，《刘伯渊日记》。

[2] 上海市图书馆藏：盛宣怀档案，044922，《洪允祥日记等》。

[3] 评分标准如下：算学分为甲（心思敏捷布式简明）、乙（学不躐等功无间断）、丙（加以熟练必有可观）三等；英文则分为甲（口齿清楚，文法娴熟又勤敏好学，进步最速）、□甲（勤敏兼备，所授文学均能理会）、乙（学力有余尤能潜心于文法，故写作均有可观）、□乙（志趣向上学有心得）、丙（作辍不常，然于功课尚有进境）、□丙（能耐勤劳尚堪造就）六等；日本文分为：甲（通和文汉读法，看和文书除通俗书，十解其九者，如殷崇亮、邵闻泰、林文潜、洪允祥四人，和文书之疑难不过百分之二三）、乙（较甲级为浅者，和文书十通五六者）两等。上海市图书馆藏：盛宣怀档案，026498，《南洋公学特班生成绩表》。

从南洋公学特班的法学教育情况中,我们可以清晰地看到近代西方法律知识的传授过程,而且这一培育模式对学生产生了一定影响,为其未来发展打下了很好的基础。特班学生毕业后有不少从事与法律相关的工作,如吴宝地、潘承锷在上海执业律师,王世澂、朱履和、贝寿同任职于司法机关,洪允祥在大学讲授法学课程,邵力子投身于民主事业。[1] 正如在美国纽约哥伦比亚大学法律经济科留学的项骧向盛宣怀感慨的:"今日得以稍窥世界学问之崖略者,皆自公学发其端。"[2]同时,特班产生的影响也是弥足深远的,概言之,主要表现在以下三个方面:

第一,特班在近代法学教育发展过程中起到了承前启后的作用。一方面,特班借鉴了传统书院制的教育模式,糅合了传统经典与西方法律的内容,衔接了两种不同的文化,达到了中西会通的效果。另一方面,特班的成功代表了近代法学教育摸索时期取得的成果,其戛然而止不仅意味着旧学制下的法学教育的衰亡,同时也预示着新兴法学体系的到来,特班成为了近代法学教育由萌芽阶段过渡到成长阶段的重要一环。

第二,特班培养了一批在各个领域产生重要影响的学人。值得注意的是,仅42名学生的特班却走出了不少名人,如著名教育家黄炎培、"和平老人"邵力子、北大校长胡仁源、"洋状元"项骧、佛学大师李叔同、著名建筑家贝寿同、文学家谢无量和洪允祥等,他们均是一时翘楚,在追求民主的时代浪潮中,为民族进步和文化发展贡献出了各自的力量。在培养时间短、教员少、课程尚未全部修毕的情况下,相比同时期其他学校,特班能够取得如此成绩,这是蔡元培当初没有想到的,[3]这也体现出了特班在教育方面的成功之处。

第三,特班学生身体力行投身于推动近代民主法制进程。其实,无论是特班的

---

[1] 参见王健:《中国近代的法律教育》,中国政法大学出版社 2001 年版,第 130 页。《南洋公学特班同学调查表》,载《南洋旬刊》1926 年第 5 期。

[2] 上海市图书馆藏:盛宣怀档案,018565,《项骧致盛宣怀函》。

[3] 鉴于特班存在时间短暂,因此蔡元培自谦的将特班学生取得的成就归因为他们自己后期的努力。"特班开办于民元前十一年之春.解散于前十年之冬,自始至终,不及二年。不特章程第四条之初级功课未能修毕,即第七条之自修,恐亦影响甚微。其中多数特班生卒能在学术上社会上有贡献者,全恃此后特殊学力之结果耳。"蔡元培:《记三十六年以前之南洋公学特班》,载《交通大学校史》撰写组编:《交通大学校史资料选编(第一卷)》,西安交通大学出版社 1986 年版,第 78—79 页。

名人还是普通人,我们都能在近代民主法制的变迁中看到他们贡献自己的力量。如王世澂积极参与起草了《中华民国约法》和《修正大总统法》,力图实现"法律制袁"的目的;[1]黄炎培终其一生在为民主和教育事业奋斗;洪允祥在担任《天铎报》主编期间,勇于针砭时弊;[2]抗战期间项骧不堪见到故土沦陷选择绝食而亡,展现出了民族气节;[3]李叔同、萨君陆、范况、穆湘瑶等则通过翻译外文书籍传播先进思想,如李叔同翻译的《法学门径书》即旨在教导国民学习法律之必要和提供研究的方法,[4]穆湘瑶翻译的《苏格兰独立志》更是在当时引起很大反响,得到了很高的赞誉,"足以药我国人心之委靡"。[5]

(二)中国近代法学教育萌芽时期的特质

南洋公学特班并非这一时期新式学堂中的特例,但却是最具有代表性的,同时期的京师同文馆、湖南时务学堂、直隶畿辅学堂等学校,都在不同程度展现出了一些法学教育的活动,不过均有蜻蜓点水之嫌,并未如南洋公学特班这般细致详实。总体而言,基于南洋公学特班的考察,可以发现,近代中国法学教育在萌芽时期呈现出了以下几点特征。

1. 比较法学教育的精神

尽管清末新政前尚未形成现代意义上的法学教育体系,但是比较法学教育的萌蘖可能已经出现了,例如在湖南时务学堂的三种专门学中,掌故门和公法门均涉及到外国律例及通商条约的内容,[6]课堂教学中亦有中国与法国军事法的比较讨论。[7]江苏南菁书院则有对西方律师制度和日本变法等问题的讨论,[8]上海格致书院亦不乏此类现象,在其考试中便有中西法律异同比较的课艺题目:"西国用律师判断两造,权与官捋,此中国所无也。中西律例异同安在?能详悉

---

[1] 参见叶利君:《民国北京政府时期选举制度研究》,湖南人民出版社 2007 年版,第 253—254 页。
[2] 方印华,余麟年:《洪允祥小传》,载中国人民政治协商会议浙江省慈溪市委员会文史资料研究委员会:《慈溪文史资料第 3 辑 慈溪人物》,1989 年版,第 17 页。
[3] 陈正焕:《项骧》,载余振棠主编:《瑞安历史人物传略》,浙江古籍出版社 2006 年版,第 223 页。
[4] 参见《弘一大师全集》编辑委员会:《弘一大师全集(八)》,福建人民出版社 1992 年版,31—34 页。
[5] 参见徐垲:《穆氏兄弟的两本早期译著》,载唐国良主编:《穆藕初:中国现代企业管理的先驱》,上海社会科学院出版社 2006 年版,第 263 页。
[6] 郑大华主编:《湖南时务学堂研究》,民主与建设出版社 2015 年版,第 150 页。
[7] 参见徐添翔:《湖南时务学堂学生日记类钞》,三通书局 1914 年版,第 143—144 页。
[8] 参见朱有瓛主编:《中国近代学制史料》第一辑下册,华东师范大学 1986 年版,第 422—423 页。

言之欤?"〔1〕只不过,这些学校的比较法学教育尚未得到真正重视并且形成一定规模。

相比之下,南洋公学特班在教学中体现出的比较法学教育精神则更为明显,这与其教育宗旨讲求中西贯通不无关系,"尤宜讲求中西贯通希合公理之学,不可偏蹈新奇乖僻混入异端之学"。〔2〕从学员作文中可见他们已明了一些学习法律的具体方法,如邵闻泰在读完《各国交涉公法论》后领悟到学习罗马法"不可泥其文字与条款,求大意所在",学习法律不可"斤斤于文字与条款之间",进而感叹效仿西法不能取其皮毛,须知西法之精意:

> 法律之学,至精至细,若不深明其意,而徒斤斤于文字与条款之间,则其所订条款文字,亦必耗损不浅。我国与西人所订和约,往往因一二字之含混简括,贻人口实,此在当局者非不审慎,而无如其不明法律之深意也,且岂特法律己哉,经纬万端,泥迹者败,政治教育皆必酌量之事理,从其是而去其非,自强而仿西法,殆非深知西法之精意不可也,袭取皮毛,还珠买椟,天下事殆无一可为之矣,而法律之非其显著者哉。〔3〕

诚然,以今日的视角看,特班的比较法学教育显得非常稚嫩,但其多样的比较法学教育元素,折射出了彼时比较法学教育的一种萌芽形态,从历史的维度看确是殊为难得。例如在特班师生的问答中,就有对西方国家之间法律的比较,《日本钦定宪法与布鲁士宪法异者何在》一文就从议会对宪法有无修订和解释权的角度出发,比较了日本和德国钦定宪法之间的区别:

> 普鲁士之宪法虽有钦定之名,实由议会修正,而后颁行,日本则君主自定之,未经议会之修正,此不同者一也。宪法或有疑义,在普则君主与

---

〔1〕王韬:《格致书院课艺(七):防务、税则、刑律》,上海富强斋书局1898年版,第95—96页。
〔2〕《南洋公学添设特班是为应经济特科之选》,载《交通大学校史》撰写组编:《交通大学校史资料选编(第一卷)》,西安交通大学出版社1986年版,第39页。
〔3〕上海市图书馆藏:盛宣怀档案,044926,《邵闻泰日记》。

议员，各争解释之异同，在日则君主咨之枢密院而已，在下者不得执异义，以解已定之宪法，此其不同者二也。故钦定宪法之名，当专属之于日，在普则名实稍不相符矣。[1]

此外，还有中西法律之间的比较，如《中外刑律互相有异同，自各口通商日繁，交涉应如何参酌损益妥定章程令收回治外法权策》一文将收回治外法权与现实国情联系起来，比较了中外刑律之间的异同；[2]另有不同法律思想之间的比较，《民约说为佛国宪法之本，果足为公理否？》一文比较了卢梭与孟德斯鸠法律思想，得出"卢梭之意在乎震激佛人之国民思想"不过是"哲学家之思想"，而孟氏之说乃立国之"公例"；[3]更有中国古今法律之间的比较，如《揭唐律今律之大不同而有关系者，评其得失》[4]和《论监禁与放流两刑用意之异同》[5]。

不难发现，南洋公学特班利用比较法学教育的最终目的仍是经世致用，无论是其题目设计还是学生回答，都反映出师生希冀通过比较中西各国法制异同，寻找能够解决现实问题的方法和路径。如《英德日本皆立宪君主政也，中国欲定宪法当以何者为则》一文比较了英国和德国君主立宪政体与国情的关系，得出两国的立宪模式并不适用于中国的论断，进而分析中国制定宪法的方向应是学习日本，最终倡议创建适合中国的立宪制度。"将来中国立宪之制，则当以日本为根本，而以英国为发花时代，若其结果则未知有限也，盖进化之理无止境，斯政体之改良无定形，中国且不能以强大之英国限，况在髫年之日本乎哉。"[6]再如《拟中国地方自治之制》一文解释了中央行政与地方自治之间的关系，比较了日本和英国之间的不同，阐释中国宜行地方自治的理由："文明之世咸亟亟自治之制以补政府之所不及，盖非欲侵中央之权以乱统治之局，而正欲由自治之功以毕中央之业耳。"[7]此外，在这些习作的评语中亦可看到，特班教员颇鼓励学生用比较的方式思考问题，"能以现行

〔1〕上海市图书馆藏：盛宣怀档案，044074－1，《洪允祥日记》。
〔2〕上海市图书馆藏：盛宣怀档案，026502，《南洋公学学生论文集》。
〔3〕上海市图书馆藏：盛宣怀档案，044922，《洪允祥日记等》。
〔4〕王世儒编：《蔡元培日记（上）》，北京大学出版社 2010 版，第 189 页。
〔5〕同上书，第 188 页。
〔6〕上海市图书馆藏：盛宣怀档案，004923，《贝寿同日记》。
〔7〕同上。

事例比阐之,甚佳"〔1〕。

2. 西方法学知识的输入

如这一时期的多数新式学堂一样,南洋公学特班也扮演着输入和启蒙西方先进法学知识的角色,在其学员的作文和日记中,师生间传道授业解惑的过程清晰可见,特班师生对法不溯及既往、三权分立、君主立宪制等法学概念均有细致的讨论。〔2〕

有趣的是,一方面,大多数特班学生是功名在身的地方生员,入读特班也是为了应试经济特科做天子门生,入学前他们接受的是传统的四书五经教育,这也符合特班"专收学识淹通,年力强健各生肄业西学"的入学要求。〔3〕1901 年特班举行的招生考试,校方并未对西学加以考察。〔4〕同时,南洋公学的培养目标是造就忠于清廷的洋务人才,因此公学的尊孔与忠君表现得非常突出。每逢朔望,公学总办会率全体师生排队至礼堂行三跪九叩礼谒圣,每年农历八月二十七日孔子诞辰均会悬灯结彩放假庆祝。〔5〕彼时上海的革命党运动风起云涌,校方也一再上表清廷声称竭力保护公学不受侵害:"前年上海革命自由诸党纷纷煽惑公学,该令尤能约束生徒。"〔6〕此外,特班的生员也多胸怀报国之志,这一点在他们的吟诗中亦可窥见:"报国驰驱始,忧时涕泪频。有家休话别,去去饱风尘。"〔7〕"何人死报君恩重,为诵离骚吊国殇。""蓬蒙书生成底事,杞天低处只愁哦。"〔8〕

另一方面,这些生员通过研读《法学通论》《国法学原理》《宪法精理》等法学著作,对西方法制与晚清时局有了自己的见解,这些书籍除了引介法学知识外,也起到了传播西方政治思想的功效。如学员研读的《宪法精理》一书即"采集各国宪法

---

〔1〕上海市图书馆藏:盛宣怀档案,004923,《贝寿同日记》。
〔2〕上海市图书馆藏:盛宣怀档案,044357-3,《王世澂日记》。
〔3〕盛宣怀:《批复南洋公学设立特班》,载《交通大学校史》撰写组编:《交通大学校史资料选编(第一卷)》,西安交通大学出版社 1986 年版,第 39 页。
〔4〕蔡元培:《记三十六年以前之南洋公学特班》,载《交通大学校史》撰写组编:《交通大学校史资料选编(第一卷)》,西安交通大学出版社 1986 年版,第 66 页。
〔5〕参见俞子夷:《回忆蔡元培先生和草创时的光复会》,载中国蔡元培研究会编:《蔡元培纪念集》,浙江教育出版社 1998 年版,第 71 页。
〔6〕盛宣怀:《奏议:兵部右侍郎盛奏保南洋公学教习片》,载《教育杂志(天津)》1905 年第 6 期。
〔7〕上海市图书馆藏:盛宣怀档案,087891,《出塞留别诸友》。
〔8〕洪允祥:《感怀》,载宁波诗社编:《宁波诗词》,团结出版社 1989 年版,第 70 页。

正文,述其成立之所由","详论宪法之原理,而举列国现行宪法为例",书中对宪法的意义、主权、国民权利都有详细介绍,蕴含颇多在当时视为"激进"的观点,如在其序言中就断言:"公理日明,人人终有求其自由之一日,则国必易人之统治而代以法律,此一定不易之时势也。"〔1〕这也恰恰是校方所担心的,张美翊就颇为忧虑,并且劝诫盛宣怀应该引进"心术端正"的人员,不宜让蔡元培编译孟德斯鸠和卢梭等人的著作,唯恐"致扬民权之焰":

> 近闻学堂及在日本官派学生多倡平权自由甚,且昌言革命覆满,实亦清议国民等报,及新出译书汇编等书惑之,……蜇仙、叔蕴言,如延蔡鹤顷编译东文书,须先为慎择,勿从事于法人孟德斯鸠及卢骚之书,致扬民权之焰,其裹校亦应引进心术端正之士。〔2〕

作为受众的特班生员,接收这些知识时的认知也体现出了浓厚的时代特征,如学生对《宪法精理》一书中"人民权利"一节的理解就颇值得玩味,该书罗列了人民应当有起诉、服官、尊信、迁徙、鸣愿等十三项权利,在讨论这些权利与"我国现行法制"有无违合时,学员将它们分为完全者(赴诉、服官、尊信)、有而不完全者(产业、本身、家宅)、公认者(书函)等七类,并且认为当时的法制环境下,人民权利已大有改观:"今兹所行,虽仍不出乎君主有权,人民无权之成见,然其二千年传来之专制君权,其程度固已大退。君主之权少减,则人民之权渐进,故得於日渐之恢复者有之。"〔3〕

在诸项权利中生员们认为最不发达者是参政权,这也是造成"彼日强而我日弱"的症结所在:"平民不准议论朝政,生员不许有所建白,参政之权,我国所极不自由者也,……泰东西均转而为公民国家,而我国犹墨守其专制政体与之角逐,彼日强而我日弱,非大昌参政之权而起人人之国家思想以抵之,则计将安出哉。"〔4〕中西权利的不同,实是两者对自由的见解存在差异:"盖欧人之自由,以法律为范围,

〔1〕《宪法精理》,载梁启超主编:《壬寅新民丛报汇编》,1902年版,第855页。
〔2〕上海市图书馆藏:盛宣怀档案,044967,《张美翊致盛宣怀函》。
〔3〕上海市图书馆藏:盛宣怀档案,044923,《贝寿同日记》。
〔4〕同上。

以侵人之自由为界限,故人有之而安,国有之而强,而我政府所忌所疾之自由,则非欧人所宝之自由也,疑自由将侵我法律也,则靳之,疑自由之将犯我君父也,则靳之。"清廷将自由视为无父无君违法乱序之病根而限制之,生员们则认为如欲强国必先解自由之义,完全赋予人民权利:"自由之解一日不明,则人民权利一日不全,人民权利一日不全,则公民国家一日不立,公民国家一日不立,则立宪政体一日不成立,立宪政体一日不成,则私人与公民争,专制之国家与合群之国家争,何以言内政,何以言外交,何以强种,何以强国。"[1]

除了对自由和权利有了自己的见解外,在生员的作文中还反映出了他们在国民和臣民的身份间徘徊,对于君主权力的迷惑与身陷专制的挣扎:"君政之弊常至于君重民轻,上下背戾,共和之弊在国民逞威权专横无不至,故调和君民使之连合巩固,莫若立宪君治政体。"[2]生员们既苦于专制之弊,又不能悖君君臣臣之纲常:

> 国君者,国家第一之臣仆。斯言也,自辜王弗利德力飞言之,则为格言,而自臣民言之,则固大不可也。国民者,诚不可无独立不羁之精神,然苟至以臣仆视其君,则孔子所谓君君臣臣之义又安在。故国君能以臣仆自居,而不以帝天自视,而国民则恪守尊亲之义,其斯为君臣各得之道欤。
> 蔡元培批语:臣仆者,犹言办事之人耳,非恶名也。[3]

蔡元培对"臣仆"的解释,不仅像是对生员的一种宽慰,更似一种理念的灌输,间接地认同了国君即为臣仆的论断,否定了君君臣臣的纲常思想。正是在这样的教育下,生员们的思想发生了渐变。

1902年,南洋公学爆发了轰动一时的"墨水瓶事件"。在生员对校方的声明中,除了控诉管理层的专制以外,他们也借宪法原理中的权利义务概念表达了不甘为奴的思想,由此亦可见,生员对执政者与国家在认识上有了根本区别,体现出了

---

〔1〕上海市图书馆藏:盛宣怀档案,044923,《贝寿同日记》。
〔2〕上海市图书馆藏:盛宣怀档案,044926,《邵闻泰日记》。
〔3〕同上。

法制思想的转变：

> 欧美各国宪法夙立，权义分明，为国民者即使仅有服从法律勤勉义务之思想已为幸福，而学校之中一切规则课程，殆无不适宜于学生者，其学生守分修业固已可矣。我国政界顽野已极，非有改革思想者殆不得为国民，而学校行政其顽野亦复不逊政界。使於学生思想中惟留服从之一点，而其余之一切排去之。则今日为学校之奴隶，他日为政府或外人之奴隶而已，於我国何裨焉？[1]

3. 近代法学教育的引路人

近代法学教育在萌芽时期的成长，少不了无数引路人的努力，例如京师同文馆的丁韪良、北洋大学堂的丁家立、湖南时务学堂的梁启超等等。他们作为启蒙者不仅引介了西方的法学知识，而且也推动了新式的法律教学模式的发展。南洋公学特班亦不例外，总教习蔡元培在其中扮演了重要的角色，由其教学活动亦可瞥见近代法学教育模式的演进。

1901 年，因刘树屏与盛宣怀的情谊，由刘氏推荐，蔡元培被聘任为南洋公学特班总教习。[2] 刚刚见证戊戌政变的他，便发现如欲自强，必先改变人们的思想与社会的风俗："戊戌之变，元培在京师，历见其终始。……居今日而欲自强，其必自人心风俗始矣。"[3] 南洋公学特班也就此成为蔡元培践行自己教育理念的平台。

在特班的教学中，蔡元培常常通过试题、评语等形式引导和启发学生的求知欲："斯时吾师之教人，其主旨何在乎？盖在启发青年求知欲，使广其吸收，由小己观念进之于国家，而拓之为世界。又以邦本在民，而民犹蒙昧，使青年善自培其开发群众之才，一人自觉，而觉及人人。"[4] 学生每次上交的读书笔记，蔡元培都会

---

〔1〕《南洋公学腐败历史之余录》，载《选报》1902 年第 35 期。

〔2〕高平叔：《蔡元培与南洋公学特班》，载南开大学历史研究所编：《南开大学历史研究所建所二十周年纪念文集 1979—1999》，南开大学出版社 1999 年版，第 249—250 页。

〔3〕蔡元培：《戊戌心迹》，载朱鸿召编选：《子民自述》，江苏人民出版社 1993 年版，第 17 页。

〔4〕黄炎培：《吾师蔡孑民先生哀悼词》，载中国蔡元培研究会编：《蔡元培纪念集》，浙江教育出版社 1998 年版，第 92 页。

亲自批改并加注批语,加以指导,如下列王世澂的作文即是如此:

> 今虽各行省议立学堂,然人皆知书,尚需时日,则莫若用演说法,择乡邑之有声望者,随时以此理开导,使夫吾国之民,晓然于国家之重收租税,皆为我民之故。然后详审利弊,精择而切行之,而后可也。
>
> 蔡元培批语:今日非设议院不可,演说尚恐空言不足以动之。[1]

当然,评阅的范围并不仅限于读书笔记或札记,乃至学生的日记及译稿也会随时抽查评判,这实际也是盛宣怀的要求,"嗣后所造浅深,当不难于日记中考核"。[2]对于这种严苛的审查,学生们感到了不少压力:"今者教习每日莅课堂,三十余人所有日记译本,皆一一评判之。虽三家村学究,不劳于此矣。虽然此其形式也,若以精神论之,似有进乎此者。"[3]

通过这一形式,蔡元培将民主法制的思想灌输给了学生,变其心移其俗:"我国苦专制久矣,诚以诸君宗旨之正而引而申之,扩而充之,以灌输立宪思想于国民之脑中,则政体改革之机,必有影响于是者。"[4]一方面,从其布置的周课题和月课题的题目中可以看出这一行为,周(月)课题的频率为每周(月)一次,由蔡元培命题,交学生作答,再由蔡氏批阅点评,类似的题目有:"问立宪政体不可破之主义何在?""问立宪君主体与民主政体之异同?"[5]这些题目的设置都带有明显的倾向性,意在破除学员固有的认识。另一方面,还体现在评语之中,在讨论民智未开是否宜设议院时,学员认为:"国家为国民之形体,有一定通共之民意,以成一切法律之本原。国民既为国家之一体,于公理宜有国家之责,若必待其已开化而与之,则国家将专任权势,以虐视人民,其极至举全国而委于暴君强相,使国民皆为奴隶,而

〔1〕上海市图书馆藏:盛宣怀档案,044926,《邵闻泰日记》。
〔2〕《南洋公学添设特班是为应经济特科之选》,载《交通大学校史》撰写组编:《交通大学校史资料选编(第一卷)》,西安交通大学出版社1986年版,第40页。
〔3〕上海市图书馆藏:盛宣怀档案,044074-1,《洪允祥日记》。
〔4〕《在杭州方言学社开学日演说词》,载高平叔编:《蔡元培全集》第一卷,中华书局出版社1984年版,第126页。
〔5〕上海市图书馆藏:盛宣怀档案,044922,《洪允祥日记等》。

永远绝文明自主之宪法,终古无望开化矣,故欲通民智必自设议院始。"〔1〕时值以康梁为代表的立宪派鼓吹国人民智未开,不宜贸然设立议院之主张,如梁启超的"古议院考"就断言民智未开而设议院是取乱之道,〔2〕并且,在其主持湖南时务学堂教务时,这一思想还影响到了学员:

> 李泽沄问:今欲仿泰西之法,设立议院,使民权得其上达,亦古者议
> 市谤朝之遗意也。不知可复行否?
> 教习韩批:民智开乃行。〔3〕

蔡元培则在其学生的作文中,不仅明确指出开设议院是有利无弊之举,无须等待民智启蒙,而且赞扬学生的论辞乃是破立宪派之顽梦:"纯依公理著笔,虽于有利无弊之实际未书发明,而强证隽辩,亦是破顽梦矣。"〔4〕得益于蔡元培的指点,特班学生更加晓然革命的意义:"特班生类皆优于国学,得先生之陶冶,益晓然于革命大义。"〔5〕

当然,蔡元培的教育思想也引来了守旧的公学管理层的反感,如盛宣怀就对其过新的思想颇有意见:"蔡鹤顷太史学问甚美而思想过新,往往舍科学而设哲理,虽哲学亦西儒心得之一门,然不可以躐科学之等而为之,致蹈日本国民教育资料所称十五六年前之覆辙。"〔6〕张美翊更直呼其为传播民权革命的"怪物":"蔡鹤顷真是怪物,据特班生未散者言,培老所定课程一不遵守其宗旨,每月一变。今日言恳亲,明日创哲学,而大要以民权革命,立会演说为目的(此等字眼甚为讨厌!)。"〔7〕

1902年因"墨水瓶事件"爆发,南洋公学200余名学生愤然离校,〔8〕在中国教

---

〔1〕上海市图书馆藏:盛宣怀档案,044924-7,《论者多谓民智未开不宜设议院然否》。
〔2〕(清)梁启超:《古议院考》,载《梁启超全集》第一册,北京出版社1999年版,第62页。
〔3〕徐涤珊:《湖南时务学堂学生日记类钞》,三通书局1914年版,第53页。
〔4〕上海市图书馆藏:盛宣怀档案,044924-7,《论者多谓民智未开不宜设议院然否》。
〔5〕蒋维乔:《民国教育长蔡子民之历史》,载《申报》1912年1月8日,第7版。
〔6〕上海市图书馆藏:盛宣怀档案,044179-2,《盛宣怀至张百熙函》。
〔7〕《张美翊致盛宣怀函》,载上海图书馆编:《盛宣怀档案选编》,上海古籍出版社2015年,第250页。
〔8〕《爱国学社之建设》,载《选报》1902年第35期。

育会的帮助下组建了爱国学社。[1] 蔡元培在其中发挥了重要作用,时评亦谓生员牺牲保举机会相率退学,实受蔡元培的影响:"特班生亦牺牲其保举经济特科之资格,而相率退学,论者谓子民平日提倡民权之影响。"[2]盛宣怀也将这一事件的过错归咎于他:"因之诸生如钟枚、贝寿同两人时有嚣张不靖之气,鹤顷既未先事戒劝,而临事旋即辞去,尤可怪者。"[3]张美翊更是认为这一事件中蔡元培是不知大局"诚不能为之恕耳":

> 方此次中院事起,特班嚣张者请示鹤顷,应否干预?蔡答以干预尽好,但不可有始无终,遂如火燎原,不可收拾,钟枚等不足责,独蔡以翰林而不知大局,诚不能为之恕耳。[4]

由此可见,蔡元培在特班教学中发挥的个人影响之大。当然,以蔡元培为核心并借鉴书院制的教学方式也存在着一些短板。例如,尽管蔡元培教授日语时推广了和文汉读法,但他的日语水平有限,"我不能说日语,但能看书,即用我的看书法教他们,他们就试译书"[5],导致了学员对于日文语法也存在很多难解的问题,自学法学知识亦有一知半解,而教员无法察觉的情形:"初六日,阅《法学通论》第六节第二款,此下未经改正,颇难通晓,以意揣之,略知大意而已。……连日阅东文,颇觉烦难,虽有译本对校,可云其大意,然于其用字之法,尚多未了。"[6]因此,在这种模式下,教师实际上仍不能深入了解学员对于法学知识的掌握程度。

至此,我们可以看到在这一时期法学已有成为一门专门科目独立出现的迹象,至少在新式法学教育体系建立之前,一些书院和新式学堂确已存在比较法学、英美法学、部门法学教育的精神,其教学方法、内容和范围已成雏形,这已超越了我们对这一时期法学教育的既有认识。当然,在教育水准方面和清末新政后逐步确立起的

---

〔1〕参见陈科美主编:《上海近代教育史1843—1949》,上海教育出版社2003年版,第158页。
〔2〕蔡元培:《传略》,都昌,黄世晖记,载蔡元培:《蔡子民先生言行录》,山东人民出版社1998年版,第5页。
〔3〕上海市图书馆藏:盛宣怀档案,044179-2,《盛宣怀至张百熙函》。
〔4〕《张美翊致盛宣怀函》,载上海图书馆:《盛宣怀档案选编》,上海古籍出版社2015年,第250页。
〔5〕崔志海:《蔡元培自述》,河南人民出版社2004年版,第34页。
〔6〕上海市图书馆藏:盛宣怀档案,044357-3,《王世澂日记》。

法学教育体系相比尚有一定的距离,具体而言,主要表现在以下几个方面:

首先,法学学科教育体系尚未建立。无论是新式书院还是学堂,在教学方法上仍未与传统的书院模式完全脱离,教育宗旨上多受洋务派"中体西用"思想的影响,课程中充斥着大量经史大义的内容,法学知识在课堂教学中常与四书五经的内容纠缠在一起,学制的设置也并不科学,有层次有计划的法学学科教育体系尚未确立起来。例如,1897 年创设的直隶畿辅学堂,其公法和刑律仍与十三经、二十四史、正续通鉴等课程混合讲授,并未独立出来,[1]因此,专门的法学教育仍在朦胧中摸索。

其次,专门的部门法教育并未形成。多数学校在具体的教学活动中存在着"诸法合体"式的现象,校方缺少专业的部门法教师,这就导致实际教学的质量并不高,各部门法的内容时不时穿插讲授,造成了学员的法学知识体系支离破碎。例如,1903 至 1906 年京师大学堂政法教习仅陆世芳一人。[2] 这一现象直至新政后都没有得到彻底改观,1907 年北洋大学堂就因仅有林文德(Edgar Pierce Allen)教授法律学,刘国珍教授中国法律,[3] 受到了学部的训斥:"所招学生普通学之素养未深,致教习虽有学力合度者,成绩大减于旧。宜增添高等教习,改良校舍,推广名额,以期进步。"[4]此外,许多部门法课程的讲授仅触及一些基本的法律理念,对具体的法律法规并不做衍生讲解,尚没有形成系统且专门的部门法教育。

最后,整体的教学更加偏重于公法。当然,"公法"的范围已不再单单局限于"交涉公法"一类的课程,刑法、行政法、宪法等课程都已进入课堂。但是,"私法"课程的数量则相对较少,多数学校对民商事类的法学课程并不重视,例如湖南时务学堂的法学教育中私法的内容很难寻觅:"一曰公法学,宪法、民律、刑律之类为内公法,交涉、公法、约章之类为外公法。"[5]即使是京师大学堂的仕学馆,其法律学的课程也仅有民事诉讼法,民法和商法则归入了政治学。[6] 这一问题当然与救亡

---

〔1〕参见朱有瓛主编:《中国近代学制史料》第一辑下册,华东师范大学出版社 1986 年版,第 724 页。

〔2〕参见朱有瓛主编:《中国近代学制史料》第二辑上册,华东师范大学出版社 1987 年版,第 913 页。

〔3〕《奏派调查直隶学务员报告书》,载《学部官报》1907 年第 22 期。

〔4〕《奏派调查直隶学务员报告书》,载《学部官报》1907 年第 21 期。

〔5〕《时务学堂功课详细章程》,载《湘报》报馆编:《湘报·下:96—177 号》,中华书局 2006 年版,第 940 页。

〔6〕仕学馆法律学课程包括:刑法总论及分论、刑事诉讼法、民事诉讼法、法制史、罗马法、日本法、英吉利法、法兰西法、德意志法;政治学课程包括:行政法、国法、民法、商法。参见《钦定京师大学堂章程》,载朱有瓛主编:《中国近代学制史料》第二辑上册,760 页。

图存和变法新政的政治背景有关，一定程度上也可能是"重公法轻私法"传统法制观念的延续。

第二节 "补助国立各校之不及"：民初上海的法学教育

辛亥革命后，民国肇建，百废待兴，需才孔亟，新政权马上开始筹备建立新的高等教育体系，这也给法学教育带来了新变化。1912 年 10 月 24 日，北京政府教育部公布了《大学令》，次年又公布了《大学规程》，确立了"大学以教授高深学术，养成硕学闳材，应国家需要为宗旨"，两部法律明确规定了大学分为文科、理科、法科、商科、医科、农科和工科，而法科又下分法律学、政治学和经济学三门，修业期限定为 3 年。[1] 1912 年 11 月 2 日，教育部又颁布了《法政专门学校规程》，以养成法政专门人才为宗旨，修业年限定为 3 年，[2] 法学教育逐渐体现出层次性。

另一方面，北京政府对高等教育持全面放开之态度，准予私人或私法人设立大学，一改前清对私人兴办法学教育的限制，这也给上海法学教育的发展带来了契机，沪上法律人抓住机遇开时代之先例，一时间各种私立法律院校蜂拥而出。但与此同时，办学浮滥的问题也逐渐出现，带来的结果即是教育部的严厉整顿。而在整顿过后，留给上海法学教育的环境则是一片萧条，但私人兴学的活动并未偃旗息鼓，而是以另一种形式重新出现，为近代上海法学教育注入了再兴的力量。

一、私立法校与转瞬即逝的兴学热潮

自 1912 年至 1914 年，短短 3 年间，沪上新增的华资法学院校就有 14 所之多，[3] 这还是排除了大量函授学校统计的。这些学校全部由私人兴办，而之所以能如此快速的发展，主要得益于以下几点：

---

[1]《大学令》，载《政府公报》1912 年 10 月 26 日，第 178 期。《大学规程》，载《政府公报》1913 年 1 月 17 日，第 251 期。

[2]《法政专门学校规程》，载《政府公报》1912 年 10 月 4 日，第 187 期。

[3] 笔者以 1912 至 1915 年间《申报》招生广告为统计数据，这一时期，上海华资法律院校有以下 14 所：女子平权两等学堂、神州大学、民国法律学校、中华法政大学、民国法政大学、女子法政学校、南京民国大学、上海民国大学、南洋高等监狱学校、中华高等监狱学校、中国公学专门部、中华法律专门学校、南京民国法政大学、中华律师大学。

首先,归因于公立法学院校的缺失。1912 年时全国国立大学仅北京大学一所,至 1918 年也仅添设了北洋大学和山西大学,[1]公立法政专门学校在民国元年之后发展迅速,到 1915 年时已建立 22 所法政专门学校,[2]但从未有一所在上海设立。这一情况,直到 1927 年国立暨南大学开设法律系才得以改变。

其次,从沪上法校的招生情况看,学生学习法政的热情十分高涨。以民国法律学校为例,1912 年 5 月该校拟招新生百名,[3]至 9 月开学时又有学生报名,招生已达 200 多人,校方只能对"已有法政修业程度"的报名者,准予插班学习的方式扩招。[4]此外,对于未能入读的学生,各校采取开设校外课(函授)的方式满足,如神州大学、[5]中华法律专门学校、[6]中华法政大学等皆是如此,"来学者日益繁多,兹为普及法律智识起见,仿照东西各国校外课章程,发行校外讲义。"[7]

最后,还得益于政府所持的开放政策。"民国初成,专门人才,需用甚殷。"[8]只不过中央政府教育经费支绌不堪,但又需才尤甚,而沪上私立法校的出现解决了这一难题。因此,不少学校在呈请批准立案时获得了嘉许,"该创办人组织民国大学预储法学人材,深堪嘉许。"[9]"该创办人为保障人权起见,设立大学预储法学人材,深堪嘉许。"[10]又恰如民国法律学校获得的官方评价:"该校董等组织法律学校培养法学人才,当此人财两困之时,实足以为国立学校之辅助。"[11]言语中不乏透露出了中央政府的困窘。因此,自民国建立以后,私立学校成为近代上海法学教育的主体,它们的成长也弥补了国立学校缺失的影响,体现出了私人兴学的活力。

---

〔1〕第一次中国教育年鉴编审委员会:《第一次中国教育年鉴丙编——教育概况》,开明书局 1934 年版,第 14 页。

〔2〕《教育行政部纪要》,载沈云龙主编:《近代中国史料丛刊三编(第十辑)》,文海出版社 1986 年版,第 136 页。

〔3〕《民国法律学校额满广告》,载《申报》1912 年 5 月 19 日,第 1 版。

〔4〕《法律学校开学纪》,载《申报》1912 年 9 月 4 日,第 7 版。

〔5〕《神州大学招生并发行校外讲义》,载《申报》1912 年 8 月 1 日,第 1 版。

〔6〕《中华法律专门学校招插班生》,载《申报》1913 年 8 月 13 日,第 4 版。

〔7〕《中华法政大学校外讲义广告》,载《申报》1912 年 11 月 28 日,第 1 版。

〔8〕《大事记》,载《教育杂志》1912 年第 4 卷第 6 期。

〔9〕《批朱兴汾等组织民国大学呈请立案并请颁钤记由》,载《司法公报》1912 年第 3 期。

〔10〕《司法部批中华律师大学创办人邵庸舒等立案呈》,载《政府公报》1912 年第 179 期。

〔11〕《批民国法律学校呈请立案由》,载《司法公报》1913 年第 4 期。

除能弥补国立学校数量不足之外,造就法政专门人才也是沪上私立法校的一项重要任务,如朱兴汾发起的民国法律大学便宣称:"民国初建,以普及法学为基础,各省创设法校大都速成科及别科,不过应法官考试之预备,然司法独立尚少专材,兹有朱君兴汾在沪发起民国法律大学,仿照京师法律学堂,养成专门人材。"〔1〕此外还有"养成监狱官吏人才为宗旨"的监狱学校,如南洋高等监狱学校、中华高等监狱学校等。〔2〕

但从整体而言,这一时期的法校仍是以普及法律知识为主,如中华法政大学校长黄庆澜在开学典礼上的发言,即视法律为人人所应具备的知识,"爰发宏愿,将使人人有法律知识,以为嘉禾之生,必先播种。"〔3〕因此各校起步相对较低,主要以别科、讲习所等形式招生。如 1912 年唐景崇、唐文治、严复等人发起的神州大学,〔4〕初设的法政讲习所即"系为普及计"。〔5〕

在这些学校中,不得不提著名的民国法律学校,该校创立于 1912 年 3 月,创校宗旨:"以法学知识普及为目的,养成法律人材,增进公民程度,为民国建设时必需之预备。"〔6〕该校由南京临时政府司法部总长和次长伍廷芳、吕志伊,外交部总长和次长王宠惠、王正廷,以及教育部总长蔡元培,内政部次长居正等人联名发起,由伍廷芳任校长,杨天骥任教务员,创校初衷是考虑到民国肇建后,未来国家的政治措施必须根据法律来实行法治,故而要造就有民国法律新知识的干部,以应实行法治的急需,并且采取别科制以求速成。〔7〕但对于校方而言,普及法律知识则是首要任务,"廷芳等创立是校之初心,原冀以法律常识浸淫社会,补助国立各校之不及。"〔8〕这一宗旨也得到了校内同仁的认可。〔9〕此外,从该校的招生广告中,我们也可以看见,其旨在树立权利意识,传播法律知识的决心:

---

〔1〕《法律大学出现》,载《申报》1912 年 10 月 29 日,第 7 版。
〔2〕《司法部直辖南洋高等监狱学校迁移广告》,载《申报》1913 年 9 月 2 日,第 1 版。《中华高等监狱学校招二年级插班生》,载《申报》1914 年 2 月 13 日,第 12 版。
〔3〕《中华法政大学开学纪盛》,载《申报》1912 年 9 月 7 日,第 7 版。
〔4〕《神州大学法政讲习所招生》,载《申报》1912 年 3 月 13 日,第 3 版。
〔5〕《神州大学紧要告白》,载《申报》1912 年 3 月 26 日,第 1 版。
〔6〕《民国法律学校专章》,载《申报》1912 年 3 月 11 日,第 7 版。
〔7〕参见梁烈亚:《上海民国法律学校的创立和解散》,载上海市政协文史资料委员会编:《上海文史资料存稿汇编 教科文卫》,上海古籍出版社 2001 年版,第 126 页。
〔8〕《私立法政学之抗议》,载《申报》1914 年 2 月 3 日,第 10 版。
〔9〕《民国法律学校开校记事》,载《申报》1912 年 4 月 6 日,第 7 版。

民国成立,人人有享共和国民之幸福。欲享共和国民之幸福,必先具有共和国民之资格。鉴□淘汰立见,适者生存,不适者亡,此天演公例也。今欲为共和国民之预备,必先具有完全法治之常识。本校同人有鉴于此,首先组织民国法律学校。先办别科,广设学额,专以法学知识为目的,是我国民得以备少数之学费,最短之时间而能增进各种法科之知识,以之保护私权、恢张公益,于民国前途影响甚大。凡我同胞,宜速注意。[1]

为此,该校还另设法律讲习班,半年即可毕业,"专收商界及学龄稍长求得法律常识者。"[2]同时,"为图普及法律智识起见",增添了校外函授科。[3]

从民国法律学校的课程中我们可以窥见沪上法学教育的特点,民国法律学校初设别科,仅一年三学期,第一学期:法学通论、比较宪法及宪法大纲、刑法(总论、各论)、民法(总则、物权)、法院编制法;第二学期:民法(债权、亲族、相续)、商法(总则、海商法、保险法、商行为、手形法)、行政法(总论、各论、地方自治)、民事诉讼法、刑事诉讼法;第三学期:商法(会社、契约)、国际公法(平时、战时)、国际私法、中国法制史、监狱学。[4] 校外科中还设有英美法的课程。[5] 相比前清《奏定大学堂章程》的规定,沪上法校的课程更加专业和现代化,对比民初《法政专门学校规程》的设计,[6]沪上法校的课程又多了几分比较法的色彩。

值得注意的是,这一时期法校兴盛背后有法律人群体的推动,如上海民国大学(原民国法律大学)校长朱兴汾(时任浙江高等法律顾问官),[7]中华法政大学校长黄庆澜(时任上海地方审判厅厅长)、民国法律学校校长伍廷芳(前南京临时政府

---

〔1〕《民国法律学校》,载《申报》1912年3月5日,第1版。
〔2〕《民国法律学校广告》,载《申报》1913年8月23日,第1版。
〔3〕《普及法律智识之手续》,载《申报》1912年7月20日,第7版。
〔4〕《民国法律学校专章》,载《申报》1912年3月11日,第7版。
〔5〕《民国法律学校增设校外科简章》,载《申报》1912年5月18日,第1版。
〔6〕"宪法、行政法、罗马法、刑法、民法、商法、破产法、刑事诉讼法、民事诉讼法、国际法、国际私法、外国语等,刑事政策、法制史、比较法制史、财政学、法理学为任选择择一门上。"《法政专门学校规程》,载《政府公报》1912年第187期。
〔7〕《司法部批原具呈人现充浙江高等法律顾问官朱兴汾等》,载《政府公报》1912年第201期。

司法部总长)、中华律师大学校长吕志伊(前南京临时政府司法部次长),及神州大学实际创办人张君劢,无一不是法律人。故而,上述各校的办学理念也是法律人教育思想的体现,而普及法律知识之所以成为办学之主流,亦源于这些法律人对上海法学教育形势的判断:

> 上海地方为交通利便之区,故文明输入为得风气之先,近十年来学堂林立,各科学亦逐有进境,自去年光复,推倒专制,共跻共和,三权分立以符国制,各省各地行政司法各机关均已次第成立,而上海之司法机关尤视他处为前提。……爰发宏愿,将使人人有法律知识,以为嘉禾之生,必先播种。上海虽一隅地,而华洋杂处,对内对外之观念最易感发人之心思,必使人人研究法学□几有以自防,亦即为将来收回治外法权之根据。[1]

可以发现,这些法律人具有敏锐的时代嗅觉,在民国律师制度确立以前,即 1912 年 9 月 16 日《律师暂行章程》颁布之前,上海就已有筹设培养律师的专门大学,即中华律师大学,该校旨在"养成民国律师专门人才",但同时也是志在培养未来的法官,"仿外国,法官资格必须从律师出身,中国尚无是项专门人才,本校办此专为养成律师及法官资格起见。"[2]大学正科毕业者授予学士律师学位,别科毕业者授予业士律师学位。有趣的是,该校开学之日,也是《律师暂行章程》颁布之日。[3]

此外,这一时期法政教育的发展,还以女子法政教育为先声。[4] 1911 年时,李平书就创办了女子法政学校,"初,辛亥之冬,各省女学生以义务募饷名义来沪者颇多。未几和议告成,咸有进退维谷之势。余心悯之,乃商之同年刘葆良君,就贞吉里空屋,设女子法政学校,先开预科甲乙两班。"[5]不久之后,女子共和协进会也创办了女子平权两等学堂,旨在向女性普及法律知识,进而养成参政能力"世界

---

[1]《中华法政大学开学纪盛》,载《申报》1912 年 9 月 7 日,第 7 版。
[2]《中华律师大学校专章》,载《申报》1912 年 6 月 30 日,第 7 版。
[3] "A College for Lawyers", *The North-China Daily News*, November 17, 1912.
[4] 参见孙慧敏:《制度移植:民初上海的中国律师(1912—1937)》,中研院近史所 2012 年版,第 111 页。
[5] 李平书:《且顽老人七十岁自叙》,载熊月之主编:《稀见上海史志资料丛书》第三册,上海书店出版社 2012 年版,第 405 页。

共和,凡我同胞应得平等之权利。然须有平权之学识方可享平权之利益。夫女学□兴已久,政治法律,群英辈出,苦不能普及大千为恨。本会有鉴于此,特创女子平权速成学堂,分高等级、初等级,具有普通习识者入高等级研究政治法律,养成参政程度。目不识丁者入初等级,俾成普通智识,以补从前失教育之缺点,此学堂实为女子进化相关,务祈女界同胞注意。"〔1〕可惜的是,女校的存在时间并不长,1913年8月女子法政学校即因经费问题而停办了,〔2〕女子平权两等学堂也销声匿迹了。

二、山雨欲来:整顿与上海法学教育市场

1912年民国初成,北京政府就着手制定《大学令》和《专门学校令》,意在确定人才培养目标,"大学以教授高深学术,养成硕学闳才,应国家需要为宗旨。"〔3〕"专门学校以教授高等学术,养成专门人才为宗旨。"〔4〕而法政专门学校以"养成法政专门人才为宗旨",〔5〕其入学资格定为"须在中学校毕业,或经试验有同等学力者。"但在"法政人才需用孔亟"的情况下"自应量为变通",于是1912年教育部颁布了《暂准法政专门学校设立别科令》:

> 专门学校令现经公布,查旧设法政学堂,多于本科、预科之外,设立别科,并有不设本科而专设别科者,按之专门学校性质,殊属不合。此次专门学校令,已将别科删去。惟现时民国肇建,法政人才需用孔亟,自应量为变通,准于法政专门学校暂设法律别科、政治经济别科,考取年在二十五岁以上具有国学根底者,入校肄业,三年毕业。其学科科目,得由校长按照本科酌量减少。此项考取别科学生事宜,至民国四年七月三十一日一律停止。〔6〕

〔1〕《女子共和协进会创办女子平权两等学堂》,载《申报》1912年2月29日,第5版。
〔2〕《女子法政学校停办》,载《申报》1913年8月9日,第1版。
〔3〕《教育部公布大学令》,载《教育杂志》1912年第10期。
〔4〕《教育部公布专门学校令》,载《教育杂志》1912年第10期。
〔5〕《教育部公布法政专门学校规程》,载《教育杂志》1912年第10期。
〔6〕《教育部暂准法政专门学校设立别科令》,载《教育杂志》1912年第9期。

正如有学者指出的，这种别科是专为不具有中学程度者直接学习法政而设立的，实际上是不需任何资格即可入学。[1] 虽然是"不拘一格降人才"，但教育部仍期望各校以严格选材为标准，"诚以法政人才，关系国家至为重大，非绳以严格，不足以培育真才。"[2] 事与愿违的是准予别科招生后，沪上法校蜂拥而起，很多学校仅开设一门别科便可开学。如民国法律学校，"先办别科，广设学额，专以法学知识为目的，是我国民得以备少数之学费，最短之时间而能增进各种法科之知识"[3] 还有如中华律师大学"本大学先办别科、校外科，续办正科"。[4] 此外，一些学校虽不设别科，但却以性质类似的讲习科、补习班的名义招生，如神州大学即以法政讲习部招生，"本大学现办之法政讲习部，系为普及计，非为速成计。下学期即须开办专门部及大学豫科。诸君在讲习部肄业者亦可插入。"[5]

同时，别科的入学资格也在实践中进一步降低，一些学校准许"中学毕业与中学相当程度曾在法政讲习所修业或听课者，民国地方议会地方自治各种暂行章程合公民资格者"入学，[6] 甚至连教部规定的毕业期限 3 年的要求都没有达到，如民国法律学校和中华律师大学等设置别科的法校仅需一年三学期便可获得学位。[7]

别科如此低的入学标准及修习年限，对学生非常有吸引力，而上海的法校又对外宣称其毕业文凭可应文官和法官考试，如神州大学即宣称"其学法政者得应文官、法官考试"，[8] 还有如中华法政大学"闻已在司法教育两部注册，一经毕业即可应高等文官、法官、律师各项考试"。[9] 因此，各校学生数也随即激增，1913 年时私立民国法律学校学生数达 546 人，私立神州大学学生数有 430 人，即使如私立中华法政专门学校也有 260 名学生。[10]

[1] 参见王健：《中国近代的法律教育》，中国政法大学出版社 2001 年版，第 217 页。
[2]《教育部令各省法政学校遵照部令办理布告》，载朱有瓛主编：《中国近代学制史料》第三辑上册，华东师范大学出版社 1990 年版，第 614 页。
[3]《民国法律学校》，载《申报》1912 年 3 月 5 日，第 1 版。
[4]《中华律师大学校专章》，载《申报》1912 年 6 月 30 日，第 7 版。
[5]《神州大学紧要告白》，载《申报》1912 年 3 月 24 日，第 3 版。
[6]《民国法律学校》，载《申报》1912 年 3 月 18 日，第 1 版。
[7]《中华律师大学校专章》，载《申报》1912 年 6 月 30 日，第 7 版。
[8]《神州大学招生并发行校外讲义》，载《申报》，1912 年 8 月 1 日，第 1 版。
[9] 黄炎培：《教育前途危险之现象》，载《东方杂志》1913 年第 12 期。
[10]《民国法律学校》，载《申报》1912 年 3 月 5 日，第 1 版。

在招收了如此多的学生后,为兑现招生时的承诺,校方开始努力向新政府争取其毕业生的待遇。清末京师法律学堂学生享受毕业后可酌予免法官考试,改任法官的待遇,[1]民国肇建,法官任用相关法律还未制定,沪上各校就希望其毕业生能享受前清京师法律学堂毕业生的待遇,但得到的答复却是"碍难照准":

> 呈及专章均悉,该创办人组织民国大学预储法学人材,深堪嘉许。仰先呈教育部批准后再行呈由本部备案,至呈称援照京师法律学堂毕业后免予法官考试一节,查本部前与教育部所定画一办法,对于各处公立私立学校均准自由设立报部备案,仍由本部与教育部认真查核,随时认可。至已认可之学校准有应何项考试之资格,日后自有法律规定,曾经录登公报在案,如该校资格相符,自在随时认可之列,所请免予法官考试之处,碍难照准,此批。[2]

民国法律学校也得到了司法部类似的答复:"至与试法官资格一节,系属于法律范围,不日法官考试法公布后,自有规定明文,将来应否与考,届时自不难解决,仍望该校董等对于该校力求完备,以宏造就。"[3]

1913年,北京政府颁布《甄拔司法人员准则》,作为《法院编制法》的补充,以及《司法官考试章程》未出台前的过渡办法,该章程规定受甄拔的司法人员须具有以下条件之一:

> 一、在外国大学或专门学校修习法律或法政之学3年以上得有毕业文凭者;二、在国立或经司法总长、教育总长认可之公立大学或专门修习法律之学3年以上得有毕业文凭者;三、在国立或经司法总长、教育总长认可之公立私立或专门学校充司法官考试内主要科目之教授3年以上者;四、在外国专门学校学习速成法政1年半以上得有毕业文凭,并曾充

---

[1]《法部奏酌拟京师法律学堂毕业学员改用法官办法折》,载《奏设政治官报》宣统二年8月20日,文海出版社1965年版,第337页。
[2]《批朱兴汾等组织民国大学呈请立案并请颁钤记由》,载《司法公报》1912年第3期。
[3]《批民国法律学校呈请立案由》,载《司法公报》1913年第4期。

推事、检察官或在国立、公立大学、专门学校充司法官考试内主要科目之教授1年以上者。[1]

按上述规定,私立法校毕业生无疑被排除在了甄拔对象之外,这一《准则》引起了私立法校的强烈反对,沪上法律学校成为了最早提出抗议的群体,[2]如神州大学的代表张嘉森就向司法部提出需要在准则条件中加入"私立学校毕业生",但遭到了司法部的婉拒:"本部定甄拔司法人员准则,系为慎重司法人员之任用起见,专就现认为有司法官资格者,加以考验,以定用人之标准而已,实为司法官之考试迥然不同,故准则第一条不便加入私立学校毕业生,以自乱其例。至若司法官考试资格,对于官私立各法校原应同一待遇,以昭公允,刻正拟将该法草案,提出修正,所呈各节,留备采用可也。"[3]

司法部对私立法校的区别对待,一定程度上也反映了其对这类法校毕业生的质量没有信心,远没有达到其所需专才的要求,而各私立法校办学浮滥的现象也在呈请立案时被教育部一一予以获悉。"乃近据各省公私立专门学校呈报办理情形,请予立案,关于法政一项,其中确遵部令切实办理者固多,而因循迁就,请以别科毕业,稍加补习改为本科,此种办法,亦复不止一处。"[4]同时,社会上也出现了不满法校数量供过于求的声音,"今悉一国之才与智,而群趋于法政之一途,其皆优乎?供多而求少,已消耗多数人才于无何有之乡,而或劣者杂出其间乎!"[5]鉴于此,教育部开始着手整顿,期望提高法政教育的水准,"诚以法政人才,关系国家至为重大,非绳以严格,不足以培育真才。"[6]1913年10月,教育部卜令限制法政学校招考别科,这一法令无疑宣布了教育部别科招生政策的失败:

[1]《司法部布告制定甄拔司法人员准则文》,载《政府公报分类汇编》1915年第16期。
[2]参见毕连芳:《北京民国政府司法官制度研究》,中国社会科学出版社2009年版,第136页。
[3]《批神州大学代表张嘉森呈请甄拔司法人员各节由》,载《司法公报》1914年第4期。
[4]《教育部令各省法政学校遵照部令办理布告》,载朱有瓛主编:《中国近代学制史料》第三辑上册,华东师范大学出版社1990年版,第614页。
[5]黄炎培:《教育前途危险之现象》,载《东方杂志》1913年第12期。
[6]《教育部令各省法政学校遵照部令办理布告》,载朱有瓛主编:《中国近代学制史料》第三辑上册,华东师范大学出版社1990年版,第614页。

诚以民国肇造，法政人才，需用孔亟，特设此变通办法。惟近来各处法政专门学校纷纷添设别科，入学新生，动辄数百。考其内容，大率有专门之名，无专门之实。若不急行截止，流弊易可胜言。嗣后京外法政专门学校，应注重预科及本科，不得再招考别科新生，是为至要。[1]

仅仅是限招别科并不能提高法政教育的水准，作为应对，沪上各校仅是将别科生划到了专门部，"凡在本校报名别科各新生，愿改编专门部相当班级，即于十二月一号一律上课，不愿改编者，当然取消。"[2]面对多所法政院校办学浮滥的行为，"大率有专门之名，而无专门之实。创办者视为营业之市场，就学者藉作猎官之途径，弊端百出，殊甚殷忧。"1913年11月，教育部采取进一步措施，命令各省私立法政专门学校酌量停办或改为讲习所："所有省外私立法政专门学校，非属繁盛商埠、经费充裕、办理合法、不滋流弊者，应请贵民政长酌量情形，饬令停办或改为法政讲习所可也。"[3]以期达到形塑法学教育专业化的目的："除育成官治人才外，以多储自治人才为要义……凡其资不足为官，其讲授之目的在于输入法政知识者，任其设立讲习科或补习科，养成公民之资格；而正当之法政教育，则注重裁判实习、国会实习等，稗进而在位则能自效其力，退而在野则能有益于乡，此专门法政教育设施之要旨也。"[4]

在这场整顿风波中，上海的法校也不能幸免，1914年教育部根据张谨和王家驹在江苏、浙江、安徽等省视察私立大学及私立法政大学的结果，宣布停办江苏境内的13所私立法校，其中在上海的法校就有6所，分别是打铁浜民国法政大学、爱文义路民国法政大学、南京民国大学、民国法律专门学校、中华法律专门学校、中华法政专门学校。[5]但实际上远远不止公示的这些，前述笔者统计的1912至1914

---

[1]《教育部限制法政学校招考别科生令》，载《中华民国教育新法令》第6册，商务印书馆1917年版，第17页。

[2]《南京迁沪民国法政大学特别通告》，载《申报》1913年11月28日，第1版。

[3]《教育部咨各省民政长请饬省外私立法政专门学校酌量停办或改为讲习科文》，载《政府公报》1913年第560期。

[4]《教育部整理教育方案草案》，载《江苏教育行政月报》1914年第16期。

[5]从报告中反映出这些学校存在办学方面的问题，"各校无基金本金，仅恃学费收入，支给校用，此种学校，全系营业性质，实无存在之必要。又报告校中内容，教员资格不合，学生程度甚差，规则违背部章，教授毫无成绩，学额任意填报，学生来去无常，教习常时缺席，实属办理敷衍，贻误青年云云。"《教育部派员察视私立法政之结果》，载《教育杂志》1914年第11期。

年间上海 14 所私立华资法校,除了因经费不敷停办的外(如私立女子法政学校),1914 年后很多法学院校在报刊的招生广告中消失了。这一场整顿,引来了办学人的强烈不满,如民国法律学校校长伍廷芳和代表杨天骥即函电教育部请求商榷:

> 北京教育部钧鉴,敝校于二年四月,奉司法部暨大部批奖立案后,复遵令屡改学制,扩充校舍,减少学费。廷芳等创立是校之初心,原冀以法律常识浸淫社会,补助国立各校之不及,虽无巨金为基本,而随时筹措前后,已及万金。此次大部视学之来足不旋踵,目不停瞬,遽以模糊粗卤之词,取消成案,敝校存亡固无足惜,当此国基初定,人心望治,社会又多学龄已失之人,消极政策决非所宜。而国帑支绌,教育设施全无倪绪,对于私立各校,亦当以维持现状,扶植善良为促进法治之助,谨电商榷,伫候明示,私立民国法律专门学校校长伍廷芳,代表人杨天骥同叩。[1]

对于此次整顿,自然非议颇多,教育部一再否认有摧残法政教育之意,留良汰莠是为了秉持法政教育之精神,并再次表态公私立法政学校待遇一律平等,"本部对于公私立法政专门学校向取二义,一监督从严,一待遇平等。……故监督之义,即为重视学校起见,未可误解为摧残法政教育也。……本部对于公私立学校之待遇,一以至公平之心出之,此固历来规程上所表见者也。"[2]但有学者认为,该次整顿实际负有改革法政教育与打压二次革命的双重目的。[3]例如上海民国法律学校的停办即有此传言,"袁世凯镇压了讨袁军后,即于是年 11 月下令,取消国会、省议会国民党籍议员之资格,更以上海民国法律学校系国民党人所创立,认为这所学校是造养乱党的所在,于是当时的司法总长梁启超就下令这所学校在令到之日即行解散,不得迟延。本年 12 月民国法律学校宣布停止业务,而进步党副理事长梁启超、张謇(理事长是黎元洪)创办之上海神州法政学校遂成为当时'独此一家'

---

[1]《私立法政学校之抗议》,载《申报》1914 年 2 月 3 日,第 10 版。
[2]《教育部咨各省声明本部对于公私立法校采取方针并饬公立法校造报各表册文》,载《政府公报分类汇编》教育下 1915 年第 14 期。
[3] 参见孙慧敏:《制度移植:民初上海的中国律师(1912—1937)》,中研院近史所 2012 年版,第 178 页。

的政法学校。"[1]

不过,至少从表面上看,教育部的整顿,的确有效的整治了上海办学浮滥的法政院校。神州大学这所立宪派气息浓厚的学校,从办学敷衍尤为玩忽,转变为办事认真,招生宁缺毋滥的神州法政专门学校。[2] 在早期教育部的调查中,神州大学存在不少办学问题:

> 自民国元年一月开办,至本年九月始设大学预科,当视察时预科学生出席仅有五人,法律本科出席学生亦甚寥寥,足征办学敷衍。且表载学生人数与视学面询人数相去悬殊,亦属有意朦混,预科毕业期限□不遵部定规章办理,尤为玩忽。惟查该校经费由各校董按年担任,尚足支持,教员亦多一时学者,如能综核名实将来或可期发达。应请饬令改办法政专门学校,学生徒严甄别,按照专门学校令,公立私立专门学校规程,切实办理,并令将改办情形限期转呈报部。[3]

在此后教育部的巡视中,神州法校则因其办学认真获得了教育部的嘉许,"该校属于私立,学生多寡与经费颇有关系,从前招取之时,不无稍滥,然既逐渐淘汰,去其半数,尚见办事认真,……学生等学业成绩,复经委员逐日命题,分门试验,先试国文、历史、地理,觇其普通资格,后试以法律科学,观其现在程度,各生均能文字通顺,理论不谬,查阅出席薄,亦鲜旷课,足见平时勤慎用功,非徒骛虚名者可比,如能造就,至毕业之时,谅非弃才。"[4]"该校教授管理均甚认真,学生缺席甚少,调阅各课毕业成绩,亦均可观,基金、息款及收入、学费,足资维持等语,查该校前经本部准予备案,现在办理诸臻妥善,应即正式认可。"[5]

神州大学的例子,让我们可以换个角度解读 1913 年的法校整顿,即这一场整

[1] 梁烈亚:《上海民国法律学校的创立和解散》,载上海市政协文史资料委员会编:《上海文史资料存稿汇编——教科文卫》,上海古籍出版社 2001 年版,第 130 页。
[2]《神州法校近闻》,载《申报》1916 年 10 月 22 日,第 10 版。
[3]《教育部之对付私立学校》,载《申报》1914 年 1 月 18 日,第 10 版。
[4]《咨陈教育部委员王汝圻详报考察私立神州法政专校情形由》,载《江苏教育行政月报》1916 年第 3 期。
[5]《咨江苏巡按使私立神州法政学校应予正式认可文》,载《教育公报》1915 年第 11 期。

顿也是中央与地方法学教育理念冲突的结果。初时,教育部开放别科招生,降低法政人才入学标准,刺激了私立法政教育的成长。沪上法校则进一步降低入学标准和就读年限,而从其办学情形来看,招生大都起步于别科、讲习科或补习班,相反高等教育必备的正科则迟迟未办,如民国法律学校、神州大学之流,"本大学从下学期起,大加扩充,添设政治生计科、法律科,三年毕业。"[1]"民国二年第一学期起开办预科,额设二百名,毕业后即升入专门本科。"[2]可以说,沪上法学院校的办学人,他们的初衷便是普及法律知识,而非培养法政专才,[3]如民国法律学校,"廷芳等创立是校之初心,原冀以法律常识浸淫社会,补助国立各校之不及"。[4]神州大学的法政讲习部也是"系为普及计,非为速成计。"[5]至1913年底时,该校宗旨却发生了彻底改变:"为南方立一绝大私立大学之模范为宗旨……务以养成完全法律人才,为国家之用。"[6]故而,各校办学虽然浮滥,但在普及法律知识层面,却已完成了既定任务。不过在教育部看来,这样的办学情况实在难以达到"培养法政专门人才"的要求,从其巡视报告中可见,反映最多的是办学敷衍的问题:

> 私立民国法律专门学校(校地在上海美租界北浙江路):毫无基本金,势难持久。学生每人每年征收学费竟至九十余元之多,为数过巨,预科虽已开办,多数学生系由各机关保送,不经试验,题与部章不合。别科二年级生二百五十六人,视察到校出席者仅六十余人,其平日办理之敷衍可以窥见,且所拟预科别科入学资格均与部章不合,所定入学时期及试验期亦多与规定不符。
>
> 私立中华法律专门学校(校地在上海闸北华兴路):虽有法律本科一班,其学生入学资格及在学年限,全与定章不符,教员资格多与部章不合,

---

[1]《神州大学招生并发行校外讲义》,载《申报》,1912年8月1日,第1版。
[2]《民国法律学校招考预科广告》,载《申报》1912年12月21日,第1版。
[3]即使是以"养成民国律师专门人才"为宗旨的中华律师大学,也是先办别科、校外科,续办正科。《中华律师大学校专章》,载《申报》1912年6月30日,第7版。
[4]《私立法政学校之抗议》,载《申报》1914年2月3日,第10版。
[5]《神州大学紧要告白》,载《申报》1912年3月24日,第3版。
[6]《上海神州大学近状》,载《教育周报》1913年第24期。

讲授断难完善。至学年成绩及入学试卷均不交由视察员核阅，其招生之滥，办理之不善，已属无可□饰。

上海私立中华法政专门学校(校地在上海新闸大通路)：未经开办预科，已不合专门学校之规定，兼之并无基本金，断难持久。至该校别科共分昼夜两班，昼班百六十人，视察之时，尚未到校者几及半数，学生来去无常，任意转学，殊属不合。夜班学生全系警界中人，前此巡务吃紧，缺席过久，且服务余暇肄习专科，尤难期以贯澈之效。

私立上海民国法政大学(校地在上海租界打铁浜德润坊)：创始去年秋季，今年一月始行招考，竟以高等小学毕业者充为预科学生，以法律讲习所毕业者充为本科学生，实属有违部令，本部复送据该校学生呈称哄骗插级之事，尤骇听闻。

私立南京民国法政大学(校地在上海爱文义路)：以校舍不存迁至上海，学生因就学不便已一再呈请教育司在省立法政专门学校另开一班，涣散情形已可概见，且该校在宁时学风颇劣，学生任意缺课习为故常。经费项除学费收入外，仅恃代表人认捐，基础不立，持久尤所难期。

私立南京民国大学(校地在上海静安寺斜桥路)：校款为前校长卷逃，基金无着，经现任校长维持，始得勉强开课，且该校学风不良，学生资格程度尤多不合。[1]

由上述调查可知，这一时期上海的法学教育尚属稚嫩，没有形成系统的学制，办学多以别科为主，不仅不合既颁法令，而且还呈现散漫宽滥的情形。

经历了1913年整顿后，上海原本繁盛的法学教育一度陷入荒芜，招生广告中华资法律院校几乎消失殆尽，仅剩下神州法政专门学校一支独秀。恰如东吴大学法科创办人兰金(C. W. Rankin)来沪所见法学教育市场之凋零：宪法正在编订，法典在陆续公布，法庭不久也要组建到位。但是，没有人来为马上就要面临这些的人

---

[1]《教育部之对付私立学校》，载《申报》1914年1月18日，第10版。

们做些什么。[1] 即便如此,私人办学并未因整顿而绝迹,它们逐渐以函授教育的形式再次出现,虽然高等院校多被停办,但法政类函授学校的发展却是如火如荼,如上海群学会函授学校和中国函授学校相继开设法政科,[2] 又有南洋法政函授专门学校、中国法政函授专门学校、中华政法学会函授部法律商业科等法政专门类函授学校前后出现,[3] 俨然形成了上海法学教育的新绿洲,而他们也成为了向民众普及法律知识的主力军。[4]

---

〔1〕 W. B. Nance, *Soochow University* , New York: United Board for Christian Colleges in China, 1956, p. 71.

〔2〕《上海群学会函授学校农业、工艺、文学、法政、图画招生》,载《申报》1913 年 8 月 25 日,第 1 版。《中国函授学校广招各省学员不收学费》,载《申报》1916 年 9 月 13 日,第 2 版。

〔3〕《教育部认可南洋法政函授专门学校免费生展限广告》,载《申报》1916 年 9 月 23 日,第 4 版。《勒停中国法政函授专门学校》,载《申报》1917 年 05 月 12 日,第 10 版。《中华政法学会函授部法律商业科》,载《申报》1917 年 5 月 6 日,第 18 版。

〔4〕 如中华政法学会即对外宣传:"本会为谋普及政法学识并养成高等商业人才起见,特设函授部法律商业两科"。《中华政法学会函授部法律商业科》,载《申报》1917 年 5 月 6 日,第 18 版。

第二章 法校的江湖：上海法学教育的勃兴

如果以 1929 年《大学组织法》的颁布为界，经历了 1913 年的大整顿后，上海的法学教育供方市场出现了近十年的萧条。此时，公立法校仍未设立，教会学校如震旦大学院及东吴大学法科刚刚起步，华资法校虽然出现了一些如江东法律专门学校和中华模范政治学校，[1]但它们不久便销声匿迹，仅剩的神州法政专门学校也在 1921 年宣布停办。[2]虽然在这一时段出现过不少函授法律学校，成为了承担法学教育的主体，但它们的存续期间也并不长，多在 1917 年左右被取缔。[3]因此，民初十余所法政学校尚不能满足上海法学教育市场的需求，五四运动之后，在商业资本迅速膨胀的刺激下，仅依靠屈指可数的几所法校更不可能满足，新兴法校的再次出现势在必行。

1919 年后，新的高等教育体系赋予了大学充分的自主权。在众多因素的诱发下，上海法学教育又呈现出了蓬勃发展的一面，这一次华资私立法律院校依然是主力军，虽然也出现了国立大学的元素，但它的存在时间短暂，而且教学体系基本承袭于私立大学。值得注意的是，这一时期教会大学亦发生了很大变革，它们经历了从教会学校到私立学校的角色转变。因此，总体上在 1919 至 1929 年间，上海的法学教育在没有严格监管的环境之下，出现了混乱但又繁荣的景象，既体现出了私人兴学的痼疾，又反映出了其办学的独特活力。

---

〔1〕参见李纯康：《上海的高等教育》，载《上海通志馆期刊》1934—1935 年第 1—4 期。

〔2〕中华民国教育部：《第一次中国教育年鉴》，中华民国教育部 1934 年版，第 149 页。

〔3〕《函授学校之取缔》，载《申报》1917 年 2 月 18 日，第 11 版。《勒停中国法政函授专门学校》，载《申报》1917 年 5 月 12 日，第 10 版。

第一节　百花齐放：20 世纪 20 年代法校群像

1919 年后的十年间，沉寂的上海法学教育界，又迎来了一波兴办法校的热潮。相比民初，这一次持续的时间更长，出现的法校数量更多，产生的影响也更加深远。但是，学界对于这一次兴学并无太多关注，甚至对这一时期出现了多少所法律院校都语焉不详，且仅关注经教育部核准立案和司法院特许设立的法校，而众多被取缔的学校多被忽视了。[1]

经笔者耙梳史料，自 1919 至 1937 年间，在上海出现过且存在时间较长的法学院校中，仅有 1 所属于国立（国立暨南大学），2 所教会学校（东吴大学法科和震旦大学），华资私立法校共计出现过 24 所（具体而言，在 1919 至 1929 年间，华资私立法校共计有 16 所，1929 年以后至 1937 年间又有 8 所法校出现）。[2] 当然这一数字仅是粗略的统计数据，相信未来随着新史料的不断出现，会有更多法学院校得以考证补充。但仅就目前而言，可以确定的是，在 1919 至 1937 年间，上海共计出现了至少 27 所设有法律系或法学院的高校。

本节将对 1919 至 1929 年前在上海出现过的几所重要法校进行梳理并加以简要介绍，一方面期望能查漏补缺，弥补法学教育史研究的空白；另一方面希冀更加客观地还原近代上海法学教育的盛况。

---

〔1〕如袁哲统计称 1927 至 1939 年间经南京国民政府教育部核准立案的，上海的法校有 11 所。（袁哲：《法学留学生与近代上海（清末—1937）》，复旦大学中国近现代史专业博士学位论文，第 91—93 页。）这一数据存在一定的偏差，一方面，忽略了法律院校须再经司法院特许设立的程序条件，将光华大学法律系计算入内。另一方面，光华大学法律系创于 1943 年，"本系初设于民国卅二年秋季，遵照部颁法律学程开班授课"（《法律系概况》，载《光华大学廿二周六三纪念特刊》，光华大学廿二周纪念筹备委员会 1947 年，第 22 页。）另有学者模糊的罗列了这一时期的院校，笼统的称抗战初期的上海尚存 6 所法学院，这一数据也并不精准。参见蒋晓伟：《上海法学教育史研究》，法律出版社 2008 年版，第 15 页。

〔2〕1919 至 1929 年前存在的大学是：中国公学、上海法政大学、上海法科大学、文治大学、学艺大学、南方大学、远东大学、群治大学、持志大学、神州法政专门学校、大夏大学、中华法政大学、春申大学、东亚大学、大陆大学、上海文法学院。1929 至 1937 年前出现的 8 所大学是：建设大学、复旦大学、文化学院上海第二分院、新民大学、华国大学、战时建设大学、新中国大学、三吴大学。

一、昙花一现的国立大学

国立暨南大学,是 1919 至 1937 年间出现的唯一一所开设法学院的国立大学。自 1927 年筹设至 1932 年被裁撤,它不仅存在期间较短,而且办学规模也相对较小。但它的出现,丰富了近代上海法学教育的元素,且因国立暨南大学法律系一定程度上承袭了私立法校的特征,故而也间接反映出后者法学教育的影响力。

(一)"声教朔南暨"

国立暨南大学的前身是 1907 年设立的暨南学堂,按当时教员的记忆,暨南学堂建立的倡议人是清末出使过荷兰的外交家钱洵,他在阿姆斯特丹遇到印尼的华侨学生,了解到海外青年同胞十分热爱祖国。之后,两江总督端方听取了钱氏的建议,呈请清廷筹设暨南学堂救济华侨学生。[1] 这一说法之后也得到了郑洪年的印证:

> 忆暨南学校之初设,初非计划前定。其时驻荷兰公使钱念劬先生,遣参赞调查爪哇教育状况,深虑华侨子弟不知祖国文化,且有减种之忧,乃电请两江总督端方为归国侨生筹求学之地。端督接电之初,犹未知所谓爪哇者何议,及复电始知爪哇为荷属殖民地,有侨生二十一人将归国求学,得清廷报可,乃由董鸿禕先生护送北来,以侨生籍隶闽粤者多,乃使余及温秉忠先生主其事。江南提学使陈旧陶先生力赞斯举,且设校讲诵,定名暨南。[2]

暨南学校之名称,取义于《书经》:"声教朔南暨",意即中华声威文教将被普及于南洋全土之谓。[3] 暨南学堂初设于南京,由温秉忠任总理,郑洪年担任堂长,

---

〔1〕曹聚仁:《暨南的故事》,载《热风》1987 年第 82 期,转引自暨南大学华侨研究所编:《暨南校史资料选辑(第一辑)》,无出版社 1983 年版,第 64 页。
〔2〕郑洪年:《纪念辞》,载张凤等编:《创校廿五年成立四周年纪念论文集》,国立暨南大学秘书处印务组 1931 年版,第 1 页。
〔3〕姜琦:《国立暨南学校改革计画意见书》,无出版处及时间,第 11 页。

1907 年 3 月 23 日，暨南学堂正式开学。[1]

辛亥革命时，暨南学堂停办，至 1917 年才在黄炎培等人的努力下恢复，"民国六年，前教育部派黄炎培等规复暨南学校。七年春，学校组织成立，委赵正平为校长，设师范商业两科。"[2]1919 年暨南学校设商业特科，并于 1921 年秋迁至上海，与东南大学合设商科大学，并规划建筑新校舍于沪西真如，"校址从南京移到真如来，也是赵正平先生的计划，他认定振兴商业为南洋侨胞自救的唯一法门，所以努力造就商业专门人才。校址移至上海相近，其意即在使学生于现代都市相接近，使学生有实习的机会。"[3]1927 年，郑洪年接任校长，暨南学校改组为国立暨南大学，分大学、中学、小学三部，南京女子部亦并入真如本校。大学部分三院，原商科改为商学院，除原有普通商业、工商管理、国外贸易、会计、银行五学系外，添设交通管理学系，[4]文哲学院下设中国语文学系、外国文学系、教育学系，社会科学院下设政治学系和法律学系，自然科学院设数学系。[5]1929 年，增设文学院、理学院、教育学院并进一步扩充，文学院下设中国语文、外国语文、政治经济、历史社会四学系。理学院下设数学、物理、生物三学系。教育学院下设教育、心理两学系及师资科，法律系则成为独立学系，分设于上海。[6]1930 年，开设法学院，除原法学系仍设在上海外，增设外交领事专科，并将政治经济系改隶该院。1932 年春，日军犯境，真如沦为战区，留校学生悉数迁往苏州，中学部借苏州工专开学，大学部则暂赁上海赫德路及新闸路洋房校舍开学，留粤避难学生亦借中大与广州市师两校校舍授课，三处学生共计达 1700 余人。[7]战后真如校址损坏不堪，同年九月，法学院奉教育部令裁撤，"奉教部令裁并法教两院后，将教育学院改系隶于文学院，法学院法律学系裁撤，以政治经济系并入文学院。"[8]

---

〔1〕张晓辉主编：《百年暨南史（1906—2006）》，暨南大学出版社 2006 年版，第 7 页。
〔2〕上海市档案馆藏：B1‑1‑2161‑68，《国立暨南大学校史及概况》。
〔3〕樊守执：《暨南大学之回顾与前瞻》，载张凤等编：《创校廿五年成立四周年纪念论文集》，国立暨南大学秘书处印务组 1931 年版，第 25 页。
〔4〕《国立暨南大学一览》，国立暨南大学出版 1930 年版，第 1 页。
〔5〕郑洪年：《一年来之经过并今后之计划》，载《国立暨南大学校务特刊》1927 年，第 18 页。
〔6〕上海市档案馆藏：Q240‑1‑491，《暨南年鉴 1929》。
〔7〕上海市档案馆藏：B1‑1‑2161‑68，《国立暨南大学校史及概况》。
〔8〕上海市档案馆藏：Q240‑1‑682，《暨南大学史源》。

由于有着特殊的校史，暨南大学的办学也颇有特色，"暨南学校为国内之唯一特殊华侨教育机关"。[1] 故而，历任校长始终以培养华侨学子为宗旨，如郑洪年明确表示："民国十六年夏，余奉命接受暨校，嗣膺校长之命。余以垂老之身，重长暨大，以私言，华侨教育乃二十年来未了之心愿，尽此一分职责，所以了心愿也。以公言，总理以拯助侨胞为民族革命目标之一，为华侨增高教育文化，多以答总理也。"[2] 这一宗旨也使得暨南大学的研究方向，注重南洋问题。

> 故斯校之责任。可分为二：一为教育华侨子弟，则增设各科学院，提高学校程度，务使养成华侨子弟优良之品性，高深之智识，以提高华侨之地位，而发扬吾国之国光。二为研究南洋问题，则设立南洋文化教育事业部，以研究南洋华侨之教育生活，使国人注重南洋问题，而将来之南洋华侨，能受各国殖民地内之平等待遇，以开拓南洋种种社会事业，以继先总理之遗志。[3]

因此，该校招生对象中华侨学生占据了很大的比例，按暨南早期成例，除了侨生外，是不允许投考的，暨南侨生比例占据了 95% 以上，即使到郑洪年治下，国内学生与侨生比例仍为 6∶4。[4] 故而，暨南大学可谓是华侨的第一学府，这也与其治校宏愿相应，"以期从质量上完成华侨之最高学府，使华侨子弟得享受世界高深的知识，与祖国优美的文化，以为他日参加祖国一切运动及提高华侨地位之准备。"[5]

(二) 法学教育一览

暨南大学的法学教育始于 1927 年，此时法律学系还隶属于社会科学院之

---

〔1〕姜琦：《国立暨南学校改革计画意见书》，无出版处及时间，第 11 页。

〔2〕郑洪年：《纪念辞》，载张凤等编：《创校廿五年成立四周年纪念论文集》，国立暨南大学秘书处印务组 1931 年版，第 1 页。

〔3〕郑洪年：《暨大改组特刊发刊词》，载李邦栋编述：《国立暨南大学校长郑洪年教育论集第一集》，国立暨南大学出版 1929 年版，第 179 页

〔4〕曹聚仁：《暨南的故事》，载《热风》1987 年第 82 期，转引自暨南大学华侨研究所编：《暨南校史资料选辑（第一辑）》，无出版社 1983 年版，第 65 页。

〔5〕上海市档案馆藏：Q240－1－491，《暨南年鉴 1929》。

下，[1]直到 1929 年才成为独立学系，次年扩增为法学院，下设外交领事专科、政治经济学系。[2]法学院院长由王人麟担任，[3]但法律学系自创设至裁撤，主任一职始终是石颖，[4]他是东吴大学法学院 1923 年第 6 届法学士，[5]以法科第 1 名的身份考取清华公费留美，1924 年获密歇根大学法学硕士学位(LL. M)，1925 年获耶鲁大学法学博士学位(J. S. D.)，博士论文题为《平时公海之捕获》(*Seizure on the high seas in time of peace*)。[6] 1927 年，石颖受暨大校长郑洪年之命组建法律学系，曾谈到对这一学系构建的初衷：

> 余感于中国法律之幼稚，暨乎近年司法之零乱，遂使帝国主义者得以借口其人民财产在中国境内缺少法律之保障，而施用其炮艇政策，迫我订立偏私之不平等条约，攫取治外法权，从而扰乱中国之司法，破坏中国之行政。是故恢复主权，取消条约，有赖于改良法律，整顿司法者实多也。法律之改良，司法之整顿，非有曾受相当之训练之人材不可。余不敏去暑被郑校长聘为法律系主任，一年以来竭尽绵薄，筹划方案。欲使负笈来学者获得精密之预备，暨严善之训练，庶可造成有用之司法人材，为国效劳，为民族争光荣也。今来诸教授之合作，与同学之勤励，乃得有今日良好之成绩焉。[7]

此外，还有为即将进入宪政时期做储备人才之考虑，"所谓宪政时期者，实即法治时期而已，今者军政时期已告相当段落，训政时期渐将开始，亟宜造就法律人才，为宪政时期之预备。"[8]有趣的是，石颖的任命也让这所国立暨南大学的法学教育深

---

〔1〕郑洪年：《一年来之经过并今后之计划》，载《国立暨南大学校务特刊》1927 年，第 12 页。

〔2〕国立暨南大学编：《国立暨南大学创校三十一周年完成大学十周年纪念刊》，国立暨南大学出版1937 年版，第 29—30 页。

〔3〕《国立暨南大学一览》，国立暨南大学出版 1930 年版，第 235 页。

〔4〕尤小明主编：《广西民国人物》，广西人民出版社 2008 年版，第 36 页。

〔5〕上海市档案馆藏：Y8-1-204，《东吴大学校刊 1946》。

〔6〕王伟：《中国近代留洋法学博士考》，上海人民出版社 2011 年版，第 76 页。

〔7〕《国立暨南大学校务特刊》，国立暨南大学出版 1927 年版，第 62 页。

〔8〕石颖：《法律系课程及说明书》，载《暨南周刊》1927 年第 1 期。

深地刻上了私立东吴大学法学教育的印记,关于这一点,留待后文详述。

初创时期,暨南大学法律学系规模很小,教授除石颖外,仅3人,分别是张树铭(司法讲习所卒业)、汪翰章(北京法政大学法学士)、刘世芳(耶鲁大学法学士),前两人教授中国法,刘世芳与石颖分授英美法和罗马法。[1] 1929年,教员数量有所增加,添聘了李中道(美国西北大学法学博士)、张元枚(美国底特律法学院法学博士)、潘序伦(美国哥伦比亚大学博士)、钱树声(金陵法政学校法政科毕业)、张相时(日本东京商科大学学士)。但仅这些教师仍不能满足教学需求,因此教员需要主讲多门不同课程。例如,石颖除了担任法律学系主任外,还须兼授英美契约法、代理法、私法人、罗马法、商法、议会法、法学通论、行政学及西洋史,汪翰章也担任中国民法总则、商人通例、公司条例、刑法总则、法院编制法、劳动法及中国外交史讲师。[2] 1930年,法律学系改组为法学院,增设外交领事专科,并将政治经济系划归该院,由王人麟出任院长,孙寒冰任政治经济学系主任,杨振先担任外交领事系主任,石颖仍为法律学系主任,除了继续增聘教员外,东吴大学法学院著名教授丘汉平、盛振为等也加入教学队伍,[3]随着教授数量的增加,教学规模的扩大,暨大法学教育也因此逐渐兴起。

法学院招生和毕业人数开始呈现增长的趋势,不仅政治经济系(1931年毕业19人,1932年毕业79人)和外交领事学系(1931年毕业1人,1932年毕业10人)有所增加,法律学系1929年新生也增至16人,1930年时法学院学生总数达60人。[4] 不过,从毕业生的数量看,暨大法律学系规模仍属于精致型,初创时报名法律系的仅有14人,就读期间又有不少学生因各种问题退学:

> 本系今年初次创办,祇开设第一年级,去秋开学时,来校投考本系者三十余人,经严格之试验后,得录取者十四人,上课未久,缘程度不足而去者七八人。故今本系学生祇有严庆祺、温代荣、林清池、林烈元、傅循仁、万世炽6人而已,其中因病而不能参与暑期大考者,有温代荣一人,因南

---

〔1〕《国立暨南大学校务特刊》,国立暨南大学出版1927年版,第62页。
〔2〕上海市档案馆藏:Q240-1-491,《暨南年鉴1929》。
〔3〕国立暨南大学编:《国立暨南大学一览》,国立暨南大学出版1930年版,第235—237页。
〔4〕国立暨南大学编:《国立暨南大学一览》,国立暨南大学出版1930年版,第300—313页。

游而缺课者,又有傅循仁一人。[1]

故而,到毕业时仅林烈元、林清池、严庆祺 3 人毕业。1931 年的第二届仅萧世炽 1 人毕业,1932 年时情况有所好转,有 10 人毕业。[2] 这种情况当然与法律系主任石颖的教育观不无关系,面对不断退学的学生,石颖坚持重质不重量,他说"我们最想要培养的是学生的品质,而不是计算他们的数量"(we want only to bulid up the quality of the students,and not to count the quantity of them.)。[3]

在课程方面,暨南大学法律学系也颇具特点,一则,暨大法律系课程中英美法及比较法的内容占据了很大部分,这与东吴大学法学院不无关系,在课表中不仅以英文教授英美法,而且以英文原著为教材,如英美契约法即用科宾(Arthur Linton Corbin)的《契约法的案例》(*Cases on Contracts*),[4] 罗马法以索穆(Rudolf Sohm)的《罗马法的制定》(*Institute of Roman Law*)为教材。[5] 值得一提的是,教学中还运用了比较法的方式,如英美亲属法一课便涉及比较英美法与大陆法之区别。[6] 此外,从其开设的课程中,也可以看出这些特征:

一年级课表:三民主义 2,国文 6,英文 6,中国近百年史 6,数学 6,生物学 6,南洋概况 4,军事训练,社会科学概论 3,社会学经济学 6,统计学 3,第二外国文 12,政治学 3,论理学 2。

二年级课表:国文 4,民法总则 4,民法债编 10,亲属法 2,劳动法 3,法院编制法 2,继承法 2,议会法 2,法律伦理 2,英美契约法 7,英美侵权法 4,英美刑法 2。

三年级课表:民法物债权 4,刑法 8,刑事诉讼 5,公司法 3,票据法 3,宪法,行政法 2,公文 4,证据法 4,罗马法 4,英美动产法 4。

---

[1]《国立暨南大学校务特刊》,国立暨南大学出版 1927 年版,第 62—63 页。
[2] 上海市档案馆藏:Q240-1-271,《暨南大学 1919 学年度至 1939 学年度历届毕业生姓名录》。
[3] 上海市档案馆藏:Q240-1-491,《暨南年鉴 1929》。
[4] 石颖:《法律系教授方案:英美契约法》,载《暨南周刊》1928 年第 4 期。
[5] 石颖:《法律系教授方案:罗马法》,载《暨南周刊》1928 年第 4 期。
[6] 石颖:《法律系教授方案:英美亲属法》,载《暨南周刊》1928 年第 4 期。

四年级课表：民事诉讼 8,国际公法 4,国际私法 4,法理学 3,德国民法 4,南洋习惯法 4,海商法 2,破产法 3,中国法制史 2,平衡法 2,保险法 2,矿业法 2,商标法 1,土地法,型式法庭 2。

　　英美选修课目：亲属法、私法人法、票据法、代理法、买卖法、合伙法、诉讼法、保证法、运输法、公法人法、保险法、赔偿法。[1]

　　另一方面,依暨南大学之宗旨,法律学系以培养南洋华侨为目的,在其课目中增加了有关南洋法律的相关内容,"本大学为教育南洋华侨子弟之最高学府,于普通科目之外,特设南洋通用法科目,俾侨胞及有志于南洋事业者,得资应用焉。"[2]法学院外交领事专科也有培养南洋华侨子弟,以期争取权益之背景,"南洋群岛历来驻屯之领事,类多非华侨自身,对于该地之侨情,亦多不熟悉,办起事来,自多隔膜之处。本校之使命已为华侨解除痛害,对于保护侨胞之责任,自不能放弃,因此鉴于历来驻屯南洋群岛领事之失败,不得不求补救之道,而本系之设立,即基于此。"[3]这一学科也是当时国内教育界的首创,"国内大学中,设有外交领事专科,当以本校为滥觞,盖郑校长深感南洋及其他各地侨胞,遭受居留地政府之虐待,水深火热,莫由拔除,此固关国体之强弱。然外交人才缺乏,要非无因,是以于十八年度,特开外交领事专科,隶于法学院。"[4]

　　1932 年,经历了"一·二八事变"后,暨南大学校舍被毁,元气大伤,正值中央高等教育重心转向重实轻文,逐渐限制法科发展,教育部趁此机会裁撤了暨南大学的教育学院和法学院,"奉教部令裁并法教两院后,将教育学院改系隶于文学院,法学院法律学系裁撤,以政治经济系并入文学院。"[5]至此,上海法学教育界的国立法学教育元素消失殆尽,而暨南大学再次开设法律学院已是 1946 年了。[6]

〔1〕国立暨南大学编:《国立暨南大学一览》,国立暨南大学出版 1930 年版,第 193—196 页。
〔2〕石颖:《法律系课程及说明书》,载《暨南周刊》1927 年第 1 期。
〔3〕"本校法学院于民国三十五年夏奉部令恢复,距停办之日□十余年,以是复员之初,无异新创,迄于今日聘教授副教授讲师助教达三十一人,学生有二百五十五人,而上界毕业者亦六十余人,实已规模粗具矣。"杨振先:《本校设立外交领事之过去与将来》,载张凤等编:《创校廿五年成立四周年纪念论文集》,国立暨南大学秘书处印务组 1931 年版,第 363 页。
〔4〕《法学院增开外交领事专科》,载《暨南校刊》1932 年第 13 期。
〔5〕上海市图书馆藏:Q240-1-682,《暨南大学史源》。
〔6〕上海市档案馆藏:B1-1-2161-68,《国立暨南大学校史及概况》。

二、过江之鲫的私立大学

毋庸置疑,自民初至抗战爆发前,私立大学绝对是上海法学教育的主力军。因1929年后的大整顿,不少学校埋没于历史长河中,而不被世人所知。须知,并不是被取缔的学校就无存在的价值,取缔本身就有值得讨论的余地。如不对这些学校加以介绍,则无法还原近代上海法学教育的全貌。本部分将对1919至1929年前,上海曾经存在的私立大学法科(法律系)做简单介绍。

(一) 中国公学法律系

中国公学创立于1906年春,因中国留日学生反对日本颁布的取缔学生规则归国发起,得学部批准后设立。

> 上海中国公学近将所订章程及设法扩充情形禀陈学部,兹奉批示云据呈及章程均悉,该生等悯本国教育之未兴,鉴寄人篱下之非计,纠集同志建设学堂,毅力热诚,迥超流辈。外国学风之所由盛,实由士民奋发皆能自坚其力自善其群。该生等力戒浮嚣,立约自治,尤见深明学旨,志趣不凡。惟南京山川明秀,为建筑学堂最善之区,俟商两江总督,量拨官地筹款建筑。至商各省资助一节,仰候两江总督查明办理可也。[1]

中国公学初设高等和普通师范、理、化四科专门部,[2]1916年改办大学,但因政局多变,以及校舍乃向同济医工学校所借,随即停办,直到1919年才复校开课。1922年将原有商科专门提升为大学,并于1923年迁至上海。1925年春,又将商科大学迁回吴淞,决议模仿伦敦大学经济学院的制度,建成一所社会科学的大学,筹划添设哲学、政治、经济各学系。[3]1927年校董会推何鲁为校长,分设文学、商学、法学、理工四院十七系。1928年4月何鲁辞职,校董会推胡适为校长。因经济

---

[1]《中国公学奉部批准》,载《北洋官报》1906年第1151期。
[2]《上海中国公学成立》,载《北洋官报》光绪三十二年丙午正月十五日,第4版。
[3]胡适:《校史》,载《中国公学大学部一览》1929年版,第3—6页。

负担过重,胡适裁并了工学院与法学院,改为文理学院及社会科学院,共两院七系。原有的商学院成为社会科学院中的商学系,其余 6 系为:中国文学系、外国语文学系、哲学系、数理学系、史学社会学系、政治经济系。1929 年,社会科学院迁至上海,并增设法律系。[1] 社会科学院院长为高一涵,法学教授有杨鸿烈、江镇三等人。[2] 1915 年时法科毕业尚有 89 人,1927 年至 1929 年间法律系毕业仅 47 人。[3] 1930 年,胡适辞职,马君武继任校长,同时教育部核准中国公学立案,并鉴于该校历史悠久,可保留原有校名,但须将社会科学院改为法商科。[4] 1931 年 1 月校内发生风潮,马君武校长辞职,校董会推邵力子为校长,朱经农为副校长,戴君亮为教务长,恢复了文、法、商三院模式,聘应成一担任法学院院长。[5] 但紧接着受一·二八事变影响,中国公学校舍损毁严重,同时再起风潮,校董会考虑到内部情况复杂,决议暂行停办。1933 年,教育部鉴于公学经济情况及风潮不断,便勒令该校"逐年结束,办至原有各生毕业时为止,不得再招新生。"[6]

(二)上海法政大学与上海法科大学

上海法政大学,英文名"Shanghai College of Law and Political Science",[7]由 1922 年徐谦和沈仪彬创办的女子法政讲习所扩充而成。[8]

> 民国十一年冬,徐季龙先生之夫人沈葆玉先生,应社会之需要刱办女子法政学校于海上,先后毕业者,凡二班苦心经营,成绩颇著。维时上海一隅久无法校,有志于法政学识者多,以兼收男生为请,格于例不能行,因刱法政函授学校以应之。不数月,报名缴费者竟达数百人,而函请改组正式法政学校者,至此益重。葆玉先生因谋于季龙先生,拟改组大学以副来

〔1〕上海市档案馆藏:Q235-1-637,《上海市教育局关于私立中国公学立案问题(一)》。
〔2〕上海市档案馆藏:Q235-1-639,《上海市教育局关于私立中国公学立案问题(三)》。
〔3〕上海市档案馆藏:Q235-1-641,《上海市教育局关于私立中国公学立案问题(五)》。
〔4〕上海市档案馆藏:Q235-1-637,《上海市教育局关于私立中国公学立案问题(一)》。
〔5〕蔡元培:《中国公学校史(三)》,载王云五,丘汉平,阮毅成等编:《私立中国公学》,南京出版有限公司 1982 年版,第 17 页。
〔6〕《教育部停办中国公学电》,载中国社会科学院近代史研究所近代史资料编辑室编:《近代史资料总 69 号》,中国社会科学出版社 1988 年版,第 75 页。
〔7〕上海市档案馆藏:Q248-1-22,《上海法政学院 1930—1931 年院务会议记录》。
〔8〕《学务汇志》,载《申报》1923 年 8 月 3 日,第 18 版。

学者之期望,余亦与其议焉,遂商决以女子法政学校为筹备处,余与蒨玉先生主其事,拟订校章,积极进行。[1]

1924 年秋由徐谦、张一鹏、黄镇磐、沈铭昌等人发起成立,推徐谦任校长,黄石安为法律系主任,次年即获北洋政府教育部批准试办。1926 年,校址由蒲柏路迁至金神父路。[2] 不久后,学校因徐谦受清党牵连而被查封 5 个月。上海特别市党部派黄惠平、冷隽、冷欣三人会同教职员及学生代表,组成校务维持会接管学校,推选易培基、黄郛、潘宜之等为校董成立校董会,并推张知本和黄惠平为正副校长,不久两位相继辞职,改推郑毓秀任校长。随后郑毓秀访欧,由杨肇熿代理校长。1928年,法政大学再陷纠葛,校舍被沈仪彬占据,由大学院组织校产整理委员会平息纠纷。1929 年再次成立校董会,由王宠惠、冯玉祥、褚民谊、何世桢等人组成,并依《大学组织法》改校名为"上海法政学院",[3] 学校初设大学部、专门部及预科,大学部和专门部各设法科、政治科、经济科及商业科,[4] 1930 年应教育部要求一并改制,将预科改为附属高中,原有专门部不再招收新生。[5] 同年 6 月经教育部核准立案,1931 年 4 月 23 日获司法院特许设立。[6]

上海法科大学,创办于 1926 年夏,发起人为王开疆,租法租界蒲柏路 479 至483 号房屋为校舍。恰逢上海法政大学因清党事件被封,法政大学学生一百多人离校,悉力赞助支持法科大学,推章太炎和董康为正副校长,王开疆为校务主任,潘力山为教务主任。[7] 不久后,章太炎和王开疆因故辞职,董康以"校务重大,独立难支"重组董事会,邀王儒堂、李印泉、于右任、陈霆锐、褚辅成等 20 余人为校董,推褚辅成为董事长,董康为校长,潘力山为副校长,实际校务由潘力山主持。[8] 大学部初设法律、政治、经济三系,专门部设法律、政治经济两科,并附设预科。1927

---

[1] 郭卫:《上海法政大学略史》,载上海市图书馆藏《上海法政大学章程》,1926 年版,第 1 页。
[2] 子琦:《对本校五年之回顾》,载《上海法政大学五周纪念特刊》1929 年版,第 3 页。
[3] 上海法政学院编:《上海法政学院一览》,上海法政学院出版 1932 年版,第 1—2 页。
[4] 上海市图书馆藏:《上海法政大学章程》,1926 年版,第 7 页。
[5] 上海市档案馆藏:Q248-1-2,《上海法政学院立案文件》。
[6] 《司法院特许私立法政学校设立一览表》,载《司法公报》1931 年 123 期。
[7] 《本校创立两年来概略》,载《上海法科大学戊辰年刊》1928 年版,第 55 页。
[8] 上海市档案馆藏:Q247-1-145,《上海法学院十八年度毕业纪念刊》。

年 6 月第 1 届毕业,大学部经济系 54 人,专门部政治经济科 14 人,专门部法律科 71 人。同年 10 月 14 日,潘力山不幸遭到暗杀。

> 十月七日,备文呈请校董会立案。时值学生会改选,发生冲入,经褚董事长与董事沈衡山、吴凯声诸先生排解,始息争。时上海市党部迭次来函指本校有跨党份子某某十二人,必须限期离校,措词严厉,潘副校长遂通告该生等即日自动退学。至翌日即十月十四日晨,潘副校长驱车来校,甫至校门,忽遭人狙击,竟以伤重殒命。[1]

此案后,学校人事改组,董康辞去校长,改由原校董褚辅成担任,不设副校长,由沈钧儒出任教务长。同时,法租界以侦查潘案凶手为由,暂停学校授课,至 11 月始复课,学校运行步入正轨。[2] 1928 年夏,校址迁江湾路并着手自建校舍,增设银行专修科,并停办预科,改设附中。[3] 1930 年改称上海法学院并获教育部立案,[4]1933 年又获司法院特许设立。[5]

(三) 学艺大学法科

学艺大学由中华学艺社创建,鉴于当时国内干戈扰乱,教化废弛,而公立学校却任由军阀蹂躏,窘迫不堪,私立教育则有失教育之正轨。[6] 学艺社为昌明学艺,促进文化起见,1924 年春由社员王兆荣等提出建议书,组织筹备学艺大学委员会及募捐队从事经费筹募,创办学艺大学:

> 我国自设立新式学校以来,数十年于兹矣,胜清末造,教育颓散,姑置不论。民国成立,宜可更新,然干戈扰攘,迄今十载,教化废弛,有增无已。就今日之教育言,彼官立学校,任军阀之蹂躏,窘迫至不堪言状,大有苟延

---

[1] 上海市档案馆藏:Q247 - 1 - 147,《上海法学院专政经 1931 年毕业纪念刊》。
[2]《本校创立两年来概略》,载《上海法科大学戊辰年刊》1928 年版,第 55 页。
[3]《学府专访之六 私立上海法学院》,载《申报》1948 年 7 月 20 日,第 7 版。
[4]《校史》,载《上海法学院一览》1933 年版,第 2 页。
[5]《私立法政学校备案案》,载《考试院公报》1934 年第 2 期。
[6]《中华学艺社创办学艺大学之计划》,载《教育杂志》1924 年第 5 期。

残喘,不可终日之势。境况如此,遑论精神?至私营教育,则类皆目标分歧,或主宣播宗教之信条,或主传授谋生之技术,其的既偏,其果可知。他如学风之嚣张,青年之浮惰,又其余事。而身任教导之责者,往往仅知迎合时论,鲜有平正切实之主张。用是十余年来,学校之林立如彼,人才之缺乏若斯,良可慨也。本社有鉴于此,乃本昌明学艺,促进文化之旨,拟在上海开设学艺大学一所,一以谋教化之刷新,二以树济时之良材。虽日后成果难以预卜,但区区微意要在于是,窃愿与社内外人士共图利之。[1]

1925 年 2 月,学艺大学董事会成立,王兆荣、范寿康、何崧龄、陈大齐、文元模、林骙,当选学艺大学董事,总副干事郑贞文和周昌寿为当然董事,聘王兆龙为校长,租上海静安寺路 320 号为大学校址,[2]以"陶成坚洁人格,昌明中外学艺"为宗旨。从招生通告来看,各系额数均为 60 名以下。[3]学校先设文法两科,法科分法学和政治经济学两系,文科分文学及社会学两系,前两系属大学部,后两系属专门部,大学部又分预科与本科,前者两年,后者四年。[4]大学内还设立了学艺图书馆。可惜的是,学艺大学仅办了一年时间,就因经费紧张于 1926 年被迫停办,"学艺大学成立后,虽经主办人努力经营,然卒以经费支绌,于十五年七月宣告停办。""特因赁屋而教,消费较大,房屋亦不甚合用"。[5]值得一提的是,除了经费支绌的原因外,学艺大学也可能是因为坚持限制学生不得参与政治活动,不得有党籍,因而不适应社会环境而停办,"本大学学生在学期间应专心一志于人格之涵养及学艺之研究,以备他日国家社会之用,不得置身任何党籍及参加一切政治运动与社会运动。"[6]正如其自称的:"又以章程规定,学生不得置身任何党籍,及参加一切政治运动或社会运动,限制过严,不能适应时势,初拟迁青岛未成,因即

〔1〕《中华学艺社之办学计划》,载《申报》1924 年 3 月 24 日,第 14 版。
〔2〕上海市档案馆藏:Q546-1-41,《中华学艺社概况》。
〔3〕《学艺大学招生》,载《申报》1925 年 8 月 20 日,第 4 版。
〔4〕《上海又多一华人自办大学》,载《南洋商报》(Nanyang Siang Pau)1925 年 7 月 30 日,第 4 页。
〔5〕《中华学艺社第三届年会社务社务报告》,载《学艺》1927 年第 4 期。
〔6〕《学艺大学章程》,载《学艺》1925 年第 9 期。

停办。"[1]

(四) 文治大学法科

文治大学创办于 1922 年冬,先由晋江人蒋世雄捐助创办费,推举倪义抱为校长,定名上海文科专门学校,旨在应时势需要,提高文化,教授专门学术,养成社会适用人才。[2] 校址设于上海江湾,暂租陈氏花园洋房为校舍,于 1923 年 1 月 1 日成立,定 2 月 25 日开学,预科一年,本科三年。1924 年 1 月,应部章要求文科专门学校改为文治大学。[3] 至 1926 年,文治大学始办法科。[4] 全校设预科及文法商三科,文科分国学、史地学、哲学三系,法科分法律学、政治学、经济学三系,商科分银行学、运输学、保险学三系,各科分设四级,预科设一级。大学还设专修科,下分国学、英文、法科。各科教授有:陈去病、李石岑、胡樸安、顾惕生、严谔声、殷志恒、许天遂、江季子、王厦材、陈景新、董若虚、徐明德等人。[5] 文治大学虽设有法科,但偏重国学系,"设科次序,首以国学系为级本科,国学取材,注重实用,尤以合于时势,提倡国民高尚道德,及充分发展政治思想为主。盖取经义治事之意,合政学于一炉,而出之以陶铸,贯新旧于同轨,而要之以行践。"[6] 直至 1930 年时文治大学仍在开办,这一年出版的《增订上海指南》仍有文治大学的消息,[7] 但不久后便停办了,据文治大学校长倪义抱之子倪之璞回忆,停办可能与政治原因有关,"因拒绝与国民党反动派合作,校舍被军队占用,学校被迫停办。"[8]

(五) 南方大学法律系

私立南方大学由上海专科大学于 1922 年改组而成,聘请江亢虎为校长,学校分设三科,计文科、商科、社会科学科,文科有国学系、英文系、教育系,社会学科有政治系、法律系、经济系、社会学系,商科设有银行系、会计系、运输系、工商管理系。

---

[1] 上海市档案馆藏:Q546 - 1 - 41,《中华学艺社概况》。
[2] 《文治大学招生》,载《申报》1923 年 12 月 25 日,第 1 版。
[3] 《上海文治大学创办略史(一)》,载《南洋商报》(Nanyang Siang Pau)1927 年 3 月 9 日,第 16 页。
[4] 《上海文治大学创办略史(二)》,载《南洋商报》(Nanyang Siang Pau)1927 年 3 月 10 日,第 16 页。
[5] 《上海著名大学调查录》,载《寰球中国学生会民国十五年特刊》1926 年 4 月,第 5—6 页。
[6] 《上海文治大学创办略史(四)》,载《南洋商报》(Nanyang Siang Pau)1927 年 3 月 12 日,第 16 页。
[7] 林震编纂:《增订上海指南》,载熊月之主编:《稀见上海史志资料丛书 5》上海书店出版社 2012 年版,第 115 页。
[8] 倪之璞:《永不忘怀的思念》,载中国民主促进会中央宣传部编:《王绍鏊纪念集》,江苏教育出版社 1987 年版,第 120 页。

1923 年添法律系,属社会科学科辖下,[1]由密歇根大学法律博士陆鼎揆担任社会科学科教授。[2] 在江亢虎治下的 3 年中,学校有了较大发展,学科扩展为三科十系,学生由 150 人增加到 500 多人,教师由七八人增至 30 多人,校园校舍面积也相应扩大。[3] 1924 年,南方大学在北京设立分校,报名投考者甚是踊跃,主持校务者仍是江亢虎,校址在宣武门外谢公祠,"有屋百八十余亩,系江西旧馆,闻以戏台为大讲堂,文昌阁为藏书楼⋯⋯其余教室宿舍足容七百人左右,前后招考,早已足三百名额,订本月十日开学,教员三十余人多系欧美留学毕业学生云。"[4]分校也设有法律系,本科修业二年后分系,文科商科再修习二年,社会科学科再修习三年毕业。[5] 1925 年,因"甲子清室密谋复辟案件"江亢虎参与清室复辟阴谋的信函被揭露,南方大学学生和教员掀起了"驱江运动",否认江氏为南方大学校长,并且登报广而告之。[6]

> 南方大学,非江亢虎一人所有,而以学生为主体也。一切经费,皆赖学费以维持,与个人捐资创办者迥异。溯自民国十一年秋季,本校由专科大学改组后,本会议决聘请江氏为校长。当时以为江氏热心教育,誉满世界,迎之长校,可庆得人。不意接事之后,朝夕奔走权门,视学校为传舍,旷费职责,令人解望。犹冀其能自悔改,故未肯轻易易人。今江氏既冒天下之大不韪,则吾人以钦仰而聘之来,亦以鄙弃而挥之去,系铃者自当解铃,能贵之亦复能贱,撤销其职,谁日不宜。[7]

虽然,江亢虎极力对自己的行为辩解,甚至还镇压学生运动,但无论是面对社

---

[1]《学务丛载》,载《申报》1923 年 10 月 18 日,第 18 版。《南方大学之新气象》,载《申报》1922 年 10 月 25 日,第 15 版。林震编纂:《增订上海指南》,载熊月之主编:《稀见上海史志资料丛书 5》上海书店出版社 2012 年版,第 115 页。
[2]《学务丛载》,载《申报》1924 年 9 月 3 日,第 20 版。参见王伟:《中国近代留洋法学博士考(1905—1950)》,上海人民出版社 2011 年版,第 72 页。
[3] 参见汪佩伟:《江亢虎研究》,武汉出版社 1997 年版,第 221 页。
[4]《学务丛载》,载《申报》1924 年 9 月 6 日,第 18 版。
[5]《全国专门以上学校投考指南》1925 年第 3 期,第 14—15 页。
[6]《上海学生驱逐江亢虎运动》,载《青年运动学刊》1987 年第 3 期。
[7]《驱江后之南方大学(二)》,载《南洋商报》(Nanyang Siang Pau)1925 年 9 月 10 日,第 9 页。

会舆论还是群情激奋的南大师生，这些举措最终都无济于事。[1] 1926 年秋，江亢虎无奈以赴美讲学名义离校，南方大学亦于次年宣告停办。[2]

（六）其他法学院校

1. 远东大学。校址设于卢家湾斜徐路，校长由殷志恒担任。学校分文科、商科、法科，文科分国学系、教育系、英文系，商科分银行系、公司管理系、会计系，法科分法律系、政治系、经济系。1926 年时，文科招生 80 名，商科 90 名，法科 130 名，学校还设有三年可以毕业的法律专修科。[3] 1926 年法科主任由陆鼎揆担任，法科教授有何世枚、应成一、董修甲、郑觉民、章世炎、康荣森、陈文伯。[4] 1928 年法科主任改由纽约大学法学博士端木恺担任，同时聘定各科教授，如华盛顿大学政治学硕士温崇信为文科主任，密西根大学经济学硕士沈步贤为商科主任，华盛顿大学社会学硕士郑若谷为中学部暨训育主任，哥伦比亚大学硕士冯定璋教授市场学，法国巴黎大学硕士郑明功教授法文。[5] 1929 年，远东大学因"迹近营业"而被教育部勒令停办。[6]

2. 群治大学。原名群治法政专门学校，由刘人熙、栗墨庵等创办于 1912 年，校址位于湖南长沙县署，推罗杰为校长。[7] 1922 年，罗杰被推选为司法会议代表来沪，与邵力子、于右任、章太炎、李登辉等共同发起改组大学，拟定组织大纲及计划书，在京沪筹设分校，开设文法二科，经教育部和司法部核准后，湘沪两校共推罗杰为校长。[8] 1924 年 2 月，沪校开始招生，并获北京教育部立案，校址位于真如，办学宗旨是："在物质与精神发展，解决世界纠纷，得真自由平等幸福"。[9] 该校设文、法、商三科及法政专门部，大学部文科（下设国学系、史学系、哲学系、教育学系、

〔1〕《江亢虎卷土重来》，载《南洋商报》(Nanyang Siang Pau)1925 年 9 月 7 日，第 9 页。

〔2〕参见曹必宏，夏军，沈岚：《日本侵华教育全史》第三卷，北京人民教育出版社 2005 年版，第 280 页。

〔3〕《上海著名大学调查录》，载《寰球中国学生会民国十五年特刊》1926 年 4 月，第 9 页。

〔4〕《远东大学聘定各科教授》，载《申报》1926 年 3 月 3 日，第 10 版。

〔5〕《远东大学之新设施》，载《南洋商报》(Nanyang Siang Pau)1928 年 3 月 2 日，第 16 页。《各团体消息》，载《申报》1928 年 2 月 10 日，第 17 版。

〔6〕《为取缔私立各学校已分派员视察并明定办法咨送布告请查照由》，载《教育部公报》1929 年第 1 卷第 5 期。

〔7〕《校闻一束》，载《群大半月刊》1927 年第 1 期。

〔8〕《群治大学沿革及旨趣》，载《群治大学年刊》1925 年 7 月。

〔9〕《群治大学开学纪》，载《申报》1924 年 9 月 22 日，第 11 版。

西洋文学系、方言学系、新闻学系),法科(下设法律系、政治系、经济系、社会系),商科(下设会计学系、商业管理学系、银行财政学系、国际贸易学系、保险学系),法政专门部(下设法律科、政治科、经济科),[1]法科法律系设立旨趣在于"注重构成法治国家及预备撤去外人法权,及增进本国在国际地位之平等权利。"[2]教授由江一平、陈霆锐、笪耀先、何世桢等人组成,全校人数共 550 人。[3] 1925 年秋,上海校区的财务和行政与长沙校区各自独立,罗杰以力难兼顾为由,推荐张相文担任上海群治大学校长。[4] 1930 年,教育部根据群治大学学生退学宣言,命令上海特别市教育局调查,后以"该大学教室七间,设备简单,图书残缺不全,经济支绌,内容既如是腐败,且复纠纷时起。"为由,指令该大学于 1930 年暑期停办。[5]

3. 持志大学。1924 年,何世桢辞去上海大学学务长一职,借体育会西路灵生学校旧址开办学校,定名"持志大学",取孟子不动心及纪念其祖父何汝持之意,"承其先德汝持公之志也"。[6] 创校之初先设文科国学系、英文系,法政科政治系,商科及高级中学与补习班,聘定叶楚伧、汤济沧、查光佛、孙邦藻、刘芦隐、夏晋麟等教授。[7] 1927 年开设法律系,何世桢亲自担任系主任,1930 年秋改称持志学院,学院下设文法两科,文科分中文学系和英文学系,法科分政治系、经济系、商学系和法律系。[8] 商学系主任为徐佩琨,法律系主任为伍守恭,法律系教授有王效文、王去非、俞承修、黄应荣等。[9] 1931 年 7 月,持志学院获教育部核准立案,1932 年 11 月 16 日获司法院特许设立。[10]

---

[1] 林震编纂:《增订上海指南》,载熊月之主编:《稀见上海史志资料丛书5》上海书店出版社 2012 年版,第 117 页。
[2]《群治大学沿革及旨趣》,载《群治大学年刊》1925 年 7 月。
[3]《上海著名大学调查录》,载《寰球中国学生会民国十五年特刊》1926 年 4 月,第 9 页。《上海群治大学消息》,载《申报》1924 年 5 月 20 日,第 15 版。
[4]《校闻》,载《群大旬刊》1926 年第 1 期。
[5]《上海群治大学教部指令限期停办》,载《中央日报》1930 年 3 月 28 日,第 4 版。
[6] 持志学院:《持志学院一览》,持志学院出版 1937 年版,第 1—4 页。
[7]《纪事:持志大学之进行》,载《学灯》1924 年 12 月 9 日,第 4 版。
[8]《私立持志大学概况》,载《上海各大学联合会会刊》1933 年第 1 期。
[9] 持志学院:《持志学院一览》,持志学院出版 1937 年版,第 23—27 页。
[10]《司法院特许私立法政学校设立一览表》,载《司法公报》1932 年第 47 期。

4. 中华法政大学。由邹鲁创办于 1926 年 4 月，[1]"我到了上海，设中央党部于环龙路四十四号，并创办中华法政大学。"[2]其办学宗旨有救亡图存之意，"中国外受列强之侵略，内感政治之不良，非得多数有政治法律上高深学问者，不足以察觉病源，图谋挽救用，本斯旨，设立中华法政大学。"[3]由前河南中州大学校长李鹤任教务长，[4]该校大学部设法律系、政治系、经济系、商业系本科及预科，专门部设法律系和政治系，校址位于西摩路 132 号。[5]该校仅开办了一年，校长邹鲁即告辞职，"西摩路中华法政大学，开办一年，成绩尚佳。校长邹鲁，迩来以事务日见纷忙，不能兼顾，拟向该校董事会辞职云。"[6]校长辞职后，学校不久也销声匿迹了。

除上述各大学外，尚有神州法政专门学校、大夏大学、春申大学、东亚大学、大陆大学、上海文法学院办有法律科或法律系，部分学校将在后文讨论，在此不再一一赘述。

三、独树一帜的教会大学

东吴大学法科和震旦大学因属教会学校，屹立于国立暨南大学及众多私立大学之中，俨然成为了一道独特风景，以办学严格享有很高的社会声誉。"上海之律师，固日见其多，而上海各大学之法科学生、亦日见其发达，按上海之有法科大学，始自东吴法律学院……依上列诸法科之声誉言，自东吴为最著且历史亦最久。"[7]"当时上海一地仅有'圣约翰'与'交通'二大学。故震旦实为中国最古老的大学之一，且在过去之悠久岁月中，曾独复公教高等教育之艰钜，此至今震旦所引以自豪者也。"[8]

〔1〕参见戴书训：《愈经霜雪愈精神——邹鲁传》，台湾近代中国出版社 1983 年版，第 154 页。
〔2〕邹鲁：《回顾录》，岳麓书社 2000 年版，第 236 页。
〔3〕《中华法政大学筹备处启示》，载《申报》1926 年 6 月 12 日，第 2 版。
〔4〕《中华法政大学之创办》，载《申报》1926 年 6 月 15 日，第 11 版。
〔5〕《中华法政大学招男女生》，载《申报》1926 年 7 月 6 日，第 3 版。
〔6〕《中华法大校长辞职》，载《申报》1927 年 4 月 25 日，第 8 版。
〔7〕持平：《上海各大法科谈》，载《福尔摩斯》，1930 年 1 月 23 日，第 1 版。
〔8〕上海市档案馆藏：Q244－1－10，《震旦大学概述》。

（一）东吴大学法科

在近代中国法学教育史中，东吴大学的法学教育有过"北朝阳，南东吴"之誉[1]。自 1915 年 9 月 3 日，美国律师兰金（C. W. Rankin）博士来东吴大学的上海分部主持工作，兴办法科。至 1952 年全国院系调整，东吴大学法学院在近四十年间，培养了很多著名的耳熟能详的法学家，吴经熊、倪征燠、李浩培、潘汉典等皆是其校友。因东吴大学法学教育的特殊历史地位，后文将做详述，故而此处仅作简要介绍。

东吴法科的兴起机缘于上海中西书院并入东吴大学，大批预备班学生还留在上海上课，由一些中西书院的老校友和教友勉力维持。[2] 1914 年，应上海教区长老韩明德（T. A. Hearn）指派一名大学教员主持东吴第二中学工作的请求，时任苏州东吴大学校长的葛莱恩（John W. Cline）于是派兰金[3]到上海接任东吴二中校长一职，希望以其律师身份为这所中学带来不一样的变化。因而，兰金也被赋予了在"不涉及东吴大学任何未经许可的经费支出的条件下，可以自由发展其他可行性项目"的权力。[4]兰金走马上任之后，发现当时的上海法律教育环境对他而言是天赐良机（God-given opportunity），宪法正在编订，法典在陆续公布，法庭不久也要组建到位。但是，没有人来为马上就要面临这些的人们做些什么。如此多的大学毕业生和其他有志青年，为了生存而停滞不前，期望能有新的希望出现。此外，还有许多律师，获得学位的留学生，以及英美驻华法院、领事法庭和混合法庭公审公廨的法官可以充当教师队伍。于是兰金想到，为何不借东吴二中的教室，在律师和法官下班，及学生也结束了白天的工作后，将两者联系起来，试办一间法律学校呢？于是，兰金联络了美国驻华法院的罗炳吉（Charles S. Lobingier）法官，在后者的帮

〔1〕东吴大学法学院的称谓有一段历史演变，1927 年前称为东吴大学法科，之后改名为私立东吴大学法律学院，1937 年又改名为私立东吴大学法学院。
〔2〕参见王国平：《东吴大学简史》，苏州大学 2009 年版，第 63 页。
〔3〕兰金原是美国田纳西州"品学俱优之名律师"，也是基督教监理会的传教士。1912 年来华，在上海租界执业律师，加入远东美国律师协会，兼任东吴大学政治学教授。参见朱志辉：《清末民初来华美国法律职业群体研究（1895—1928）》，广东人民出版社 2011 年版，第 83 页。葛赉恩：《东吴大学报告（1912）》，载王国平等编：《东吴大学史料选辑（历程）》，苏州大学出版社 2010 年版，第 117 页。
〔4〕See W. B. Nance, *Soochow University*（New York：United Board for Christian Colleges in China，1956），p. 71. 葛赉恩：《东吴大学报告（1915）》，载王国平等编：《东吴大学史料选辑（历程）》，苏州大学出版社 2010 年版，第 125 页。

助下,学校发布了招生广告,定于 1915 年 9 月 3 日正式开课。[1] 以下即是笔者找到的东吴法科较早的英文招生广告,发布于 1915 年 6 月 22 日的《北京每日新闻报》(Peking Daily News):

Law School Opened

Announcement is made of the opening in Shanghai of the Comparative Law School of China. The school will be affiliated with Soochow University as its law department. It will be located at 20 Quinsan Road and will open its doors September 3.

The object of the school will be to give not only an ordinary legal education but to take advantage of the cosmopolitan character of Shanghai to make a study of the various legal systems of the nations represented here.

The head of the faculty will be the Rev. John W. Cline, D. D, president of Soochow University. Mr. Charles W. Rankin will be dean. The other members of the faculty will be Messrs. A Bassett, Crawford M. Bishop, James B. Davies, William S. Fleming, T. R. Jernigan, Judge Charles S. Lobingier, Joseph W. Rice, E. B. Rose, C. H. Wang and T. N. Franking.

The course will be three years. The entrance requirements will be two years' work in a college of equal grade with Soochow University. Candidates for admission who do not have certificates or diplomas from colleges of equal standing with Soochow University will have to pass an examination covering the work of the first two collegiate years.

The year's work will consist of 40 weeks with daily recitations from

---

[1] See W. B. Nance, *Soochow University* (New York: United Board for Christian Colleges in China, 1956), pp. 71 - 72.《东吴法律专科学校招生》,载《申报》1915 年 7 月 29 日,第 2 版。上海市档案馆藏: Q245 - 1 - 19,《1935 年 10 月中华监理公会年议会五十周年纪念刊》。

4:30 to 7:30 in the afternoon except Saturday and Sunday. Religious instruction will be part of the required course. Tuition will be $80 a year and board and lodging $72 a year.[1]

从上述广告内容可见,当时东吴大学法科聘任的教员有王宠惠(C. H. Wang)、佑尼干(T. R. Jernigan)等人。早在兰金邀请之前,罗炳吉就想将他在菲律宾的治学经验付诸于中国,所以当兰金将办校的想法与罗炳吉商议时,两人一拍即合,后者更建议学校英文名为:"The Comparative Law School of China"。[2]

　　1920年,兰金辞去教务长,改由刘伯穆接任,在其治下东吴大学法科开始真正走向正轨,发展成为一所较为成熟的法律学校。1927年,受到收回教育权运动的冲击,刘伯穆被迫辞职,回到密西根大学法学院继续深造,东吴大学法科的管理层也由吴经熊、盛振为接替,前者担任院长,后者担任教务长,校名也改为私立东吴大学法律学院,并于1929年7月经教育部核准设立,1935年6月1日经司法院特许设立。[3]

　　(二)震旦大学法科

　　1903年初,马相伯应蔡元培等南洋公学师生的建议,决定扩大教学规模,创办一所学校,[4]名曰"震旦"(Aurore),取西语曙光之意,[5]并以"广延通儒,培养译才"为宗旨。[6]同时,马相伯得到耶稣会的赞助,于1903年3月1日正式开课,并借徐家汇天文台旧址作校舍,学生人数在20人左右。1904年,前来求学的学生大增,马相伯再次请求耶稣会传教士襄助,但派来的南从周(Perrin)司铎与马相伯的教学理念有冲突,于是后者出走创办了"复旦"。[7]震旦学院也因此停办,后在张謇、曾少卿、李平书的倡议下,重新复校,校董会推李问渔司铎为校长,而南从周则

〔1〕"Law School Opened", *Peking Daily News*, Jun22,1915.
〔2〕C. Sumner Lobingier, "Legal Education in Twentieth Century China", *Lawyers Guild Review*, Vol. Ⅳ, 1944(4), p. 2.
〔3〕《司法院特许私立法政学校一览表》,载《司法公报》1935年第46期。
〔4〕马相伯:《从震旦到复旦》,载潘懋元,刘海峰主编:《中国近代教育史资料汇编——高等教育》,上海教育出版社1993年版,第433页。
〔5〕上海市档案馆藏:Q244-1-17(4),《震旦大学各种简章、概况及一览表》。
〔6〕《震旦学院章程》,载《翻译世界》1902年第2期。
〔7〕《震旦学院流源考》,载《协和报》1911年第16期。

任教务长,于 1905 年 8 月复课。[1]

震旦学院因是教会学校,故自成立起就一直在谋求获得政府的承认,以期保障毕业生的权益。1904 年,曾蒙两江总督周馥认可。[2] 1911 年准予备案。[3]民国肇建后,校方仍希望通过各种关系达到此目标,这也可从其内部书信中看到:

> 保障震旦学生毕业后出路的唯一办法,是以官方在毕业文凭推荐事上,争得官方学校或者通过官方手段,使中国政府承认震旦毕业文凭,与它承认中国自己的学校一样。但是最好办法还是通过大使馆的较多关系,通过教育部重要人物进行此项工作,应该通过中国有势力的人物,而不是通过我们来使事情有所进展。
>
> 如果你要中国政府承认你们的毕业文凭,必须绝对接受中国官员任何的监察。假如你不接受,法国人在青岛曾提出要求(一中国官员驻在学校内,监督和领导一切,接受或拒绝学生入校),那么你就不可能进行学□或毕业考试。[4]

另一方面,震旦学院又与法国政府有着千丝万缕的联系。1918 年,院长姚缵唐感到经费支绌,不得不致书中国传教区各主教,告以处境,表示随着震旦的发展,各项费用所需浩大,非低廉之学费所能补偿,请求予以襄助。所幸不久一战结束,法国为战胜国,经以里昂医学院教授文森特(Eugène Vincent)为首的呼吁,法国政府战后立即拨款给震旦,时任外交部长的毕盛(Stephen Hchon)在信中强调:学校的领导、行政要完全自治;保持其法国特色;教学语言为法语;如可能,全部教师皆为法国人,或至少大半为法国人。另外选择教师时,为震旦的利益考虑,应选择毕业于法国的大学或"大学校"的人,名单应提交外交部长。法国驻北京公使、上海领

---

〔1〕上海市图书馆藏:《震旦大学二十五年小史》,震旦大学出版 1928 年版,第 2—3 页。
〔2〕震旦大学:《私立震旦大学一览》,震旦大学出版 1935 年版,第 7 页。
〔3〕上海市档案馆藏:Q244-1-10,《震旦大学概述》。
〔4〕上海市档案馆藏:Q244-1-94,《震旦大学关于考试课程、毕业文凭、学校更改校名、广告等文件》。

事和震旦院长达成协议,成立官方委员会,每年对考试进行监督。[1] 由此,震旦与法国政府的联系更加紧密了,这种关系也渗透到了学校内部的各个方面,例如期末考试监考、毕业文凭的认可、毕业生的推荐等等:

> 我们希望法国驻沪领事先生能与院长合作在当地任一位监考员,与希望法国正度承认这位监考员颁发的文凭,对法国文凭具有同等效力。……我要补充说,对我们文凭的这种承认,应该是具有官方性质的,以使我们可以从中国政府那里得到同样的好处。

> 每个系科最有才干的人的名单由院长在顾问的协助下拟定,由法国领事□署后送往北京公使馆,公使馆将把这名单介绍给外交部或公共□警部。今天,外交部副部长高尔迶(音译)的儿子在震旦念书,高部长本人的思想(直译是良心)感性与语言也都是法国化的,外交部长的私人秘书朱尧襄(音译)是震旦的校友,至今与他的老师们保持着很好的关系。因此,现在的情况,可能比过去任何时候还要好。[2]

1919 年,法国政府最终决定承认震旦大学的毕业证明,对报考法国大学系科与业士学位具有同等效力,而法国领事署及工部局对校务也多有扶持,"1916 年举行给发文凭时,驻沪法总领事那齐君莅临本院,因见学生法语及各项科学之进步,良深喜悦,遂于学生前,声言上海法领事署及工部局,始终尽心扶助本院发达。"[3]一定程度上,震旦也成为了一所在中国的法国式大学,这也为其毕业生留学法国创造了条件。

在法学教育方面,震旦大学很早就设有法律的课程,在 1903 年创校之初的章程中,文学科的附课政治一门中便有公法(International Law)的课程。[4] 在其1911 年的招生广告中也提到了教授法科的内容:

〔1〕王微佳:《震旦大学性质辨析》,载卓新平,许志伟主编:《基督宗教研究》第 7 辑,北京宗教文化出版社 2004 年版,第 399—400 页。
〔2〕上海市档案馆藏:Q244-1-5,《震旦大学关于学校概况的中、英文报告》。
〔3〕同上。
〔4〕《震旦学院章程》,载《翻译世界》1902 年第 2 期。

中邦多士，竞尚科学，此地少完美学堂，又鲜相当教习。今上海有震旦学院授天算、测绘、物理、化学、卫生、博物、法律、财政等科，其教员全系专门名家，英法辣丁三文亦循序兼授，得有该院毕业文凭之学生投考政学工商界皆属高等位置，洵学堂中之冠时者，谨告有志少年不论教中教外，愿入该校肄业，吾等可绍介于总理焉，司铎谨启。[1]

1914年，南道煌(R. P. Fournier)司铎为校长时，将本科分为法政文学科、算数工学科、博物医药科，前两者学期三年，末者学期四年，另设工程特别科为毕业后有志工程者，学期两年。[2] 法政文学科的课程则有跨学科之势：

文词原理、法国文学、英文、中国文学、哲学、超形学专科、灵性学、伦理学(第一第二年)、宗教基础(第三年)、宪法、国际法、刑法、民事律、行政律、商律、航海律、罗马法律、法律比较(中国欧洲)、国家经济学(第一第二年)、会计学、财政学、今世政治实业商业之历史欧洲(第一年)美国及日本(第二年)中国及邻邦(第三年)、与历史相应之地理、博物学化学卫生学之大意。[3]

在选任教师上，震旦大学因其毗邻法院，因此多聘法官律师担任，"以校址毗邻特区法院，为法家律师荟萃之区，故有聘任优良师资之特殊便利。"在图书设备方面亦颇为完备，"尤以中国新旧法学典籍最称完备，实际已可跻专科图书馆之林。"[4]另为鼓励学生起见，自预科第三年起，校方每年二次将学生文课送至欧洲校阅、比勘、评点，所得成绩由学校报告各学生及家属。学校每年二次会陈列学生成绩，邀请名士来校，浏览鉴评。[5]此外，学校又素以治校严格驰名，社会公众每称"该院证书不易获得。""而本校自身，鉴于法学生较之工师医师尤难栽培，对于学

---

〔1〕上海市档案馆藏：Q244-1-17(4)，《震旦大学各种简章、概况及一览表》。
〔2〕上海市档案馆藏：Q244-1-17(5)，《震旦大学各种简章、概况及一览表》。
〔3〕同上。
〔4〕上海市档案馆藏：Q244-1-10，《震旦大学概述》。
〔5〕上海市档案馆藏：Q244-1-17(5)，《震旦大学各种简章、概况及一览表》。

程方面,非特不予宽限,有'变本加厉'之倾向,近年入学考试,益主严格。"[1]因此,该校声誉颇佳。

1915年,震旦大学院授予第一届孙秉镒和黄祖荫法学学士学位,1920年授予胡文炳和顾守熙法学博士学位。[2]1932年震旦大学组建法学院,下设法律学系和政治经济学系,[3]同年12月,震旦大学获教育部核准立案,翌年9月9日,法学院获司法院特许设立。[4]

第二节　各取所需:法学教育的外衣下

1919年后,受历史环境之影响,沪上法校的勃兴,无不带有造就法律人才以图收回治外法权的表面宗旨,如中华法政大学即声明:"中国外受列强之侵略,内感政治之不良,非得多数有政治法律上高深学问者,不足以察觉病源,图谋挽救,用本斯旨设立中华法政大学。"[5]群治大学也强调:"注重构成法治国家及预备撤去外人法权,及增进本国在国际地位之平等权利。"[6]乃至国立暨南大学亦宣称:"是故恢复主权,取消条约,有赖于改良法律,整顿司法者实多也,法律之改良,司法之整顿,非有曾受相当之训练之人材不可。"[7]即使是教会学校,像东吴大学法科也有这一层意味,如萨赉德(George Sellett)即认为中国的法学生将会在收回治外法权中发挥重要作用,这个国家未来的法官也会出自其中,法律也将在他们手中施行。[8]

在这种趋于一致的办学宗旨之下,这一时期对法律人才的培养充满了民族感和时代意味。诚然,的确可能存在一些法校会兢兢业业执行这一办学理念,但纠问之下,沪上法校的每一位办学人真的都怀揣如此想法吗? 答案是不言自明的,法学

---

[1] 上海市档案馆藏:Q244-1-10,《震旦大学概述》。

[2] 上海市图书馆藏:《震旦大学法学院三十一届毕业纪念刊》,震旦大学法学院1949年版。

[3] 上海市档案馆藏:Q235-1-649,《上海市教育局关于私立震旦大学立案问题(一)》。

[4] 《司法院特许私立法政学校设立一览表》,载《司法公报》1933年第90期。

[5] 《中华法政大学筹备处启示》,载《申报》1926年6月12日,第2版。

[6] 《群治大学沿革及旨趣》,载《群治大学年刊》1925年7月。

[7] 《国立暨南大学校务特刊》,国立暨南大学出版1927年版,第62页。

[8] "LAW IN CHINA: Dr Sellet's Address Before Y's Men's Club", *The North-China Herald and Supreme Court & Consular Gazette*, Dec 20,1924.

教育对于师生之间的价值若何,即是本节将要解答的。

一、文凭、市场与法校

1920 年代,一时涌现出了众多的法律院校,虽然其中不乏"野鸡大学",但报考这些学校的学生却是有增无减,各法校不得不扩充校舍,增加名额,如中华法政学校就拟"扩充校舍,添加学额。"[1]声名狼藉的春申大学亦对外声称报名者踊跃,"日来报名入学者,颇为踊跃,定额六百多,刻已逾半数。"[2]南方大学则因学生人数众多而致校舍不够用,"南方大学两年来极力改进,惟因学生甚多,原有校址不敷应用。"[3]即使是女子法政讲习所亦是如此,"日内赴校报名者,甚形踊跃"。[4]当然,各校的声明可能存在一定的宣传成分,但学生明知学校的声誉不佳却仍执意报名则是一种值得讨论的现象。

从法学教育市场的角度而言,20 世纪 20 年代初期仅有很少数量的法律学校可供学生选择。如前文所述,民初上海繁兴的私立法校在 1913 年教育部的整顿中,仅神州法政专门学校是唯一幸存的华资学校。除此以外,这一时期当然还有教会学校可供想要修习法律的学生选择,如 1915 年创设的东吴大学法科及 1911年开设法律讲座的震旦学院,前者以教授英美法为主,后者则注重法国法的讲授,两校中国法的课程开设很少,并且不只学费昂贵而且入学要求也很高。因此,如此少的法校数量,根本无法满足上海的学生。沪上办学人敏锐的发现了这一契机,如张知本即认为彼时创办法政大学大有可为:

> 余复建议沈仪彬,民元时上海有八所法政学校,袁世凯认为皆为造乱之渊薮,全部予以封闭。以昔需要八校之上海,今日并一校而无之,创办法政学校大有可为。[5]

---

[1]《团体消息》,载《申报》1927 年 8 月 23 日,第 17 版。
[2]《学务丛载》,载《申报》1924 年 7 月 9 日,第 22 版。
[3]《学务丛载》,载《申报》1924 年 4 月 19 日,第 26 版。
[4]《学务汇志》,载《申报》1923 年 8 月 3 日,第 18 版。
[5]《张知本先生访问纪录》,台北中央研究院近代史研究所 1996 年版,第 52 页。

当然,尽管经过 1913 年的整顿后,沪上法校几乎一时绝迹,但也并非完全处于法学教育的真空状态,还是陆续出现了一些学校的。例如 1916 年创设的江东法律专门学校和 1917 年的中华政法学会函授部法律商业科,但它们的办学状态均不稳定。[1] 如中华政法学会函授部法律商业科,校长张天一,是原南洋法政函授专门学校校长张铁翼的化名,因南洋法政被停办后,遂改名张天一,另起炉灶创办了中华法政函授专门学校,不久其身份被识破,学校也被勒令停办了。[2] 从彼时的上海整体教育情况而言,无论是国立大学还是私立大学,办学情况都不甚理想,如学艺大学在创办的初衷中即指出:

> 我国自设立新式学校以来,数十年于兹矣。□清末造,教育颓散姑置不论。民国成立,宜可更新。然干戈扰攘,迄今十载,教化废弛,有增无已。就今日之教育言,彼官立学校,任军阀之蹂躏,窘迫至不堪言状,大有苟延残喘,不可终日之势,境况如此,遑论精神。至私营教育,则类皆目标分歧,或主宣播宗教之信条,或主传授谋生之技术,目的既偏,其果可知。他如学风之嚣张,青年之浮惰,又其余事,而身任教导之责者,往往仅知迎合时论,鲜有平正切实之主张。□是十余年来,学校之林立如彼,人才之缺乏若斯,良可慨也。[3]

因此,这一时期的法学教育市场存在着很大的供求问题。学生想要学习法律,但一方面面临为数不多的学校选择,故而有识之士纷纷设立法校。另一方面,法政学校自有其功能特点,让很多学生对于这类学校趋之若鹜。对于校方而言,普及法律知识是办学口号,对于学生而言,就读法政学校却不仅仅是为了学习法律知识。

一则,沪上法校可以满足学生对高等教育文凭的追求。学历主义在彼时已是一种较为普遍的现象:

[1] 上海通志编纂委员会编:《上海通志》第 7 册,上海社会科学出版社 2005 年版,第 4873 页。《中华法政学会函授部法律商业科》,载《申报》1917 年 5 月 6 日,第 18 版。
[2] 《勒令中国法政函授专门学校》,载《申报》1917 年 5 月 12 日,第 10 版。《勒令中国法政函授专门学校续纪》,载《申报》1917 年 5 月 13 日,第 11 版。
[3] 《中华学艺社之办学计划》,载《申报》1924 年 3 月 24 日,第 14 版。

现在有一般学生，竟公然提倡，入学校并非在求知识，是在求老虎皮，什么叫做老虎皮？就是所谓资格——学士、硕士、博士的称号。他们说学问是无用的，有用的是有资格，假使有了资格，就是没有学问，也不打紧，也可以不受自然的淘汰。他们为什么这样主张，他们不是全无理由的，他们的理由，是适应社会一般人的心理。[1]

同时，又受限于近代中国教育资源不均衡之势和个人原因，相比国立大学的高要求与入学竞争，更多的学生会选择入读毕业门槛不高的私立大学，进而保证获得一纸文凭。如 1928 年上海法科大学，大学部法律系毕业生就业最多的是教员（6人），专门部法律科毕业生就业最多的是机关公吏公职（27 人），其次才是从事律师（14 人）、司法官吏（11 人）。[2] 至 1936 年私立上海法学院立案后历届毕业生服务职业的比例中，除了第一位的律师（389 人）及第二位的司法人员（335 人）外，排第三位的即是教育行业（270 人），还有如服务军界、商界、新闻界等行业的。[3]

二则，除了满足文凭需求外，私立法校还具有成为法律职业跳板的属性。这在教会学校表现的尤为明显，东吴大学法科早期的学生，入学之前多已有工作，确切地说，服务于外籍律师事务所。按其校友回忆，他们进修法律，是为更好的充当外国律师买办的角色：

东吴法科出身的律师大都在公共租界挂牌，而以会审公廨为活动中心。有的也去南市地方法院代表当事人出庭。早期毕业生中有的任外国律师的翻译员或帮办，出入会审公廨。佑尼干与费信惇在香港路合伙挂大律师招牌，他们雇用中国职员当翻译员及书记。中国职员亦为外国律师拉拢当事人并收取佣金。众所周知，上海的洋行采用买办制，而外国律师公馆也同样"买办化"了。在大革命前，上海公共租界的会审公廨和外

〔1〕《实学与资格》，载《天韵报》1925 年 1 月 8 日，第 3 版。
〔2〕《毕业生状况统计表》，载《月报》1928 年第 1 期。
〔3〕上海法学院编：《上海法学院十周年纪念刊》，1936 年版，第 130 页。

国律师公馆成为法科毕业生的工作场所。[1]

又因教会学校与外国政府及法律院校的联系,其毕业文凭多被他们承认,因此法校也成为了学生出国的跳板。并且,受限于1927年颁布的《律师章程》及《甄拔律师委员会章程》的规定,1929年前,上海私立大学法律院校因均未经教育部获准立案,其绝大多数法政应届毕业生无法请领律师执业证书,[2]留学国外大学院校并修习法政之学三年以上,成为了他们执业律师前的主要选择。

1901年时东吴大学已经注册于美国田纳西州,[3]而东吴大学法科又与密西根大学、西北大学等美国大学保持着良好的关系,[4]还与美国印第安纳大学法学院签有协议,约定东吴大学法学院毕业生只要在印第安纳大学法学院修满30学分,即可获得法律博士学位(J.D.)。[5]因而,东吴大学法科的学生能够较为顺利的入读美国大学的法学院。至1926年的历届毕业生65人中,就有18人选择留学(其中12人入美国密西根大学法学院,3人入西北大学法学院),这些人归国后执业律师者达15人。[6]此外,震旦大学法学院也是如此,因其学历被法国政府所承认,该校毕业生赴法留学亦能得到优待,"法国驻华公使每年亦派代表来校主试,故得本校文凭者,咸可赴欧留学而欲入法国各大学者,其入学手续尤为便利。"[7]

当然,留学的跳板并未被教会学校所垄断,随着二十世纪初法科留学生的不断回归,沪上华资法校也积累了这层关系网,打通了其毕业生留学的通道,即使如名

---

[1] 谢颂三:《回忆东吴法学院》,载上海市政协文史资料委员会编:《上海文史资料存稿汇编——教科文卫》,上海古籍出版社2001年版,第66页。

[2] 当然这一规定执行的并非十分严格,仍有少数私立法学院校的毕业生能够获得律师证书,如上海法科大学1927年的毕业生就能取得律师资格,但该校至1928年时仍未立案,但因已有社会地位经大学院特别批准,获得与已立案之公私立大学毕业生同等待遇。参见《重要文件》,载《月报》1928年第1期。

[3] 参见王国平:《东吴大学在美国田纳西州的注册文件》,载《苏州大学学报(哲学社会科学版)》1999年第2期。

[4] 参见李秀清:《吴经熊在密歇根大学法学院》,载《华东政法大学学报》2008年第2期。

[5] 王伟:《中国近代留洋法学博士考(1905—1950)》,上海人民出版社2011年版,第372页。

[6] 因为东吴大学法学院与美国很多大学保持着密切的联络,而其以英文授课的方式也区别于别的法校。因此,有些学生报考时,也考虑到它的英语教学以及毕业后更好的融入英美社会。2015年6月11日,笔者台北采访。《东吴大学法律科章程》,1926年版,第25—32页。

[7] 上海市图书馆藏:《震旦大学法学院》,震旦大学1936年版,第2页。

声不大好的春申大学,其毕业生也有赴美国西北大学留学的,而该校校长马景行就是从东吴大学法科毕业的。[1]"春申大学毕业班,李君作仁,邱君大明,定今夏赴美国留学,将直进脑魏斯登大学博士院,研究法政。"[2]还有如私立上海法政大学,因校长郑毓秀的关系,该校很多学生能够赴法国留学。[3]因此,诚如因汉密尔登文凭案被处罚而选择留学的洪士豪所言,这些与外国学校有合作的私立法校,成为了毕业生出国留学的跳板,在以后执业律师的过程中发挥了很大的作用:"国内未立案学校,早年在美国立案者有各教会所设大学,及其他私立之学校,是项学校之毕业生或肄业生之转学海外者,不知凡几,待毕业返国后,即以国外毕业资格领得证书,执行职务者,不在少数。"[4]

二、传教士与失意政客

众多私立法校的建立,当然不仅仅是为了满足学生的需求,兴学者也都怀有自己的理想抱负,想通过办校得以施展,因而时谓:"然自欧风东渐,举国兴学,国立私立杂然辈出,蔚为大观,不有寿世之纪载,曷召后人之观感。尤以私立学校校长,或来自政界,以办学作栖息;或家多金钱,以办学为沽誉;或视学校为眷养党徒之所;或以开店作渔利之渊薮;或奉上帝之命,为耶稣而传教;或普罗而列塔,为共党而效忠。牛鬼蛇神,不一其色,弦歌舞踏,亦中亦西,既极人才之盛举,更多笑话之资料。"[5]

在传教方面,教会大学的法律院校不免有此问题,如东吴大学法科在创设之初,表现的尤为明显,这一部分下章将详述。相比东吴大学法科,震旦大学则始终没有对外显示出明显的传教意图。1902年震旦学院初建时,以"广延通儒,培成译才为宗旨"。[6]1905年,震旦学院人事改弦易张,原校长马相伯出走,耶稣会全面接管学院,对外招生章程也发生了改变,但仍强调不涉宗教,"本院宗旨主为便益本

〔1〕《东吴大学法律科章程》,1926年版,第27页。
〔2〕《春申大学欢饯出洋同学》,载《学灯》1925年5月13日,第4版。
〔3〕漫游:《法政学院派送留法学生之人选问题》,载《福尔摩斯》1930年6月26日,第1版。
〔4〕上海市档案馆藏:Q190-1-13534,《上海律师协会致司法部部市党部指委会各项建议案函》。
〔5〕明史公:《上海各私立大学校长别传(一)》,载《福尔摩斯》1932年7月17日,第2版。
〔6〕《震旦学院章程》,载《翻译世界》1902年第2期。

国学生不必远涉重洋留学,留学欧美而得欧美普通及高等之程度,教育不涉宗教。"此后,这一宗旨基本没有较大改变。1924 年时,校方仍坚称:"无分宗教与不宗教","务使中学毕业后,生得其所需之高等教育,为完备其造就,以成专门济世人才。"到 1927 年,震旦大学更加明确指出:"为不公教学生对于教规绝对自由,丝毫不与"。[1] 即使至 1939 年,这一宗旨也未多作修改:

> 本校由耶稣会设立,专以教授高深学术造就专门人才为宗旨。中国青年出洋求学费用甚大,且本国学问未免荒疏,本校之设其特殊目的即专在就地灌输中国青年以外国大学之同等学识,庶求学者无出洋之困难而获出洋之实益。本校学生对于宗教信仰有完全之自由。[2]

学院管理层对外同样宣称,旨在传播法国文化,"我们的目的,指办学的目的,实际上是把法国文化传授给那些信任我们的青年。"[3]但是,震旦学院作为一所天主教耶稣会管理的学校,果真不在意传播福音吗? 这一问题的解答,须区别阐述。

震旦学院初建时,即马相伯掌校时期,更确切而言自 1903 年至 1905 年间,校方并没有想要传播宗教。[4] 而到耶稣会接掌震旦学院,传教这一问题似乎逐渐显现。但是,震旦的传教策略与其他学校明显不同,其旨在以间接的循序渐进的方式,让学生接受宗教。我们可以从 1909 年震旦院长韩绍康(Hyacinthe Allain)给公使的信中瞥见端倪:

> 目的,震旦是传教士的事业,但在那里不进行宗教宣传,交给□子具有真正文明的思想,使他们参加其他各国人民的□通运动,使他们变成有能力的人,保证这些青年在中国的地位,为中国服务,学校除必修课外还

---

[1]上海市档案馆藏:Q244-1-17(4),《震旦大学各种简章、概况及一览表 1908—1948》。
[2]上海市档案馆藏:Q244-1-17(3),《震旦大学各种简章、概况及一览表 1908—1948》。
[3]上海市档案馆藏:Q244-1-103,《震旦大学关于震旦 25 周年校庆的实况、纪念文章、演说等》。
[4]这一问题,王微佳的著述已阐释的相当明晰,参见王微佳:《震旦大学性质辨析》,载卓新平,许志伟主编:《基督宗教研究》第 7 辑,北京宗教文化出版社 2004 年版,第 386—410 页。

设有宗教会议,学生可自由参加听教,但是相信最后会在他们身上产生效果。[1]

由此可见,震旦校方并不强制学生入教,而是以渐进的潜移默化的方式进行传教。因此,震旦学院教徒的增长也并不明显,1924年前非教徒学生入教的共有30人,平均每年不到2人。[2] 而其传教的方式也很隐蔽,在校友的回忆中可以得到印证:

> 震旦自被天主教会接办后,把教内学生和教外学生分开,教内学生集中住在第四宿舍,教外学生住在第七宿舍,另有女生宿舍在现在的瑞金医院小儿科的地方。每个宿舍派有舍监一人,都由外国籍"相公"和神父充任。……第七宿舍舍监的任务,主要是吸引教外学生入教,利用查房间或个别交谈等形式宣传天主教义,对生活较困难的学生,还可免缴一部分学费或赠送课本。……如果教外学生对宗教已有信仰倾向,就要搬到第四宿舍,在那里指定一个公青会员给他做"知心朋友",形影不离,随时随地灌输教义,直到正式入教。从第七宿舍搬到第四宿舍尚未入教的学生叫做"保守生",同教内生一样可以参加各种宗教仪式,而处处得到优待,在参加仪式时,保守生座位总放在前座正中。[3]

此外,在授课的过程中也会掺有宗教内容,"每周一次的哲学课,内容却是宗教哲学,由一个中国神父李问渔讲授。当讲到天主创造人类,天主创造世界等问题时,学生纷纷起立,引征达尔文学说加以反驳,使李面红耳赤,无法解答。"[4]

---

[1] 上海市档案馆藏:Q244-1-94,《震旦大学关于考试课程、毕业文凭、学校更改校名、广告等文件》。
[2] 顾裕禄:《震旦大学的创建和变迁》,载上海社会科学院宗教研究所,上海宗教学会合编:《宗教问题探索》1987年文集,内部发行1988年版,第140页—149页。
[3] 刘麦生:《回忆震旦大学》,载吴汉民主编:《20世纪上海文史资料库8》,上海书店出版社1999年版,第26—34页。
[4] 陆章甫:《记震旦学院几件事》,载上海文史馆,上海市人民政府参事室文史资料工作委员会编:《上海地方史资料4》,上海人民出版社1986年版,第145—147页。

因此,震旦大学虽然一直对外强调"教育不涉宗教",但在实际的办学中采取的是隐性的传教方式。曾担任震旦大学法学院院长的彭廉石(André Bonnichon)神父,于1952年接受记者采访时被问及:"您倾注全部身心去教授异教青年世俗科学,对于传播福音的工作而言这是否有点迷失方向",他答道:"你可以这样理解,但是对我来说,这一点也没有迷失方向。对于传福工作,对话的双方并非一定必须是劝人皈依的传教士和预备皈依的异教者,双方可以是天主教会这个整体和一个伟大的民族……要在上层社会、领导阶层和教会之间建立联系,最好的地方就是学校:从小学到大学。一个中国人哪怕在教堂前经过一百次,不被邀请进去,也就不会了解它,但在学校就可以接触天主教教师、神父或平信徒来了解。"[1]这一回答精妙地总结了震旦大学管理层对传播宗教的理念。值得一提的是,南京国民政府成立后,面对立案的要求,传播宗教会不会受到限制也成为了校方担心的问题。[2]

在近代上海的法学教育中,除了怀揣着以传教为目的办学的,还有不少是为政治上的谋划,而其中尤为著名的即是大陆大学。大陆大学由陈公博、王乐平、何超凝等人于1928年创立,虽然据陈公博所言该大学创立时并不想有太多的政治色彩,并且坚称它不是一个革命机关,也并不想让其渐变成一所野鸡大学。[3]但好像结果并非如其所愿,或者说后期的发展是有意识的将其塑造为培养党徒的训练所,如其招生广告中谈到的创设缘起,就带有很强的政治色彩:

> 我们感觉革命力量的浅薄,建设人才的缺乏。要实行本党的三民主义,不只要有革命的技术,而且要有科学的素养,不仅要有明确的理论,而且更要有刻苦的训练。所以我们集合本党同志,创办这个大学,目的在阐明科学的三民主义,养成建设的社会人材。务使经过本校锻炼的青年,每个都能明了本党主义,不致流于空想和空谈,每个都能参加革命行动,不

[1] André Bonnichon访谈记录,Feh323-2,AFCJ。转引自王微佳:《震旦大学性质辨析》,载卓新平、许志伟主编:《基督宗教研究》第7辑,北京宗教文化出版社2004年版,第408页。
[2] 上海市档案馆藏:Q244-1-260,《震旦大学关于私立教会学校立案问题及山东省长告学生书(劝学生安心读书不问政治)》。
[3] 参见陈公博:《苦笑录》,现代史料编刊社1981年版,第129页。

致陷于颓废和萎靡。准备建设的材料,贡献社会,挽回中堕的革命,重整
精神,谨揭此大旨,用为缘起。[1]

陈公博等人鉴于以往斗争的失败经验,"未能造就干部人才以作革命斗争的基
础",故而该校成为"改组派失败以后,得势以前的一种应时而需要的产物"。[2] 时
媒评论其办学是以达政治诉求,有一个大学既可以做研究学术的幌子,又可以做所
谓革命青年联合的中心机关,以统一青年意志为号召,进而以党团策略攫得全国各
学生会的实权,便可做民众运动的先导。[3] 该校管理层也是由清一色的国民党
"改组派"成员构成,除陈公博外,教务处主任刘佑之、秘书处主任梅哲之以及训育
处主任许德珩,无一不是"改组派"干部。[4] 故而,大陆大学也被外界认为是以"恢
复十三年国民党改组精神"为口号,为"改组派"宣传主张和培养干部的大本
营。[5] 学校下分大学部和专门部,分设政治经济学系、社会学系、法律系三系,大
学部三年毕业,专门部一年毕业,所聘教授也是一时名流,如李达、邓初民、陈顾远、
程希圣等。据其校友回忆,大陆大学授课认真,课程安排也算正规,但在教学中充
斥着浓重的政治气氛,教授在讲课和讲演中会融入现实政治问题,不少学生不仅关
心这些问题,而且还参与政治活动。[6] 此外,学生的政治身份也十分复杂,"除少
数与国民党有历史关系的左派青年外,有陈公博的亲戚,有共产党,有西山派,有蒋
派等,思想之庞杂,见解之歧义,有如政治舞台。"[7]

大陆大学自开办后不到一年,就因政治问题而被勒令停办。1929 年,大陆大
学因宣传"共产学说"而被上海公共租界总巡捕房强制查封,尽管大陆大学管理层

[1]《大陆大学》,载《申报》1928 年 8 月 19 日,第 6 版。
[2] 章章:《上海两个著名的党化学校——上海大学与大陆大学之回忆》,载《当代史剩》,上海周报社
    1933 年版,第 184—185 页。
[3] 三余:《陈公博创办大陆大学索隐》,载《革命》1928 年第 60 期。
[4] 克刚:《改组派与大陆大学》,载查建瑜编:《国民党改组派资料选编》,湖南人民出版社 1986 年版,
    第 121 页。
[5] 参见金雄鹤编著:《国民党八十四位中长委实录(上)》,北京台海出版社 2013 年版,第 120 页。
[6] 参见许汉三:《大陆大学二三事》,载中国人民政治协商会议全国委员会文史和学习委员会编:《文
    史资料选辑 合订本》第 46 卷总第 134—136 辑,中国文史出版社 2011 年版,第 436—437 页。
[7] 罗什:《革命嘉诋(九一)记大陆大学(下)》,载《社会日报》1933 年 7 月 13 日,第 2 版。

一再申诉,并且上诉至临时法院,[1]但都无济于事,上海市党部更是禁止中国的律师接手此案。[2]

> 查大陆大学僻处西区,苟有动作,实属不易访知,彼等原拟于今日在西门某处开大规模会议,希图暴动,幸事先觉察。昨晚,即将其密谋扰乱之机关破获,故今届五九纪念,截至此时止,尚未闻有聚众开会游行演讲等有碍治安之举动。但观其传单之措词,竟有打倒政府等谬语,则其所为当可推想,倘无昨晚之搜查,恐现在已发生意外。大陆大学前因宣传共产,业由捕房搜查,并经法院□禁,乃其仍为共产机关,不特蓄意谋乱,抑且藐视法庭。应请从严处置云云。[3]

大陆大学停办后,该校学生流离失所,而学校管理层似乎并未受太大影响,"主办先生,大半高官显爵,党贩教授,仍多落魄风尘,至于满腔热血的学生们,除少数以特殊关系,获得真正的所谓革命酬报外(其实不过调查员之数),其余济济者流。"而当失学学生求助于校方时,得到的答复却是"没办法","凡是找到了他们所谓革命的领袖,初一个'没办法',继一个'没办法',终于还是一个'没办法'",似乎往日学生的生计不是其分内之事,这也让报社记者大为惊叹:"要知伟大人物的地位,是牺牲我们无数青年血泪所造成的。"[4]

类似于大陆大学,掌校者借兴学谋得政治地位的并不在少数。私立南方大学设立于1922年,1923年添法律系,属社会科学科辖下。[5]该校校长江亢虎也是中国新社会民主党的创始人,借教育宣传党义,谋取政治资本,[6]"朝夕奔走权

---

[1]《王乐平为大陆大学被查封事之声明》,载《民心周刊》1929年第1期。《上海大陆大学为被查封事上诉文》,载《民心周刊》1929年第1期。

[2]《〈真报〉1929年6月15日刊登"大陆大学被封的前后"详情》,载查建瑜编:《国民党改组派资料选编》,湖南人民出版社1986年版,第563页。

[3]《昨日查封三大学》,载《申报》1929年5月10日,第15版。

[4]参见章章:《上海两个著名的党化学校——上海大学与大陆大学之回忆》,载《当代史剩》,上海周报社1933年版,第188页。

[5]《学务丛载》,载《申报》1923年10月18日,第18版。《南方大学之新气象》,载《申报》1922年10月25日,第15版。

[6]参见谢晓钟:《民国政党史》,上海学术研究会总会1925年版,第132页。

门，视学校为传舍，旷废职责，令人解望。"[1]看到陈公博、江亢虎二人的办学后，也不乏仿效者出现，但碍于办学之难，竟用尽办法哄劝学生入学：

辣斐德路附近某大学，校长系一政治家，以前在政治界上颇具势力。比年以来，锋芒锐减，乃集资万数千元，办此大学，借以谋得政治上之地盘，盖抄陈公博办大陆大学，江亢虎办南方大学之旧文章也。不过该校学生稀少，而开支颇大，难以维持，至于各方面之接济，其来源亦甚有限。本学期该校长在某方面领得五千元，但如学生不多，此五千而欲推迟半年，亦至难能。乃有一种奖学办法，凡该校学生能拉学生五人以上至该校肄业者，学费得以减半，拉到学生十人以上者，则其本人可以免除学费，以资鼓励，同时对个教职员，亦有奖励办法。今日正试行拉夫工作，故逆料本学期中无论如何其学生终可以稍有起色云。[2]

再如时媒评论持志学院院长何世桢，上海法学院院长褚辅成亦属此派，"办大学以纪念其先人，盖持志乃其封翁之名也，博士既持此志，又复钻营于宦途，见党旗招展南来，乃加入党籍，故党军底定全国之后，何氏亦居然以大学校长而升为中央委员矣。"[3]"今之君子，结党营私，比必然也……若上海法学院院长褚辅成先生因见何世桢博士之入党得法，□亦颇有意于组党为转入政治之张本，……惟褚先生之活动，确在暗中组党，则已成为公开之秘密，褚先生近日之开口革命，闭口救国，已完全将数年来专心办学之精神，澌灭净尽。"[4]乃至国立暨南大学法律系校长郑洪年在其同僚眼中也是如此，"他把暨南大学当作他的老年名山事业来做，他又好大喜功，所以做的很认真，开拓了大规模。"[5]

怀揣着宗教、政治等各种目的出现的法学院校，与它们对外声称的"图谋挽救"

〔1〕《驱江后之南方大学（二）》，载《南洋商报》(Nanyang Siang Pau)1925年9月10日，第9页。
〔2〕淹公：《大学校拉夫》，载《福尔摩斯》1933年9月6日，第1版。
〔3〕明史公：《上海各私立大学校长别传（七）》，载《福尔摩斯》1932年7月23日，第2版。
〔4〕明史公：《上海各私立大学校长别传（八）》，载《福尔摩斯》1932年7月24日，第2版。
〔5〕曹聚仁：《暨南的故事》，载《热风》1987年第82期，转引自暨南大学华侨研究所编：《暨南校史资料选辑（第一辑）》，无出版社1983年版，第66页。

之办学宗旨显然向背,这一复杂的矛盾关系也为日后层出不穷的办学问题埋下了伏笔,这既是办学者主观使然,亦是彼时教育制度所赋予的机遇。

三、游刃于制度间隙中

造成沪上法校泛滥的另一重要原因,便是没有行之有效的条例法规对其进行管束和监督。北洋政府时期,教育部的权力实可谓"令不出部门",条例形同具文,有相当一批学校游离于政府管理之外,而政府只能听之任之。[1] 直到1929年后,南京国民政府才陆续出台一系列法规,较为彻底地解决这一问题。

1912年后开始的法校整顿,的确让沪上法校一时间销声匿迹,因为《法政专门学校规程》《私立大学规程》《私立大学立案办法》等法律条规的存在,即使有些私立法校零星出现,但因无法满足立案条件也很快被取缔了。这些对私立学校严格的限制,直到1922年《学校系统改革案》公布后,才得到了放宽。虽然这一法案缓解了国家办学的不足,但也让政府对教育权逐渐失控,[2] 一夜之间私立学校充斥上海滩,形成了鱼龙混杂的局面,法律院校也是其中之一。

《学校系统改革案》不仅强化了1917年颁布的《修正大学令》中规定的设单科亦能称为大学,而且废除了大学必须设有预科的规定,此外还允许按学科及地方特性设置专门学校,"因学科及地方特别情形,得设专门学校,高级中学毕业生入之,修业年限三年以上,年限与大学校同者,待遇亦同",这一系列的规定大大降低了办学的门槛。[3] 1924年颁布的《国立大学校条例令》再一次肯定单科可设大学的规定,[4] 私立大学由此逐渐兴盛。

1925年,教育部鉴于日渐增多的私校,颁布了《私立专门以上学校认可条例》,增设三项条件:"(一)有自置之相当校舍,(二)有确定之基金在五万元以上,(三)经部派员考试学生成绩优良",[5] 试图加以限制私校激增的状况。但单科准许设立大学的规定仍旧没有纠正,再加上政局的动荡,这些规定并没有取得很好的规范效

〔1〕参见宋秋蓉:《近代中国私立大学发展史》,陕西人民教育出版社2006年版,第86页。
〔2〕参见李赐平:《我国近现代教育立法的探索与实践》,中国社会科学出版社2013年版,第89页。
〔3〕《公布修正大学令》,载《教育公报》1917年第10期。
〔4〕《国立大学校条例》,载《政府公布》1924年第2848期。
〔5〕《私立专门以上学校认可条例》,载《政府公报》1925年3327期。

果。借此契机,沪上私立大学大量涌现,并分设法律系对外招生。如 1923 年的南方大学在社会科学科下设有法律系,[1]1924 年春申大学的对外招生广告也宣称设有法政、文艺、商学、译学四院。[2]此外,符合这一规定的法科大学也出现了,如1926 年上海法科大学的建立。[3]还有仅是民间补习性质的法律讲习所,也想试图添增学科改办大学,如 1923 年徐谦夫妇创办的女子法政讲习所,[4]1924 年便升格为上海法政大学,"徐季龙君与其夫人创办之女子法政讲习所,上月毕业考验,各生成绩颇优。爰定于暑假后,推广学额,加添学科,特聘前留日法政学士但□及法律专家郭元觉、刘邠、钱西樵诸君担任教习,定为一年毕业,并拟为组织法政专门或大学之预备。"[5]故而,如果说第一次法校整顿取得不错的成绩,乃源于对法政学校规范制度的完善的话,那第二次私校兴办热潮则源于办学标准的放宽和制度本身的设计不当。[6]基于此,1925 至 1926 年间,向北京政府申请立案的法校就有南方大学、上海法政大学、东吴大学、大夏大学、上海法科大学、群治大学,可能因为办学水准不甚理想,这些学校均仅被限于试办,而非认可或准予立案。[7]

除了制度放宽的原因外,因为上海租界的存在,沪上法校相比各地学校也有了独特的办学选择,很多大学为了逃避北京政府的管束托身于租界寻求庇护。例如大陆大学、华国大学、新民大学,均藏身于公共租界。[8]受制于治外法权的存在,政府想要监督私立法校不得不有所顾忌,"租界的学校,今日开办,明日关闭,都可悉听办学校的便利,政府法令在英美势力庇护下,同租界内学校不生关系。"[9]以查封大陆大学为例,上海特别市政府须致函临时法院"请即饬捕搜查",经临时法院同意,再签发搜查状,命令总巡捕房搜查,确有缴获后,然后才查封,被查封学校还

---

〔1〕《学务丛载》,载《申报》1923 年 10 月 18 日,第 18 版。
〔2〕《美国立案春申大学招生》,载《申报》1924 年 12 月 12 日,第 1 版。
〔3〕《上海法学院一览》1933 年版,第 1 页。
〔4〕据该校校友史良回忆,女子法政讲习所仅是练习所性质。参见子冈:《史良律师访问记》,载《妇女生活》1936 年第 4 期。
〔5〕《学务汇志》,载《申报》1923 年 8 月 3 日,第 18 版。《上海法政大学一览》,1932 年版,第 1 页。
〔6〕黄启兵:《中国高校设置变迁的制度分析》,福建教育出版社 2007 年版,第 137—138 页。
〔7〕教育部编:《第一次中国教育年鉴》丙编,开明书店 1934 年版,第 15—16 页。
〔8〕参见李纯康:《上海的高等教育》,载《上海通志馆期刊》1934—1935 年第 1—4 期。
〔9〕唐仁:《上海租界教育的过去与将来》,载《政治月刊》1943 年第 1 期。

可通过上诉临时法院救济。[1] 查封处于法租界的私立法校也是相似程序,例如东亚大学即由市政府向法租界会审公廨商请封闭,"贵市府届时商请法租界会审公廨查照封闭,免致该校借词延展,贻误青年,实纫公谊。"[2] 只有通过这样繁杂的程序,一所处于租界内的私立大学才能被查封,故而租界的存在也无形地为私立学校提供了一层保护。

四、以利为生的"学店"

1920年代,上海的高等教育进入大发展时期,高校的出现如过江之鲫,"数月之间,沪上新发生大学以十余计",[3]但更多的是所谓的"野鸡大学"充斥其中,"上海私立学校之滥,竟以五步一楼,十步一阁的烟兑店,僻街陋巷,挂上洋铁招牌,置上椅桌数事。便是'XX大学'、'XX专门学校'了,以致学校蒙'野鸡'之名,可见其臭名不可向迩。"[4]具备高水准的大学仍不多见,故时人谓:"海上之教育事业,至于今日,似已十分发达,尤以大学之多,几如雨后春笋。惟以实际上之观察,则校舍湫隘,设备简陋,其能粗具规模者,实不多见。"[5]"尤以海上一地,野鸡大学最多,学生们缴了学费,尽可不读书,居然大学生,居然可以毕业。"[6]就连旅居上海的华侨也劝诫国外子弟,万不可听信广告贸然来沪求学,"愿南洋各男女学生,如愿回国求学者,万不可凭一纸广告之作用,或一二师友之说词,贸然远行。"[7]

沪上大学在数量上可谓是冠绝全国,但在质量上却总是差强人意,"如果学校的数目可以表示教育发达的程度,上海总可称为教育最发达的地方了,专门、大学、师范、中学、小学、幼稚园、男、女、私立公立面授函授、私塾式、官僚式……应有尽有。对于'量'的方面实在可使人乐观,但是从'质'的方面说,在这无量数的学校中

---

〔1〕《王乐平为大陆大学被查封事之声明》,载《民心周刊》1929年第1期。《上海大陆大学为被查封事上诉文》,载《民心周刊》1929年第1期。《查封三大学》,载《申报》1929年5月10日,第15版。
〔2〕《为请商法租界会审公廨封闭私立东亚大学由》,载《教育部公报》1930年第9期。
〔3〕时事:《取缔私立大学》,载《兴华》1924年第31期。
〔4〕一定:《老鸦般黑的教育》,载《社会日报》1934年2月13日,第1版。
〔5〕狮吼:《突然停闭之春申大学》,载《福尔摩斯》1929年6月23日,第2版。
〔6〕伊索:《今后之大学》,载《福尔摩斯》1929年11月20日,第1版。
〔7〕汪家培:《上海一瞥(五)》,载《南洋商报》(Nanyang Siang Pau),1925年4月30日,第18页。

有几份能够称为神圣的教育机关呢,恐怕极少数吧。"[1]在这等环境下,林立的私立法校,作为其中的一份子,难免也鱼龙混杂,良莠不齐。上文介绍的许多私立法校,多被民众归为"野鸡大学"之类:

> 自国民政府成立后,上海的法科大学一时如风起云涌,纷纷创立,其中有郑毓秀所办的法政学院,褚辅成、沈钧儒合办的法学院,更有何世桢、何世枚弟兄所办的持志学院。这几所大学,对于像我这样的人,倒真是功德无量,只要交清学费,并不认真要学生上课,混过四年不忧文凭不能到手,上海一概给以雅号曰"野鸡大学"。[2]

以营利为生的"野鸡"法校借机敛财的手法,在文学小说中常常能得到体现,吴虞公的小说《续二十年目睹之怪现状》生动地描绘了一个叫许人俊的失意投机人士,借用人人想做官的心理,创办了一所法政函授学校,并且对外假称已经教育部认可,遍登招生广告:

> 我国人民没有知识,法政学生尤与国家治安大有关系。现今政府有鉴于此,故欲竭力澄清政界,先从考试县知事入手,业已举办。按内务部定章,以后尚须分期续考,如能乘此时间到本校肄业,毕业以后正可先应县知事考试,且以本校办法之完备,教授之精良,将来有毕业程度者,猎官直同拾芥。即或县知事落第以后,各项文官考试。亦将次第举办,有志于政界者,固不难占得一席之地也。并且吾国幅员广漠,亲历为难,每有边瘠省份、内地同胞,向学心殷,苦无经济。更有奉职他处,不便远处求学者,殊非普及教育之道。本校长深知此旨,怒焉忧之,爰特筹议再三,故办函授学校,则庶几一举而数善备云云。至于函授办法,略举如下:一、不收学费;二、一年毕业;三、毕业后给予证书,可以应一切文官考试,与官立

---

〔1〕编者:《时评:学店》,载《中国摄影学会画报》1926 年第 29 期。
〔2〕金雄白:《记者生涯五十年》下集,吴兴记书报社 1977 年版,第 66 页。

各法政学校有同等之效力；四、每名每学期只收取讲义费三元，邮费豁免；五、报名后即当预付讲义费一学期；六、肄业两学期后，当举行毕业考试，如试验合格者，即予以毕业证书云云。[1]

招生广告可谓非常吸引人，不收学费和廉价的讲义费也看似公道，但其隐藏的敛财手法却让人叹为观止。这位许人俊创办的法校既然是函授，必然要寄送讲义，但讲义并非请人编撰，而是从其他法律书中抄袭而来，每星期一份仅有四五张，连同邮票也仅值七角。看似宣称的学费全免，其实凭每名学生每学期收取的三元讲义费，就已经赚得盆满钵满了。

小说中法政函授学校的敛财方法，看似夸张，其实是众多上海函授学校的惯用手法，如政法公牍研究社的招生方式便是如此：

政法公牍研究社招免费社员展期，至十月底为止，其从前索有章程或接由本社招免费社员通告书者，在期内入社亦照免费，一律优待。纳费：学费免收，每人只收讲义邮资费十元。讲义：分十门计五大部分内容，注重诉状公文方法，述明法律观念。利益：可备投考法官，可投身律师，可做诉讼□□，可做法律顾问，可以自保□家，索章附邮：地址上海博物院路廿号。[2]

类似的宣传语句，同样的全免学费，冠以仅收取讲义费若干，大体揭示了法政函授类学校的盈利模式。相比而言，函授类法校仅占了私立法校中的一小部分，不同于函授方式，以面授为主的法校更呈现出了商业化的痼疾，上海滩面授性质的"野鸡"法校又多如牛毛，敛财方式也大同小异，其中是非最多，最为昭著的便是春申大学。

春申大学由校长马景行创设，学校英文名为"Chartered University of

---

〔1〕吴虞公：《续二十年目睹之怪现状》，黄子询校点，广西人民出版社 1993 年版，第 154—154 页。
〔2〕《政法公牍研究社招免费社员》，载《申报》1931 年 10 月 2 日，第 1 版。

Shanghai",1923年于美国春田注册并获有特许证。[1] 马景行,字中原,1920年获东吴大学法学士学位,与吴经熊、陈霆锐、陆鼎揆同期,[2]之后赴美入西北大学获法律博士学位。[3] 马博士的才学似乎并无问题,但其所办的春申大学却为时人诟病。春申大学下设法政、文艺、商学、译学四院,各级招插班生10名,英文专修班50名,国学班各级30名,各院毕业授予学士学位,研究院毕业给予硕士博士学位。[4] 法政院教授据其称聘有洪兰友、沙训义、康萧汀、陆鼎揆等人,此外,还拟添设工程院。[5] 而且,报名该校的学生也非常踊跃,仅1924年就录取了近200多名学生,春申大学也一度想要扩建校舍容纳学生。[6]

在春申大学紧锣密鼓招生的同时,"学店"之名也随之而起,看似颇具规模的教授团队和设备,实则"合各科学生于一室而教授,其各科教授全由马博士一人独任,一时有万能博士之称。"[7]该校招生时,并无考试,全凭校长马景行喜好,如马氏当场即向甲生说:"你可入三年级,明年得文凭",又向乙说:"你可入二年级,后年得学士。"一张文凭,一个学士位,卖得每年一百八十余元,每周授课不到十小时,上课时间在夜半或黎明,美其名曰:"本校是在美国立案的,决不能与中国学校一样,上课时间完全听教员高兴。"[8]马景行身为校长,每学期收到学费后,就在学校大宴宾客,请了很多流氓、包探来参加。他经常在寝室里聚赌抽头,在学生中造成极坏影响。学生忍无可忍,要求学校添聘教员上课,与马景行发生冲突,后者遂诬赖学生绑架校长,并雇佣流氓、包探,把学生扣押,之后在学联的交涉下才释放。[9] 春申大学也因此声名大噪,时人批评不止,如邹韬奋评价其带有神经病色彩:"他办了一所著名的野鸡大学叫作'春申大学',设有文法政诸科,五花八门,应有尽有,滥收学生,合各科学生于一室,由马博士一人担任各科教授,这种学校似乎也不免带有

---

〔1〕上海市档案馆藏:Q190-1-13593,《上海律师公会关于审查律师资格证件问题致日本明治大学等及各会员函》。
〔2〕上海市档案馆藏:Y8-1-204,《1946年东吴大学校刊》。
〔3〕参见王伟:《中国近代留洋法学博士考(1905—1950)》,上海人民出版社2011年版,第72—73页。
〔4〕《美国立案春申大学招生》,载《申报》1924年12月12日,第1版。
〔5〕《学务丛载》,载《申报》1924年7月9日,第22版。
〔6〕《学务丛载》,载《申报》1924年7月21日,第22版。
〔7〕漫游:《春申大学出卖文凭之败露》,载《福尔摩斯》1930年9月2日,第1版。
〔8〕上海学生联合会:《五四后之上海学生》,上海学生联合会1925年版,第41—42页。
〔9〕参见韩扫夫:《旧上海的两所野鸡大学》,载《档案与历史》1990年第1期。

几分神经病色彩,卒为教育局所勒令停办。"[1]

春申大学糟糕的办学状况,也受到了江苏省教育厅的注意而被彻查,并责令不得再冠以"大学"之名,且须从速整改:

> 八月四日,到春申大学晤马校长景行博士,告以省令,劝改办相当程度之校,切实办理,造福青年。一面赶筹基金以图巩固,俟实力充盈,再事推广。马君似以为然,谓目前正在筹商改组,量学生之程度,定学校之名称,总以不妨碍学务为度,观其状态,一若重有所忧,察其内容,又似欲罢不得。视学告以遵从省令,必定先行改组而后招生,学校学生双方便利,否则内部有力不能胜之苦,外间有误人子弟之讥。而行政方面,为青年计,为教育计,不得不劝贵博士从速改组也。马校长遂谓自当遵照省令,酌量办理,想马博士日内必有改组之事实发见焉。[2]

虽然马景行答应了教育厅调查员从速整改的要求,但似乎仅是应付之辞,这位校长并未有悔改之意,此后春申大学也依旧延续其办学"风格"。有鉴于此,在该校学生的告发下,江苏省教育会函告省教育厅,望其取缔春申大学:

> 敝会据春申大学学生仲礼卿函讦校长马景行滥卖文凭,视学校为学店,请主持正义等情。查该校于上年七月间,经敝会组织之调查上宝私立学校委员会,推员调查,认为无组织大学之基础,由敝会函达江苏教育厅,得复谓经委派陆省视学视察,令其改组相当程度之学校,并令行宝山县知事转饬该县视学,暨本区教育委员就近查看,以杜流弊等因。嗣以探悉该校进行,未见改革,复函请江苏教育厅查照前案办理,得复谓该春申大学,既未遵令办理,自应取消大学名义,以重教育等因。兹据仲礼卿函述前

---

[1] 邹韬奋:《法学博士的来路纠纷》,载中国韬奋基金会韬奋著作编辑部编:《韬奋全集 3》,上海人民出版社 1995 年版,203—204 页。

[2]《调查上宝私立大学之结束》,载《申报》1924 年 8 月 7 日,第 14 版。

由,该校迄未遵令改组,亟应严加取缔,以免青年学子误入歧途。[1]

不久之后,春申大学即被取缔,但它并未因此而销声匿迹,其文凭仍流通于市,成为了赴美留学深造的敲门砖,转而以另一种形式活跃于法学教育界。"最近听说居然有人购得春申大学的文凭,到美国去含混考入迪普大学西北大学,于今夏获得法学博士的衔头回国执行律师职务。"[2]这些此前因函授学历而被取消律师资格的人,期望通过注册于美国的春申大学的文凭,得到赴美留学的机会,从而获得真正的美国法学院博士头衔,事实上这种方式也的确成功了。"去年司法部通令上海律师公会,将汉密尔登函授学校毕业之律师驱逐出会,撤销律师资格,彼等有改任他业者,有入学读律者,其经济宽裕者,购得春申大学之文凭,赴美入研究院读律,均于今夏荣获法学博士之衔返国,重为律师。"[3]此种蒙混的行为,受到了时人的举报,并刊载于报章之上:

近有人自美国迪普大学法学院肄业一年,得学位返国,彼辈在迪普大学所呈报之资格,则为上海加大大学(Chartered University of Shanghai)卒业(迪普大学法学院章程第二十页及第二十一页可资查考)。沪上所有专门以上学校,无加大大学其名。然迪普大学以不知中国社会情形,以为在中国上海确有所谓加大大学者。是以承认彼辈在国内所习之法学校程,而允彼辈插入该校法律科之第三年级,以本年为修业期满之年限。窃思美国学校入学制度,本甚严格,惟对于东方初到之学生,以地理上之关系,所能据为取舍之标准者,只能以该生在国内所已习之成绩为断。否则万里行程,入学试验制度既不便执行,依次调查各校,复多种种困难,不料为人取巧也,深望司法当局与上海律师公会能以职权澈底

---

[1]《致宝山县公署春申大学迄未改组请严加取缔函》,载《江苏省教育会月报》1925 年 11 月,第 3—4 页。

[2] 邹韬奋:《法学博士的来路纠纷》,载中国韬奋基金会韬奋著作编辑部编:《韬奋全集 3》,上海人民出版社 1995 年版,203—204 页。

[3] 漫游:《春申大学出卖文凭之败露》,载《福尔摩斯》1930 年 9 月 2 日,第 1 版。

追查。[1]

而所谓的上海加大大学,即是大名鼎鼎且已被取缔的春申大学,"上海加大大学(Chartered University of Shanghai)何在,据余所知,该大学即系数年前法学博士马景行主办之春申大学英文校名,该校因办理不善,因早于三年前被教育当局勒令停办。去年司法部将汉密尔登函授学校毕业之律师四十余人撤销资格,彼等有改业者,有在国内读律者,而有志深造者,则赴美留学。今陈君谓迪普大学发现春申大学之毕业生,恐即系彼等。今查美国西北大学法学院章程三十七页亦有注明该大学之毕业生者,恐该大学之毕业生在美国读律者尚不止此数人也。"[2]春申大学的文凭之所以有此便利,不仅因其注册于美国,而且可能因为美国西北大学教务长魏格泰博士与马景行的私交有关,"昨日魏君来函、对于该校教科及规程方面颇加赞许,闻该校毕业生之入恼魏斯登大学者,可受优待云"。[3]

春申大学是沪上华人自办的"野鸡"法校中最为著名的,但它呈现的现象并非个案,其他办学拙劣的私立法校并不在少数。例如,因新民大学校务废弛,校长许冀廉被学生联合驱逐,"学识平庸,校务废弛,故学生对许早怀不满。近来因学年试验问题,许与学生忽起冲突,于是该校学生遂一致议决驱许。"[4]华国大学则是校内设施全无,虚张规模,"遍登大幅招生广告于各报,实则此华国大学即商大致变相,有至戈登路海防路该校参与者,其内部一无设备,更无规模可言,显然为野鸡大学之类⋯⋯事为教育部所闻,以该校创办手续不合,遂加取缔,勒令停止招生。"[5]群治大学校长罗杰则视学校为私产,"长校六载,弊卖百出,成绩毫无。视学校为私产,一切收支各款,既无簿册可查,亦不公布及呈报主管机关备案。聘请教员不究资格,祇图便宜,任意佣用。种种非法,指不胜屈,呈请均会派员澈查并转市府将罗杰依法究办案。"[6]与群治大学相并列的还有东亚大学,后者也因办学

〔1〕上海市档案馆藏:Q190-1-13593,《上海律师公会关于审查律师资格证件问题致日本明治大学等及各会员函》。
〔2〕同上。
〔3〕《学务丛载》,载《申报》1924年7月21日,第22版。
〔4〕《暑假将届之都门学校》,载《申报》1924年6月27日,第11版。
〔5〕荟萃:《殷芝龄与华国大学》,载《福尔摩斯》1930年2月26日,第1版。
〔6〕《市执委会常会记六十七次》,载《申报》1929年11月7日,第13版。

不力而被批评，"群治与东亚两校之法科，初不过聊备一格而已，成绩之不佳，固无容讳言。其最大原因，即法科教授非纯粹之法学家，若政治家、社会家等，咸权充法科教授，且全班上课，其不重视可知。"[1]

还有如徐谦创办的上海法政大学，其办学质量亦不甚理想，据史良回忆：

> 法政学院为了争校中设备起了风潮，学校是私立的，校长夫妇看重了几个金钱，把学校弄得拆烂污起来，教授整半年不来也不请代课，因为可以不付薪水；图书馆要添书也不肯添，所请的先生全是蹩脚透了的，常是回答不出学生的询问，为了这次的风潮，校长开除了四个学生，我气得了不得，跳上讲台去和他理论，他倒也无话可说了。[2]

故而，私立法校办学浮滥是彼时的普遍现象，这也是自民初以来私校一直存在的痼疾。因为私立之属性，天然的赋予了学校较大的自主权，监管体制的不到位给了它们巨大的办学空间，"学店"之名无非是学校逐利的代名词，法政学校办学的浮滥也为 1930 年代的整顿埋下了伏笔。尽管，这一时期沪上法校林立，但彼等给人留下的印象似乎大多难逃"野鸡大学"、"学店"之污名。

第三节　脱颖而出：东方的哥伦比亚大学

在众多上海私立法学院校中，大夏大学可谓是最为"独特"的。它并非由失意政客和传教士创办，而是由一批从厦大出走的师生建立，它并不宣传各种主义和思潮，主张学术自由且独立于政治，它是 1920 年代最早一批传授法律知识的学校之一，也是最早被北洋教育部认可的学校，"时上海私立大学被认可者，仅复旦一校，其他如南方、法政学校，皆办理数年，只准试办。吾校仅有一年历史，得此结果，亦不落人后。"[3]大夏大学还以其优秀的办学，而被社会各界誉为"东方的哥伦比亚

---

〔1〕持平：《上海各大法科谈》，载《福尔摩斯》1930 年 1 月 23 日，第 1 版。
〔2〕子冈：《史良律师访问记》，载《妇女生活》1936 年第 4 期。
〔3〕孙元曾：《大夏初期史中之鳞片》，载《大夏周报》1937 年第 26 期。

大学"。[1]

一、另辟门户：从厦大到大夏

（一）创校背景

大夏大学的创校史颇具传奇色彩，逆境重重，始立基业，恰如其所言："受一度之摧残即增一度建设，遇一层之压迫即多一层团结，"不过在其校史中仅寥寥几语："民国十三年夏，厦门大学学生三百余人，因当局之措施无状，呼籲力竭，全体宣誓离校，抵沪后恐中途失学，转违初志，于是请前厦大教授欧元怀、王毓祥、傅式说、余泽兰、林天兰、周学章、李世琼、吕子方、吴毓腾九人为之，组立新校，使获读书之所。"[2]鉴于了解该校的创立有助于我们理解其办学精神的传承和校风的形成，因此有必要梳理一下其创校历程。

1924年，厦门大学尚在合约期内的教育科主任欧元怀、商科主任王毓祥、注册科主任傅式说，突遭校长林文庆解职，学生群起而抗议，遂酿成举国震惊的厦大学潮，"厦大校长林文庆未满约期，忽解注册课主任傅式说、商科主任王毓祥、教育科主任欧元怀职，学生抗议，将酿风潮。"[3]起初学生以罢课作抗争，"林文庆不学无术，寡廉鲜耻，近更倒行逆施，无辜辞退学识兼优之主任四人。学生等忍无可忍，不得以即日起全体罢课，与林氏誓不两立。万乞各界主持正理，予以援助。厦门大学全体学生叩。"[4]而后又演变成为流血事件，即著名的"六·一惨案"。[5]这一风潮背后的起因，众说纷纭，多数认为是人事纠葛，派系争斗，[6]最终酿成了厦大师生与校方的决裂，厦大学生于是被赶出学校，分赴各地组织团体继续革新厦大，"林文庆自工人学生冲突后，知风潮难以收拾，即布告提前暑假，限生五日离校。"[7]"厦门大学此次因解除四主任，激起学生反动。全体离校后，特组织离校学

〔1〕陈明章：《私立大夏大学》，南京出版社1982年版，第166页。
〔2〕大夏大学编：《大夏大学简章》，大夏大学出版1924年版，第1页。
〔3〕《函电》，载《申报》1924年5月28日，第6版。
〔4〕《电讯》，载《民国日报》1924年5月31日，第2版。
〔5〕蜀生：《厦大学潮益形扩大》，载《申报》1924年6月6日，第10版。
〔6〕蜀生：《厦大学潮之双方理由》，载《申报》1924年6月9日，第7版。蜀生：《厦大之罢课风潮》，载《申报》1924年6月2日，第10版。
〔7〕蜀生：《厦大学潮之尾声》，载《申报》1924年6月17日，第10版。

生团,推举代表来沪组织总部,并往内地组织分部。"[1]

不久之后,留沪学生自知改革无望,又恐流离失学,于是请求前厦大教员另组大学。

> 学生等受三百同学之委托,合痛来沪,知改革厦大,一时已难为力。而此次经运动,原为读书奋斗,谋贯彻初衷计,不能不急图善后。念彼黑氛弥漫之厦大,已驱人于千里之外,而主持公理正义之辖神,终须昭垂于永世,辗转愁思,非于沪上自筹大学,固难以救济数百求学无门有志未竟之青年。况正义所在,人有同情,赞助匡扶,复易为计,惟事艰于图始,时不可措施。生等识浅力绵,难谋大计,瞻仰吾侪爱戴之良师,既学博而道纯,复循循而善诱。而此次仗义辞职,尤可振颓风而挽末俗,万愿本乐育之热诚,谋正义之胜利,作良固之团结,体念学生等求学之苦衷,屈为主持,将大学早日办成则学生等幸甚,中国教育前途幸甚。[2]

诸位教授鉴于如此情形,"悯青年学子失学之堪虞",慨然允诺组建新大学。

> 诸君以求学之苦衷,为积极之奋斗,对于筹办新大学一节,早有具体计划,业决先缴学金,以作开办经费,再再伸前请,要同人等出总其成。同人等深觉兹事体大,绵薄难胜,惟念诸君求学心切,返厦无门,舍另创大学外,实无善后之方。因之不揣冒昧,勉任其难,除分电厦各先生外,并联络全国名流,拟在沪组织新大学一所,定名大夏大学。校舍接洽,已有端倪,一俟同人到齐,即可正式宣布。[3]

于是,厦大留沪师生众志成城,团结一致,马上着手筹备新大学,"下午邀留沪四先生至钜兴里本部开会,议决要案四项:(一)俟内部组织稍行就绪后,大夏即正

---

[1]《厦门大学代表团来沪》,载《申报》1924 年 6 月 18 日,第 14 版。
[2]《厦大离校学生团宣言》,载《申报》1924 年 6 月 24 日,第 14 版。
[3]《总部到沪后纪事(续)》,载《血泪》1924 年第 5 期。

式宣布成立。(二)由王傅两先生明日亲往校舍房董处签订租约。(三)俟欧余林三先生到后,即行编订大夏组织大纲章程及招生简章。(四)经费视各方情形,再定募捐办法。"[1]师生先借上海贝褅鏖路美仁里24号为筹备处。[2]取名大夏大学(The Great China University),取光大华夏之义,"盖藉以志嬗蜕之由来,且以吾华夏文化有急须光大者,宏我汉京亦将于是乎在焉。"[3]聘吴敬恒、叶楚伧、马君武、汪精卫、陈树霖、林支宇、邵仲辉、邓萃英、张君万为董事,借上海小沙渡路201号为临时校舍,于1924年9月22日正式开学。学生由厦门大学及其他大学转学并新招生共255人组成,分文科、理科、教育科、商科、预科五科。同年11月20日董事会开会,推定马君武博士为校长,王伯群为董事主席。1925年3月10日,北京政府派员视察,认为管教认真,准予立案试办,同年9月5日,胶州路新校舍落成,并增设高等师范专修科及附属中学,合新旧学生达700余人。1926年6月本科第一届学生毕业,授学士学位者35人。1927年2月马君武辞去校长职务,改校长制为委员制,由董事会推定王伯群为主席董事兼大学委员会委员长,欧元怀为副委员长,1928年又将委员制改为校长制,改主席董事为董事长,推王伯群为董事长兼校长,欧元怀为副校长。[4]自此管理模式成型,校务遂蒸蒸日上,1929年5月,大夏大学获教育部核准立案,"当经派员前往视察,兹据该员等呈报视察情形,核与私立大学及专门学校立案条例第三第四两条,尚无不合,应即准予立案。"[5]

(二)学风的树立

大夏大学作为一所私立大学,收费不免较公立学校多,如1926年该校报名费就须缴2元,本科生学费每年需80元,且书籍由学生自备(每学期约20元),此外还须缴纳基金、书报费、汤水费等各色杂费。[6]不过有别于一般"学店",大夏大学校方会根据物价,相应减少收费,退还多收部分"现因米价减廉,议决每月每人暂减半元,缴费依旧,候学期终结时退还。"[7]此外,大夏大学又区别于培养政客类学

---

[1]毓:《总部到沪后纪事(续)》,载《血泪》1924年第5期。
[2]《大夏大学临时筹备处成立通告》,载《申报》1924年7月8日,第3版。
[3]大夏大学编:《大夏大学简章》,大夏大学出版1924年版,第1页。
[4]上海市档案馆藏:Q235-1-626,《上海市教育局关于私立大夏大学立案问题》。
[5]《立案部令已到》,载《大夏周刊》1929年第64期。
[6]大夏大学编:《大夏大学一览》,大夏大学出版1926年版,第36页。
[7]《第廿三次校务会议议事摘录》,载《大夏周刊》1928年第57期。

校,其教学独立于各种政党与主义之外,"大夏大学为纯粹研究学术机关,对于各种政党各种主义取超然态度,对于个人信仰绝对自由,但不许在学校内做宣传工作,致扰乱学校之秩序。"[1]

大夏大学的诞生,历经磨难和辛苦,当时上海高等教育办学混乱,各校又学潮不断,"比年以来,嚣序鼎沸,社会一般心理闻学潮二字,则谈虎色变,而在同时期内,揣时投机,拥瘫拳曲之大学,又如春芽怒发层出不穷。"[2]而大夏大学独能屹立不倒,兢兢业业办学,并逐渐壮大。"当是也,上海国立私立各校因内部外部之各种原因土崩瓦解者,前后相继,大夏大学独能上㟪无惊,弦歌依旧,师生合作之精神乃愈顯扑而不可破。综观大夏发达之经过,受一度之摧残即增一度建设,遇一层之压迫即多一层团结,因此社会一般之观察,咸谓大夏富于抵抗、建设及牺牲三特性,故能冲破财阀军阀学阀之罗网,自创最高学府,屹然峥嵘而不拔。"[3]校内师生众志成城,一心办学,树立了大夏大学优良的校风。

马君武校长在建校之初提出了"三苦精神",以"自强不息"为校训,"教授要苦教:要以教育为重,认真教学,不计较待遇之多寡。职员要苦干:要以校务为重,切实办理,不能因经费缺少即敷衍了事。同学要苦读:要以学问为重,认真求学,不能有缺课等情事之发生。"[4]并以"读书救国"为目标,"新校创建伊始,筚路蓝缕,谈不上高楼大厦和优厚待遇,端赖教师苦教,学生苦学,职工苦干。我们认为全体师生如能通力合作支持学校,并发扬艰苦朴素、钻研学问的精神,便可达到'读书救国'的目的。"[5]大夏大学在初创时期,各科所聘教授皆是沪上著名教授、学者,教授对各班同学讲课,大多不用课本,口授笔记。同学听课聚精会神,认真做笔记,或提出问题请教授解答,或购参考书请教授指示。[6]即使是马君武之后的继任者,仍旧秉持这一精神,"本校的历史仅有六年,以这很短时间而得到这很快的进展,在

〔1〕《大夏大学发生风潮》,载《申报》1926年1月13日,第10版。
〔2〕《大夏大学一览》,大夏大学出版1926年版,第1页。
〔3〕《大夏大学一览》,大夏大学出版1927年版,第2—3页。
〔4〕卢绍稷:《追念大夏首任校长马君武博士》,载陈明章编:《学府纪闻·私立大夏大学》,南京出版有限公司1982年版,第36—37页。
〔5〕欧元怀:《大夏大学校史纪要》,载中国人民政治协商会议上海市委员会文史资料工作委员会:《解放前上海的学校第59辑》,上海人民出版社1988年版,第144页。
〔6〕参见卢绍稷:《追念大夏首任校长马君武博士》,载陈明章编:《学府纪闻·私立大夏大学》,南京出版有限公司1982年版,第36—37页。

他人以为奇异,其实这是我们师生合作必然的结果。假若没有办人苦做,教师苦教,学生苦读的'三苦精神',决不会有今日的发展。"[1]

除了大夏大学一直宣扬的"三苦精神"外,该校还坚持"师生合作"精神,"在建校时期,我们提出三个口号:一曰'三苦精神'即(苦教、苦学、苦干),二曰'师生合作',三曰'读书救国'……这些口号在当时是砥砺全体师生员工的座右铭,发挥了一定的作用。"[2]大夏大学发轫于学生团体,学生群体也一直参与到学校的实际运作中。1924年11月11日,大夏大学创立后不久,大夏学生会即告成立。[3]其性质代表了学生的利益,"学生会代表学生意见及谋利益"[4]学生会成为了校方与学生交流的桥梁,如"向校务会议请学校从速立案",[5]设立投稿箱接纳学生意见,及时反映给校方,"学生会为集思广益起见,特设意见投稿箱一具,以便同学随时有发表意见之机会。"[6]大夏大学群育委员会亦设集思箱,"以收群策群力共谋进展之效",教师和同学如有建议,随时可书具理由及具体改进方法,投入该箱。[7]1927年,大夏大学实行委员制后,仍坚持师生合作的方针,"学生代表得出席于委员会议,以贯彻师生合作之精神"。[8]即使改校长制后,始终秉持师生间紧密合作的精神,"欢迎新旧师生并希望以后师生间能永久保持合作之精神"[9],校方甚至还要求学生会向学校提意见时"不要客气","我们希望学生会,对学校当局不要存一点客气,学生会本是替同学谋利益的,学校当局,在可能范围内,当然要尽量容纳学生会的意见。"[10]乃至大夏大学的校务会议,也会邀请学生代表列席参加,提出具体意见,"校务会议为融洽师生情感,促进校务发展期间,曾经规定,每月召集学生会代表开谈话会一次,藉便交换各种意见。"[11]

〔1〕又裴:《大夏师生谈话会》,载《申报》1930年12月4日,第22版。
〔2〕欧元怀:《大夏大学校史纪要》,载中国人民政治协商会议上海市委员会文史资料工作委员会:《解放前上海的学校第59辑》,上海人民出版社1988年版,第144页。
〔3〕《大夏大学学生会成立》,载《申报》1924年11月13日,第11版。
〔4〕《大夏学生会新职员就职》,载《申报》1927年10月8日,第7版。
〔5〕《学生会执委会第七次会议记录》,载《大夏周刊》1928年五月运动特号。
〔6〕《学生会设置意见箱》,载《大夏周刊》1926年第28期。
〔7〕《群育委员会设集思箱》,载《大夏周报》1930年第5期。
〔8〕《大夏大学改委员制后之进行计划》,载《申报》1927年3月3日,第17版。
〔9〕《大夏大学昨行开学式》,载《申报》1927年9月14日,第7版。
〔10〕《各院科代表大会纪盛》,载《大夏周报》1930年第77期。
〔11〕《校务会议召集学生代表谈话》,载《大夏周报》1930年第86期。

此外，1929 年大夏大学开始模仿欧美大学导师制，以尽教师指导之责，增进师生情谊，"本校年来学生与学程之数，均逐渐增加，各教授在教室上课而外，与学生接触机会颇少。各科各系主任忙于琐碎教务，亦鲜有暇晷与学生交谈。同人等感于教育责任之重，并鉴于社会事变繁难，青年入世应付之难，因采欧美导师制，欲于课外勉尽指导之责，俾学生于修业之余，兼能研立身处世之道。"具体而言，以毕业班学生为主体，每名导师负责之人以 10 人为度，分全体集会和个人谈话两种。谈话内容涉及身心修养问题、家庭问题、婚姻问题、时间问题、毕业后选择职业问题及应世各种方法之问题。其中又尤注重学术之致用及毕业后之职业二问题。[1]"除个别指导外，每二星期开分组集会一次，讨论学术上及个人立身处世问题，一方研究学问，一方联络情感。教授知学生之需要，学生知学校之详情，打消一切隔阂。"[2]

正是这些举措，使得大夏大学拥有很强的凝聚力，让一所办学长期困顿与资金拮据的私立大学，不断地得以扩充校舍。到 1937 年，它已拥有校田 300 多亩，有群育堂、群策斋、小图书馆、大礼堂、体育馆、科学馆等十余所建筑，凌驾于当时国内一般私立大学之上，被社会誉为"东方的哥伦比亚大学"。[3]

二、私立大夏大学的法学教育

(一) 法学教育专业化之路

大夏大学创校之初似乎并没有开始法学教育，因为在 1924 年成立时，学校仅设文科、理科、教育科、商科、预科五科，并没有设置法科。但其法学知识的讲授却始自于创校，根源于文科，"本大学文科以研究文学、哲学、历史、政治、经济、美术等学科为宗旨。文科分为三门：（一）文学门；（二）哲学门；（三）社会科学门"，在第三门社会科学之下就设有历史学系、法政学系、经济学系。从开设的课程可见内容非常充实：

〔1〕《本校施行导师制之经过》，载《大夏周报》1929 年第 65 期。
〔2〕《大夏大学之导师制》，载《申报》1929 年 6 月 29 日，第 11 版。
〔3〕张振玉：《论自强不息与大夏》，载《大夏周报》1947 年第 4 期。

法学通论3,政治学3,西洋政治3,东洋政治,政治学史,宪法学3,行政法学3,刑法总论3,民法总论3,商法总论3,法制史3,国际史3,社会政策2,经济政策2。[1]

有趣的是,同年大夏大学刊出的《大夏大学一览》则明确标示了"法律学系",而非简章中的"法政学系",且其课程数目更加全面:

法学通论3,法制史(本国及外国)3,宪法3,比较宪法3,行政法总论各论3,国际法3,刑法总论各论3,民法总论2,民法物权2,民法债权2,民法亲属2,民法继承2,商法总论3,商法商行为2,公司律2,票据法2,破产法2,法院编制法1,刑事诉讼法2,民事诉讼法2,特别诉讼法2,罗马法1,法律哲学1,法医学2,刑事政策2,监狱学2,公司程式1,诉讼实习1,辩护实习1。[2]

这一学系如何称谓其实并不重要,相反其所设课程究竟是否与法律学紧密有关,则是更为重要的问题。1931年,大夏大学1928年文科毕业生张鑫长呈请加入律师公会,上海律师公会审查其毕业文凭时,发现其大学所学政治法律属于文科而非法科,故而函询大夏大学,"该律师所交毕业文凭系于民国十七年六月九日,在贵校文科政治法律系毕业者,当因政治法律之学,向不属文科范围,应函询原毕业学校以明实在。"大夏大学的答复是:"大函具悉,一是查敝校学生张鑫长,确于民国十七午夏在文学院政治法律系毕业,十八年敝校根据教育部颁布大学组织法,该系始改属法学院,各项学程并无差异。"[3]而张鑫长又是1924年入学大夏大学文科。[4]由此可见,张鑫长在大夏大学时期所学确为政治法律学。此外,大夏大学法律学系的课程教学也由文科主任张介石讲授,他毕业于德国柏林大学及柏林政治专门学校研究所,曾担任《救国日报》编辑和《新闻报》编译,以及《新闻报》驻德通

〔1〕上海市图书馆藏:《大夏大学简章》,大夏大学出版1924年版,第17页。
〔2〕《大夏大学一览》,1924年版,第35—37页。
〔3〕《致大夏大学函》,载《上海律师公会报告书》1932年第30期,第74—75页。
〔4〕《大夏大学一览》,1924年版,第148页

信记者,此外他还兼授政治学。[1] 同时,按大夏大学学制,"凡文科学生认定学习何门何系后,至少须于该系中选习三十绩点,此为主课课程"。[2] 因此可见开设法政学系并非仅是修饰而已。不过,虽然开设了不少法律课程,但仍不难看出,法律和政治的结合十分的紧密。

1926 年,大夏大学虽仍未开设法科,但其法律渐趋专业化,法律学从政治学中脱离,成立了专门的法律学系,只不过仍设置在社会科学门下,"第三学门设历史学系、法律学系、政治学系、经济学系、社会学系。"[3] 同年,大夏大学也对外开设了暑期学校,普及法律知识,"以利用暑假时期,推广教育辅助学业为宗旨",其课程中也设有法律精理一课,"内容分上下二编,上编说明法律之重要原则,下编说明六法之精意",每周授课 5 小时,但仍由张介石讲授,由此可见教员数量仍旧单薄。[4]

虽然法律学从政治学中脱离了,但是法律学系仍隶属于社会科学门及文科之下,故而学生毕业之后给予的仍是文学学士学位,而非法学学士学位。因此,早期大夏大学的法学教育虽然呈现出专门化的趋势,但实质上仍处于成长阶段,法律课程仅作为一门普通知识来教授,这一点我们可以从其毕业生的择业中窥见。

受限于史料的缺失,我们已很难确定文科毕业生有多少选习了法律学系,但自 1926 年第 1 届至 1929 年,文科毕业生总计 95 人,[5] 除去小部分毕业工作未详外,其余学生毕业后从事与法律相关工作的,仅有 3 人,分别是第 1 届的蒋子英(大夏大学法学院教授),1928 年毕业的钟奇端(安徽高等法院任职),1929 年毕业的黄宗泽(毕业后在大夏大学研究法律)。[6] 当然这也受制于律师与司法官资格的法律规定,但法律行业并不仅限于律师和推事,毕业生中仅 3‰从事与法律有关的工作,恰恰也反映了大夏大学早期的法学教育是将法律作为一门普通知识教授的,其与同科的历史、哲学、文学,在性质上并无二致。

---

[1] 上海市图书馆藏:《大夏大学一览》,大夏大学出版部 1926 年版,第 51 页。
[2] 同上书,第 10 页。
[3] 同上书,第 43 页。
[4] 上海市图书馆藏:《大夏大学暑期学校简章》,大夏大学出版 1926 年版,第 1 页。
[5] 上海市图书馆藏:《大夏大学同学录》,大夏大学出版 1929 年版,第 263 页。
[6] 上海市图书馆藏:《大夏大学毕业同学录》,大夏大学出版 1935 年版,第 1—33 页。

1927年10月18日,大夏大学委员会议决于次年春季添办法科,聘美国芝加哥大学法学博士姚永励为法科主任。"以造就法律专门人材,应社会需要为宗旨",法科修业期限定为4年,课程共计150绩点,于修业最后一年作论文一篇,并经本科教授会审查及格后方能毕业,授予法学学士学位。法科课程分普通必修学程和专门必修学程:

普通必修学程:国文6,英文12,经济学3,社会学3,政治学3,历史6,心理学3,哲学概论4,论理学3,伦理学3,体育及军事训练6。

专门必修学程,第一年级:法学通论2,法院编制法1,民法总则3,民法债权8,民法物权3,刑法总则分则3;第二年级:民事诉讼法4,宪法2,民法亲属3,刑事诉讼法3,民法继承3,商法总论2,商人通例1,公司条例2;第三年级:罗马法3,中国法制史2,英美法大意4,行政法总论各论3,商标法1,破产法3,票据法3,强制执行法2,证据法2,国际公法3,大陆法大意4;第四年级:劳动法2,海商法2,国际私法3,监狱学2,比较宪法3,刑事政策2,新旧刑律比较2,法律哲学2,律师道德1,诉讼实习2,特种问题研究2。[1]

除普通及专门必修学程外,大夏大学学生还可任意选修其他本科各学程。1928年秋,姚永励因执行律务不能兼顾,改聘美国芝加哥大学法学博士孙浩烜为法科主任。[2] 此外,增聘了不少法学教授,如美国密西根大学硕士张海泉,美国纽约大学法学博士端木恺,前任北京大理院首席推事林鼎章,法国巴黎大学政治学博士国立暨南大学政治系主任翟俊千,前四川民政司民治科长湖南高等审判厅推事康焕栋。[3] 1930年5月,大夏大学为遵照新学制,校务会议决议将原属文科之政治经济两系与法科合并,设立法学院,下分法律、政治、经济三系。[4] 法学院规模逐渐壮大,从1929年第1届毕业生仅3人,第2届达46人毕业,到1935年已达

〔1〕上海市图书馆藏:《大夏大学一览》,大夏大学出版1928年版,第2页。
〔2〕上海市图书馆藏:《私立大夏大学法学院一览》,大夏大学出版1937年版,第1页。
〔3〕上海市图书馆藏:《大夏大学一览》,大夏大学出版1928年版,第4页。
〔4〕上海市图书馆藏:《私立大夏大学法学院一览》,大夏大学出版1937年版,第5页。

83 人,至 1937 年春时,法律系在校人数升至 129 人。[1] 1931 年,大夏大学法学院也获司法院认可,准予特许设立,"该大学法学院法律学系,所定分年课程表及各项设备,尚属完善,应予特许设立。"[2]

(二) 地方法律特色的融入

大夏大学的法律教育不仅开始得早,而且融入了上海的地方特色,即重视比较法的教学。1927 年之前,由于上海租界内不仅有会审公廨,还有签约国领事法庭存在,出现了多种法律体系汇聚于一地的局面。外籍律师阿乐满(N. F. Allman)就曾谈到:"既会中英双语,且掌握英美法和中国法的法律人,在现实中极其罕见,也是当时上海各大律所梦寐以求的人才。"[3] 因此,比较法教育成为了当时各所法学院校的主要教学形式。

早在 1924 年,大夏大学法政学系便开设的比较宪法一课,是"将东西洋各国宪法之组织比较讲述,而批评其长短得失",法制史的课程则是"分本国及外国二部,说明各种法制之起源与演进。"[4] 此后,大夏大学对比较法教育的重视愈发明显,特别开设了英美法大意和大陆法大意,[5] 这两门课程充分体现出了比较法教育的精神,如前者"讨论英美法大意及其特点作比较研究",后者"讨论法德瑞士法典之大意及特点,作比较之研究"。[6]

1928 年后,随着南京国民政府对高等教育管控体制的逐步建立,大夏大学作为一所私立大学不得不接受教育部的指导,党化教育逐渐渗透,这也反映到了学校的发展计划中:

> 属精神方面:甲,提倡三民主义教育,使全校一切设施皆为主义化;
> 乙,提倡群育及军事教育,使全校纪律化;丙,提倡读书救国主义,使学生
> 救国先读书。属学术方面:各科分设专系,聘专门学者担任各系主任;联

---

[1] 上海市图书馆藏:《大夏大学同学录》,大夏大学出版 1937 年版,第 35—137 页。
[2] 《令私立大夏大学董事会呈送该校法学院各项文件请转送司法院审核准予特许设立由》,载《教育公报》1931 年第 3 卷第 15 期。
[3] See Norwood F. Allman, *Shanghai Lawyer*, Whittlesey House, 1943, p. 118.
[4] 《大夏大学一览》,1924 年版,第 49 页。
[5] 上海市图书馆藏:《大夏大学一览》,大夏大学出版 1928 年版,第 2 页。
[6] 《私立大夏大学一览》,1929 年版,第 186 页。

络外国各大学,凡本校毕业生得直接升入各该大学毕业院;力求吾国学术独立,各种科学皆求逐渐能中国化。[1]

大夏大学也聘任了专门讲授国民党党义及组织一课的教授。[2] 值得一提的是,"使全校一切设施皆为主义化"的计划,与创校之初的设想背道而驰,与大夏大学始终坚持的"大学为研究学术,培养德性机关,非政党活动之地"的理想截然相反,因此引来了教授们的集体反对:

> 大学为研究学术,培养德性机关,非政党活动之地。同人等以为在大学中无论师生对于各种主义,尽可自由研究,不应借作宣传及活动之地盘。同人等掌教大夏大学,对于本校读书运动,众志成城之宗旨,始终不渝。如有妨害本校名誉,扰乱本校秩序者,即视为非吾人之同志,不与合作,谨此宣言。[3]

1929年,《大学规程》及《司法院监督国立大学法律科规程》颁布,大夏大学不得不把修业年限从原来的5年降格为4年,"本校法学院之毕业期限,前定五学年,兹经第六十二次校务会议决改为四学年,以符部章,至应修绩点,则大致仍旧。"[4] 同时,法科的课程也发生了相应改变,除党义、军事训练等课程正式添入必修学程外,原课程如英美法大意、大陆法大意、比较宪法等一律改为选修课,专门必修课程中除了罗马法一课外,基本实现了"各种科学皆求逐渐能中国化"的设想:

> 共同必修课程:国文,英文,第二外国语,自然科学,党义,哲学概论,
>
> 社会学,经济学,心理学,统计学,论理学,政治学,军事训练。
>
> 专门必修学程:法学通论,民法总则,民法债权,民法物权,民法亲属,

---

[1]《大夏大学发展计划》,载《大夏大学四周年纪念刊:历史、现状、计划》,上海大夏大学出版1928年版,第13页。

[2] 上海市图书馆藏:《大夏大学一览》,大夏大学出版1928年版,第4页。

[3] 上海市图书馆藏:《大夏大学一览》,大夏大学出版部1926年版,第26页。

[4]《法学院改为四年毕业》,载《大夏周报》1929年第69期。

民法继承,刑法总则,刑法分则,商人通例,公司法,票据法,保险法,海商法,破产法,劳动法,法院编制法,民事诉讼法,刑事诉讼法,强制执行法,中国法制史,罗马法,行政法,国际公法,国际私法。

　　专门选修课程:中国外交史,中国宪法史,比较宪法,国际公法名家研究,立法学,欧洲大陆大意,英美法大意,商标法,航空法,罪犯学,监狱学,法理学,法律哲学及思想史,诉讼实习,律师道德,特种问题研究。[1]

这一系列改变也与彼时的法制环境变化有关,随着会审公廨废止,临时法院建立,六法体系渐趋完备,现行中国法逐渐成为法学院的授课重心。诚如大夏大学法科主任孙浩炬强调的,法学教育需注重实用之主义,凡是不切合社会实际需要的课程均不予采纳,必须力矫其他法校盲从外国法律学校的风气:

　　　　习法律欲以其所得之智识及训练服务社会,故法律学校首重实用。而实用效能之大小,视课程,教授,及教授方法而定。……一切课程教材,当以适合社会之需要为准则。积极方面,凡足以养成服务社会之法律专门人才者,必使应有尽有,力求完备。消极方面,凡不切吾国今日社会实际需要者,均不宜采纳。国内法律学校课程教材之选择,往往有盲从外国法律学校者,本科当力矫斯敝。[2]

不过,尽管大夏大学法科逐渐削减外国法课程的比重,但比较法的教学却得到了保留,如商人通例一课是"依现行商人通例通例讨论外并及商法性质、简史及各国商法系统作商法各学程之引导。"以及公司法一课"除讨论现行公司法外,复提出种种问题作较详细或与各国公司法比较之研究。"[3]两门课程均谈到了需要以比较方法研究法律,由此亦可见大夏大学对比较法教育仍较为重视。

　　近代上海的法学院校青睐培养律师,重视法律实习,亦是彼时的一大地方特

〔1〕《私立大夏大学一览》,1929 年版,第 177 - 181 页。
〔2〕孙浩炬:《法科发展计划》,载《大夏周刊》1929 年第 64 期。
〔3〕《私立大夏大学一览》,1929 年版,第 182 页。

色。各所法学院校相继开设了与培养律师相关的课程。例如,持志学院开设了律师实践一课,"本学程除阐明律师之地位职权,与责任外,尤重于律师执行职务之一切手续,如接见当事人,讨论案情,准备书状,代表出庭,以及诉讼上各种程序等等,均详予说明,使俾有实用。他如律师道德与律师惩戒处分等等,亦附带论及。"[1]东吴大学法学院开设了法律伦理学,通过学习这门课程,副教务长孙晓楼期望学生能了解执业律师对社会所负的使命:"读了法律伦理学至少可以使学生知道些他们将来做律师时对于社会所负的使命,不致盲人瞎马,去害了人,还要害自己。"[2]为此,各所法校还专门开设了"型式法庭"一类的课程,使学生熟悉诉讼程序,如持志学院的"诉讼实习",[3]上海法学院的"法庭实习"课程。[4]

在此环境下,大夏大学同样侧重培养律师,并且很早就注意到了法律实习的重要性。1924年,法政学系开设了诉讼实习和辩护实习的课程,[5]1928年,更是专门添设了律师道德一课,[6]"律师保障人权,执行职务贵重道德,故专设学程以资提倡。"[7]在法科改组法学院后,校方进一步增加了实习一类的课程,如开设了诉讼实习,围绕"诉讼书状、手续、辩论、判断等之实习,除实地参观外,尚有假法庭之组织以资练习。"[8]以及议会法及实习一课,是"研究各种集会所应有之规则,并加以实习。"[9]这类课程均取得了不错的效果,"本学期法学院,自举行假法庭诉讼实习,并聘江镇三先生为指导后,同学无不兴奋从事,各尽厥职。所撰诉状,所举证据,均极勾心斗角之能事,处处均能独出心裁,而又不反诉讼法之规定。"[10]除了重视实习课目外,大夏大学还会安排法科学生参观法院、监狱等法律实践场所,"本校法科同学,于十一月十七日下午二时,举行参观地方法院。由赖锟先生率领,分乘汽车四辆,至法院后,有韦推事出而招待。延入会客室中少憩,寒暄未久,同学

---

[1]《持志学院一览》,1937年版,第86页。
[2] 孙晓楼:《法律教育》,商务印书馆1935年版,第33页。
[3]《私立持志学院一览》,1937年版,第32页。
[4] 参见上海法学院编:《上海法学院一览》1933年版,第34页。
[5]《大夏大学一览》,1924年版,第35-37页。
[6] 上海市图书馆藏:《大夏大学一览》,大夏大学出版1928年版,第2页。
[7]《私立大夏大学一览》,1931年版,第217页。
[8]《私立大夏大学一览》,1929年版,第187页。
[9]《私立大夏大学一览》,1931年版,第212页。
[10]《法学院假法庭诉讼实习》,载《大夏周报》1930年第82期。

即请其报告法院之编制组织。"[1]

综上可见,大夏大学的法学教育区别于同时期其他私立法校,它没有宗教的外衣,没有政客的谋划,没有学店的伎俩。在教育思想方面,有着师生合作与"三苦精神"的教育内核;在教育方式方面,始终秉持兼容并蓄的法学教育;在教育内容方面,重视法律实习,注重理论知识与实践的结合。归因于大夏大学师生执着且认真的办学,为该校赢得了非常高的社会声誉,而其发展历程亦证明,私立法校并非只能成为"学店""野鸡大学"之流,私人兴学亦存在良性的因子。

---

[1]《法科同学参观地方法院记》,载《大夏周刊》1928 年第 60 期。

第三章　刀俎与鱼肉：上海法学教育的挑战

　　1929 年,南京国民政府颁布了一系列监管法政学校的法令,如《大学组织法》、《司法院监督国立大学法律科规程》等,后者几乎统一了法律院校的课程。这些法令的颁布旨在将私立法校纳入到政府的监管体系内,而教育部也在各校呈请立案的审核过程中,对他们的办学情况有所了解。紧接着,整顿的风暴降临到了上海。1920 年代繁兴的私立法校在这场整顿后消失了近三分之二,这其中当然有办学不良的问题,但也无法掩饰政治因素的影响。

　　1930 年后,鉴于国内大学文科(文、法、商、教育)与实科(理、工、农、医)毕业生比例严重失调,尤其是法科生数量畸增,南京政府开始逐步限制法科的发展。除了1929 年后新增的法校多被限令停办外,已经核准立案的如中国公学、国立暨南大学的法律系亦悉遭裁撤,其余幸存法校的招生数量也被严格限制。

　　这一系列的变革在法校内引起了连锁反应。一只无形的"手"逐渐伸入校园,影响和控制办学,校方因政策关系陷入经费支绌的境地,进而也波及到了教师待遇,教师疲于应付生计无法兼顾教学,引起了师生间的矛盾,学生作为私立法校的金主,与学校之间发生了复杂的纠葛。因此,1929 年后,沪上法学教育宛如陷进了剪不断,理还乱的棋局。

第一节　1929 年的《大学组织法》

　　《大学组织法》的颁布,确立了大学应遵照中华民国教育宗旨及其实施方针,以研究高深学术,养成专门人才。[1] 明确了大学和独立学院的设立标准,限定法科教育修业期限为 4 年。同年,颁布的《司法院特许私立法政学校设立规程》和《司法院监督国立大学法律科规程》赋予了司法院与教育部同享监督法校的权力,这些规定虽旨在提高法学教育质量,但实际也起到了限制了法校发展的效果。此外,上海特别市教育局亦颁布了不少条例,在视察、审核等方面配合教育部监管上海的法校。

重新回顾这些法案的出台,当然不是执着于法条的研究,而在于关注当整顿风暴来临之前,中央政府对法律院校是如何确立双轨制监管体系,以及如何自上而下地切实执行。值得注意的是 1929 年以后,沪上还掀起了一小波兴学热潮,多所法校赶在整顿之前,呈请教育部立案。这几所法校的发展命运也同样折射出了政府的意志,以及时代的特征。

一、高等法学教育体系的建立

1927 年,南京国民政府甫一成立,就开始着手制定管理私立大学的法案,"近因各私立学校立案事宜,特定出新条例,将前教育行政委员所订各校立案规程共八条,一律取消。"[2] 其理由是因专门以上学校立案理宜从严,中等以下学校立案不妨略宽,以同一规程适用于各级学校,容易多生窒碍。同年 12 月 20 日,颁布了《私立大学及专门学校立案条例》。该《条例》规定,私立大学和专门学校必须经大学院立案,并且申请立案资格必须满足试办三年以上、有确实收入和设备、专任教员须占全数三分之一以上、校长由中国人担任等条件。此外尤其强调立案与学生待遇的关系:"凡未立案之私立大学或专门学校,其肄业生及毕业生不得与已立案之私立大学及专门学校学生受同等待遇。"[3] 紧接着,1928 年 2 月 6 日,大学院又公布

---

[1] 中华民国教育宗旨为:中华民国之教育,根据三民主义,以充实人民生活,扶植社会生存,发展国民生计,延续民族生命为目的,务期民族独立,民权普遍,民生发展,以促进世界大同。实施方针中有关高等教育的是:1. 各级学校之三民主义教育,应与全体课程及课外作业相贯连,以史地教科阐明民族之真情,以集团生活训练民权主义之运用,以各种生产劳动的实习培养实行民生主义之基础,务使智识道德,融会贯通于三民主义之下,以收笃信力行之效。2. 大学及专门教育,必须注重实用科学,充实学科内容,养成专门知识技能,并切实陶冶为国家社会服务之健全品格。3. 各级学校及社会教育,应一体注重发展国民之体育,中等学校及大学专门,须受相当之军事训练。教育部参事处编:《教育法令汇编(第 1 辑)》,商务印书馆 1936 年版,第 19—20 页。
[2]《私立学校立案的新条例》,载《中央日报》1928 年 2 月 15 日,第 3 版。
[3]《私立大学及专门学校立案条例》,载《大学院公报》1928 年第 1 期。

了《私立学校条例》和《私立学校校董会条例》，将教会学校纳入私立学校范围，除了重申校长必须中国人担任外，还限制了私立学校对宗教的宣传。[1]

1929年公布的《私立学校规程》更加细化对私立大学的规定，如私立学校的名称应明确标示学校之种类并须冠以"私立"二字，专任教员占全数三分之二以上等要求。[2] 同年7月教育部发布《法医两种专门学校限期停办》的通知，禁止专科学校再设法科，将法学教育限定在大学或独立学院，并且毕业年限设置为四年，这一规定对彼时的法学教育产生了重大的影响：

> 查法医两科关系人民生命财产至为重要，欧美各国通例律师及医师之培养年限均甚长，必须卒业于大学，经政府审查合格分别领取执照者，始得开业。盖于提高学术之中寓尊重人民财产之意，法良意美，足资借镜。吾国法医两科，得办专门学校已多，历年所率因修业年限太短，成效未著，若非改弦更张，直接既影响于教育效能，间接且危及人民生命财产，殊属非宜。近者大学组织法及专科学校组织法已由本部提请立法院修正通过，法医两科之设立，限于大学或独立学院，医科修业年限为五年，法科为四年。至专科学校之宗旨，祇在教授应用科学，养成技术人才，其修业年限亦仅规定为二年或三年，较法医两科应有之修业年限为短，是法医两种专校，已失其在法制上之地位，本部为重视人民生命财产并奉行法制起见，决将法医两种专门学校限期停办。其已设立之该两种专校，祇准办至所有学生毕业时为止，自本年暑假起，一律不得继续招生。所有该两种专校之逐年结束者，其校产暨经费等项，并责成各该主管地方教育行政机关分别公私，依法保留，以备该设各种专科学校或高级中学之用。至医学专门学校设备较为完善者，俟结束后，得依照大学组织法另行设立医学院，但仍须由各该主管地方教育行政机关，向本部先期呈准，始得办理。[3]

---

[1]《私立学校条例》，载《大学院公报》1928年第3期。《私立学校校董会条例》，载《大学院公报》1928年第3期。
[2]《私立学校规程》，载《教育部公报》1929年第9期。
[3]《转部令法医两种专门学校限期停办》，载《上海特别市教育局教育周报》1929年第12期。

同时,司法院也开始参与管理法校。1929 年 6 月 17 日,召开的国民党中央执行委员会第二次全体会议讨论通过了《关于司法制度之完成及其改良进步之规划案》,该规划案明确规定了国立大学法律科的课程编制及研究指导,应归司法院直接监督,私立法律政治学校非经司法院特许和教育部立案不得设立。[1] 随后陆续颁布了《司法院特许私立法政学校设立规程》[2]《司法院监督国立大学法律科规程》[3]《司法院发给法律科毕业学生证明书规则》进一步确立教育部和司法院联合管理法校的模式,有学者将其比作为教育部与司法院的交叉管理模式。[4]

但从监督权力分配而言,教育部相较于司法院扮演着更主要的角色,在实际的执行中,教育部的审核属于前置程序。按照《司法院发给法律科毕业学生证明书规则》第三条规定,司法院有权发给法律科毕业学生证明书,但须以拥有毕业证书为前提条件,[5] 而毕业证书的授予须经教育部验印。[6] 再如 1931 年私立上海法政学院,因毕业生证书没有教育部盖印,司法院不能径行核准:"案查贵校本年六月毕业学生声请本会甄拔者为数甚多,均以未呈验盖有教育部印之毕业证书,其毕业资格尚难遽行认定,当经函请教育部规定办法去后,兹准函复暂时通融办法到会,业经本会决议照办在案。"只有等到教育部接函审核之后,拟定出通融办法再通知司法行政部,后者才能颁发律师证书,"查各私立学校毕业生情形异常复杂,其毕业证书非详细审核不能遽予盖印,兹为顾及该生出路起见,凡各私立大学或学院本年六月毕业生未令得本部盖印之正式毕业证书而持有各该校黏贴相片加盖钢印之毕业

〔1〕《为完成司法制度及关于法律教育之指导监督办法由》,载《行政院公报》1929 年第 64 期。
〔2〕该规程规定大学内之法律院、独立法学院、设有法律或政治科之独立学院,都须经司法院特许;私立法校呈请教育部核准设立及核准开办时,须分别转请司法院备案;私立法校经司法院特许后,即由司法院执照教育部及咨明考试院备案并送登政府公报;特许私立之学校成绩不良者,司法院得令其改良或撤销其特许;特设学校之法学院或法律科组织变更、裁撤须且由教育部转送司法院核准、备查。《司法院特许私立法政学校设立规程》,载《行政院公报》1929 年第 102 期。
〔3〕《司法院监督国立大学法律科规程》虽然名为"监督国立大学",但在条例末规定:"本规程于省立、市立或私立各大学均准用之",这一规程更加侧重于规定私立法校课程内容和方法,"第一条,国立大学法律科之课程编制,及其研究指导,由司法院直接监督之。第二条,国立大学法律科,应以左列学科为必修课目:一、三民主义;二、宪法、三、民法及商事法;四、刑法;五、民事诉讼;六、刑事诉讼;七、法院组织法;八、行政法;九、国际公法;十、国际私法;十一、政治学;十二、经济学;十三、社会学;十四、劳工法,前项课目之授课时间在该法律科授课之总时间内应为三分之二以上。"《司法院监督国立大学法律科规程》,载《行政院公报》1929 年第 102 期。
〔4〕参见王健:《中国近代的法学教育》,中国政法大学出版社 2001 年版,第 276 页。
〔5〕教育部编:《教育法令汇编(第 1 辑)》,商务印书馆 1936 年版,第 142 页。
〔6〕《部颁毕业证书规程》,载《苏中校刊》1929 年第 25 期。

证书者,其资格得暂予认可,惟该项毕业生经贵会核准发给律师执照后应随时函达本部,如经本部查明该生不能毕业时,当即□寔函复,由贵会取消其律师执照。"[1]

除了中央政府陆陆续续出台一系列法案外,地方政府也在逐步加强对私立学校的管制。1928年,上海特别市教育局颁布了《上海特别市教育局取缔私立学校条例》,罗列了几种应取缔的私立学校,如不以教育为主旨违背中国国民党党义者;不依法呈请立案者;教员不合或有欺骗行为证据确实者;有敛钱行为经证实者等情形。[2] 1930年上海特别市教育局还拟定了《上海特别市区域内已立案私立大学办理招收新生暂行办法》,经教育部审查后得以施行,不仅加强了教育局和教育部之间的联系,从生源市场遏制了不良私立学校的产生,教育部对私校的管控权力也得到了进一步巩固:

> 一、凡上海特别市区域内各私立大学招收新生,应组织委员会,所定计划,应于事先呈报市教育局转呈教育部。二、各私立大学举行新生入学试验时,应将试验方法及程序,先期呈报市教育局转呈教育部。三、私立大学举行新生入学试验时,教育部或市教育局得随时派员前往调查。四、私立大学招收新生如有免考全部或一部分科目情事,应将免考理由先期呈报市教育局转呈教育部核准,遇必要时,得随时查验。五、市教育局应于各私立大学举行入学考试时,查验投考者之毕业证书,如遇未立案大学预科,及高级中学毕业证书及无证者,得勒令停止其考试。六、私立大学如不遵行上列各项办法时,市教育局得呈请教育部按照私立学校规程第六条处分。[3]

由此,上海特别市教育局主动加入到了勘察私立法校的行列,与教育部形成了上下级的联合。如1930年上海文法学院即是在教育局的调查中发现存在违规情形而被取缔的,"窃职局近以学期开始,私立学校或有增设,特加注意,随时派员视察,有昆明路新设之上海文法学院,派员两次往查未晤,……似此不合规程,虚名欺

---

[1] 上海市档案馆藏:Q248-1-146,《上海法政学院为毕业生申请代办登录律师手续与伪司法行政部甄拔律师委员会等来往文书(2)》。
[2]《上海特别市教育局取缔私立学校条例》,载《大学院公报》1928年第1期。
[3]《沪特市区内已立案私大报告新办法》,载《中央日报》1930年7月9日,第4版。

世之学院,若不勒令停闭,将使青年受其欺蒙,为害匪浅,理合具文,呈请察核,准予令饬停闭,以免贻误青年。"[1]

1927至1930年间,南京国民政府自上而下的逐渐建立起一套颇为完善的针对高等法学教育的管理体系,上海法校群体的发展受到了种种限制。无论是自愿还是被迫立案,教育部和司法院都通过立案程序,有效地控制了法校的发展空间。通过停闭不良法校,上海法学教育环境在一定程度上的确得到了改观,但从长远看来,这样的管束究竟是利是弊呢?

二、最后的契机:整顿前的新增法校

1929年颁布的《私立学校规程》虽然对私立大学的设立做了方方面面非常细致的规定,试图想要抬高办学的门槛,但仍给予了呈报设立的机会,并且该规定在实际执行中并不严格。自1929年《大学组织法》颁布,至1930年后教育部全面着手整顿私立法校之前,上海又新增了一些法律院校。当然这一次出现的规模,远不及民初和20世纪20年代。

(一) 复旦大学法律学系

复旦大学创始于1905年,震旦学院学生"感宗教和学术不能互相混合",离校另组,推马相伯为校长,借吴淞提督行辕为校舍,[2]定名复旦公学,取恢复震旦之意。[3]辛亥革命时,校舍被军队占领,遂暂时停办。1912年复旦同学会试图复校,仍推马相伯为校长(不久由李登辉继任),校舍借徐家汇李公祠。[4]1917年复旦公学改组为大学,逐渐扩大教学规模,1922年迁入江湾自建校舍,原校舍改为附中,并在文、理、商三科外,增设心理学院。[5]1925年春添设社会科学科,下设政治学和社会学两系,1927年政治学系分为政治、市政、法律三组。[6]

---

[1]《为教育局呈请取缔私立上海文法学院已饬勒令停闭并令秉承办理由》,载《教育公报》1930年第9期。

[2] 上海市档案馆藏:Q23-53-52,《复旦年鉴1925》。

[3]《校史》,载《国立复旦大学一览》1947年版,第1页。

[4] 徐芹:《复旦大学巡礼》,载《十日杂志》1936年第14期。

[5]《校史》,载《国立复旦大学一览》1947年版,第2页。

[6] 复旦大学校史编写组编:《复旦大学志第一卷(1905—1949)》,复旦大学出版社1985年版,第340页。

1905 年,复旦公学正斋第一部便有法学课程,1909 年时法学课程包含:国际公法、民法、宪法史、政治史(任习二种),这一时期法学教师有赵国材、丁榕,从 1912 年的毕业生成绩单可见,修习过国际法、罗马法、古代法、刑法四门法律课程。[1] 1914 年复旦公学已经开设法律专科班,招收 60 名新生,被认为是复旦法律科首次大规模单独招生。[2] 但开课数量仍属较少,并且在 1915 年的上海学校调查记录中,复旦公学并未开设这一专科,仅设有中学科、大学预科、大学文科和理科,在大学文科中零星开设了国际公法、民法、法律原理、刑法宪法、法学通论五门课程,并未形成系统的法律教育。[3]

复旦大学正式创设法律学系始于 1929 年 9 月,合原有之政治,经济,市政三系,并称法学院。聘请裴复恒担任法律学系主任,教授有吴颂皋、金兰孙、徐象枢等人。翌年夏季,办理招生事宜,二次招考 40 余人,录取者仅有 7 名。1931 年 1 月春季招生,录取新生及转学生也仅有 9 名,合计第一学年法律系学生共有 16 人。同年夏季再次招生,新生录取数额有 20 余人。[4] 1932 年,裴复恒就职政界,遂改聘张志让担任法律系主任,后又兼法学院院长,添聘江镇三、钟洪声、施霖等教授。[5] 1931 年复旦大学获教育部核准立案,法学院也获司法院特许设立。[6] 1934 年初,教育部以复旦大学"分系太繁"为借口,下令裁撤法学院,将所属政治系并入文学院,经济系并入商学院,取消法律系和市政系。1935 年,校方决定仅将文学院史学系、师范专修科,法学院市政系,商学院工商管理系、国际贸易系等分年结束,原法律系仍继续办理。[7] 1937 年淞沪会战,复旦大学被迫停办,迁至重庆再续弦歌。[8]

[1] 王伟主编:《复旦大学法学院历史图片集:百年法律教育珍档(汉英对照)》,复旦大学出版社 2019 年版,第 1—10 页。
[2]《复旦大学百年纪事》编纂委员会编:《复旦大学百年纪事 1905—2005》,复旦大学出版社 2005 年版,第 15 页。
[3]《上海学校调查记》,载《国学杂志》1915 年第 4 期。
[4] 王如春:《法律系沿革史略》,载上海市图书馆藏:《三十年的复旦:1905—1935》,复旦大学 1935 年版。
[5]《复旦大学法律学系概况》,载《法轨》1933 年创刊号。
[6]《咨考试院准教育部函为复旦大学法学院请特许设立由》,载《司法公报》1931 年第 133 期。
[7]《复旦大学百年纪事》编纂委员会编:《复旦大学百年纪事 1905—2005》,复旦大学出版社 2005 年版,第 82—89 页。
[8]《校史》,载《国立复旦大学一览》1947 年版,第 2 页。

(二) 文化学院上海第二分院法律系

文化学院,原名文化大学,1913年由孙宝琦、颜惠卿、王有兰等人创设于北京,推孙宝琦为校董会董事长,罗家衡为校长。1928年学校迁往南京,校董会也进行了改组,由于右任、邵力子、周佛海、王开疆、李培天为校董,何民魂任校长。1929年按《大学组织法》改名为文化学院,同时,校董会决议筹备上海第二分院。[1]

文化学院上海第二分院,校长为李培天,教务长由费哲民担任。第二分院创办之时,适值上海东亚等大学停办,大量学生失学,"为救济失学青年起见,遂不得不暂办法科,招收转级生。"1929年10月6日于霞飞路临时校舍开课。学院仅设法科,内分法律、政治经济两系,法律系主任为潘震亚,教员有郑达麟、宁柏青、傅文楷、陈文藻等。学院采取学分兼学年制管理,每周上课一小时,自修二小时,满一学期为一学分,学年采4年制。1930年举行特级毕业礼时,法律系学生共6名,政治经济系24名。同时,因学生人数增多,校舍不敷,遂改租麦根路(今淮安路)47号,并增设师范专修科。1931年,迁往江湾新校址,举行第一届毕业典礼,计法律系毕业生40名,政治经济系17名。[2]值得一提的是,该校学生还自发办了民众夜校,普及知识,并出版了《文化杂志》和《文化半月刊》。[3]1932年"一·二八事变"爆发,因校舍受牵连焚毁严重,遂于次年顺势被教育部勒令停办。[4]虽然,师生组织护校运动委员会向教育部竭力抗争,但最终仍无济于事。[5]

(三) 新民大学(江南学院)

新民大学,创建于1929年,校址位于康脱脑路(今北京路)229号,校长为许世英,副校长为叶开鑫,[6]大学设文、法、商三学院,1930年被教育部勒令停办后,缩小了办学范围改为独立学院,更名为江南学院。

江南学院于1930年9月10日经教育部核准设立,[7]9月15日正式开学,总

---

[1]《文化学院南京一院上海二院一览》1932年版,第12—13页。

[2]上海市档案馆藏:Q235-1-655,《上海市教育局关于私立文化学院上海分院立案问题》。《文化学院南京一院上海二院一览》,1932年版,第12—13页。

[3]《学生消息》,载《文化半年刊》1931年第1期。

[4]上海市档案馆藏:Q235-1-655,《上海市教育局关于私立文化学院上海分院立案问题》。

[5]《教育零讯汇编》,载《中华教育界》1933年第4期。

[6]《具呈人上海私立新民大学呈一件为呈请覆查以重教育而昭公允由》,载《教育部公报》1930年第9期。

[7]《要闻报告》,载《上海市教育局教育周报》1930年第76期。

计学生有 360 余名，院长为李祚辉（前安徽公立法政专门学校教务长），副院长邹敬芳，事务长刘世杰，林众可为教务长。[1] 校董有叶开鑫、于右任、张耀曾、郭卫、陈顾远、许世英、刘世杰等。法律系主任由江镇三担任，教授有王孝通、张定夫、张润民、郑葆华、潘震亚，欧阳豁等。[2] 学院设法律系和政治经济系，附设地方自治专修科。1933 年时，该校被教育部勒令分年结束。[3]

（四）华国大学法学院

华国大学原名私立上海商科大学，校址位于海防路，附设中小学幼稚园，校长为美国教育博士殷芝龄，1930 年起该校增加文法两院，遂改校名为华国大学。[4] 该校校董有于右任、吴经熊、许世英、褚民谊、王开骧等。大学分文、法、商、大学专修科、大学预科。法学院院长为郑文楷，文学院院长为胡朴安，商学院院长为陈心铭。此外各科还聘定知名教授，如英文系聘请了林语堂、政治系则有夏奇峰、报学系有戈公振。华国大学法学院下分法律、经济及政治三系，并设有法律专修科，大学各学院修习 4 年，以习完必修学程和 160 学分为毕业。大学专修科 2 年，以习完必修学程和 80 学分为毕业。[5] 1930 年，因该校更改校名及扩展规模未向教育部呈报，遂被教育部取缔。[6]

此外，还有建设大学等，不再一一赘述，这些新兴法律院校，出现的时间非常的巧妙，赶在了《大学组织法》颁布之后，以及国民政府开始限制法科发展之前，它们的办学命运也体现出了中央政府对法学教育态度的转变，折射出了时代的特征，因时运而生，亦因时局而覆。

第二节　漩涡中的沪上法校

在新的高等教育体系建设日渐完善之际，南京国民政府开始敦促各私立大学

---

〔1〕咪咪：《大学消息》，载《上海周报》1933 年第 11 期。
〔2〕上海市档案馆藏：Q235 - 3 - 467，《江南学院毕业纪念刊》。
〔3〕上海市档案馆藏：Q235 - 1 - 656，《上海市教育局关于私立江南学院立案问题（一）》。
〔4〕《为上海私立华国光明两大学办理不合规程已令教育局秉承勒令该两校停办并妥为安置由》，载《教育公报》1930 年第 9 期。
〔5〕上海市图书馆藏：《华国大学章程》，华国大学出版 1930 年版，第 17—23 页。
〔6〕《为上海私立华国光明两大学办理不合规程已令教育局秉承勒令该两校停办并妥为安置由》，载《教育公报》1930 年第 9 期。

呈请立案,试图将它们纳入到管理范围之中。1930年,教育部发布了《私立大学专科学校奖励取缔办法》,对已经立案并取得优秀成绩的私立大学和专科学校,给予补助,对某学院或某科系在教育学术上有特殊贡献者给予奖励,此外也详细规定了私立学校的取缔方法。[1]这一《办法》颁布后,虽然有很多学校向教育部呈请立案,但持观望者,仍有不少。故而,同年教育部颁布训令,限定了私校呈请立案的截止期限:"京外各省市私立大学,如交通便利,查无阻碍者,亦均自即日起至九月中止。"[2]但这一规定起到的效果似乎不大,因"意存观望者,亦复不少",于是教育部再次饬令各校迅速立案:"逾期不立案者,应由各省市教育行政机关酌量情形,饬令停止招生或勒令停闭。"[3]

又因为各地出现了不同情况,未能赶在截止日前立案的学校仍不在少数,"只以近岁以来,战乱频仍,灾荒洊至,各地方之教育事业,陷于停顿者不一而足,"[4]有鉴于此,1931年教育部决定将立案期限适当延长,沪上法校几乎都在截止日前完成了立案程序。通过对立案材料的审查和派员实地调查,教育部对各校办学的情况有了了解,借此机会,矫正了他们在办学中存在的弊病,又以办学不善等理由停闭了上海不少法校。"前岁沪地大学林立,而含有投机性质之私立野鸡大学,反居多数。教部鉴于学生资格之混杂,为甄拔真才计,乃规定私立大学非经呈请教部立案者,该大学学生不能取得与国立大学学生相等之待遇,明言之,即不能参与国家考试,及受免试甄拔合格也。自教部将此令颁布后,野鸡大学之先后勒令停办者,有远东、新民、东亚、春申等四校。"[5]

---

[1]"(一)凡未立案之私立大学、学院及专科学校,应分别限期遵令呈请立案,不遵令如期呈请立案,勒令停办,逐个呈请立案者,经视察后分别准予立案或准予试办,或勒令停办或限期结束,或立予关闭;(二)已立案之私立大学、学院及专科学校,应由教育部随时派员视察,如内容不合规定标准或亏空过巨时,教育部应酌量情形限期改善或筹备,违者予以警告或封闭,几经教育部指导后不加改善者予以警告,情形重大或受警告后经过若干时仍未改善者,封闭;(三)新创办之私立大学、学院及专科学校,应依照大学及专科学校法规办理,并按照私立学校规程,先行呈请设立之,违者立予封闭。"《私立大学专科学校奖励取缔办法》,载《中华教育界》1930年第9期。
[2]《教部拟定私立大学立案标准》,载《中央日报》1930年7月5日,第4版。
[3]《令各省教育厅各市教育局,为明定各地各级私立学校立案期限通饬遵照办理具报由》,载《教育部公报》1930年第28期。
[4]《令各省教育厅各市教育局,为私立各学校分别已未立案等办法仰遵令照办于文到七日内具报备核由》,载《教育部公报》1931年第31期。
[5]漫游:《法学生一片呼冤声》,载《福尔摩斯》1931年10月11日,第1版。

一、呈请立案还是面临取缔

（一）立案的煎熬

随着南京政府对私立大学各项有针对性的法规陆续颁布，例如，规定凡未立案之私立大学或专门学校，其肄业生及毕业生不得与已立案之私立大学及专门学校学生受同等待遇。[1]为了能继续招生并保障毕业生资格，以免其毕业文凭沦为废纸，上海众多法校纷纷着手立案工作，以求获准立案继续办学。

首先，各法学院校纷纷按《大学组织法》的规定更改了校名，将不符合条件的大学改称学院，内设学院改为科系："大学分文、理、法、教育、农、工、商、医各院；凡具备三学院以上者，始得称大学，不合上项条件者为独立学院，得分两科。"[2]例如，上海法科大学、上海法政大学、持志大学都更名为学院，中国公学因历史悠久而被特许无须更名，"查该校校名，照章本系未符，惟因该校由悠久之历史，为顾全该校历史起见，不妨仍准用原名，无须令饬改正。"仅将附设的文理学院改称为文理科，社会科学院改称为法商科，预科改称为中国公学附属高级中学，并且还享有与独立学院相同的待遇，"准予立案，与独立学院受同等待遇，该校文理学院应改称文理科，社会科学院改为法商科"。[3]

其次，各校还在办学硬件上努力满足1927年《私立大学及专门学校立案条例》[4]的规定，教育部派员审查沪上法校的立案资格，基本也以该《条例》为根据。[5] 如

---

[1]《私立大学及专门学校立案条例》，载《大学院公报》1928年第1期。

[2]《大学组织法》，载《教育部公报》1929年第8期。

[3] 上海市档案馆藏：Q235-1-637，《上海市教育局关于私立中国公学立案问题（一）》。

[4] "凡私立大学及专门学校必须试办三年以上并具有左列各项资格方得呈请：甲，经费，一、确定之资产或资金，其租息足以维持学校之常年经费；二、或于确定资产资金外，并有其他确实收入足以维持学校之常年经费者；三、或虽无确定之资产资金而另有其他确实收入，足以维持其学校之常年经费者。乙，设备，有自置之相当校地、校舍、运动场、图书馆、实验室各项者。丙，教职员，教职员能合格胜任，专任教员占全数三分之一以上者，校长为中国人充任者。"《私立大学及专门学校立案条例》，载《大学院公报》1928年第1期。

[5] 也有少数法校因申请立案程序不符，而被驳斥，如上海法科大学："此案之呈请手续及呈报内容，皆未依据本会所公布规程办理，兹列举其不合之点如下：（一）私立学校之董会设立规程规定凡私立学校以校董会为期设立者，故私立学校必须有校董会，而校董会又必须依照规程呈请立案，现查此案只呈请将学校立案，并未呈请将校董会立案，此不合者一；（二）学校立案规程规定凡私立学校呈请立案，须用校董会名义，现查该大学呈请立案系用董事长某某校长某某副校长某某名义，此不合者二；（三）又学校立案规程规定凡大学除国立外，须呈由教育厅转呈本会立案，转呈时由厅详细调查开具意见，以备审核，现查该大学呈请立案，不呈由江苏教育厅转呈本会，而迳呈国民政府，此不合者三；（四）学校呈请立案时，应呈报多项，曾经学校立案规程详细规定，现查该大学 （转下页）

1930年新民大学就因办学情况不甚理想，而被勒令停办，"旧校舍一周，仅洋房一座，教室四间，前后空地两方，权作运动场，房屋狭小，设备简陋。……此处办一小学，尚嫌不足，今日竟办大学，实属可笑。"[1]尽管新民大学一再呈请复查，但最终教育部仍是以设备不合格为由拒绝，"惟该校于基金、校舍、设备、教学等等，未能适合大学组织法、大学规程及私立大学规程。"[2]之后，新民大学校改办独立学院（即江南学院），为求立案，通过兴建校舍和学生宿舍，才达到了教育部的要求，"该校舍校地尚称合用，若有人肯负责办理，将来尚当能发达也。"[3]此外，上海法科大学也遇到了类似情况，筹措基金的同时，在江湾路上新建校舍。[4] 持志大学则购进40余亩的土地，开始破土动工，兴建新校舍。[5]

除土地、校舍外，立案审查还涉及一些其他事项，如教育部在对上海法政学院的调查中发现，该校教室、图书室及宿舍等多处环境不甚理想："课室及图书室之容积，以学生人数比例，殊嫌狭小，宿舍饭室厨房浴室等，亦均不合卫生，此可能范围内，应设法改建。图书室图书太少，教授重要参考书，亦极寥寥，在二年以内，应积极添购，图书费每年至少应在五千元以上。"不久，法政学院便表态已经整改："现敝会正在选购地皮拟添建校舍扩充课室及图书室，至于原有宿舍、厨房、浴室、饭市，因陋就简不甚适用，今后自宜扩充改良，以求适合卫生，图书费一项亦应遵令，自下学年起每年以五十元为添购图书之用。"对于专任教员太少，兼任教员太多的问题，校方表示也在积极聘请中，"专任教员自本年度起早经罗致，人材逐渐增聘，现已增至二十人，今后自当再事减少兼任以符定章，至于教员资格属院现有教员共四十三人，而国外大学毕业者为三十有六，此后自当更加严格聘任以重学业。"[6]

面对严格的立案条件，各校管理层除了焦头烂额的准备手续之外，也是费尽人脉希冀能够顺利立案。例如，中国公学立案材料"因只用董事长签名，被上海市教育

（接上页）并未依照规程逐项呈报"。上海市档案馆藏：Q247 - 1 - 1，《上海法学院法科立案文件》。
〔1〕上海市档案馆藏：Q235 - 1 - 656，《上海市教育局关于私立江南学院立案问题（一）》。
〔2〕《具呈人上海私立新民大学呈一件呈请复查以重教育而昭公允由》，载《教育公报》1930年第9期。
〔3〕上海市档案馆藏：Q235 - 1 - 656，《上海市教育局关于私立江南学院立案问题（一）》。
〔4〕沉鱼：《上海法学院立案问题》，载《福尔摩斯》1930年11月17日，第2版。
〔5〕霞公：《持志大学》，载《社会日报》1931年3月13日，第1版。虎伯：《持志大学进行立案》，载《福尔摩斯》1930年7月8日，第1版。
〔6〕上海市档案馆藏：Q248 - 1 - 2，《上海法政学院立案文件》。

局退回"而耽误多时,着急的胡适于是写信请求蒋梦麟、马夷初尽早派员审查,"现在部令既十分注重立案之学校,立案与否殊与学校进行有关系,不幸敝校立案事被市教育局延误多时,故我们极盼两兄早日派人来查。"〔1〕又如上海法政学院拜托其校友尽早办理立案事宜,"据云法大请立案文中对于应填表格等尚未送来,故无从审查,拟请转告该校之表早日将应填表格等送来,自当尽先办理。"〔2〕

值得注意的是,教育部对立案条件的审查也有浮于形式之嫌,如大夏大学副校长欧元怀,回忆呈请立案情形时,坦承曾耍过一些把戏:

> 使穷困不堪的学校,变成了有大量基金存储在银行。其实这笔基金
> 不过由银行暗中转一笔虚账,银行毫无损失,反而捞了一笔高利贷的息
> 金,而在教育部老爷看来,象煞有介事,以为学校真的符合规定的基金存
> 储。当时学校已在中山北路梵王渡购买基地数十亩,面积狭小,于是另行
> 商借校地邻近的地契一大堆,冒充庞大,虚账声势,借以蒙混过关。〔3〕

当然,结果的确也如其所料,教育部的调查员并未发现这些情况,在呈报教育部后,大夏大学即在 1929 年顺利立案。

最后,对于教会大学而言,立案的条件更多了一些要求,不仅要求校名须冠以"私立",还规定校长必须由中国人担任,这自然是受收回教育权运动的影响。20世纪 20 年代末,全国爆发了收回教育权运动,各地学生举行了声势浩大的游行示威,教会学校的学生纷纷退学响应。北洋政府于 1925 年 11 月 16 日特别颁布了《外人捐资设立学校请求认可办法》,〔4〕之后,南京国民政府制定的《私立学校规

---

〔1〕《民国十八年八月一日胡校长亲笔致蒋部长梦麟马次长夷初介绍杨副校长亮功前往治催立案函》,
　　载王云五,丘汉平,阮毅成等编:《私立中国公学》,南京出版有限公司 1982 年版,第 35—36 页。
〔2〕上海市档案馆藏:Q248-1-2,《上海法政学院立案文件》。
〔3〕欧元怀:《大夏大学校史纪要》,载中国人民政治协商会议上海市委员会文史资料工作委员会编:
　　《上海文史资料选辑(第 59 辑)——解放前上海的学校》,上海人民出版社 1988 年版,第 157 页。
〔4〕"(一)凡外人捐资设立各等学校遵照教育部所颁布之各等学校法令规程办理者,得依照教育部所
　　颁关于请求认可之各项规则,向教育部行政官厅请求认可。(二)学校名称上应冠以私立字样。
　　(三)学校之校长,须为中国人,如校长原系外国人者,必须以中国人充任副校长,即为请求认可时
　　之代表人。(四)学校设有董事会者,中国人应占董事名额之过半数。(五)学校不得以传布宗教为
　　宗旨;(六)学校课程须遵照部定标准,不得以宗教科目列入必修科。"《外人捐资设立学校请求认可
　　办法》,载《江苏教育公报》1925 年第 11 期。

程》基本沿袭了《办法》中的规定,教会大学遂归类私立大学管理。

上海的教会法校中,东吴大学法学院最早对此有所应对的,1927 年 3 月 16 日校董会就议决:"聘任华人吴经熊法学博士为该院院长,又聘盛振为法学博士为教务长"。[1]另一所震旦大学,则迟迟没有动作,终被教育部催促立案,"察核该项预科章程,殊多不合,其本科详情核夺应由该局令催该大学务即依照私立学校规程,分别造具表册,呈请立案,以备实行考核。"[2]而震旦大学的答复是筹备立案已久,并已向上海特别市教育局申请:

> 至敝大学立案一层,本素愿,久欲遵命,敝院长前奉贵局长——五九
> 号训令后,曾请面谒,准时造居,未蒙接见,当于科长前具陈意见,临行之
> 际又再申请,想贵局长亦早有所闻矣。但兹又奉令催促,敝院长对于立案
> 之主张,仍如前次,造贵局所陈一切,敬祈指教,以昭公允,兹又奉令催促,
> 肃此,呈复上海市教育局。[3]

两方说词似乎存在矛盾,而此时又有小报爆料震旦大学之所以不积极立案的缘由:"该校院长对此项通令,视之漠然,以为官样文章,嗣见教部雷厉风行,又见报名学生,寥寥无几,遂手慌脚乱,积极进行立案,派人到京疏通。兹据京友传来消息,该校立案甚难,像该校院长向是天主堂之神甫,查我国大学章程,大学校长必国人,今为外人,与章程抵触。"[4]

这一说法颇觉可信,事实上,教育部对未立案的震旦大学的确采取了区别对待的做法,其举行的毕业考试也不再派员监试,以致毕业文凭不被教育部承认。震旦大学于是请求以对美国教会大学的现行办法予以救济:

> 上海震旦大学历届举行毕业考试时,系由中国政府派员监试,现在中
> 国政府停止此项办法,则该校文凭,中国政府不能承认,影响于该校毕业

---

〔1〕《东吴法科改为东吴法学院》,载《申报》1927 年 3 月 26 日,第 5 版。
〔2〕上海市档案馆藏:Q235 - 1 - 650,《私立震旦大学立案问题(二),1930—1932》。
〔3〕同上书。
〔4〕假石:《震旦大学立案难》,载《福尔摩斯》1931 年 9 月 3 日,第 1 版。

生员,至为钜大。拟请依照在华美人所立各大学现行办法,予以救济,兹有本公使致教育部长一函,请即转送。[1]

教育部在答复中声称在华美国教会大学多已立案,如果震旦大学也申请立案,自然可以享受美国教会大学同等待遇,但因该校未立案,仅在可能范围内予以方便,随函还附上《大学组织法》《大学规程》《私立学校规程》给震旦大学校方:

> 查国内美教会所立各大学,大都遵奉我国现行教育法令,呈经本部批准立案,该震旦大学自可依照上项办法办理,以免歧义。俟该大学照章呈由上海市教育局转呈到部时,本部在可能范围内,当可予以便利,借资鼓励。[2]

除了上述原因外,在一封饶家驹的信中还透露出了教会学校对立案之后的忧虑,即除了担心国民党对学校的控制外,还担忧宗教班级会受到限制。[3]关于这一部分内容,容后详述。最终,震旦大学还是迫于压力呈请立案,并获批准了。

上海各所法校获准教育部立案的过程可谓百转千回,但最后大都成功挤进了新的教育体制,在批准立案后法校也是大肆庆祝获得这一官方认可:

> 立案为学校之切身问题,毕业生之出路,故关系重大,否则社会即不加以承认。上海法学院赖沈教务长之苦心经营,始得将部长临去秋波,加一准字,全校欢呼雷动,本星期筹备一盛大之庆祝立案游艺会,由校方担负一千元,临时如感不敷,再由学生认募。[4]

---

[1]《为上海震旦大学可依照美教会所立各校办法呈请本部立案附送法规三种请查照转致由》,载《教育公报》1931 年 23 期。
[2] 同上书。
[3] 上海市档案馆藏:Q244-1-260,《震旦大学关于私立教会学校立案问题及山东省长告学生书(劝学生安心读书不问政治)》。
[4] 君曼:《最近上海法学院之花絮》,载《福尔摩斯》1930 年 12 月 17 日,第 1 版。

总之，1929年后，获准教育部立案及司法院特许设立的各院校法学院、法律系的数量，如下表所列：

部门　　学校	教育部	司法院
大夏大学	1929 年	1931 年
持志学院	1931 年	1932 年
东吴法律学院	1929 年	1935 年
复旦大学	1931 年	1931 年
震旦大学	1932 年	1933 年
上海法学院	1930 年	1934 年
上海法政学院	1930 年	1931 年
中国公学	1930 年	/

（本表整理自：上海市档案馆藏：Q235－1－626，《上海市教育局关于私立大夏大学立案问题》。大夏大学：《私立大夏大学一览》，大夏大学出版1931年版，第32页。《令上海市教育局为私立持志学院核准立案令仰转知由》，载《教育部公报》1931年第29期。《咨考试院准教育部函为上海私立持志学院法科请特许设立由》，载《司法院公报》1932年第47期。《学校新闻》，载《中华基督教教育季刊》1929年第5卷第3期。《国立复旦大学一览》1947年版，第2页。《咨考试院准教育部函为复旦大学法学院请特许设立由》，载《司法公报》1931年第133期。《关于主管事务之进行事项》，载《教育部二十一年十二月份工作报告》1932年第12月，第9页。《咨考试院准教育部函据私立震旦大学遵令改善法学院课程设备请特许设立由》，载《司法院公报》1933年第90期。《关于主管事务之进行事项》，载《教育部十九年十二月份工作报告》1930年第12月，第10页。《私立法政学校备案》，载《考试院公报》1934年第2期。上海市档案馆藏：Q235－1－647，《私立中国公学立案问题（一）1929—1936》。）

(二) 被取缔的原因

教育部通过立案程序，的确在一定程度上纠正了不少私立法校存在的不良之风，如校舍、招生、兼职教授等问题。与此同时，教育部借助立案审查，取缔了一批认为有问题的法校，如群治大学、华国大学、建设大学等。由1919年后新兴的数十所法律院校，几乎被停办了三分之二，而他们被停办的原因又多有雷同。

1. 办学原因

幸运的法校是相似的，不幸的法校则各有各的不幸，教育部对整顿私立法校的决心可谓非常坚定，"教育部取缔私立学校，异常认真，业经训令京沪两特别市教育局,调查所管区内未经呈准立案之私立学校,其有几所。"〔1〕"除内容充实准予立案者外,其余营业式之大学,莫不严厉取缔,以免贻误青年。"〔2〕教育部一边催促各校抓紧立案,一边又派员分途视察,根据1931年1月回馈的情况,勒令停办的学校有以下这些:

大学:上海东亚大学、华国大学、光明大学、新民大学、建设大学、艺术大学、群治大学,

学院:上海文法学院、南京待旦学院(以上停闭),

专门学校:湖南建国法政专门学校(以上停止招生)。〔3〕

以上通报中被停办的私立学校,除了南京待旦学院和湖南建国法政专门学校,剩下的学校都来自上海。这些上海的私校除了光明大学和艺术大学外,又均设有法律系。而究其停闭取缔原因不外两种,一种是因为办学糟糕,诸多条件不合规程,另一种则是因为政治问题而被勒令停办。

就办学条件不合规程这一原因而言,被拒之门外的法校有建设大学、群治大学、东亚大学、华国大学、远东大学等。建设大学因"校中设备简陋",不仅大学部毫无成绩,即使附设之中小学亦无成效,而且有假借名义招摇撞骗之嫌,所列"各董事及重要职员多有未经本人同意者。"〔4〕故而,于1930年被教育部勒令停办,"奉教育部令,私立建设大学办理不合,中小学亦无成绩,且列名各董事及重要职员,多有未经本人同意者,应即勒令停闭,以杜招摇。业经转令该校遵照,即日停闭,清理经济,发给学生在学证明书,兹函知各报馆停载该校广告。"〔5〕远东大学则因"迹近营业"而被勒令停办。〔6〕东亚大学亦因种种不合而被查封,"经派部

---

〔1〕《取缔私立学校》,载《中央日报》1929年5月18日,第4版。
〔2〕《教育部取缔未立案大学生》,载《中央日报》1930年2月9日,第4版。
〔3〕教育部报告:《民国十九年度高等教育概况》,载《中央党务月刊》1931年第31期。
〔4〕《令上海特别市教育局为停闭上海私立建设大学由》,载《教育部公报》1930年第9期。
〔5〕《私立建设大学勒令停闭》,载《上海特别市教育局教育周报》1930年第43期。
〔6〕《取缔私立各学校已分派员视察并明定办法咨送布告请查照由》,载《教育部公报》1929年第5期。

员复查属实,亟应勒令停闭,免贻误青年,倘复违抗,即行查封。"[1]另外,教育部根据群治大学学生退学宣言所称校方办理不善,前途无望的情况,勒令上海特别市教育局查明,发现"该大学教室七间,设备简单,图书残缺不全,经济支绌,内容既如是腐败,且纠纷时起。"于是,教育部根据呈文,指令群治大学于 1930 年暑假停办。[2]

此外,还有如华国大学,教育部发现该校并未立案,却在报纸上刊登了招生广告。"近又载有光明大学及华国大学招生之广告,教部以此两大学不但未准立案,且从未向该部请求立案,甚至呈报亦无之,殊属有违定章。"[3]经教育部勒令上海特别市教育局查明后,该校即因不合规程被取缔了。"教育部迭据各方报告,以上海光明大学、华国大学、新民大学及文法学院,办理不合规程,及各种种腐败简陋情形,经分别令饬上海特别市教育局查明属实后,现已令饬该局,秉承市政府勒令停闭云。"[4]

事实上,教育部以雷霆之势取缔的这些法校,在社会上早已声誉不佳,"群治与东亚两校之法科,初不过聊备一格而已,成绩之不佳,固无容讳言,其最大原因,即法科教授非纯粹之法学家。若政治家、社会家等,咸权充法科教授,且全班上课,其不重视可知。"[5]只是,取缔背后还有其他更深层次的原因。

2. 政治原因

大体而言,因办学不合规程而被停办,主要还是没有满足《大学组织法》《私立学校规程》等法规所列的诸项硬性条件,例如学校设备简陋,经济存在问题,或者是更改校名并未呈报立案等原因。相比之下,还有一些法校则是因政治问题而被查封。

因政治问题而被查封的法校,除了前文已经提及的大陆大学外,还有上海文法学院和新民大学。上海文法学院设于昆明路,下分文学系、教育学系、政治经济学系、法律学系、中学部补习班、女子职业班,但该校"各部教员多系兼任,薪给无定,

---

〔1〕上海市档案馆藏:Q190-1-14532,《上海律师公会承办 1930 年东亚大学停办案》。
〔2〕《上海群治大学教部指令限期停办》,载《中央日报》1930 年 3 月 28 日,第 4 版。
〔3〕《教育部取缔未立案大学生》,载《中央日报》1930 年 2 月 9 日,第 4 版。
〔4〕《教部积极取缔私大》,载《中央日报》1930 年 2 月 18 日,第 4 版。
〔5〕持平:《上海各大法科谈》,载《福尔摩斯》1930 年 1 月 23 日,第 1 版。

130 摩登法律人:近代上海法学教育研究(1901—1937)

报名学生寥寥",而且上海文法学院的校舍是租赁的,是前私立华中大学旧址,而私立华中大学于1929年因为"办理不合规程,内部人员有被控反动嫌疑者"而被停闭。后经教育局调查,上海文法学院不仅校址是私立华中大学的,教员也是原班人马,根本是私立华中大学的改头换面,于是不久即被取缔:

> 华中大学前于十八年十二月三十日,职局派员调查,办理不合规程,内部人员有被控反动嫌疑者,后该大学即行停闭。现文法学院即于华中大学旧址开设,且职员中又有办理华中大学之人在内,其改换校名,重行开办,已属无疑。似此不合规程,虚名欺世之学院,若不勒令停闭,将使青年受其欺蒙,为害匪浅,理合具文,呈请察核,准予令饬停闭,以免贻误青年。[1]

另一所新民大学,教育部据陆海空军总司令部军法处函称,有名为李尚儒者,控诉新民大学有"反动"嫌疑,遂饬令上海特别市教育局彻查,"上海新民大学教务长李凤亭等,阳借办学,阴谋反动,反诬异己,请予澈究。"[2]之后,新民大学教员胡哲敷在沪宁车站被军警搜出"反动"书籍,不久学校即被停办,"私立新民大学既确有教员胡哲敷在沪宁车站被军警搜出反动书籍,该大学各项设备,行政方面,复无一可观,应即由该局秉承市政府勒令停办。"[3]虽然,教育部的答复确称停办新民大学的原因,不仅仅是该校教员有"反动"嫌疑,还因为其设备及办学等方面不甚理想,但后者似乎并非是主要理由。新民大学校长许世英,副校长叶开鑫在得知学校被停办的消息后,立刻致函教育部请求派员复查并收回成命:

> 呈为呈请复查以重教育而照公允事案,据本月十八日,各报载有沪光明、华国、新民三大学及文法学院,办理不合规定,已有部令饬市勒令教育

〔1〕《为教育局呈请取缔私立上海文法学院已饬勒令停闭并令秉承办理由》,载《教育部公报》1930 年第 9 期。
〔2〕《为令饬教育局勒令私立新民大学停办请查照由》,载《教育公报》1930 年第 9 期。
〔3〕《令上海特别市教育局呈一件为电请勒令停办私立华国光明新民三大学及私立文法学院请核准由》,《教育部公报》1930 年第 9 期。

局立即停办等语。经敝副校长具函,派人赴大部查询,承函复,因教员中有反动分子及设备不完,确有是令,奉读之下,良深惊异。查新民大学开办已三学期,去年秋季已在沪西金司徒庙购地十余亩,业经绘就图样呈沪市工务局核准,不日包工兴筑校舍建筑,基金久已存银行,其余一切设备事事积极进行,并无不合规定之处。至反动份子之说,尤觉出于影响之谈,所指胡哲敷一人,系去秋因嫌疑被逮淞沪警备司令部,经严密审讯至三星期之久,宣布无罪。其人系国文教员,本学期是否延聘,亦尚未定,似更不成问题,惟大部既有是令,亦必有所根据,自非澈底查明,难知真相。窃思国家并无禁止私立大学之法,敝校施设亦无不及其他私立学校之处,况已有三学期之历史,所耗资金甚巨,成绩亦颇可观,就令少有未合,尽可随时指示,遵照改良。遽尔勒令停办,似于教育前途发生影响,而大部行政亦未免予人以疑团,为此呈请派员澈查真相,俯赐收回成命,以维教育而照大公,实所感祷,此呈教育部。[1]

虽然,该校校长陈情真挚,但教育部的回复似乎并不买账,"该校长等兴学育才,用意甚盛。惟该校于基金、校舍、设备、教学等等,未能适合大学组织法、大学规程及私立大学规程,而校中员生份子又不无复杂。本部为整顿私立学校起见,不得不与其他学校,一律予以处置,所望该校长等共明此意,从速办理结束为要。"[2] 教育部虽然仍强调其办学条件不满足法律规定,但却似有所指。新民大学校长在致信中早已确定办学条件满足法律规定,而回函中所称"校中员生份子又不无复杂",似乎成为了取缔的真正原因,故而"不得不与其他学校,一律予以处置"。

接到教育部的回信后,新民大学并未就此作罢,而是将大学改组为新民文法学院,以求能作为新校立案,校方也将这一方案呈请教育部核准:

窃属校开办已经两年,现有学生达二百人,校董已筹得基金,置定金司徒庙旁地皮十余亩,招标开工已经积极进行,二三个月后校舍落成,百

---

〔1〕《具呈人上海私立新民大学呈一件呈请复查以重教育而昭公允由》,载《教育公报》1930年第9期。
〔2〕同上。

端俱可刷新。[1]

可惜的是,这一方案被教育部以"凡经令饬停办或封闭之学校,非经过一学期,不得就原有基础,改易名称或变更组织,重请设立同类学校"为由否决,[2]后者也不得不接受停办的命运。该校法学院院长张耀曾对没有认真督促校务颇为自责的同时,也指责当局不加详查,听信谰言:

> 晚,李凤亭来,因新民大学有被停办之消息,商取办法,余劝其赴宁寻许、叶两校长,向当局抗议。新民大学办法,不得谓好,然自去秋改组以来,整顿已多,且方锐意进行,乃当局采取谰言,前办事人及恶劣学生种种捣乱,不加详查,遽予摧残,可慨之至。余被邀任法学院长,初不肯,继为友情所动,竟允出名。就任后,未能力为督促,进行迟迟,今被令停办,余面子亦不好看。余素主综名核实,卒能言不能行,故有此失。可戒!可戒![3]

前述1930年前后,因不合规程而被停办的大学也多有涉嫌政治问题而被查封的。如建设大学即是一例,其教员汪静之的回忆证实了学校涉共即遭停办的事实:"学校办起一个学期,文学院长黄凌霜(也是留法的)想抢副校长的位置而闹风潮,告发副校长翟俊千,说是教员里有共产党,还说是我介绍夏衍来的,我也是共产党。有一天,有人叫喊来抓夏衍、汪静之了,我把被单撕了做绳,从二楼窗口逃下去,逃回苏州。夏衍秘密地住在外面。市政府把建设大学封闭了(有党员就要封闭)。"[4]此外,还有华南大学也存在同样的问题,军警在校内搜出"反动"刊物,不久就被查封了,"俱属宣传共产之机关,为潜伏沪埠之反动份子,共产余孽之大本

---

[1]《令上海特别市教育局呈一件为呈据私立新民大学呈拟改组为新民文法学院转请核示由》载《教育公报》1930年第13期。
[2]同上。
[3]张耀曾:《求不得斋日记》,载杨琥编:《宪政救国梦:张耀曾先生文存》,北京法律出版社2004年版,第281页。
[4]飞白,方素平编:《没有被忘却的欣慰》,西泠印社2006年版,第204页。

营。特致两临时法院,以该校等有借学宣传共产学说之嫌疑,请即饬捕搜查,免酿祸乱。"[1]时人回忆也证实当时多所学校因为学生涉嫌参与"反动"活动而被停办,"清党之后,当局既不注意于青年运动,青年亦多以思想偏左而被屏,学校中几不复闻热烈之革命呼声。沪上学生较为活动,因之学校被封闭者,时有所闻。过去如大陆大学,华南大学,最近如建设大学,新民大学,统计不下数十所,被封之因,大都为青年学生中有反动嫌疑。"[2]

教育部对私立学校的取缔活动持续时间较长,直至1933年在教育部的《预定行政计划大要》中仍坚持继续取缔私立学校,"凡不达标准程度之私校,在本年度终了时,务期什九可以消灭,其存立者则较前年度有显著之进步。"[3]在这一轮整顿后,上海法学教育的容量大幅缩减,渐次形成了稳定规模的法校群体。

二、"收入囊中"的研究院

法学研究所对于法学学生的深造至关重要,孙晓楼便认为其有三大作用,分别是造就高深专门人才,培植法学师资,激发研究学术之兴趣,并且他呼吁各校着力兴办法律研究院:

> 现在国内许多研究法律学的人,于大学毕业之后,很想于法律方面再作高深的研究,不过因为国内没有完善的法律研究院,便是不完善的也没有,所以不得不远涉重洋,送千万金到外国去进他们的研究院读书。但是所换到的,往往偏于外国国情的理论,不适合于中国社会,假使我们自己国内几个法律学校,能够联合起来创办一支完善的中国法律研究院,附设一个很完备的法学图书馆,采取美国哈佛耶鲁,法国巴黎等法学研究院办理的长处,我想不特可免去几千万金钱的外溢,或者还可比在外国研究院所得到的更切实些。[4]

---

[1]《昨日查封三大学》,载《申报》1929年5月10日,第15版。
[2]谢豹:《论晓庄师范被封事》,载《为中国教育寻觅曙光》上,四川教育出版社1989年版,第442页。
[3]《民国二十二年度教育部预定行政计划大要》,载《教育公报》1933年第31—32期。
[4]参见孙晓楼:《法律教育部》,商务印书馆1935年版,第80—91页。

事实上,早在孙晓楼的呼吁之前,1929 年的《大学组织法》就已经规定了"大学得设研究院",但在此规定出台时,上海的法律院校虽然开设了类似性质的大学以上研究机构,但却仅限于两所教会大学,即东吴大学及震旦大学,分别设有硕士和博士课程。

两所院校中,最早开展研究生教育的是震旦大学院,有学者认为该校 1917 年时便开始授予硕士学位,1920 年开始授予法学博士学位。[1]另据学者考证,1918年时已有学生进入震旦大学"法政博学科"攻读法学博士学位。且震旦大学的法学教育制度仿效法国,由法学士和法学博士两种学位构成二级学位体系,而不是由法学士、法学硕士及法学博士三种学位共同构成的三级学位体系。前三年属于法学本科教育,毕业后可以再攻读两年,进而获得法学博士学位。[2]

因此,从其毕业生目录及章程可见,自 1915 年至 1939 年,震旦大学法学院毕业生有 202 人,其中法学博士 28 人,[3]无一人获得硕士学位。另据 1924、1928 和1933 年的课程章程来看,文学法政学士在完成 3 年课程之后,便可进一步修习 2年的博士课程,并且还要撰写博士论文和旁听庭审,"后二年则学生既经高深学术之陶冶,并对于中国新旧法律,有精密之研究,在此时间内,当以心得拟题,经主任教员核许后,编著中法文对照之博士论文一卷,平时尤当旁听于法会审公堂,以资实习而增经验。"[4]此外,校方还对毕业论文做出了具体要求,比如论文题目须由教授指定,"大学毕业后可留校作专门研究,选择论文题目须得教授之指定,迨著作成集,然后按法国博士考试制度,由五位法学博士组成之考试委员会,就著作范围举行口试,研究时间至少一年半,及格者发给法学博士证书。"[5]不过,震旦大学授予法学博士学位集中于 1920 至 1936 年,1935 年《学位授予法》出台后,震旦大学的法学博士教育即告终止。[6]

---

[1] [美]乔恩·W·亨勃尼:《上海震旦大学(1903—1952)》,郭太风译,载章开沅,马敏主编:《社会转型与教会大学》,湖北教育出版社 1998 年版,第 295 页。

[2] 关于震旦大学法学博士养成体系,王伟教授已有相当详尽扎实的研究。参见王伟:《中国近代博士教育史——以震旦大学法学博士教育为中心》,复旦大学出版社 2015 年版,第 67—78 页。

[3] 上海市图书馆藏:《震旦大学法学院三十一届毕业纪念刊》,震旦大学法学院 1949 年版。

[4] 上海市档案馆藏:Q244-1-17(4),《震旦大学各种简章、概况及一览表共 38 种 65 册(份)内附清单 1 份》。上海市图书馆藏:《震旦大学二十五年小史》,1928 年版。

[5] 上海市档案馆藏:Q244-1-17(4),《震旦大学各种简章、概况及一览表共 38 种 65 册(份)内附清单 1 份》。

[6] 参见王伟:《中国近代博士教育史——以震旦大学法学博士教育为中心》,复旦大学出版社 2015 年版,第 132 页。

另一所东吴大学法科,有学者认为 1926 年设置了硕士班,[1]但在 1926 年《东吴大学法律科章程》中并没有开设硕士班的记录。[2]因东吴大学法科在 1928 年已有第一届硕士毕业,[3]故而,该校硕士班可能在 1926 至 1928 年间开设,有趣的是,在研究生的培养方向上东吴大学法科和震旦大学截然相反,前者致力于硕士养成,只在 1923 年授予罗炳吉荣誉法学博士,1924 年授予董康和王宠惠荣誉法学博士,除此外并未开设博士班课程。[4]

虽然,《大学组织法》规定"大学得设研究院",但教育部对各校颁发的硕博士学位并不认可,也就是说教育部赞同设立研究院,而不承认硕博士学位,这一点在其致函东吴大学法科时表达得尤为明确,"该院研究院有硕士博士等学位规定,在学位法未颁行以前,应将此项规定废除。"[5]因此,东吴大学也只能将硕博士制度废除,"法学院研究院硕士博士制度之规定,业经废除,要否赓续办理,自应斟酌将来情形再为决定。"[6]在其 1934 年的章程中,含蓄的改成了给予证明书或相当学位:"凡有法学学士学位学生肄业,本院研究院期满经考试及格,品行端正,并得教职员之推荐者,得由本校校董会依照本院章程给予证明书或相当学位。"[7]

1934 年教育部颁布的《大学研究院暂行组织规程》,及翌年的《学位授予法》和《学位分级细则》都对大学研究生教育做出了较为明确的规定,完善了硕士博士的学位制度。这些法令颁布后,各校研究院被纳入到了教育部统一管制,不再自由发展。[8]"研究院研究所,暨研究所,所属各部之设置,须经教育部之核准。"[9]上

〔1〕王国平:《东吴大学简史》,苏州大学出版社 2009 年版,第 83 页。孙伟,王国平:《中国最早的法学研究生教育——东吴大学法学研究生教育》,载《苏州大学学报(哲学社会科学版)》2008 年第 3 期。杨大春:《中国英美法学的摇篮——东吴法学院院史研究》,载杨海坤主编:《东吴法学》,黑龙江人民出版社 2004 年版,第 26 页。
〔2〕《东吴大学法律科章程》,1926 年版,第 5—6 页。
〔3〕上海市档案馆藏:Y8-1-204,《1946 年东吴大学校刊》。
〔4〕上海市档案馆藏:Q245-1-19,《中华监理公会年议会五十周年纪念刊》
〔5〕上海市档案馆藏:Q245-1-5,《教育部派员视察指示改进与东吴大学往来文书(1922—1936)》。
〔6〕同上。
〔7〕上海市档案馆藏:Q245-1-489(2),《东吴大学堂"雁来红"刊物、东吴大学法学院一览及同学录》。
〔8〕陈元:《民国时期我国大学研究院所研究》,华中师范大学教育史专业 2012 年博士学位论文,第 40 页。
〔9〕《大学研究院暂行组织规程》,载教育部:《教育法令汇编》第 1 辑,商务印书馆 1936 年版,第 128 页。

海两所原设有硕博士课程的法校，于是开始着手向教育部申请设立研究所，1935
年春东吴大学法学院的校务会议就对此进行过讨论，"本院设立研究所案，议决教
育部已颁布大学研究所及学位条例，本院应向教部启请设立法律研究所。"[1]同
年，东吴大学法科研究所法科学部获得教育部核准设立。[2]

　　比较而言，尽管两校都设置了研究生的入学考试，[3]但震旦大学的封闭性更
加显著，该校 25 名博士全部在震旦大学法学院接受高等教育，没有任何一位来自
中国其他高校。[4]但东吴大学历年研究生中，有 84％是本校毕业生。[5]

　　此外，两校在研究生教育的修习时间上亦有一定区别，随着东吴大学法科研究
所夜校模式被禁，上课时间从每星期一至五，下午六时至八时，[6]改成了白天上
课。[7]震旦大学法学院则在博士课程的修业年限方面一直有所变化，1923 年时
须修业 1 年，1928 年时改为 2 年，[8]1932 年又改回 1 年，[9]1935 年再次改为 2
年，[10]至 1939 年时又要求至少修习一年半以上。[11]在这一点上，东吴大学法科
研究所变化较少，始终以 2 年为限，有特殊情况可延长 1 年。[12]

　　在课程设置方面，两校稍有差别。1924 年时，震旦大学博士班的课程还比较

---

[1] 上海市档案馆藏：Q245-1-4，《东吴大学校务会议及校务会议记录 1930—1937》。
[2] 《牌告教部核准燕京东吴两大学研究所》，载《国立四川大学周刊》1935 年第 3 卷第 40 期。
[3] 东吴大学法科研究生入学考试有："普通科目：国文、英文、政治学、经济学、社会学、第二外国语
　　（德法俄任择一种）；专门科目：刑法、民法、宪法，及其他有关系之重要科目，视其所选之学门由
　　本所所务会议决之。"《私立东吴大学法学院一览》，1936 年版，第 31—32 页。震旦大学法科研究
　　所亦是如此："考试科目分普通及专门两种：甲，普通科目，国文、外国文、经济学；乙，专门科目，宪
　　法、民法、刑法、商事法规、民刑诉讼法。"《私立震旦大学法学院法科研究所章程》，载《震旦杂志》
　　1936 年第 33 期。
[4] 参见王伟：《中国近代博士教育史——以震旦大学法学博士教育为中心》，复旦大学出版社 2015 年
　　版，第 130 页。
[5] 孙伟、王国平：《中国最早的法学研究生教育——东吴大学法学研究生教育》，载《苏州大学学报
　　（哲学社会科学版）》2008 年第 3 期。
[6] 《东吴法律学院添设研究院》，载《中华基督教教育季刊》1931 年第 3 期。
[7] 上海市档案馆藏：Q245-1-11，《东吴大学苏州校本部抄送教育部关于招收新生问题的原呈稿及
　　指示训令》。
[8] 上海市档案馆藏：Q244-1-17(5)，《震旦大学各种简章、概况及一览表共 38 种 65 册（份）内附清
　　单 1 份》。
[9] 上海市档案馆藏：Q235-1-649，《私立震旦大学呈请立案问题》。
[10] 《私立震旦大学法学院法科研究所章程》，载《震旦杂志》1936 年第 33 期。
[11] 上海市档案馆藏：Q244-1-17(3)，《震旦大学各种简章、概况及一览表共 38 种 65 册（份）内附清
　　单 1 份》。
[12] 《私立东吴大学法学院一览》，1936 年版，第 27 页。

笼统,"学生既经高深学识之陶冶,并对于中国新旧法律有精密之研究,再此时间内当依心得,拟题经主任教员核许后编着中法文对照之政法论文一卷,平时尤当旁听于法会审公堂,以资实习而增经验。"[1] 1935年,震旦大学法科研究所设法律学及政治经济学二部,政治经济学部暂不招生,法律学部又分现行法规、比较法、国际法三门,仅现行法规一门对外招生,课程编制为:"民法、刑法、商事法规、破产法、民事诉讼法、刑事诉讼法、罗马法、西洋法制史、法律哲学,前项各课程研究专题目录另订之。"[2] 1932年时,东吴大学法学院研究所分必修主科课程、副科课程及选修课,其中必修主科学程则有英美民法、法国民法、国际公法、国际私法等课。[3]

在教学方式方面,两校均重视比较法教学。如在东吴大学研究生课程中开设了多门外国法,强调要比较研究,"至于课目,本届以各国法系之民法比较为主要课目,其中对于英美民法、法国民法、德国民法、日本民法、苏俄民法及我国民法,尤为注重。"[4] 震旦大学法学院同样开设了比较宪法、比较刑法、比较民法等课程,如比较宪法一课就涉及英法美各国立法与行政间之关系。[5]

此外,两校均在研究生教育中布置了读书笔记及毕业论文,如东吴大学法科研究生要完成阅读书目、论文写作、讨论等:(1)阅读,研究生应于各部主任教授所指定之必读书籍十数种,选读书籍数十种,[6] 于限定时间内各自阅读,并于一定之

〔1〕上海市档案馆藏:Q244-1-17(4),《震旦大学各种简章、概况及一览表共38种65册(份)内附清单1份》。
〔2〕《私立震旦大学法学院法科研究所章程》,载《震旦杂志》1936年第33期。
〔3〕上海市档案馆藏:Q245-1-489(1),《1932年私立东吴大学法律学院一览》。
〔4〕《东吴法律学院添设研究院》,载《中华基督教教育季刊》1931年第3期。
〔5〕王伟:《中国近代博士教育史——以震旦大学法学博士教育为中心》,复旦大学出版社2015年版,第74页。
〔6〕东吴大学法科的硕士阅读书籍报告表列有:"第一类(必读):Stephen's History of the Criminal Law of England. V□ls. Ⅰ Ⅱ Ⅲ;Ludwig's History of Centinental Criminal Law. 第二类:(选读下列任何四种):唐律名例;Elliett's Conflicting Penal Theories in Statutery Criminal Law; Tarde's Penal Philosophy; Zelitch's Soviet Administration of Justice; Penal Code of Italy; Garfale's Criminology; Haynes' Criminology; Sctherlapp's New Criminology; Sutherland's Criminology; Aschaffenbery's Crime and Its Repression; Bonger's Criminality and Economic Conditions; Ferri's Criminal Sociology; Lembrese's Crime, its Causes and Remedies; Michael: Crime, Law and Social Science; Canter's Crime, Criminal and Criminal Justice; Howard 's Criminal Justice in England; Gross' Criminal Investigation; Soliciter: English Justice; Saleilles' Individualization of Punishments. 第三类:(翻译外国刑事法典),注:第二类与第三类得任选一类。"上海市档案馆藏:Q245-1-8,《东吴大学为举行硕士学位考试呈请教育部司法院、核定考试委员及派员监试的来往文书》。

期限内,将阅读之结果报告之;(2)论文,研究生应于二学年内将其关于某一专题研究之结果,作成论文报告;(3)讨论学课,研究生应依规定,参加各种专门问题之讨论,讨论学课之指导由本所聘请校内外专家担任之。[1]震旦大学法学研究所则要求分教室研究和论文写作:

> 本所研究方法如左:甲 教室研究,由各导师拟定研究专题若干条,作为研究资料,依本所规定之上课时间,随班上课,于学期终结时,考察学生成绩,及格者给予学分。研究生对于前项研究专题之全部均应随班听讲,各生更应就第五条,所规定之各项课程中选定与其论文研究关系较多之二种为主要研究课程,此项主要课程,各生互不相同之研究,除听讲外,须遵照导师之指助选阅多种书籍定期作为剳记、评论或报告,并随时接受口试,不及格者不得毕业。研究生无正当理由而不随班上课或于导师指定期内,不将选阅书籍作成剳记者,得扣除其学分。主要课程不及格时,应重修之,但重修以一次为限。乙 论文研究,研究生在两年内应将研究心得作一论文于毕业试验,一月前送呈考试委员会。[2]

两校研究生毕业时均须完成一篇学位论文,并且交由教授群体评议,只不过在细节上略有不同。东吴大学法科研究所规定学位论文须由正教授3人审查,并交教务会议评议,"论文经正教授三人审查后由主任教授交付教务会议评议通过,倘有发回改正者,其已修正之论文由主任教授单独审查,及报告与教务会议与众表决。"[3]震旦大学法科研究所学生的毕业论文如以中文撰写,在答辩完成后,授予"法学研究所毕业证书",若是以法文写成,则由驻华法国公使特派的代表组成的考试委员会考察合格后,授予震旦大学"法学博士"或"经济学博士"证书。[4]

值得一提的是,两校学生的毕业论文中亦都凸显出了比较法的特性。如东吴

---

[1]《私立东吴大学法学院一览》,1936年版,第28页。
[2]《私立震旦大学法学院法科研究所章程》,载《震旦杂志》1936年第33期。
[3] 上海市档案馆藏:Q245-1-4,《东吴大学校务会议及校会议记录1930—1937》。
[4] 上海市档案馆藏:Q244-1-17(3),《震旦大学各种简章、概况及一览表共38种65册(份)内附清单1份》。

大学研究所毕业生陈晓的《刑事责任之比较研究》、贝鸿昌的《中国刑法与意大利刑法之比较》、杨葆澄的《中日刑法总则部分之比较研究》及周荣的《中国刑法与英美刑法总则部分之比较研究》。[1] 相比之下，震旦大学法学博士论文的比较对象较为单一，一般仅局限在中国法律与法国法律之间的比较，这也是其"以法为师"教育模式的结果。[2]

1929 年后，两校在获准立案的同时，研究生教育也开始受到教育部方方面面的严格管制。以东吴大学法学院为例，1936 年时其研究所 6 名教员中，姚启胤[3]、董康[4]均是执业律师，萨贲德，高乐满（Grossman，Dr. A.），[5]高侯恩（Kahn，Dr. R. E.），[6]均是外籍律师。[7] 即使到了 1943 年，东吴大学法学院法科研究所 9 名教员中，兼任的仍有 5 人，1944 年 5 名教员中，兼任的有 4 人。[8] 兼任教员占据如此高的比例，受到了教育部接连的批评，"该校各院均应增聘优良专任教员，法科研究所更须加聘导师。"[9] "该校法科研究所法律学部已另有指令核准，设立该研究所应另行增□经费，并增聘专门人员负指导研究之责。"[10]

按 1934 年颁布的《大学研究院暂行组织规程》规定，[11]未立案之私立大学法科毕业生不能投考研究院或研究所，研究院或研究所招收的新生须向教育部备案，前者断送了未立案之私立大学毕业生想要进一步深造的机会，后者几乎控制

---

〔1〕上海市档案馆藏：Q245－1－8,《东吴大学为举行硕士学位考试呈请教育部司法院、核定考试委员及派员监试的来往文书》。
〔2〕参见王伟：《中国近代博士教育史——以震旦大学法学博士教育为中心》，复旦大学出版社 2015 年版,第 164 页。
〔3〕《刘震姚启胤律师代表杭州吴正隆锡箔庄声明商标登记严禁假冒通告》,载《申报》1933 年 10 月 14 日,第 5 版。
〔4〕《董康律师受任张荣巧贞女士常年法律顾问》,载《申报》1933 年 3 月 33 日,第 5 版。
〔5〕《国民政府公报》第 74 册,台湾成文出版社 1980 年版,部令第 7 页。
〔6〕《国民政府公报》第 90 册,台湾成文出版社 1980 年版,部令第 16 页。
〔7〕《私立东吴大学法学院一览》,1936 年版,第 10 页。
〔8〕上海市档案馆藏：Q245－1－35,《教育部调查东吴大学研究所概况的来往文件》。
〔9〕上海市档案馆藏：Q245－1－5,《教育部派员视察指示改进与东吴大学往来文书(1922—1936)》。
〔10〕上海市档案馆藏：Q245－1－11,《东吴大学苏州校本部抄送教育部关于招收新生问题的原呈稿及指示训令》。
〔11〕"招收研究生时,以国立、省立及立案之私立大学与独立学院毕业生,经公开考试及格者为限,不得限于本校毕业生;在外国大学本科毕业者,亦得应前项考试;研究院各研究所或部,于必要时得停止招收研究生;各大学依本规程所招之研究生,应于取录后一个月内连同资格证件报部审核备案。"《大学研究院暂行组织规程》,载教育部：《教育法令汇编》第 1 辑,商务印书馆 1936 年版,第 128 页。

了入读研究院或研究所学生的成分。东吴大学法学院对研究生的入学资格也要求原毕业学校须是已获教育部认可之学校，"一、国立、省立或已立案之私立大学法学院或独立法学院之法律系毕业，得有法学士学位者；二、在教育部认可之外国大学法律科或系毕业者，具有前项各款资格之一，并经本所公开入学考试及格，始得入所肄业。"〔1〕不过，一些学校在实际执行的过程中可能并不严格，如东吴大学法学院法科研究所在招生时并未完全执行部规，将该生呈报教育部时，后者发现了问题。1944年时谢先春准备考入东吴大学法科研究所，但因本科为专门学校不符合章程规定，学籍不被承认，尽管该生一再解释广西法学教育和战时的特殊情形，但仍无济于事：

> 生民国十二年春季入广西公立法政专门学校，本科肄业，十六年夏毕业，此时广西境尚无大学设立，此校□特别淆义，全采北京及北平两大学法律系课本，每日上课足六小时，较之其他法律科之上课时间有过之而无不及，故名义上为专门学校法律本科，实际上与大学法科相等，此后停办，后一切案卷公物由广西省政府接收，尚可查询，此应请通融准予核定学籍者一。查现时考试资格大抵以旧制四年中学毕业等于今日之高中毕业，则以旧制四年专门学校毕业，自方可等于今日之大学毕业，生当日由旧制四年中学毕业而考入旧制（尚采学年制而实学分制，一般规定四年毕业）四年专门毕业并列甲等第一名，似应与大学毕业同视，此应请通融准予核定学籍者二。查法科研究院所为吾国新创部门，入学资格晚近制定，生早于民国十六年夏在专门学校毕业，入学条件或可酌量审定，似不因晚近制定之资格而受严格之限制，此应请通融准予核定学籍者三。生前此连任一二两审法院推事及检察官，及首席检察官，一十四年经国民政府主席实授官职，直至去秋，敌人侵桂，□务法院所在地之桂林，沦于敌手，乃奉广西省司法及行政长官之命令于敌人封锁线下问道越击遄程来渝，投考本学院研究所，专研英美法及世界比较法律，预为回桂后审判外国人诉讼案

---

〔1〕《私立东吴大学法学院一览》，1936年版，第26—27页。

件之准备,全省所来者只生一人,途中历尽艰危,命几不保,抵渝后专心应考,□蒙取录,以一十四年□发资历及全省法政两界需要人才,当对生期望之殷切,与生不避艰险来学之微忱,于理于情,似可受学籍之核定,此应请通融准予核定学籍者四。[1]

尽管,教育部的最终态度我们已无从考据,但东吴大学法学院研究所的毕业生名单并无谢先春之名,便已说明了结果。[2] 当然,谢先春并非孤例,1939 年入学东吴大学法学院的林拯民,在其毕业时也因学籍问题而被教育部驳回,"林拯民一名系试读生,尚未呈准改为正式生,照章不得参加毕业试验",校方马上向教育部解释林拯民试读生的学籍为误报,"林拯民一名原在上海东吴大学法学院肄业,初因太平洋事复发,未能如期参加毕业考试,故于本届呈报应届毕业生名册中补列,以符结□。该生上学期误报为试读生一节,除饬经办人员更正外,固敢陈明,仰乞赐予备案,并准该生于第三十三年度第一学期毕业。"但这一解释,马上就被教育部戳穿,教育部发现该生曾被认定为试读生,其中学会考尚未及格,因此入学资格都存在问题,"林拯民一名经部于二十八年以二八七六一号指令核定暂作试读生,应俟中学毕业会考补试及格,再行报部备案在卷,并非该院误报为试读生,该生入学资格尚未经部核准,照章不得参加毕业试验。"[3] 作为事件当事人的林拯民,自然也是非常着急,言辞恳切地向教育部解释:

窃生于三十年冬,日寇侵入上海公共租界时,蒙母校暂准毕业并领有暂准毕业证书,及盛院长谕知,可能中应将所缺一二学科补毕,以便日后补行报部。生即遵照规章将所缺之英美法大纲及英美法制史等科,均于三十一年春至费教务长继任之比较法学院补修完毕,并领得该校□之成绩单,有案可查。生于去岁冬离沪来渝,□经敌兵防线,深恐发生意外,致

<hr>

〔1〕上海市档案馆藏:Q245-1-36,《东吴大学为毕业生审定学籍、报毕业名册与教育部等来往文书》。
〔2〕上海市档案馆藏:Y8-1-204,《1946 年东吴大学校刊》。
〔3〕上海市档案馆藏:Q245-1-36,《东吴大学为毕业生审定学籍、报毕业名册与教育部等来往文书》。

未将上述证件随身携带，目下因交通阻断，邮件迟滞，一时无法寄到，尚幸现在渝复旦任教费青先生及□校陈总务长、刘应吕秘书及同学杨泉德均可证明。并依照教育部规定，现时一般沦陷区移入内地未带证件者，可请现职荐任官二人以上代为保证。兹特附呈军令部高级参谋林自新及军事委员会参议杨延纲证函一件，恳请准予补行呈报教育部并发给三十一年正式毕业文凭，再生在渝工作，公余为求造深，拟入本校法科研究所修读英美继承法及希伯来法二科，拟请照准所请实为德谨呈。[1]

由信的内容可见，林拯民原想本科毕业后，考入研究所深造，但入学时的学籍瑕疵成为了最大障碍，不消说是否有资格进入研究所，即使本科毕业都存在问题。不过，最终教育部还是同意林拯民参加毕业试验，"该生等准予参加毕业试验，林拯民之学历证件，前未据东吴大学报部，其入学资格姑准补行备案，前在上海东吴大学法学院日校部肄业，现在该校续学。"考试合格后，林拯民顺利入读了东吴大学法学院研究所，并于1947年获得法学硕士学位。[2]

除教育部外，司法院同样参与到了管控研究生教育的行列，如东吴大学法学院硕士论文考试即由司法院派员监试："以贵大学法学院法律研究所硕士论文考试，提前定于本月七日下午五时起举行，饬仍派员监试具报等因，奉此，除派学习检察官沈在璣届时前往外，相应函达查照。"[3]

尽管，研究生教育被纳入到教育部等部门的监管，但东吴大学法学院研究所还是取得了不错的成绩，至少获得了政府部门的认可。彼时教育部核准法律部设置研究所的仅有东吴大学一校，校方亦以获此殊荣为傲，"现在国内公私立大学，设有法律科者约二十余校，而核准设置法律部研究所者，只我一校，其信誉可知。"[4]不过，自1928至1951年间，研究所毕业的硕士生却仅31人，学生数量不可谓多。

---

〔1〕上海市档案馆藏：Q245-1-36，《东吴大学为毕业生审定学籍、报毕业名册与教育部等来往文书》。
〔2〕上海市档案馆藏：Y8-1-204，《1946年东吴大学校刊》。
〔3〕上海市档案馆藏：Q245-1-8，《东吴大学为举行硕士学位考试呈请教育部司法院、核定考试委员及派员监试的来往文书》。
〔4〕上海市档案馆藏：Q245-1-19，《中华监理公会年议会五十周年纪念刊》。

且早期校友甚至没有东吴大学有研究所的印象,更曾坦言,东吴大学法学院研究所修习年限略长,赴美读深造 1 年即可拿到博士学位,从经济角度考虑,学生多会以后者为径。[1]

三、无处学法律与函授学校

1929 年《大学组织法》颁布后,有数所学校新设法学院系,虽然有的学校幸运地获准试办,但在国民政府限制文法科的政策下,多数未逃过停办的命运。另一方面,侥幸未被取缔的法律院校,亦被限制招生数量。总体而言,1930 至 1937 年间,上海法学教育的发展陷入了低潮。

(一) 限制法科的继续

1. 法律院校的裁撤与停办

继 1930 年代的整顿后,国民政府并没有停止限制的脚步。鉴于国内大学文科(文、法、商、教育等学院)与实科(理、工、农、医等学院)毕业生比例严重失调,1931 年之际,全国在校文科类学生占 74%,实科类学生仅占 25%。"各类学生中,学法政者占百分之三七·二,文哲占百分之二二·六次之,教育占百分之九·七,工程占百分之九·三,理科占百分之八·九,均又次之,商业占百分之五,医药占百分之四·一,农林占百分之三·二,均为较少。"[2]同年,应国民政府之邀,国联教育考察团来华考察中国教育制度,在其报告中也认为学习法律的人数太多,而学习自然科学的人数太少,建议减少法学、政治学等人文学科学生数量,这一报告的结论深刻影响了南京政府之后的教育立法。[3]"九·一八事变"之后,实业救国思想兴起,南京国民政府进一步加快制定限制文法科的相关政策。[4]

---

[1] 2015 年 5 月 8 日,笔者台北采访。

[2]《教育统计》,载教育部:《第一次中国教育年鉴》丁编,上海开明书店 1934 年版,第 4 页

[3] 参见《国联教育考察团报告书中国教育之改进》,全国经济委员会筹备处 1932 年版,第 164—165 页。

[4] 关于这一时期,南京国民政府重实轻文的政策,学界已有相当多的研究成果出现,如李涛:《民国时期大学单独招生中的失调与整顿》,载《高等教育研究》2014 年第 7 期。张太原:《20 世纪 30 年代的文实之争》,载《近代史研究》2005 年第 6 期。陈德军:《南京政府初期文科与实科比例失衡的社会政治效应》,载《史学月刊》2004 年第 6 期。陈能治:《战前十年中国的大学教育(1927—1937)》,台湾商务印书馆 1990 年版。专门讨论这一法令对法科影响的,笔者目前仅看到刘恒妏的《二次战争前中国法学教育发展的顿挫:1932 年教育改革案》,载《国立中正大学法学集刊》2010 年第 31 期。

1932 年 12 月 9 日,教育部颁布了《改革大学文法等科设置办法》,其中规定:"全国各大学及专门学院之文法等科,可由教育部派员视察,如有办理不善者,限令停止招生或取消立案分年结束。"[1]同年 12 月 21 日,国民党四届三中全会通过了《关于教育之决议案》,该案全面禁止新设文法学院,"各省市及私立大学或学院,应以设立农工商医理各学院为限,不得添设文法学院。"[2]紧接着在 1933 至 1937 年间,教育部开始执行裁汰文法学院、裁汰过劣院校、限制文法类科教经费、限制文法科招生名额、停止文法科公费留学等一系列管控手段来限制文法科的发展。[3]

这一系列的管控,在上海各所文法学院之间引起了恐慌。[4]1932 年《改革高等教育案》直接将矛头指向了私立法校,称其只会制造一般无职业能力之高等流氓:"最奇者,极不需要之私立法学院,及法政专科学校,反如雨后春笋,遍立各处,其内容甚为腐败,徒造就一般无职业能力之高等流氓而已。"[5]对此,上海各所大学联合会提出了强烈的抗议,并公推褚民谊和王伯群向三中全会陈述,由王毓祥和章益赴京接洽,联合会认为:"文法两科亦为训练公民,发扬文化所必须",不能因噎废食,提出《改革高等教育案》的动机纯粹是"欲借改革之名而行摧残之实",尽管上海有些学校良莠不齐,但应以指导改进为主,不可贸然决定停办,"若云内容未臻完善,则指导改进为道甚多,决不以停办方法,谓为尽政府提倡之责。"因此,代表们呈请大会取消该提案。[6]

1933 年开始施行的《各大学及独立学院招生办法》因严格控制文法科招生名额,再次掀起新一轮抗议。上海各大学联合会表示教育部这一规定无法奉行,一方面,沪上各校一年级多不分院或系,因学生修习过程中变数较多(如退学、开除、转系等),实际毕业人数很可能与招生数不同,贸然限制文法科招生数会对第一年不

---

[1] 教育部编:《教育法令汇编第 1 辑》,商务印书馆 1936 年版,第 142 页。
[2]《关于教育之决议案》,载《教育部公报》1932 年第 51—52 期。
[3] 参见刘恒姒:《二次战争前中国法学教育发展的顿挫:1932 年教育改革案》,载《国立中正大学法学集刊》2010 年第 31 期。
[4] 约:《文法学院教授之恐慌》,载《社会日报》1932 年 12 月 29 日,第 1 版。
[5] 中央组织委员会:《改革高等教育案》,载黄季陆主编:《革命文献——抗战前教育概况与检讨》第 55 辑,1971 版。
[6]《二十一年度执行委员会第一次临时会议纪录》,载《上海各大学联合会会刊》1933 年第 1 期。

分系或院的学校造成很大的窒碍。另一方面,学校骤然扩招理科生,容易降低标准,流于办学宽滥,而优秀的文法生因名额限制不能继续深造。在此基础上,联合会提出两点建议,其一为开源,主张在中学时规划学生对理科的兴趣,"示之以贵实贱文,晓之以格物致用,广为观摩以移其耳目,多与实验以习其心手,兴趣既浓,趋向可决"。其二为疏流,建议政府确定经费,兴办实务,广徵人才,以此确保理科学生有所出路,"苟其来也,已有实用科学之相当基础,其去也,能有实用科学之相当工作。"[1]

尽管,上海各校一直坚持联名抗议,但均于事无补,随着一系列法规的实施,各法校的办学都不同程度地受到了影响。新设立的法校如私立江南学院因与"限制文法学院之部令相违背"不予立案,[2]纵然该校还请了竺可桢向教育部长翁文灏[3]说情:

> 咏霓吾兄足下:旌旆南下,弥仰宗风。兹有上海江南学院正向贵部立案,闻已由部务会议通过允准,只待部长签字。因骝先先生忙于交代,致上星期未能批签,而江南学院教育长吴景鸿尚坐待都中,为情甚急。倘属实情,务恳即为批示,至感至感。此颂,时祉,弟竺可桢顿。[4]

但仍被勒令分年结束:

> 私立江南学院及私立广州法学院呈请本部立案前来,当经派员调查,均以办理多有不善,且本部业已通令限制设立文法等科,因是批令各院碍难准予立案,并令饬停止招生,分年结束。[5]

---

〔1〕《二十一年度第九次执行委员会会议纪录》,载《上海各大学联合会会刊》1933 年第 1 期。
〔2〕《江南学院立案不准》,载《申报》1932 年 12 月 14 日,第 6 版。
〔3〕1932 年 10 月,翁文灏被任命为教育部部长,翁屡辞不就,于翌年 4 月免职。
〔4〕中国第二历史档案馆:《函翁咏霓部长》,转引自竺可桢:《竺可桢全集》第 22 卷,上海科技教育出版社 2012 年版,第 513 页。
〔5〕《关于主管事务之进行事事》,载《教育部二十二年二月份工作报告》1933 年 2 月,第 9 页。

即便如此，私立江南学院还是心存侥幸，企图悄无声息地继续招生办学，但最终没有逃过教育部的法眼，再次被后者勒令立即停止招生，"私立江南学院迭经本部饬令结束，不得再行招生在案，兹阅报载该院通知各科学生报到及各专修科招生广告，殊属不合，仰即饬令该院立即停止招生。"[1]

此外，私立文化学院上海第二分院亦是受限于教育部规定，该校拟仿江南学院分年结束而改办商科，改称上海文化商学院，并且言辞恳切地向潘公展说情：

> 敝校自奉部令后迭与吴醒亚同志筹商救济办法，兹以开学期迫，决定仿江南学院先例，法科分年结束，专招上课新生，并改称上海文化商学院，一示区别。由校董会呈请，核转备案，务恳鼎力维持，迅赐示遵，俾使早日登报招生。[2]

但最终还是被教育部勒令停止招生，"查私立文化学院上海第二分院前经本部令饬停止招生，即行结束在案，历是已久，该院迄未遵办，应即由局严行督促，克日结束，毋得再延。"1934 年，教育部还以"分系太繁"为由，下令裁撤复旦大学法学院，将所属政治系并入人文学院，经济系并入商学院，取消法律系和市政系。[3]

不仅新设的私立法学院校被勒令限期停止招生，即使是国立暨南大学法学院也不得不于 1932 年奉令裁撤，[4]尽管全校教授联名抗议也无济于事：

> 韶觉校长钧鉴：敬启者，此次教部乘本校灾后，力图恢复之际，突然提出行政会议，命令裁并教法两院，显系别有用意。窃思本校自有长久之历史，先生受华侨父老之委托，为本校之创办人，复为本校常务校董，苦心策划，二十余年来如一日，决不能因朝三暮四之政局，一二行政者之私见，轻易变更原定计划。同人等为华侨教育计，为大学教育计，业大经会议

〔1〕上海市档案馆藏：Q235－1－656，《上海市教育局关于私立江南学院立案问题（一）》。
〔2〕上海市档案馆藏：Q235－1－655，《上海市教育局关于私立文化学院上海分院立案问题》。
〔3〕复旦大学接此令后，经校务会议和校董会讨论，决定维持文、理、法、商四院，只是准备将法学院的市政系分年结束。参见蒋晓伟：《上海法学教育史》，法律出版社 2008 年版，第 36 页。
〔4〕《本校校史》，载《国立暨南大学校刊》1948 年第 17—18 期。

决，五院教授同为进退，同受甘苦。如有一二教授，因教部非法处置，而被牺牲，则全体教授，必同时离校，更图有力之抵抗。誓言已出，驷马难追，仰瞻高明，必邀洞察，敬祈采纳下情，无任屏营之至，专肃，敬颂道安，国立暨南大学教授会特别委员会，7月29日。[1]

1929年后新增的法校，在限制文法科的政策下，绝大多数被勒令停办，这一系列巨变，当然会对上海法学教育有所影响，法校数量锐减且不再有新的补充，而幸存的法校数量实际上无法满足上海法学教育市场的需求。

2. 招生数量的减缩

幸免被裁撤的法学院校的办学亦多举步维艰，按1933年颁布的《二十二年度各大学及独立学院招生办法》规定：

> 各大学兼办甲类（包括文、法、商、教育、艺术）学院，及乙类（包括理、工、农、医）学院者，如甲类学院所设学系与乙类学院所设学系数目不同，则任何甲类学院各系所招新生及转学生之平均数，不得超过任何乙类学院各系所招新生及转学生之平均数。各独立学院兼办有甲乙两类学科者，其招生办法同。至专办甲类学科之独立学院所招新生之数额，不得超过各该学院二十年度新生数额，即有特殊情形，亦须先经教育部核准，以上各项规定，除专收女生之学院暂不适用外，其余公私立专科以上学校一律照办，否则其新生入学资格不予审定，或作其他纠正之处置。[2]

1934年，教育部更加明确规定专办文法学科的独立学院所招新生之数额不得超过50名，[3]1935年进一步限制为30名：

---

〔1〕《本校教授会致校长公函为教部裁撤本校法教两院事》，载《暨南校刊》1932年第26期。
〔2〕教育部教育年鉴编纂委员会：《第二次中国教育年鉴（二）》，1948年版，第42页。
〔3〕《为规定二十三年度各大学及独立学院招生办法通令遵办由》，载《教育公报》1934年第19—20期。

各大学之设有文、法、商、教育等学院,独立学院之设有文、法、商、教育等学科者依民国二十三年度各校院招生情形之统计,各该学院或学科之每一学系所招新生及转学生之平均数,得为二十名。今后各该院或学科之每一学系或专修科,所招新生及转学生之数额,除具有特优等情形,经部于招考前特许者外,以三十名为限。[1]

　　上海各法校招生名额都被严格限制,如不按这一规定办理,则教育部不承认其新生的入学资格,如东吴大学法学院,就因招生名额超过理科学院招生平均数,新生及转学生的入学资格不被认可:

　　呈件均悉,查该大学本年度招收新生及转学生计文学院三十名,理学院六十名,法学院一百四十二名,研究院四名,法学院学生超过理学院学生至一倍以上,殊与本部去年五月四七一八号训令所规定之第一项办法不符,□有该大学本年度招收之法学院新生及转学未便予以承认,其余文理学院暨研究院新生及转学生当无不合,应准备案,仰即转饬知照,证件发还,册存此令。[2]

　　这一限制,对以学费为主要办学经费的沪上私立法校产生了重大影响,各校的办学陷入了举步维艰之境,私立上海法学院就曾向教育部指出限制招生数使其办学陷入困境,请求酌情增加:

　　按限制招生办法办理,则本院所有法律暨政治、经济二系及商业系专修科一系,新生名额过少。势必减低教学效率,限制前途进展,深以为虑,故拟每系请予特许酌加名额,旦时□多故,各校学生迁地转学,势必较往年增加,每系新生三十名之限制于事实诸感困难,本院是以不得不请求每

---

〔1〕《为规定二十四年度各大学及独立学院招生办法由》,载《教育公报》1935 年第 7 卷第 17—18 期。
〔2〕上海市档案馆藏:Q245－1－13,《东吴大学苏州校本部抄送教育部关于审核新旧学生入学资格的来往文书》。

系酌加名额三十名。现既为蒙允准，而揆诸事实，又属迫不容已，为此拟请准予特许每系酌加十五名，以宏造就而增效率。[1]

尽管言词情真意切，但教育部的答复却是"碍难照准"。1931年后，私立上海法学院的在校人数即呈现出明显的递减趋势，如下图所示。

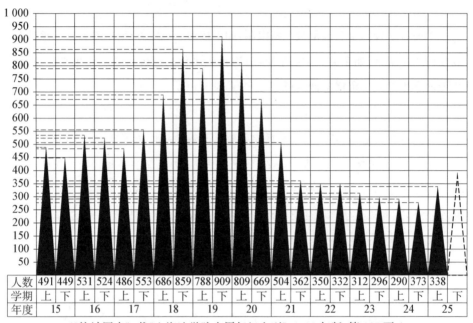

人数	491	449	531	524	486	553	686	859	788	909	809	669	504	362	350	332	312	296	290	373	338	
学期	上	下	上	下	上	下	上	下	上	下	上	下	上	下	上	下	上	下	上	下	上	下
年度	15		16		17		18		19		20		21		22		23		24		25	

（《统计图表》，载《上海法学院十周年纪念刊》，1936年版，第127页。）

1933年，上海法学院和法政学院被教育部勒令禁止招生，其理由是两校办学中存在着诸多不善，[2]但校方却认为教育部是另有目的，"衡山谈此次教部派人查视法学及法政两校，实有恶意。"[3]教育部禁止招生的真正意图可能是为了统一思想，限制招生则是其手段，"当民国二十一年的时候，中央要人，颇有主张取缔文法学院以便实施思想的统一，据说本校停止招生令，就是受这种政策的影

---

〔1〕上海市档案馆藏：Q247-1-52，《上海法学院招生名额问题报告告及教育部批复》。
〔2〕《沪法学院法政学院教部令停招新生》，载《中央日报》1933年7月21日，第3版。
〔3〕张耀曾：《求不得斋日记》，载杨琥编：《宪政救国梦：张耀曾先生文存》，北京法律出版社2004年版，第347页。

响。"〔1〕至1934年时,虽然教育部同意上海法政学院恢复招生,但其招生名额仍旧受到严格的控制,"本年特准继续招生,惟下年度只准秋季招生一次,各系合计不得超过九十名,其中法律系并不得超过四十名。"〔2〕

当然,在法令执行过程中,教育部也会根据各校实际情况适当放宽限制招生的额度,1933年后颁布的招生办法均规定,大学法学院招生数量(包括转学生)不得超过理学院的招生数。〔3〕当时,东吴大学理学院的招生人数连法学院的一半都不到。法学院管理层只能通过罗列其独特的办学优势一再向教育部陈情,希望能特许增加招生数量:

> 窃属校法律学院为培植法学有用人才,所聘教授类多中外知名之士,所订学程亦较一般法律学院为多,按诸以往成绩,尚不负所期望,例如历年来中英中美庚款法律专门学额及法官训练所与高等文官考试,属校毕业生均名列前茅,差堪自慰。近奉钧部第五一七九号训令内开,今后各大学之文法商教育学院或学科之每一学系或专修科所招新生之数额,除具有成绩特优等情形,经部于招考前特许者外,以三十名为限等,因奉此仰见钧部整饬教育之意愿,属校法律学向具有特殊情形有不得不为钧部陈之者,特罗列于后伏乞。垂查马查教会在华设立之大学有十余校之多,其间欲添设法律系者亦不少,但因鉴于属校法律学院之成绩乃约停止设立,归属校独办,其已开设者如燕京大学之法律系,亦为之收来所有,学生多归并入属校,此其一。国外著名大学与属校特约,凡毕业生得径入其研究院者颇多,此其二。属校历年所招之法律学生一部分系国内外大学者毕业,故数额方面不得不□事从宽,免致一班有志研究法学之大学毕业生有向隅之感,此其三。缘此种种,理合具文呈请钧部赐予属校法律学院招生之特许,仍照囊例以理学院为比例,无任迫切待命之至。〔4〕

---

〔1〕《校史》,载《上海法学院十周年纪念刊》,1936年版,第34页。
〔2〕上海市档案馆藏:Q248-1-61,《伪教育部派员视察上海法政学院并指示改进各点》。
〔3〕上海市档案馆藏:Q245-1-10,《教育局转知教育部关于招考新生办法规定的训令》。
〔4〕上海市档案馆藏:Q245-1-11,《东吴大学苏州本部抄送教育部关于招收新生问题的原呈稿及指示训令》。

尽管,东吴大学法学院取得了不错的办学成绩,但教育部并没有同意其按理学院比例招生,而是准许适当增加东吴大学法学院的名额,"该校法学院法律系廿四年度招生名额准予增加至五十名,所请以理学院招生名额为比例一节,碍难照准。"由此可见,教育部酌予增加的额度也是非常有限的。为了能增加招生名额,东吴大学法学院还动用了它的人脉关系,"振为夫子大人函丈,日前在德国饭店蒙宠召,得亲教诲,深以为幸……母校拟扩充招生学额一节,盼有呈文到部,可望邀准",[1]但最后却是收效甚微,法学院的招生人数仍旧被严格限制:

> 呈请准予扩充二十五年度法学院新生额由,呈悉,该校法学院法律系廿五年度,仍准招收新生五十名,此令。
>
> 呈请扩额招生至七十名……令私立东吴大学,廿六年六月十四日呈件,呈请扩充法学院本届招生名额由,呈悉,该校法学院法律学系二十六年度准予招收新生及转学生共六十名,令即知照,此令。[2]

私立法校收取的学费是其运营经费的主要来源,而学生招生数的缩减无疑减少了学校的收入。学校自然可以通过提高学费弥补这一短板,但从之后的办学情况来看,教育部并不允许法校采用这一方式,这也导致了上海的法校长期困于办学经费短缺,进而引起了一系列的教学问题,此是后话。

(二) 法律函授学校的兴起

获得立案的 8 所私立法校加上 1927 年由南京迁入上海的国立暨南大学,构成了 1930 年初上海高等法学教育主要群体。在短短几年间,南京国民政府通过整顿,打破了原有的教育层级,重塑了上海法学教育体系。

1929 年 7 月,教育部鉴于法学和医学"系人民生命财产至为重要,欧美各国通

---

〔1〕上海市档案馆藏:Q245-1-7,《东吴大学苏州校本部抄送关于本校呈报毕业生名单、成绩证书与教育部等往来文书》。
〔2〕上海市档案馆藏:Q245-1-11,《东吴大学苏州本部抄送教育部关于招收新生问题的原呈稿及指示训令》。

例律师及医师之培养年限均甚长,必须卒业于大学",于是决定借鉴欧美法学教育,颁布了第 946 号训令即《法医两种专门学校限期停办》,不仅停办了全国的法律专门学校,还将法学教育限定于大学或独立学院,并且将毕业年限定为 4 年。[1] 1932 年,陈果夫的《改革教育初步方案》进一步限制新增法校的出现:"边远诸省为养成法官及教师,以后仍准设文法等科,内地各大学均不得请求设置"。[2]

1933 年,教育部开始限制文法科招生名额,翌年又勒令停办法校的夜校,[3] 上海法学教育市场受到了很大的影响。对于学生而言,国民政府的整顿不仅裁撤了许多原本招生标准较低的法校,间接将法律知识束之高阁——只有进入大学或独立学院才能接触得到这一专门知识,而这些学校高昂的学费却让寒门学生望而止步。有限的学校和招生额度,无法满足上海的法学教育市场,于是出现了无处学习法律的场景:"鄙人先服务于某机关,因仅中学毕业,对于法律常识颇缺,如入法律学校攻读,又为金钱及时间所不许,不知道沪上有无法律夜校或函授学校,见□□赐予章程一份。"[4]

上海的办学人敏锐地嗅到了这一巨大的机遇,又如民初之季一般,开始创办法律函授学校,以此来满足平民阶层对法律知识的需求。一时间涌现了:上海函授大学(设有法科)、政法公牍研究社、大东书局法律函授学校、上海私立中国法学函授学校、中华法律函授学校、私立中华政法函授学校、私立中华法政商业函授学校等学校。

这些学校的办学宗旨大都以普及法律知识为主,如私立中华法政商业函授学校即"以普及教育为宗旨"[5],中华法律函授学校打出了普及法律知识,发挥三民主义立法精神的口号:"鉴于吾国近年以来法律设施渐臻完备,法治精神正待发扬,

〔1〕《转部令法医两种专门学校限期停办》,载《上海特别市教育局教育周报》1929 年第 12 期。
〔2〕陈果夫:《改革教育初步方案原文》,载《中央周报》1932 年第 212 期。
〔3〕《令国立上海商学院,私立沪江大学,私立东吴大学等:为该校夜班自此次通令文到之日不得再招新生或转学生在校学生由各校自定办法结束并将夜班学生名册存案报部备查如确有需要只应设置补习性质之夜班其学生不得与正式学校学生受同等待遇令仰遵办报核由》,载《教育部公报》1934 年第 5—6 期。
〔4〕《法律函授学校在何处?》,载《社会日报》1936 年 5 月 24 日,第 3 版。
〔5〕上海市档案馆藏:Q235-1-1883,《上海市教育局关于中华法政商业函授学校、永安纺织公司第三厂劳工班、中国世界语函授学校立案》。

为普及人民法律知识,期以发挥三民主义之立法精神起见用。"[1]上海函授大学期望所授能对学员择业有所裨益,"各专修科以灌输专门学识为主旨,故所选之科目务专而精,俾学员毕业后能本其所学,出面应试以增高其地位。"[2]

因为各校均是函授学校,故而缴纳的学费和入学门槛大都不高。例如,政法公牍研究社强调仅收取讲义邮资费,"从前索有章程或接由本社招免费社员通告书者,在期内入社亦照免费,一律优待,仅收讲义邮资费十元。"[3]大东书局法律函授学校和上海函授大学亦宣称学习半年仅须三十元,并且可以分期付款。[4]中华法政商业函授学校不仅强调一年学费只需缴纳三十元,[5]而且它们的入学门槛也较低,私立中华法政商业函授学校规定"凡品行端正,有志来校者,均可报名入学"。[6]上海函授大学更是表示"不限男女老幼省界国界,任职或家居,均得入学"。[7]此外,各校对入学时间和毕业年限都没有强制规定,"随时报名随时授课","不论何时均可入学,毕业年限亦可缩短或延迟"。[8]

值得注意的是,上述有些学校是由法律人组建的,并且配备了不错的教师,如私立中华政法函授学校就宣称"其教授太半由本埠著名大学教授及司法、财政两界闻人兼任",[9]吴经熊、许世英、何世桢都是该校的校董。中国法学函授学校是由丘汉平担任校长,郑竞毅、傅文楷、黄应荣等知名教授都参与其中。[10]

当然,这些学校也存在良莠不齐的现象,如私立中华法政商业函授学校,校长

〔1〕上海市档案馆藏:Q235-1-1929,《上海市教育局关于上海妇女教育馆办妇女识字补习学校、沪西人力车商义务补校、正蒙补习夜校、新生补校、中华法律函授学校、无锡旅沪同乡会业余补校立案》。
〔2〕《上海函授大学招生》,载《申报》1927年1月1日,第7版。
〔3〕《政法公牍研究社招免费社员》,载《申报》1931年10月2日,第1版。
〔4〕《法律函授学校招生》,载《申报》1931年4月18日,第1版。《上海函授大学招生》,载《申报》1927年1月1日,第7版。
〔5〕上海市档案馆藏:Q235-1-1883,《上海市教育局关于中华法政商业函授学校、永安纺织公司第三厂劳工班、中国世界语函授学校立案》。
〔6〕同上。
〔7〕《上海函授大学招生》,载《申报》1927年1月1日,第7版。
〔8〕《私立中华政法函授学校招生》,载《申报》1931年9月10日,第1版。《上海函授大学招生》,载《申报》1927年1月1日,第7版。
〔9〕《中华政法函授学校新讯》,载《申报》1931年6月25日,第16版。
〔10〕上海市档案馆藏:Q235-1-1920,《上海市教育局关于沪光英文商业补校、潜落外国语补习学校、养性妇女补校、上海国送专科夜校、苏氏职业补校、中国法学函授学校立案》。

及教员仅颜鲁卿和颜国卿两人。[1]即使是丘汉平创办的上海私立中国法学函授学校,也曾被学员举报,称缴费之后就不再收到教材。[2]同时,政府也注意到了这类新兴的函授学校,上海特别市教育局要求各校讲义和章程须呈报备核,并对教师和历届毕业生状况有所监督,对办学不良的学校加以取缔:

> 本市市教育局鉴于沪上函授学校,多如过江之鲫,其中主持者,及一般编印讲义,删改课卷之教师,更程度不一,而其学费则大抵甚巨,竟有超过六十元者,殊为不合。故该局对于各函授学校限制极严,一切讲义及章程,以及教师暨历届毕业生之状况均须呈报备核,当经检查后,须加取缔者甚多。其中如专于某机关每次考试新员之时,大登其广告至某函授学校,亦在取缔之列。[3]

此外,教育局还勒令《申报》《时报》《新报》等报,停止刊登已被取缔学校的招生广告,并要求刊登学校必须注明经教育局核准设立或登记字样:

> 查本市由私立设立之补习学校、函授学校及职业传习所等,为数甚多,其能遵照教育法令,切实办理,并呈请本局审查核准设立登记者,固属不少。而不肖之徒仍有假借学校名义登载招生广告,以达其诈骗金钱之目的,呈局控诉者,已有数起。贻害学子,丧心病狂,殊甚痛恨。本局为整饬教育计,除缜密调查,严予取缔不良学校外,应请贵报自即日起,凡各私校送登广告者,概须标明本局核准设立或登记字样,方予刊登(不论封面及分类),否则一律不予收受。[4]

---

[1]上海市档案馆藏:Q235-1-1883,《上海市教育局关于中华法政商业函授学校、永安纺织公司第三厂劳工班、中国世界语函授学校立案》。
[2]上海市档案馆藏:Q235-1-1920,《上海市教育局关于沪光英文商业补校、潜落外国语补习学校、养性妇女补校、上海国送专科夜校、苏氏职业补校、中国法学函授学校立案》。
[3]不勤记者:《函授学校无生活》,载《福尔摩斯》1932年11月25日,第2版。
[4]上海市档案馆藏:Q235-1-618,《上海市教育局函送报馆为禁止登载未立案学校广告》。

但从实际审核而言，似乎监督力度也是有限，如上述丘汉平开设的上海私立中国法学函授学校，直到接到举报函，教育局才发现"该校手续诸多不合"，并"函令其转知校长迅将办理经过及停办情形，呈报本局。"〔1〕

（三）大东书局法律函授学社

虽然函授学校办学品质参差不齐，但其中不乏优秀的学校存在，让平民得以有机会修习法学知识，最为著名的莫过于大东书局法律函授学社。以此学社为例，我们可以看到，沪上私立法校办学人如何游刃于教育部与法规政策之间，在夹缝中求生存的情节。

大东书局法律函授学社（The Dah Tung Book Co. Law Corresponenle School）创建于 1931 年，附设于大东书局编译所，社长由汪翰章担任，教师团队由戴修瓒、钱树声、董康、郭卫、梅鹤章、陈霆锐、吴经熊、石颖、李谟、张志让等一众法律名师组成，就教授阵容而言不输上海其他高等法学院校，该社位于上海北福建路二号大东书局编译所。

其创设缘起于办学人对法律人才不足之忧虑，"国府成立以还，虽公私法律次第颁布，法院组织，渐臻完备，而从事研求法律者，仅限于大学法科，陶冶人才恒虞不足。"〔2〕在教育局派员调查时，社长汪翰章谈到了普及法律知识的意图，"鉴于知识之不民众化，爰约同董康等组织斯社，务祈普遍灌输法律知识于民众间。"〔3〕当然，与其他函授学校宣传手法类似，该校亦强调了文凭的功用："是以新颁司法官律师考试条例，有大学或专科学校法律政治科毕业之同等学历，经检定考试及格，亦得应其考试，乃有筹设法律函授学校之议。"〔4〕因此，该校的办学围绕着"普遍

---

〔1〕 上海市档案馆藏：Q235－1－1920，《上海市教育局关于沪光英文商业补校、潜落外国语补习学校、养性妇女补校、上海国送专科夜校、苏氏职业补校、中国法学函授学校立案》。
〔2〕 大东书局：《大东书局法律函授学社简章》，1931 年版，第 305—329 页。
〔3〕 上海市档案馆藏：Q235－1－1816，《上海市教育局关于大东书局法律函授学校、慕尔堂妇女学校、慕尔堂女子高等专修科、慕尔堂夜校立案》。
〔4〕 1930 年 12 月考试院颁布的《高等考试司法官律师考试条例》第二条第三款规定："有大学或专科学校法律政治学科毕业之同等学历，经检定考试及格者"可以参加该考试，同时《检定考试规程》第三条第二款规定"有大学或专科学校毕业之同等学历者，得应高等检定考试"。许多函授学校也因此以条规中的"同等学历"作为宣传，其学生可以凭毕业资格得以应考。如私立中华政法函授学校即强调其文凭能应检定考试，进而参加高等文法官考试。《私立中华政法函授学校招生》，载《申报》1931 年 9 月 10 日，第 5 版。

灌输法律知识,速成法学专门人才"之宗旨。[1]

践行"普遍灌输法律知识"之理念,在社员教师中得到了共识,社长汪翰章明言法律知识、法律思想与法治之间的重要关联,"竭力以从,深愿唤起全国民众之法律意识,引导全国民众之法律思想,使全国从此入于法治之境。"[2]其他教授如戴修瓒、董康、石颖等人也都认为"普及法律知识"至关重要,而函授教育既合规章又能普及法律知识。如董康强调学习法律不应拘泥学历,坚信学社能裨益社会:"盖立法之意,注重真才实学,不斤斤于寻常学校毕业之资格,而所谓有同等学历,惟曾受法律函授教育者最足当之而无愧,大东设立法律函授学社,予喜其裨益社会而且深有合于古也。"[3]戴修瓒也认为出版法律丛书和创办学社可以"树立新法学的基础,导生人民的法律信仰,以促成法律知识普及的工作。"[4]石颖亦强调:"有识之士,始力求法律民众化,盖法治之精神重在守法,而守法又必以民众能了解法律为条件也。"[5]

达成"速成法学专门人才"之目的,则体现在该校的教学体系。大东书局法律函授学社的修业期限仅1年,其课程依据《现行检定考试规程》及《司法官考试条例》制定,共有24门,几乎涵盖了所有法律。[6]学社还会于毕业时举行一次考试,成绩在70分以上者,发给毕业文凭。学员对于讲义或教本,以及其他法律案例,有疑难时,可用学社专用的质疑纸,邮寄给学社,学社当即解答(已毕业之学员仍享有此权利),但每种科目每人每月仅限2次提问,[7]学社还会将学生们的问答定期刊登出来。[8]

该校还规定了减免学费和奖励的办法。凡女子或学生(须由学校具函证明),以及10人以上同时加入者,学费可以9折计算。学员考试成绩在85分以上者,给

---

[1] 大东书局:《大东书局法律函授学社简章》,1931年版,第321—329页。
[2] 汪翰章:《普及法学之重要》,载《上海大东书局十五周纪念册》,第289页。
[3] 董康:《大东开办法律函授学社感言》,载《大东书局法律函授学社简章》,第313—314页。
[4] 戴修瓒:《法律和信仰》,载《上海大东书局十五周纪念册》,第293页。
[5] 石颖:《法律民众化》,载《上海大东书局十五周纪念册》,第295页。
[6] 党义、政治学、公文程式、法院组织法、刑法总则、刑法分则、民法总则、债编总论、债编各论、民法物权编、民法亲属编、民法继承编、公司法、票据法、海商法、民事诉讼法、刑事诉讼法、国际私法、劳动法、土地法、国民政府组织法、保险法、形势政策、监狱学,选修者可任选上述一种以上习之。参见大东书局:《大东书局法律函授学社简章》,1931年版,第331—333页。
[7] 参见大东书局:《大东书局法律函授学社简章》,1931年版,第331—333页。
[8] 《法律文书函授质疑解答选录》,载《大东月报》1936年新3号。

予奖品;平均分数在 90 分以上者,退还一半学费;在 95 分以上或毕业后考取法官者,均退还全部学费;90 分以上,而考入国立或省立大学或法律系本科者,其常年学费,概由学社负担。这些规定对于家境贫寒的学生吸引力很大,从上述介绍而言,学社的组织和管理看似颇为完善,社会反响也不错,仅 1931 年就招收了 280余人。[1]

但即使规定如此细致,大东书局法律函授学社的办学过程也并不顺利。1931年,上海大东书局股份有限公司经理沈骏声就呈请教育局核准法律函授学社备案:

> 呈为呈请备案事,窃为法律与人生关系至切,吾国国民既未普及识字,而于法律知识尤为浅薄。自国府成立训政实行以还公私法律次第颁布,法院组织渐臻完备,人民之需要法律智识亦因之更切,而从事研求法律者,仅见于各大学法科与专科学院,环顾国中寥寥可数,陶冶人才当虞不足。敝局有鉴于此,爰组法律函授学社广聘海内法学专家担任教授,誓以至识服务社会,以期普遍灌输法律智识,养成法学专门人才。兹已筹备就绪,将于五月一日始业,理合检同简章三份,呈请鉴核,俯准备案,实为公便。至各种讲义,俟印成时当陆续赍呈合并陈明,谨呈上海市教育局局长徐,具呈人上海大东书局股份有限公司经理沈骏声。[2]

与此同时,还有实名举报出现,指出该校未经政府认可,竟然贸然招生:

> 案查阅近日报章有大东书局附设法律函授学社之招生广告,颇为讶异,该社既未经党政机关许可设立,即贸然招生,实属荒谬,而函授法律,更所不许,否则将无以限制,中华政法函授学校理宜取缔,是否有当,敬祈鉴核施行,敬呈局长徐。[3]

---

[1]上海市档案馆藏:Q235-1-1816,《上海市教育局关于大东书局法律函授学校、慕尔堂妇女学校、慕尔堂女子高等专修科、慕尔堂夜校立案》。
[2]同上。
[3]同上。

教育局随即派员调查该社办学情形：

> 奉谕调查大东书局法律函授学社，职遵于本月八日上午前往福州路该书局，晤职员高武之，据称："该社系汪翰章为社长，完全由汪君主持，当即转之到局面述之。"十四日下午四时许，该社社长汪翰章来局面称，"鉴于知识之不民众化，爰约同董康等组织斯社，务祈普遍灌输法律知识于民众间，予办理斯社非常审慎，曾以私人名义函询教育部素识诸友，函授法律曾否明令禁止，据复不干禁例云云"。据此，该校设立宗旨，尚属正当，惟函授法律系属创举，若惟其备案，是类函授学校势必蜂起，如果不予备案，无所根据，究应如何办理之处，伏祈鉴核示遵。[1]

经过调查发现，该校设立宗旨正当，但对于能否立案问题却有一定的争议。因为函授学校的组织及设备，与普通学校有差别，能否立案没有确切的法律依据，教育局也将这一情况反映到了教育部。

> 查私立函授学校，在本市区内，为数甚多，似应饬令分别立案，以便监督。惟该项函授学校立案规则，未经钧部颁行，察其内部组织，及各项设备，又与普通中小学校完全不同，是否适用私立学校立案规则，理合备文，呈请核示祗遵。[2]

不久，教育部在回复中确定函授学校不属于《私立学校规程》规定范围，"查私立函授学校与普通私立中小学不同，自可毋庸依照私立学校规程，令其立案，惟仍应由当地教育行政机关随时注意，加以监督，仰即遵照。"[3]随后，教育局核准了学社备案，但登记一事须等待《监督私立函授学校办法》公布后，方可办理。

---

[1] 上海市档案馆藏：Q235-1-1816，《上海市教育局关于大东书局法律函授学校、慕尔堂妇女学校、慕尔堂女子高等专修科、慕尔堂夜校立案》。
[2]《令上海市教育局呈一件为函授学校办理立案呈请核示祗遵由》，载《教育部公报》1931年第5期。
[3] 同上。

之所以有反对之声，以及"函授学校势必蜂起"的忧虑并非无缘无故。如1929年被勒令停办的私立中华法政商业函授学校，看到大东书局法律函授学校得到了核准，于是也向教育局呈请备案，"查阅本年七月五日新闻报载有上海市教育局核准登记备案上海市私立大东法律函授学校招收学员广告一则，是钧局已核准私立大东法律函授学校登记备案，成例准予属校登记备案以昭公允，而利教育，实为公便。"〔1〕

不过，当1932年大东书局法律函授学社准备向教育局呈请登记时，上海特别市教育局却依据《法医两种专门学校限期停办》，认为法律函授学校与专门学校同类，与法令相抵触，勒令大东法律函授学校停办。后者接到停办命令后，当然不能接受，不仅向教育局辩称其"纯系函授性质，用通讯方法灌输民众法律知识，与过去法律专门学校不同。"故而法律函授学校"不受法律之拘束，□□在地方政府尚无单行监督法规规定以前，祗须呈报而已。"〔2〕为此，上海特别市教育局特地派员赴法律函授学校调查其办学情况：

奉调查大东法律函授学校事，职遵于本月二十八日上午十一时按址前往调查，该校于去年四月间开办，学生共有四百二十人，课目计二十四种，每种均有试题记载与讲义后页，此乃平时测验学生之成绩。至毕业考试题目系临时拟定，修业期定位十二月，惟选科以学程修满成绩及格，而未有十二月者，亦可毕业。讲义每月约计发出十三四册，总计在十二个月中共发出二百余册，学费每人六十元，一切包括在内。惟该校办事方法，不甚完善，如课卷、成绩薄、质疑黏贴薄之类，平日欠于整理，致无系统，活页卡未有，故每日统计学生数量，一时无从计算，总之缺少科学方法。该校办公时间上午九时至下午六时，讲义编撰甚好，兹将调查经过期实具

---

〔1〕 上海市档案馆藏：Q235-1-1883，《上海市教育局关于中华法政商业函授学校、永安纺织公司第三厂劳工班、中国世界语函授学校立案》。
〔2〕 上海市档案馆藏：Q235-1-1816，《上海市教育局关于大东书局法律函授学校、慕尔堂妇女学校、慕尔堂女子高等专修科、慕尔堂夜校立案》。

报,伏乞鉴核！并请派员复查。[1]

　　从报告来看,学校除了管理方面存在一些问题外,其认真办学的情形亦可窥见。另一方面,学校也将这一情况直接汇报给了教育部:

　　　　敝局于二十年四月创办法律函授学社敦聘法学名流编著各科讲义,以通信方法教授学子,办理迄今报名就学着达五百余人,殊足为灌输民众法律知识之一助。惟查十八年七月钧部第九四六号训令限期停办法医两种专门学校,而敝局创办之法律函授学社与法科专门学校性质不同,似与钧部训令毫无抵触,爰将理由缕陈于下:(一)钧部第九四六号训令系法医两种专门学校修业年限过短,直接影响于教育效能,间接且危及人民生命财产。推其用意无非以该两种专门学校学生一经毕业即可充任医师及律师,学力未充,贻害社会,故限期停办,以维公益。而法律函授学社纯系自由讲学性质,学生修业期满,亦无资格可言,仅能籍其学历,应检定考试,检定考试及格后始能应法官及律师考试,非各法律专门学校毕业后,即有法定资格,不经考试可充任律师,是与专门学校性质不同,此其一。(二)十九年十二月二十七日,考试院公布《高等考试司法官律师考试条例》规定,除大学法科之外,凡于大学或专科学校之同等学历经检定考试及格者,亦可应司法官及律师考试,所以鼓励人民自由研究之兴趣,发挥考试制度之精神也,若禁办法律函授学社,是阻止人民自由研究之机会与考试条例之精神不合,此其二。(三)国府成立以还,崇尚法治,然国人知法者鲜,于是少数份子得以曲解法律压迫群众,驯至贪污土劣,有所恃以诈虞,乡曲小民无辜而受害,是有法不如无法,不足以言法治。法律函授学社之使命,即在普及法律知识,提起法治精神,不能不继续办理,此其三。(四)我国近年,民生凋敝,青年学子多困于经济不能负笈寻师,若加

---

[1] 上海市档案馆藏:Q235-1-1816,《上海市教育局关于大东书局法律函授学校、慕尔堂妇女学校、慕尔堂女子高等专修科、慕尔堂夜校立案》。

入法律学社,则仅需少数学费,即足不出户,亦能成就专门人才,正所以谋法学教育机会之均等。综上理由,敝局创办之法律函授学社与部令尚无抵触,自可继续开办,是否应当,仰祈钧部予以解释。[1]

教育部接到呈请后,认为大东书局法律函授学校并非属于《法医两种专门学校限期停办》所规定的应予停办的专门学校,遂交由教育局自行处理:"查法律函授学社,系属自由讲学,并非正式学校,自不在本部十八年第九四六号训令范围之内。应即由该局依照本部二十年第二九六号指令,自行处理可也。"[2]至此,大东书局法律函授学校总算可以名正言顺地招生授课了,只是校名按教育局要求改为:"大东书局附设上海市私立大东法律函授学校"。

大东书局法律函授学校从开设,到申请备案,再被取缔,上书教育部,后又准予开办。办学过程可谓异常艰辛,跌宕起伏。从大东书局法律函授学校这一事例可以看到,私立法学教育机构在法律条规的有限空间下,如何试图兴办学校,让平民有机会接触到法律知识。另一方面,我们也看到了教育行政机关对私立法律学校的严密管制,原法学教育体系因教育部整顿而崩塌,但法学知识的普及并未中断,在公众对法学教育需求旺盛的情形下又自发形成了新的教育形式,函授类法律学校的出现满足了教育市场的呼应,私立教育的活力展现得淋漓尽致。

第三节 剪不断,理还乱的众生

1929年后,一系列中央法令及政策的出台,使得上海法校在数量上呈现锐减之势:一则,通过取缔、停办和裁撤,法校的数量减少了近三分之二;二则,随着限制文法科招生政策的进行,仅剩的几所法校的招生数量亦受到了严格限制。前者,对上海法学教育市场产生了冲击,后者对于以学费为主要收入的私立法校而言,无疑是灾难性的。

---

[1] 上海市档案馆藏:Q235-1-1816,《上海市教育局关于大东书局法律函授学校、慕尔堂妇女学校、慕尔堂女子高等专修科、慕尔堂夜校立案》。
[2] 同上。

政府嗜于控制学校,校方苦于财政支绌,教员疲于生计奔波,学生勇于维护权益,看似没有联系,实则又互为影响,它们构成了这一时期法学教育群体的面貌,在多重因素的影响下,上海法学教育陷入了剪不断,理还乱的局面。

一、伸向校园的手

(一) 政治意识的渗透

1929 年,南京国民政府颁布的《大学规程》第八条,规定全国大学各学院或独立学院各科,党义、国文、军事训练及第一第二外国文为共同必修课目。1930 年颁布的《司法院监督国立大学法律科规程》进一步将法校的课程固定:

> 国立大学法律科应以下列学科为必修课目:一、三民主义,二、宪法,三、民法及商事法,四、刑法,五、民事诉讼法,六、刑事诉讼法,七、法院组织法,八、行政法,九、国际公法,十、国际私法,十一、政治学,十二、经济学,十三、社会学,十四、劳工法。前项课目之授课时间在该法律科授课之总时间内应为三分之二以上。

事实上,中央政府对法学教育课程做出具体规定并非首次。在 1913 年时,教育部就曾对法科课程做过系统规定:

> 法政专门学校预科科目有:一、法学通论,二、经济原论,三、心理学,四、论理学,五、伦理学,六、国文,七、外国语(英、德、法、日本语择一种)。法律科的科目则规定有:一、宪法,二、行政法,三、罗马法,四、刑法,五、民法,六、商法,七、破产法,八、刑事诉讼法,九、民事诉讼法,十、国际公法,十一、国际私法,十二、外国语。[1]

相比之下,北洋时期教育部的规定并不严格,尽管罗列了上述必修科目,但在

---

[1]《教育部公布法政专门学校规程》,载《教育杂志》1913 年第 10 期。

条文后又做了但书:"法政专门学校各科目授业时间,由校长酌量设置,呈报教育总长",加上 1924 年颁布的《国立大学条例》不啻将厘定课程之权交予学校,故而并未形成统一课程之势,各校也各行其道自由发展。[1]

但在南京国民政府教育部的规划中,全国各法校不仅必须设置其要求的课程,而且在"修业年限过半后,应于授课时间以外增加研究时间,每星期不得少于四小时。"研究方法更细化为讨论学理、实习诉讼、法律的辅助科学之研究及检证之研究,并规定由专门老师负责指导,其中讨论学理更须论文发表。[2] 由此可见,南京国民政府对法学教育的重视程度已大大超过北洋时期。

回过头再看南京国民政府于 1929 年颁布的《大学规程》,其中规定了各校必设"党义"一课,这自然是国民党党化教育的结果,而上海各所法校为求能获得准予立案,也都积极配合课程的开展。如私立江南学院在呈请立案时即表态,对党义一课的积极安排:

> 本院于成立之始即添设训育处延聘训育主任一人主持该处事宜,并聘党义教师一人,依照部章每周各科系讲授失业计划各二小时。为增进学生对党的认识,俾系统之研究起见,组织党义研究会,全体学生参加,每两周开会一次,由训育主任指导。此外并实行各别谈话,以考察学生过去生活及思想,与学生对党认识程度。因此,在过去一年的当中,本院学生俱在本党指导下努力奋斗而无趋于反动者。[3]

但对于教会学校而言,接受党义作为必修课程则多了一层困难。在一封震旦大学的书函中,可见教会大学的顾虑:

> 广东岭南大学(原广东基督教大学)注册已有一段时间,学生在课程外有很多基督教活动。我理解,在解释和实际操作这些条例方面有相当

---

[1] 薛铨曾:《我国大学法学课程之演进》,载《中华法学杂志》1944 年第 3 卷第 8 期。
[2]《司法院监督国立大学法律科规程》,载《教育部公报》1930 年第 2 期。
[3] 上海市档案馆藏:Q235－1－657,私立江南学院立案问题(二)。

大的自由。特别是当学校当局或教员也是国民党的成员时更是如此。其中一项规定要求聘用一名三民主义的特殊教师,他将从外部任命。据我所知,这是为了满足学校的要求,学校出钱请人每周来两三个小时,来进行必要的指导,而学校的控制权仍在掌握之中……我们想知道,据报道蒋介石皈依了基督教,这是否会让事情变得容易一些。在政府职位上有相当多自称是基督徒的人,他们应该能够发挥自己的影响力,防止极端分子为所欲为。危险在于党部(Tang Pu),尤其是当地的党部,因为他们往往专制,不讲道理,而且喜欢不计后果地展示自己的权力。[1]

尽管存在这样的忧虑,震旦大学最后还是呈请立案了:

> 震旦大学进行立案,已近半载,经该校董马相伯,三次委人入京请愿,始于本月,得教育部之批准,但提出条件两项,须遵行办理者,一为校长须华人担任,二为课程中须添三民主义一课。震旦原为教会所设,一切仰外人之鼻息,至此亦不能不顺从矣。故于十一号起,正式进行立案手续,校长一职,已改为华人吴某,是则校长问题,已告解决矣。至教授三民主义一课,已约定市党部金某,每星期授课一次,亦已于本星期一开始上课,课本用陶百川编蔡元培订正之《高中党义课本》,而学生对此,亦颇有研究兴趣。说者云,中国教会学校,而教授三民主义,自以震旦为始也。[2]

有趣的是,党义的课程在开课初期似乎在学生中挺受欢迎,并取得了一定的效果。例如,上海法政学院学生不满朱章宝兄弟上课表现,便质疑其弟弟党籍的问题。"最可恶的是他的态度,轻薄得很,手舞足蹈,眉目传神,种种不自重的表示使人见之可卑。至于他的党籍,我们也在怀疑,因为他的理论多少倾重共产方面了,总之,我们法政学院不能够容纳这种卑鄙龌龊,不学无术,走江湖一般似的教

---

〔1〕上海市档案馆藏:Q244-1-260,《震旦大学关于私立教会学校立案问题及山东省长告学生书(劝学生安心读书不问政治)》。
〔2〕兆关:《震旦之立案条件》,载《福尔摩斯》1931年9月23日,第2版。

授。"〔1〕同样,上海法学院1929年第24次董事会即议决:"对诋毁本党之教授及反动学生应严加注意。"〔2〕并且,在党员发展方面,教育部也可谓是不遗余力地安插,不仅保送党员学生进入法校,〔3〕而且支部党员更享有免费学额的优待。〔4〕笔者猜想,这些往学校递送的党员学生担任了观察学校动态的角色。如以1930年中国公学发生的风潮为例,其起因即是大学部学生,也是国民党"忠实同志"的严经照和李雄向党部检举公学共产党份子邓中邦等人。〔5〕

此外,军事训练一课正应时局之所需,深受当局重视,如上海特别市市长吴铁城在与各校校长会谈时就强调:"当今国难临头,国难的教育以军事训练为教育的中心,所以政府对于国民军事训练尤其学生军事训练,特别注重。"〔6〕

教育部也正是借审查"党义"、"军事训练"等课程之名,而行控制之实。再以中国公学大学部为例,国民党上海八区一分部上呈该校的第一劣迹,便是不设党义课程:

我国教育宗旨在实现三民主义,自小学以至大学均应设有党义一科。中国公学业经教育部令准立案,但大学部迄无党义课程之设置,屡经属部党员大会决议,再三请马君武从速添设,乃竟置若罔闻。此应严惩者一。〔7〕

此外,在教育部停办私立持志学院、私立上海法政学院、私立东吴大学法学院

---

〔1〕上海市档案馆藏:Q248-1-149,《伪教育部通令订定请假代课补考办法及上海法政学院报告教员请假办法并订定职员服务规则及更换教授》。
〔2〕上海市档案馆藏:Q247-1-2,《上海法学院校董会记录章程及有关文件(甲),1928—1934》。
〔3〕上海市档案馆藏:Q246-1-57-93,《国民党上海特别市第二区党部执行委员会关于十八分部党员陈章顺保送法学院读书的公函》。
〔4〕在1931年3月28日上海法政学院第八次院务会议议决,党员吴万邦请求援例免费祈公决案,议决:查本月对廿三分部委员前例免费两人,该生又为该部候补委员,不能援例。上海市档案馆藏:Q248-1-22,《上海法政学院1930—1931年院务会议记录》。
〔5〕《国民党上海市党部等关于中国公学学潮及经过及改组校董会的文电》,载中国历史第二档案馆编:《中华民国史档案资料汇编(第5辑)——政治4》,江苏古籍出版社1994年版,第47—68页。
〔6〕上海市档案馆藏:Q248-1-74,《上海法政学院参加校外会议、及出席司法会议函件》。
〔7〕《国民党上海市党部等关于中国公学学潮及经过及改组校董会的文电》,载中国历史第二档案馆编:《中华民国史档案资料汇编(第5辑)——政治4》,江苏古籍出版社1994年版,第50页。

等学校夜班的理由中,有一条便是强调夜间上课无法保障军事训练与训育,"除在室内讲授外,凡军事训练、体育及课外活动作业,均未能实行,学生既各有其职业,不能限制住校,所有训育管理诸端,尤无从严格实施。"[1]私立震旦大学在被教育部指出不照部令安排党义、军事训练课程后,即惶恐地向教育部解释具体原因:"查属校党义一科系民国二十年度增授,当时规定为各学校一二三年级共同必修科,故本年毕业之理工学院及法学院各系□□均经受课三年……军事训练亦系二十年度增设,当时原规定各院学生,连同医学院在内,均应受训三学年。惟自廿二年度起,校聘校官去职,而部派教官迄至廿三年度,始行到校……"[2]私立东吴大学法学院也面对同样的问题,一面呈请"拟实施军训补救办法呈部核夺",一面抓紧操办军事训练,"军事训练一项原由文理学院刘志寰教官担任并确定学分足之,军训各高级生实施救济办法,嗣经军训总监部改派罗昊教官担任,业经□□接替训练矣。"[3]

即使至学生毕业之际,教育部也不忘加以审查,如私立上海法政学院毕业生呈请获得毕业证书时,仅军训、体育等成绩未列足而被发还。"该项入学证件发还,至所送二十三年度上学期毕业生成绩表,军训成绩未列足四学期,体育成绩均未列报,是否漏列? 原表发还,应即查明申复,再凭核办。"[4]此外,对国文一课也有类似的饬令出现:"该校学生于中文课未能认真修习,应严加考核,督令上课时多作笔记,不得敷衍塞责。"[5]

各校除了必须按《司法院监督国立大学法律科规程》所列科目授课外,司法院及教育部对于课程具体的授课内容以及应否开设也事无巨细地一并干预,如教育部对私立上海法学院课程的审查,即是其中一例:

〔1〕《令国立上海商学院,私立沪江大学,私立东吴大学等为该校夜班自此次通令文到之日不得再招新生或转学生在校学生由各校自定办法结束并将夜班学生名册专案报部备查如确有需要只应设置补习性质之夜班不得与正式学校学生受同等待遇仰遵办报核由》,载《教育部公报》1934年第5—6期。
〔2〕上海市档案馆藏:Q244-1-127,《震旦大学抗战前有关学生事与教育部来往文件》。
〔3〕上海市档案馆藏:Q245-1-5,《教育部派员视察指示改进与东吴大学往来文书(1922—1936)》。
〔4〕上海市档案馆藏:Q248-1-62,《伪教育部令知上海法政学院办理不当、应励行改进、并停止招生及本院报告本院办理情况暨改进计划、请收回停止招生成命等函件》。
〔5〕上海市档案馆藏:Q244-1-261,《震旦大学抗战前与教育部局有关申请立案来往文件》。

对于大学法学院法律学系必修科目审查意见：（一）土地法一门，原表列入选修科似有斟酌之余地，际此中央正在推行土地政策，制定土地法之时，本科目对于民生主义之实施，立法上私权之改革及审判上私法之实用，有密切之关系，允宜列入必修课，以符实际。（二）强制执行法及破产法二门于司法方面极关重要，不宜列入选修科，其理由原审查意见二已详加说明，不再赘述，宜将此二门列入必修科，方为允当。（三）法理学及法律伦理学二门或阐明法学之原理或主义法律实务家之道德，虽不能谓□重要，惟源于法学之原理原则，法律各门及法学通论均有讲述，而法律伦理学又无若何高深之学理，凡具有法学根底者，对此二门可以自修，不必经讲授而后明也。原审订表列入必修科似无必要，宜改列选修科（学生固得有选习之机会，且可免必修科目之繁处）。（四）中西历代法律制度及法律思想，均为习法律者所当研求，中国法制史及西洋法制史系讲述中西法律制度之沿革，原审订表一列入必修科，一列如选修科，固属允当，惟历代法学家关于法律思想之学说实为法律制度之渊源，不可竟付阙□，故选修科目表中宜增列法律思想史一门，俾留心此项学科之学生得有学习之机会。[1]

如上所列，审查理由多以符合现实需要为标准，相对实际应用价值较小的法律伦理学，便要求设为自修，"无若何高深之学理，凡具有法学根底者，对此二门可以自修，不必经讲授而后明也。"[2]相反这门课程曾被私立东吴大学法科教务长刘伯穆认为是培养高素质律师不可或缺的科目，[3]但上海法学院只能按其要求改为选修课。

与此同时，中央政府对法校选任教师也进行了不少干预。一方面，强制要求各

---

〔1〕上海市档案馆藏：Q247-1-42-8，《私立上海法学院关于大学法律系课程调整事与教育部的来往函件》。
〔2〕同上。
〔3〕See W. W. Blume, "Legal Education in China", *The China Law Review*, Vol. Ⅰ, No. 7, 1923, pp. 310-311.

校执行《大学组织法》要求的兼任教员"总数不得超过全体教员三分之一"的规定。[1] 如教育部曾连续饬令私立上海法政学院增加专任教授人数:"教员专任太少,兼任太多,在二年以内,应增聘专任教员减少兼任教员以渐合于定章,兼任教员不得过三分之一之规定,且教员资格亦应从严。"[2]"该院主要负责职员,尚有在外兼职兼课情事,殊属不合,专任教员数量,据报虽有增加,但事实上,仍多兼任他校课职,嗣后主要职员,应绝对限制在外兼职或兼课,教员应尽延聘确能专任者充任。"[3]但在实际执行中很多法校很难做到,会采取变相的方法蒙混,如以专任教授聘书聘请实际为兼任的教授。[4]

另一方面,教育部在条规执行中呈现出了保护主义的特征,这一点在教会大学尤为突出,如教育部一再要求震旦大学法学院应多聘中国籍教员授课,"该校法学院之重要课程,应增聘本国籍专任教员讲授","该校重要职员,宜延聘本国学者充任,又中外教员待遇过相悬殊,亦应予以改善。"[5]需要注意的是,教育部并非是干预法校人事任免的唯一部门,还有如全国学术工作咨询处也曾将一些教职员安排给法校,私立上海法政学院便曾有此经历,"查本处登记人员中职员担任教职员为数甚多,兹值学期将终,贵院教职员正待添聘改约之际,自必需才甚亟用,特择其资历优长勘任大学教授陈龙藩二人及职员俞爽迷一人,依其科别志愿开具名单及履历表,备函介绍,请酌予聘任。"[6]

(二) 法校自主权力的弱化

政府权力的渗入,一定程度上削弱了上海法校的自主教育权,其表现当然不仅仅如上所述是一种政治意识的渗透,确切地说,政府的干预实际是对法校行政权的限制。一方面,法校需要面对教育部等代表中央权力部门的不断审查,这种自上而下的审查,的确纠正了沪上私立法校办学中存在的弊病,例如校舍不缮、管理松散、

〔1〕《大学组织法》,载《国民政府公报》1929 年第 227 期。
〔2〕上海市档案馆藏:Q248-1-2,《上海法政学院立案文件》。
〔3〕上海市档案馆藏:Q248-1-61,《伪教育部派员视察上海法政学院并指示改进各点》。
〔4〕张耀曾:《求不得斋日记》,载杨琥编:《宪政救国梦:张耀曾先生文存》,北京法律出版社 2004 年版,第 286 页。
〔5〕上海市档案馆藏:Q244-1-261,《震旦大学抗战前与教育部局有关申请立案来往文件》。
〔6〕上海市档案馆藏:Q248-1-142,《全国学术工作咨询处等向本院介绍教师暨本院为毕业生介绍工作与各方面来往信件,1931—1935》。

兼职教授过多等问题；另一方面这样的审查也同样具有形式化的特质，例如，自1929 至 1936 年间，私立上海法政学院每年都受到教育部的视察，校舍问题一直受到批评："该院现有校舍，既太狭窄，复处于嚣扰环境之中，极不合学校之用，应就新购基地建筑新校舍，并限一年内完成"，"新校舍应积极筹建，限一年内完成"，"该院校舍应由校董会迅速筹建，仍限一年内完成，不得再延"。[1]但对校方而言，却另有苦衷，地处上海自然要面对其独特的教学环境：

> 上海是寸土如金的地方，校舍的扩充，极感困难。内地的学校房舍，所患颓窳破烂，然而有的是空地，要设备一块广大的场地，是不难的。上海校舍方面的困难，却又不同，房屋虽不乏整齐可号的，然而宽敞的草场，殊属罕见。不仅租界里的"弄堂学校"，是只能以马路为游戏运动场，就是素负盛名的市立学校，多半亦是被稠密的市尘所环绕。走进去使你感觉到窒息不通，要想推广，却为环境所不许。[2]

如章益所言，教育部似乎并未考虑到这些特殊因素，同为难兄难弟的私立上海法学院的日子也不好过，两校一度因为办理不善而被勒令停招新生，[3]这样的调查，在沈钧儒眼中颇有"恶意"，"衡山谈此次教部派人查视法学及法政两校，实有恶意"。[4]

此外，法校的教学活动也受到了限制，不仅课程须按照上述《大学组织法》《司法院监督国立大学法律科规程》的规定安排，而且在实际排课中还要面对一些阻碍，如私立震旦大学排课与军事训练产生冲突之际，仍被要求以军事训练为先：

> 贵校公函以排课困难，嘱免除军训术科互助，责由教官单独负责等由。查军训互助办法，各省市早经推行，收效甚大，本会此项办法，亦经呈

---

〔1〕上海市档案馆藏：Q248-1-61，《伪教育部派员视察上海法政学院并指示改进各点》。
〔2〕章益：《上海市教育》，载《上海教育界》1933 年第 6 期。
〔3〕《沪法学院法政学院教部令停招新生》，载《中央日报》1933 年 7 月 21 日，第 3 版。
〔4〕张耀曾：《求不得斋日记》，载杨琥编：《宪政救国梦：张耀曾先生文存》，北京法律出版社 2004 年版，第 347 页。

报训练总监部备案,并奉令严厉实施各在案。所属各节,未便照办,至时间冲突之处,可由教官向该区互助主任变通办理,事关全市军事教育通案,尚祈惠予协助推行。[1]

各校传统的上课形式也受到了纠正,如私立上海法学院、私立上海法政学院、私立东吴法学院、私立震旦大学、私立持志学院等一贯坚持因地制宜的夜校模式被教育部以各种理由叫停:

> 顷据本部视察员报告,各校院开办夜班,均属法商科,上课时间大抵自下午四时半起至十一时止,共上四课或五课,学生大多数为日间有职业之人。查学生日间操业,夜间上课,凡需课外自习之课目,既无相当时间以资温习,而自晨至夜,迄无余暇休息,精力且感不济。在学校方面所定课程,除在室内讲授外,凡军事训练、体育及课外活动作业,均未能实行,学生既各有其职业,不能限制住校,所有训育管理诸端,尤无从严格实施,且此项兼有职业之学生,确为感觉智识缺乏而来求学者,固不乏人,其徒为挂名学籍,以求取文凭资格者,亦属有之。该项夜班既与学校教育之章程多所不合,而流弊更不可胜言。用特通令各该校院,自文到之日起,不得再招夜班新生或转学生,其在校学生,由各校院自定办法,以谋结束,并应将该项夜班学生详细名册专案报备查,不得与本科学生混同呈报。如社会确有于日间工作以外寻求专门智识之需要,只应设置补习性质之夜班,不得多征收学费,每晚上课不得超过三小时,补习期满给予修业证明书,并不得与正式学校之学生受同等待遇,合行令仰遵照办理,并具报备核,此令。[2]

---

[1] 上海市档案馆藏:Q244-1-134,《震旦大学关于抗战前及抗战时期有关军训公函》。
[2] 《令国立上海商学院,私立沪江大学,私立东吴大学等:为该校夜班自此次通令文到之日起不得再招新生或转学生在校学生由各校自定办法结束并将夜班学生名册项目报部备查如确有需要只应设置补习性质之夜班其学生不得与正式学校学生受同等待遇令仰遵办报核由》,载《教育公报》1934年第5—6期。

自主教育权被限制如此,财政权方面也不可能幸免,教育部对沪上法校的"学费"、"宿费"等都做出了明确的限制,例如,私立震旦大学便因收费过高而被勒令减免:

> 贵校学生缴费表,业为转呈,其中"学费"、"宿费"、"试验消耗费"所定数额过高,应酌减,"体育费"应免收,余均为拟办理。[1]

作为以学费为主要收入来源的私立院校,这种干预对学校的发展无疑产生了很大的阻力。自上而下地看,沪上私立法校的权力无疑被中央政府削弱了,而从学校内部运行观察,学校管理层的权力还受到来自另一层面的削弱。

五四运动后,学生运动逐渐涌起,各地大学学潮不断,上海不少法校发生过学生运动。例如,中国公学学生反对于右任,私立上海法政学院学生抗议郑毓秀,南方大学学生驱逐江亢虎等。这些学生运动,起因各异,伴随着学潮的不断出现,学生热衷参与政治活动,同时也对自身权益越来越关心。如上文所述,学生除对不满意的教授可以大胆发声,对其他校务也颇为重视,例如私立上海法政学院学生因不满学校教学气氛,便写信给校方,期望做出改进,其语气不无严厉之意:

> 试问先生等既名为学校主持,视此不景气情形,何以对社会? 何以对学生? 自此以后尚望先生等对于学校谋改良,学生程度积极整顿,幸勿含糊度日,自误误人否□,望速向校董会辞职以让贤能……爱校学生某启。[2]

学生不仅可以列席参加校方的校务会议,还可就教学设施要求学校改进,内容涉及方方面面,如私立大夏大学法学院学生就希望学校开设法学研究室,组建模拟法庭:

---

[1] 上海市档案馆藏:Q244-1-129,《震旦大学关于抗战时期教育部局有关学生学籍、学校财务、毕业生及市立图书馆来往文件》。
[2] 上海市档案馆藏:Q248-1-149,《伪教育部通令订定请假代课补考办法及上海法政学院报告教员请假办法并订定职员服务规则及更换教授》。

呈请学校当局改进法学院案。议决：通过,建议四点呈请学校当局采纳施行：(一)添聘各系教授；(二)添聘法学书籍并特开法学研究室；(三)组织永久假法庭；(四)鼓励同学组织参观团,并予以相当津贴费。[1]

在这种形势之下,校方只能对行政权力做出一定让步,如私立上海法学院即向全校坦言,愿意开校务会议,听取师生意见：

> 窃本校自来仅有开教务会议,而未曾开校务会议。教务会议所讨论者,皆关于教务事宜,至其他校务之进行,均出自校长,教务长,及各职员等,少数人之意见。然此非敢谓为独断,实亦因少数人之意见,时有未周……苟真为促进师生合作及谋校务改进起见,则当召集校务会议,以集中教职员及同学之意见,然后依议决案而行,则校务未有不日趋增进之理。[2]

当然,如上情景一方面的确体现出了学校管理层的民主治校,保护了学生的权益,另一方面说明学校管理权的削弱。故而时人评论彼时教育悉听命于学生："教育界的势力几乎完全掌握在学生手里,如果有各校长不满于学生,学生主张要撤换,校长只好卷铺盖,至于为教员的去留,尤其要听从于学生。"[3]同时,学生内部也同样存在着不和谐的声音,例如私立复旦大学学生会"借着国家许多不幸的事件,寻题开会,因会而起纷争,正面虽然冠冕堂皇,但里面却是刀剑往来,实行党同伐异"。[4] 而校方对学生热衷政治往往也是束手无策,张耀曾就曾慨叹,造成如此局面应归咎于政客,"衡山谈法大学生因组织学生会,分党互讧,教务当局调解为难,于学业本职外生许多无谓之纠纷,消耗精力,此皆政治家之罪也,为之

---

[1]《法学院同学会第三次干事会议纪录》,载《大夏学生》1934 年第 6 期。
[2]《学生意见汇录》,载《月刊》1929 年第 3—4 期。
[3] 神农：《今后教育界情势之变迁》,载《福尔摩斯》1929 年 9 月 26 日,第 1 版。
[4] 宏芬：《我也来谈谈复旦大学》,载《语丝》1928 年第 37 期。

慨然。"[1]

二、迷路的法学生

1929 年后,法校学生越来越多地参与到学校事务中,与学校的发展结合得更加紧密,对受教育权也愈加重视。例如他们对于以后工作有重要作用的科目的授课质量愈加关心:

> 彭棨先生所授之亲属法、诉讼实习两科,开学以来因病缺课,仅各授两小时。见其力疾从公,精神委顿,如此年高多病,恐非短期间即能康复。生等瞬届毕业,对于是项主要科目,若任常此缺课,势必有荒学业,瞻念前途,殊切隐忧。[2]

此外,对不满意的任课教授会选择联名驱除,私立上海法政学院就曾发生过 28 名学生联名驱逐法制史名家杨鸿烈教授的事件,"本级中国外交史教授杨鸿烈学识不足,教导无方,生等同深不满,为特环请教务长即予调换以重学业",当然学生们驱除杨教授并非空穴来风,他们有理有据地罗列了杨鸿烈"学识"上的不足,并对校方解雇杨鸿烈教授的犹豫态度,表示强烈不满:

> 佛定教务长钧鉴,敬启者,本级中国外交史杨先生其学问如何? 生等实不知其详,□求其教授有方,教材丰富,大有贡献扩全级日学生者,唯愿足矣。资格如何? 更不足追问,总之杨先生乃研究历史学者,对古今中外历史,既传载之史迹,亦难无相当之了解与明确之诎识,生□不相信也。然以事实而论,恐名不副实者,大有人在,不说了解古今中外之历史,即狭义之中国历史中最小部分之帝国主义侵略中国史,而杨先生尚属模糊不

---

[1] 张耀曾:《求不得斋日记》,载杨琥编:《宪政救国梦:张耀曾先生文存》,北京法律出版社 2004 年版,276 页。
[2] 上海市档案馆藏:Q248-1-149,《伪教育部通令订定请假代课补考办法及上海法政学院报告教员请假办法并订定职员服务规则及更换教授》。

清,岂可为吾人之导师,负历史家之大名乎?恐天下无此容易事!?所课事实所在,何敢讳言,十目既视,十手所指,岂容凭空杜撰者哉。吾通商乃一八四零——一八四二年压迫战争之结果,不平等条约——南京条约之成立,除割让香港外,后开广州、福州、厦门、宁波、上海五处为商埠,赔款二千一百万两,并在通商口设立外国居留所……。而杨先生则以汉口为五口通商之一,究竟汉口是否为五口通商之一,凡属稍具智识之学子均知其大概耳。由此而论,即知杨先生学问之平庸,可想而知也。至教务长常语大学教授不以教授法之良莠为标准,而以学问之高明为前提,并举欧美各国大学教授以资作证,斯言□非虚语,生之非常相信也,惟□考其事实,恐有差之一毫,失之千里之别矣。考欧美各国大学教授无一不有著作,而中国大学教授有著作者亦不乏人,若以杨先生之讲授中国外交史既无方法,复鲜著作,甚至连抄袭之讲义都无,请问讲义费作何用?岂非作盲人而骑瞎马耶!!教务长素以全体日学之益利,不惜个人遭人尤怨,此乃全体日学所共知,然此次对更换杨先生之事,何所为而犹豫耶?生用十二万之真□,希即日将其更换,另请贤能,以免荒废宝贵之时光,生等咸感荷无,既如果教务长仍无具体办法,则全级日学生当采用不客气之手段,勿谓生之不听命令也。[1]

学生们的愤懑之情跃于纸上,对驱逐杨教授之语气近乎威胁。事实上,表示"采用不客气之手段"驱除不满意的教授并非个案。法政学院学生在驱除另一位老师时,态度更为激烈,"我们法政学院不能够容纳这种卑鄙龌龊,不学无术,走江湖一般似的教授,请您早天设法先赶他走,我们誓当为您后盾,或且让我们来赶他走也无不可,不过我们干起来也许还会酿出别的事来,贻害学校方面也亦可知,若非万不得已我们决不愿意的,还是请您动手罢。"[2]这类现象不仅体现出了学生们的主人翁意识,其实更能反映出他们对自己在学校关系之中的定位,非常清晰,"敝

〔1〕上海市档案馆藏:Q248-1-149,《伪教育部通令订定请假代课补考办法及上海法政学院报告教员请假办法并订定职员服务规则及更换教授》。
〔2〕同上。

级同学年需巨款，勤苦就学，实难默认其欺骗行为。"[1]

另一方面，学生又依赖于学校。民初的上海作为远东第一大商埠，租界林立且法律纠纷不断，恰如上海法政学院院长郑毓秀所言，此时的上海是精明律师的执业天堂："整个上海地区存在着混乱、复杂而互相冲突的审判以及程序，毫无疑问，这里就是精明律师的执业天堂。"[2]相应的，上海执业律师的数量也在不断地上升，从1930年起，以每年100多人的增长人数加入上海律师公会。1932年，上海律师占上海城市人口的比例为1：3100，即大约每3100人中就有1名律师。1933年度，全国7651名律师中，上海一地的律师已占了将近七分之一。[3]

从社会需求的角度出发，尽管在1930年代初，上海受到了世界经济危机的影响，但法律市场却是刑民事案件增加，诉讼纠纷不断，不过随着法科毕业生数量的激增，导致执业律师的人数也越来越多，这也意味着这一群体的平均收入在不断下降。"他如商店的倒闭，工厂的清理，种种方面虽然增多了案件的数字，又似发达了律师的业务，然而，因为律师人数的激增，酬报的分散和低减，影响了律师的收入，而律师的生活，也就难以安定了。"[4]到1930年代中期，上海的律师已到了供大于求"僧多粥少"的局面，律师行业的黄金时代已经过去。[5]但是，"当此律师多过当事人的时代"，多数人对于法科，乃至执业律师仍是趋之若鹜，"以律师一业视若黄金源薮，莫不具有艳羡之念。"[6]视此情形，不少上海的新闻报道都对外界不清楚律师行业内情而竞相投考法科大为苦恼："奈外界不察，以为为律师者无异发财捷径，于是竞起读律……日后律师愈多，则律师之凄惨情形，更将不堪设想。"[7]

新生投考法科时全凭自愿，而毕业之后的就业则多数会仰赖学校，他们常常会恳求学校调用各方人脉解决自己的工作问题。如私立上海法政学校的学生，便明

---

[1] 上海市档案馆藏：Q248-1-149，《伪教育部通令订定请假代课补考办法及上海法政学院报告教员请假办法并订定职员服务规则及更换教授》。

[2] 郑毓秀：《玫瑰与枪：百年前一位中国奇女子冲击传统的革命史》，赖婷婷译，台北网络与书出版社2013年版，第138页。

[3] 参见张丽艳：《通往职业化之路：民国时期上海律师研究》，华东师范大学2003年博士学位论文，第47页。

[4] 曾迭：《上海的律师》，载《人言周刊》1934年第6期。

[5] 参见陈同：《近代社会变迁中的上海律师》，上海辞书出版社2008年版，第277—279页。

[6] 辰龙：《沉寂的大律师》，载《文友》1937年第4期。

[7] 维平：《海上之凄惨律师》，载《福尔摩斯》1931年3月14日，新闻版。

确希望学校能谋划出路,"我公来长斯校,建筑校舍整饬内容不遗余力,固以复兴法政为自认者,对于同学之毕业出路,当有熟谋……钧长系念两级百人之出路,集校董会及各教授之力量关于本届毕业学生之处理加以有计划之指导,分别设法使俱乐业,增我校誉。"[1]即使到抗战时期,在条件极度艰苦的情况下,校方仍然要负介绍工作的职责,如大夏大学校方就曾抱怨:"现有学生千四百人,多数来自战区,不但无力纳费,且须代谋生活,致经济艰窘万状,时有竭蹶之虞。"[2]

因此,上海各所私立法校竭尽全力通过自己的人脉关系,为较为优秀的毕业生介绍安排工作:

> 纶书先生大鉴,顷接华翰,敬悉一是,承蒙关怀,本校非常感激,吾兄近荣任高等法院首席检察官,尤觉欣慰,本校每届有毕业同学,明春当择优介绍五六同学趋前服务,希予提携,毋任感荷,专此布复,顺颂台安,弟褚凤仪。

> 多道学弟惠鉴,来函奉悉,前承黄纶书先生来信,谓皖省将于明春添设法院数处,需用书记官多名,届时吾弟如无适当位置,当函介前往服务,尚希就近逐洽。[3]

不仅如此,不少法校还承担了帮助毕业生领取律师执照的任务,按1929年颁布的《修正甄拔律师律师委员会章程》第一条第七款之规定:"在曾经中央教育行政最高级机关或司法行政认可之公立、私立大学或专门学校修法政学科二年以上毕业,平均分数满七十分以上,取具中央教育行政最高机关或本校校长证明书,证明属实者。"可以免试申领律师执照,[4]这也是国内私立学校法科应届毕业生唯一可以满足的条件。为此,沪上法学院校为满足条件的毕业生尽快申领到律师证书各显神通,私立上海法政学院即希望通过其校友张世杰的关系,帮助毕业生取

〔1〕上海市档案馆藏:Q248-1-178,《上海法政学院员生为校务之改进有关课程的改革及为毕业生介绍职业等批评建议文件》。
〔2〕重庆市档案馆藏:0296001400257000036000,《关于请捐助私立大夏大学基金致康心如的函》。
〔3〕上海市档案馆藏:Q247-1-29,《上海法学院发出文件底稿(第一册)》。
〔4〕《修正甄拔律师委员会章程》,载《司法杂志》1929年第16期。

得律师证书：

> 　　此次尊处转送潘润夫等五同学声请甄拔证费及补赍顾汉黎等四同学
> 毕业证书，查于本月二十九晨始行到齐，经即提付审议，当于最短期间尽
> 速办，奉此□为有所令，自当极力效劳也。
>
> 　　佛师教务长钧鉴，顷奉赐示，敬悉一是，顾汉黎、刘圭、潘家田、潘家本
> 四同学之免试合格证书业于本月十三日由会发出（顾同学等初系本人迳
> 请甄拔会中，故将免试证书等件直接寄发），至潘润夫、吴万生、邵文晃、张
> 润民、杨虎臣五同学及江有仁、徐敦盟二同学之律师资格遂经提前付审，
> 昨已审议合格，刻正在□缮证书中，不日即可邮寄。尊处收□，再最近寄
> 来高锡昌同学等十四人，暨吴桂馨同学等十五人证件均已尽先付审，一俟
> 通过即当办。[1]

此外，教师同学生和学校也存在着微妙关系。如上所述，法校学生常常不满教
授们的教学而采取激进的方法，从中我们可以看到一些教授的上课情形，"读讲义
者有之，无故缺课者有之，上课时专讲废话者有之"，在学生眼中他们是"老朽饭
桶"，学校的教学似乎一无是处，已到了迫切需要改革的境地：

> 　　教务长总务长先生钧鉴，谨呈者，本校立案以来忽又一年而校内一切
> 情形有退无进，言之令人叹息。教授待遇因较高于其他同类大学，而教授
> 讲义简陋，教授法不良，令人作三日呕，除俞、瞿、戴三教授外，余皆老朽饭
> 桶。读讲义者有之，无故缺课者有之，上课时专讲废话者有之。犹可恨
> 者，□□大名之，郑校长终年不到校，学生来校以来，至今未见校长芳迹，
> 校长挂空牌子，教授只抱拿钱主义，讲义为多年前之废物，笔记更属绝无
> 仅有。[2]

---

〔1〕上海市档案馆藏：Q248－1－145，《上海法政学院为毕业生申请代办登录律师手续与伪司法行政
　　部甄拔律师等来往文书》。
〔2〕上海市档案馆藏：Q248－1－149，《伪教育部通令订定请假代课补考办法及上海法政学院报告教
　　员请假办法并订定职员服务规则及更换教授》。

事实上,学生们的批评并非一面之词,教育部在派员巡视中发现,教师在授课中确实存在很多问题:

> 该校教学方面似嫌腐败,是日教员之请假与缺席者竟达四五人,学生之缺席与迟到者亦复不少。有上国文课而代经济学与世界地理讲义者,有上荀子课而读经济原论者,虽是日为星期六,亦不应松懈至此。是日,除刑诉法及英文教员讲解较为明晰外,其余如罗马法、保险法、社会学、荀子学,各教员均觉对于教授方法稍欠注意。罗马法教员列举罗马寺院二法直系亲与旁系亲图表,原系为计算亲等,惟□曾分析二法计算亲等之异点嫌含混。社会学教员授课未及十分钟,而黑板上误写之字发现甚多,保险法教员更正讲义错字,殆踰三十分钟,荀子学教员持书斜立,口音低小,所讲多属平铺直叙,不足以引起学生之兴趣。[1]

这些问题的浮现,反映出教员群体的一种态度,即对于教学十分敷衍。例如,上海私立法政学院的学生,因教授多系兼职,在课下常常没有时间回答课业上的问题,"遇有课业上之疑难问题发生,即时提出询问,殊与授课时间及教室秩序有碍,若于下课后询问,则又因各教授兼有他校课程,未便允留学生作长时间之探讨。长此以往,学生于毕业后,或因此而贻生愚鲁之讥,在所难免。"因此,学校教务处提议设立课外质疑箱,"质疑箱每星期二由教务处收集一次,即将其收集书面分送与受质疑之教授;教授接到质疑书面后应于一星期内即将其问题解答于教务处,再由教务处分送于学生;学生询问疑难问题由共通性者,得由教授于上课时解答之。"

邵力子得知法政学院设置课外质疑箱一事后,还写信来询问具体方法,[2]但这一美善的方案的实施效果并不好:

---

[1] 上海市档案馆藏:Q248-1-61,《伪教育部派员视察上海法政学院并指示改进各点》。
[2] "迳启者,敝校现在拟添置学生质疑箱以便学生用书面提出疑难问题,请求教师解答,闻贵校早有学生质疑箱之创设,特请将此项规则抄录一份,赐寄敝校,俾便参照为荷,此致法政学院教务处,复旦试验中学主任邵力子。"上海市档案馆藏:Q248-1-287,《上海法政学院夜班旁听、补考、课外质疑箱等规则》。

迳启者,顷据学生季始元等函称,课外质疑箱办法用意至善。惟各教授答复学生疑难问题,用书面负责解答者固属□多,而在上课时间随意解答因而旷费全体学生之光阴者,亦复有之。务恳请转函各教授依照教务处规则概用书面答复或在法政周刊通讯栏内一次发表获益良多等语。[1]

原本可以弥补教学问题的课外质疑箱,反倒变成教员占用授课时间专门解答问题,造成"旷费全体学生之光阴"的结果。不久,这一创设在教授会议上被彻底否决了。

三、张耀曾的忧愁

　　法学院校教学问题的频繁浮现,似乎主要责任在于教员。不可否认,上海各所法校兼任教员的比例远远超过专任教员,而教员频繁的兼课必然会对教学产生影响。按《大学组织法》的规定,兼课教员人数不能超过总教员的三分之一,但沪上法校很少能做到这一点,私立上海法政学院的兼课教授有 31 人,而专任的仅 15 人,[2]私立东吴大学法学院 1934 年兼任教员有 12 人,专任仅占其一半。[3] 1929 年前,沪卜法校初兴时,各校也多聘请兼课教授,但在那一时期,一方面学校的规模还处于草创状态,另一方面,很多法校采取的是夜校模式,故而给予了兼课教授缓冲时间。随着南京国民政府逐步加强对上海法校的控制,各校被统一在白天上课,直接增加了兼课教授的负担,放大了其缺点。

　　以张耀曾为例,1928 年,前北洋政府司法总长张耀曾,来沪和沈钧儒等人合开律所,并且担任政府顾问和新民大学法学院院长,同时兼任了上海法学院、上海法政学院、中国公学法律系的教授。但即使是身兼数职,张耀曾却依然饱受经济窘迫之苦,常常借债度日,"初至沪时,一切皆出借贷",[4]以至于登录律师公会的 60 元手续费一时都无法缴纳:

---

〔1〕上海市档案馆藏:Q248-1-287,《上海法政学院夜班旁听、补考、课外质疑箱等规则》。
〔2〕上海市档案馆藏:Q248-1-619,《上海法政学院十九年级毕业纪念册》。
〔3〕上海市档案馆藏:Q245-1-5,《教育部派员视察指示改进与东吴大学来往文书》。
〔4〕张耀曾:《求不得斋日记》,载杨琥编:《宪政救国梦:张耀曾先生文存》,北京法律出版社 2004 年版,第 279 页。

晚，接俞钟骆来信，谓律师登录公文已到，请填入会志愿书。并具入会金六十元，完成手续云云。律师登录，余前接沈芷馨信早知之。因预计款项不足，故未催促，今接此信殊觉为难。[1]

确切的看，以 1930 年为例，张耀曾总计收入约 6380 元，而支出约 10300 余元，实际已是入不敷出。一年的收入中，执业律师所得近 3500 余元，而靠兼职教授和政府津贴仅得 800 元，如果不是龙云及时从云南寄赠了 2000 元给他，想必经济状况更加拮据。[2]

与张耀曾的闪耀履历相比，其兼职教授的薪俸就显得多少有点不堪了。他兼任私立上海法学院 2 小时的民法课程，实际仅有月薪 24 元，在其对月薪表达不满后，法学院提高到 3 小时月薪 40 元，即使是这样，他还觉得勉强，"余心虽未可，而碍于情面，不能再却。"[3]此外，新民大学也给了他每月 50 元薪俸，[4]但是即便如此，张耀曾仍常常要为生计苦恼，"生计劳神，所见无乃不广。"[5]对此，他常将生活的拮据归咎为性格问题，如果自己能够处事圆滑些，以其人脉关系定然不会连过年都"穷于赀"。[6]可惜，其性格并不如此"以余之方正无术，未必能迎合世俗，大行其道。"[7]"人皆狡捷，我独迂拙，此余所以屡当政局，名不高而贫益甚也。"[8]事实上，除性格之外，问题的源头是当时上海法学教师的薪资水平都不高，在多个法学院任职过的周新民就对法校的薪资进行过调查：

国立暨南大学，专任教授每周授课十二小时，月薪不过二百四十元，

---

[1] 张耀曾：《求不得斋日记》，载杨琥编：《宪政救国梦：张耀曾先生文存》，北京法律出版社 2004 年版，第 256 页。

[2] 张耀曾：《求不得斋日记》，载杨琥编：《宪政救国梦：张耀曾先生文存》，北京法律出版社 2004 年版，第 286 页。

[3] 同上。

[4] 上海市档案馆藏：Q235-1-657，《上海市教育局关于私立江南学院立案问题（二）》。

[5] 张耀曾：《求不得斋日记》，载杨琥编：《宪政救国梦：张耀曾先生文存》，北京法律出版社 2004 年版，第 251 页

[6] 同上书，第 290 页。

[7] 同上书，第 249 页。

[8] 同上书，第 282 页。

兼任待遇，以每小时四元做标准。这样待遇，在上海已算优等，其余私立大学，待遇最高的，要算震旦，每小时八元（每人只授课二三小时），其次要算东吴，每小时四元（全校专任教授只有二人，其余每人也只兼授二三小时），再其次，要算是大夏，复旦，持志，法政，上法等校，多则每小时不出三元五角，少则每小时不满二元五角，最低的要算是中国公学，每小时只有二元（从前四元）。上海生活程度很高，每月需三百元左右，绕可维持现状。在这样待遇很低的学校教课，平均每小时以二元五角计算，就是每周非担任三十小时不够敷衍。[1]

从上述统计可见，上海法科教员的薪俸不仅远没有达到教育部规定，[2]而且，由于专任与兼任教员之间的薪水差距并不大，兼任也成为法科教授的多数选择。例如，周新民在 1932 年于上海法政学院任职时，月薪是 176 元，11 月份转为兼职后的工资为 116 元。[3]然而比照国立大学则更加相形见绌了，时任国立暨南大学法学院的主任石颖，月工资是 360 元，每周只有 8 个小时的授课时间，而兼职教员的工资是按照小时计算的，即每小时 18 元。在所有的私立法校中，震旦大学法学院教员的工资与公立大学差别最小，袁家潢是该校兼职教授，月工资是 100 元，顾守熙则任该校的专职教授，月工资是 250 元。而该校外国教员的薪资待遇就比中国同事好很多，巴和述里(J. Barraud)当时是兼职教员，月工资是 300 元，巴和玛守(M. Barraud)则是该校的专职教员，月工资竟达到 700 元。[4]尽管，法科教员的薪俸已属于社会上的高收入群体，但由于他们的日常生活开销很大，仅靠教员的薪俸无法支持其社交生活，恰如张耀曾感叹的："沪居以应酬为最难也"，[5]加上薪资不定、任期不稳所导致的经济压力在相当长的一段时间成为诱发其外出兼课之主因。[6]

---

〔1〕周新民：《法学教育改进的我见》，载《法轨》1935 年第 2 期。
〔2〕一级教授月俸 500 元，二级教授 450 元，三级教授 400 元。《大学教员之待遇应审度经济情形切实办理：附大学教员资格条例及薪俸表》，载《浙江大学教育周刊》1929 年第 66 期。
〔3〕上海市档案馆藏：Q248-1-626，《上海法政学院日记簿》。
〔4〕上海市档案馆藏：Q235-1-651，《上海市教育局关于私立震旦大学立案问题（三）》。
〔5〕张耀曾：《求不得斋日记》，载杨琥编：《宪政救国梦：张耀曾先生文存》，北京法律出版社 2004 年版，第 263 页
〔6〕陈育红：《民国大学教授兼课现象考察》，载《民国档案》2013 年第 1 期。

微薄的薪俸势必迫使教员不断地去兼职，杨兆龙曾言法科教员为了金钱往往每人每周需要承担 30 小时以上的课时："法政学校的教授，专任的少而兼课的多。因为金钱的关系，往往每人每周担任三十小时以上的功课。"[1]汪翰章更戏谑法科教师是"跑街教员"，因为工资低廉，教员只能通过兼职各校维持生活开支，而各校校址又相距甚远，故而教授们只能跑来跑去穿梭市间来回上课。[2] 张耀曾也是他们中的一员，繁重的兼职，有限的精力根本无法保证课堂的教学质量。

1929 年起，张耀曾在私立上海法政大学讲授《民法总则》，[3]讲课进度拖沓的问题时有出现，临近期末仍有许多章节没有讲完，尽管学生们请求每周增加时间，但校方的回复是学程已经上报教育部，不便中途加减，交由学生自行补修：

> 民法总则上学期尚遗一部为"法律行为"期间及期日、时效等三章未授完，学生请每周酌加时间教完。答复：因学程上报教部，中途加删不便，故补领讲义一份，自行补修，有疑义分别向教授求解释。[4]

校方的答复未免敷衍，实际则是在替教员开脱。张耀曾的《民法总则》一课已经在法学院上了 4 年之久，但对每一届学生，张耀曾都只讲解到"法人"这一章结束：

> 法学院本年授课至今日止，只将"法人"一章讲完。余讲《民法总则》，迄今已四周年，每回均未讲完"法人"。今次虽讲至此，然就全篇论，不过一半，最重要之法律行为始终未将讲义编好，才思迟钝可概。又阅杂志，知日本东大各法学者已将中国民、商各法陆续著书刊行，益为惶恐。[5]

---

[1] 杨兆龙：《中国法律教育之弱点及其补救之方略》，载《法学杂志》1934 年第 2 期。
[2] 汪翰章：《上海教员的生活》，载《现代学生》1930 年第 2 期。
[3] 张耀曾：《求不得斋日记》，载杨琥编：《宪政救国梦：张耀曾先生文存》，北京法律出版社 2004 年版，第 273 页。
[4] 上海市档案馆藏：Q248-1-178，《上海法政学院员生为校务之改进有关课程的改革及为毕业生介绍职业等批评建议文件》。
[5] 张耀曾：《求不得斋日记》，载杨琥编：《宪政救国梦：张耀曾先生文存》，北京法律出版社 2004 年版，第 360 页。

这种情况并没有随着时间的推移而得到任何的改变,尽管张耀曾对编辑讲义颇为重视,并且暂停了律师事务,"连日忙于编讲义,事务所亦未每日去,而脱稿无多,诸事均觉来不及照料。""惟自今秋担任民法教科,笔述口讲,用力甚勤,并不觉苦"。[1]但是直到 1935 年,张耀曾仍未将讲义编好,只好感叹自己精力不足,"每年均未讲完,讲义屡欲编完,竟不实现,可知精力志气,俱不足也。"[2]事实上在接受教职之初,张耀曾还对教师工作颇为重视,但渐渐有心无力了:"十一月廿五日,编讲义未出门。近来疲于授课,得暇即须编讲义,以致既无扩张交际之暇,又无纵览群书之乐,生活枯燥,殊觉烦闷。"[3]而《民法总则》的讲义直至他逝世都没有编好,根本原因无非"生计"二字,"终日仆仆尘泥,无非生计细事。"[4]

四、穷光蛋沈钧儒

上海很多私立法校名声并不好,甚至有"学店""野鸡大学"之讥,不过一定程度上将私立大学比作商店,其实并无不妥,私立学校并非公益性组织,以金钱和知识做等价交换并无道德谴责的必要。问题恰恰在于学生与学校间的不等价交换,学生们入学时缴纳高昂的学杂费,享受到的却是不成正比的教学质量。

但是,将教学质量的退化,归咎于教员与学校,可能也并不妥当。1928 年,时任私立上海法科大学教务长的沈钧儒在写给家人的信中多是抱怨手头拮据,连家居桌椅都是借来的,"我现用之桌椅,大半系从榴桂处借来,竟抽不出钱来自买也。"[5]"至于我的窘实在是窘极了,要想买新皮鞋,竟买不成。屋内桌椅至今不连牵。汝云不带东西,到一处买一处。乃是有钱人或在他处已经有了事的人之办法,否则买新家伙谈何容易。"[6]从其写给自己儿子的信中我们可以看出这位法校教务长的穷苦:

---

〔1〕沈钧儒纪念馆编:《沈钧儒家书》,北京群言出版社 2008 年版,第 276 页。
〔2〕同上书,第 400 页
〔3〕同上书,第 277 页。
〔4〕同上书,第 276 页。
〔5〕沈钧儒纪念馆编:《沈钧儒家书》,北京群言出版社 2008 年版,第 154 页。
〔6〕同上。

我自己是窘极了,不要说起了。我顷与母亲说,阿菊说他要哭,实在没有这资格。我们家中第一可哭者,要算十一公公了,真是不了,第二或者应当轮到我,我不怕穷,不怕忙,只怕老,气力不及从前,筋骨转折不及从前,此我之欲哭也。然而我倒是一个顽皮的孩子的脾气,还不肯哭,你说对不对。我日来又须举债,如数目较多,当分一点给你。[1]

因此,沈钧儒也得了诨名"穷光蛋"之称,[2]为了生计考虑他不得不选择兼职律师事务,"我是实在忙极,只要事来便负责去干,不愿有丝毫退怯推辞。为生计关系,则以余力稍经营律师事务。"[3]同时,其任下的上海法学院经济情况也谈不上乐观,1933年上海法学院第35次校董会甚至议决,竟然以搭发校债期票的形式发放教员薪水:

本学期经常费不敷开支,自三月份起,教职员薪金须酌量搭发校债期票,院长教务长各系主任教授按月薪搭发债票三成,职员搭发债票一成,其月薪自三十元以下者,免搭债票。[4]

这样看来,似乎"学店"的管理层并没有获利很多,学校方面也确有苦衷。根据教育部对1929至1930年间大学经费来源的统计,国立大学之经费多由国民政府供给,其数占全部经费来源的92.9%,学费之收入仅占3.4%,其他收入占3.6%;立案私立大学之经费中,学费收入占58%,土地之收入占24.6%,其他收入占17.2%。这一时期,国立大学每位学生平均占有费用为824.7元,其中政府负担者为797.37元;而私立大学为902.34元,政府负担者仅为25.35元。[5]以1931和1932年为例,从上海各主要法律院校的收支差额中,我们可以更加清楚地看到各校的经济情况:

<hr>

〔1〕沈钧儒纪念馆编:《沈钧儒家书》,北京群言出版社2008年版,第153页。
〔2〕《法学生之律师热》,载《福尔摩斯》1931年5月5日,第1版。
〔3〕沈钧儒纪念馆编:《沈钧儒家书》,北京群言出版社2008年版,第164页。
〔4〕上海市档案馆藏:Q247-1-2,《上海法学院校董会记录章程及有关文件(甲)》。
〔5〕国联教育考察团:《中国教育之改进》,国立编译馆译述,全国经济委员会筹备处1932年版,第151—152页。

年代	校名	岁入	岁出	余额
1931 年	震旦大学	323.810	323.820	−0.01
	复旦大学	196.476	196.478	−0.002
	大夏大学	176.051	176.051	0
	持志学院	78.901	78.901	0
	中国公学	116.250	128.206	−11.956
	上海法学院	102.290	101.613	0.677
	上海法政学院	54.543	52.960	1.583
1932 年	震旦大学	318.967	318.969	−0.002
	复旦大学	186.100	210.675	−24.575
	大夏大学	281.162	281.162	0
	持志学院	161.441	178.361	−16.92
	中国公学	43.925	36.891	7.034
	上海法学院	121.342	121.269	0.073
	上海法政学院	133.907	133.908	−0.001

（《全国各大学二十年度之概况》,《全国各独立学院二十年度之概况》,载申报年鉴社编辑:《申报年鉴》,申报馆特种发行部 1934 年版,第 1049—1052 页。《全国各大学二十一年度之概况》,《全国各独立学院二十一年度之概况》,载申报年鉴社编辑:《申报年鉴》,申报馆特种发行部 1935 年版,第 991—994 页。)

由上表可见,上海私立法校的收支大多持平,即使有所余也并不多,而相比学院而言,大学的经费赤字尤为明显。如此少的经费,不免让各校办学陷入困顿,进而影响到了教学质量。恰如郑洪年总结的:"依据总理遗教,教育经费,必保障其独立,现在以种种关系,能独立得保障处甚少,于是教授难得安心教书,学生每以政治关系荒废学业。本人并非专指公立学校经费,须得独立有保障,即私立学校,亦应脱离现在视学费为唯一收入现象。"[1]虽然,1930 年教育部发布了《私立大学专科学校奖励取缔办法》,对已经立案并取得优秀成绩的私立大学和专科学校,给予补助,某学院或某科系在教育学术上有特殊贡献者给予奖励。[2]

---

[1]《六月七日上海市教育会高等教育研究组开会纪要》,载《上海教育界》1933 年第 6 期。
[2]《私立大学专科学校奖励办法》,载《中华教育界》1930 年第 9 期。

但南京国民政府同样财政拮据,对私立大学的补助实是"力难兼顾",例如在其与私立东吴大学法学院的密函中透露"近年来中央财政拮据,对于私立各大学力难兼顾":

> 密令私立东吴大学法学院,案查前据该学院呈以经费支绌,请求部支等情到部。查近年来中央财政拮据,对于私立各大学力难兼顾,故关于补助已立案私立大学一节,本部尚未订定规程,惟念该学院自创办迄今历有年所,学生成绩尚属优良自应量予补助以资发展。本部为充实该学院设备起见,于万难设法之中勉强筹措,姑准一次补助该学院国币五千元,专为购置图书、仪器之用。该学院须仰体中央扶植教育之苦心,务使事归实际,欸不虚靡,以副期望,是为至要,兹由银行汇发国币五千元,仰即照收,并填具印收呈部备查,此令。[1]

随着 1933 年限制文法科招生政策的展开,进一步加剧了法律院校的财政问题,上海的法学院校纷纷呈请增加学额,如私立上海法学院明确表示,限制招生人数已经影响到了学校的发展:

> 按限制招生办法办理,则本院所有法律暨政治经济二系及商业系专修科一系,新生名额过少。势必减低教学效率,限制前途进展,深以为虑,故拟每系请予特许酌加名额,旦时□多故,各校学生迁地转学,势必较往年增加,每系新生三十名之限制于事实诸感困难,本院是以不得不请求每系酌加名额三十名。现既为蒙允准,而揆诸事实,又属迫不容已,为此拟请准予特许酌加十五名,以宏造就而增效率。[2]

但是,除了个别高校如东吴大学法学院能获取少许扩招名额外,很多院校得到的回复往往是"所请碍难照准"。招生数量的减少,学费收入的锐减,办学经费的支绌,

---

〔1〕上海市档案馆藏:Q245-1-17,《教育部及淞沪战区善筹备委员会补助东吴大学经费文件》。
〔2〕上海市档案馆藏:Q247-1-52,《上海法学院招生名额问题报告及教育部批复》。

这样的压力必然会转嫁到学生身上。

20世纪30年代,上海各校学费普遍上涨,[1]从私立法校的收费标准可见这一涨幅的明显程度。1932年私立上海法学院校董会议就议决:"学费自下学期起,大学部不论新旧生一律每学期增加十元。"[2]另如私立大夏大学1929年学费为40元,仅隔一年上涨为45元。[3] 除了学费之外,更加繁重的是名目众多的杂费,例如,中国公学大学部报名费2元,无论取录与否概不退还,此外还有建筑补助费10元,体育费2元,缴清应纳各费方能注册入学。[4] 私立持志学院不仅要缴纳注册费、建筑费等,还须缴纳军训实习费2元,此外还规定"学生无论因何事故中途休学或退学,概不得要求发还已缴各费。"[5]私立上海法学院除了学费外,还须缴纳建筑费5元,并且也规定"所缴各费无论中途休学或退学,概不发还。"[6]

教育部曾三令五申要求改善校舍,而从上文可见各所法校则将建筑校舍的费用分摊在了学生身上。私立上海法政学院虽然没有规定要缴纳建筑费,但却变相要求新生缴纳基金。[7] 按照1929年颁布的《大学规程》第三章第十条规定,法学院或法科的最低开办经费10万元,每年最低经常费8万元。[8] 私立上海法政学院经教育部派员调查后发现,其远未达到这一标准。

> 经常收入合计十万一千元零,除去代收性质各项外,学费、宿费、息金等,共为六万三千余元。而宿费一项,因校舍纠葛,尚未清理就绪,能否视作该校收入亦属疑问,在二年以内,该校基金应增至十万至二十万元。[9]

为了能够获得立案,校方一面应付教育部:"基金一项早经筹募,除聚有成数

---

〔1〕Wen-Hsin Yeh, *The Alienated Academy: Culture and Politics in Republican China 1919–1937*, Harvard University Asia Center Press, 1990, p.198.
〔2〕上海市档案馆藏:Q247-1-2,《上海法学院校董会记录章程及有关文件(甲)》。
〔3〕《私立大夏大学一览》,1929年版,第6页。《私立大夏大学一览》,1931年版,第6页。
〔4〕《中国公学大学部一览》,1929年版,第22页。
〔5〕《持志学院一览》,1931年版,第6页。
〔6〕《上海法学院一览》,1933年版,第25页。
〔7〕《上海法政学院一览》,1929年版,第32页。
〔8〕《大学规程》,载《教育部公报》1929年第9期。
〔9〕上海市档案馆藏:Q248-1-61,《伪教育部派员视察上海法政学院并指示改进各点》。

外,仍在积极进行务求达到十万至二十万元,目的以固校基。"另一方面,只能要求学生缴纳基金,并且组织学生成立基金募捐委员会,要求会员每人负责再募集30元,这一决定引发了学生抗议,学生们甚至要求撤换校长:

> 上海法政大学之立案问题,酝酿已久,本学期开学后,校内时有学潮发生。最近复有反对该校校长郑毓秀之举,缘该校当局,以基金问题尚无着落,乃议决于开学之时,令学生每人认捐基金十元,与学费同时缴付,否则不准注册。当时曾惹起一部分学生之诽议,顾以基金一项,事关学校前途甚大,故乐而捐认者,亦颇踊跃。但迄今核与原定基金数额,相差尚钜,一般未注册之学生,仍在少数。该校当局,以兹事关系学生本身利益颇切,各个人均应尽此义务,理无反顾,竟多数意存观望,殊属非是,乃令学生方面,自动组织基金募捐委员会,由各级学生分别推定代表,并议决劝募办法。除令各学生对于前缴之十元外,每人宜再负责募捐卅元,以二十日为截止期,事为少数学生所知,纷起反对,认为学校当局,此项措置,太苛求强迫。遂经召集会议,提出不满意条件数项,向当局质问,一面并提出反对校长郑毓秀之口号,未悉该校当局对此将如何处置也。[1]

直到1932年,尽管该校早已立案,但法政学院的新生入学时仍被要求缴纳基金10元。[2]

虽然,政府对种种滥收费用的行为有所限制,如私立震旦大学就被勒令酌减和免收一些费用:

> 贵校学生缴费表,业为转呈,其中"学费"、"宿费"、"试验消耗费"所定数额过高,应酌减,"体育费"应免收。[3]

---

[1] 狮吼:《法政学生反对郑毓秀》,载《福尔摩斯》1929年11月2日,第1版。
[2]《上海法政学院一览》,1932年版,第32页。
[3] 上海市档案馆藏:Q244-1-129,《震旦大学关于抗战时期教育部局有关学生学籍、学校财务、毕业生及市立图书馆来往文件》。

但这种命令却是治标不治本，学校可以换一种名称继续收取费用，如私立复旦大学学生回忆，该校就有各种名目的缴纳费用：

> 在现在国内各处设立的大学——除内容不知道的教会学校外——单是学费每人每年要一百元、体育费六元，图书费要五元——每人每学期要缴到一百二十余元之多的，大概是不可多见吧？然而复旦便是这样。——不，复旦每人每学期除缴一百二十余元之外，还有许多捐款未算呢！据我现在能够记忆的，我在复旦已被征去了有下列这许多：修厕所二元，建厨房二元，念周纪念五元，筑篮球房七元，体育费一元，……其他我已经记不清楚了！（注意：复旦捐款，都系强迫性质。照当局规定，如不缴该项捐款，即不许入学或不给予学分！）[1]

诚然，校方的种种征收令人瞠目，但学生又不得不进入大学谋得文凭。为了吸引学生入学，沪上私立法律院校需要聘任著名教授吸引生源，学者们也选择依附于学校，享受着大学教授的头衔带来的益处。例如，初到上海的前司法总长张耀曾就被各大学校争相哄抢，"李凤亭来请任新民大学教授，以事冗辞之。来沪后，东吴、法科等校均请余任教科，余以律师初办，头绪繁冗，心思不能清宁，虽欲讲学，苦有未逮，皆允候夏假后任之。实拟俟空闲时，先将思路稍整理也。"[2]在这一循环中，法校因为办学经费问题不能负担高昂的薪水，教员只能通过兼职赖以生计，频繁的兼职无疑影响到了学校的金主——学生的授课，故而教学质量的问题屡屡出现。当然，学校本可以通过征收昂贵的学费来聘请专职教授，但这一举措被中央政府限制了，而政府又很少拨款于私立学校，这让征收更多的学杂费成为了私立法校的唯一生存途径。故而，兼职教授、校舍、学杂费等问题一直存在于各所法校，而政府又将这些问题问责于学校。例如，教育部对私立上海法政学院批评中提到了诸多不善，"该院主要负责职员，尚有在外兼职兼课情事，殊属不合。专任教员数量，据报

---

[1] 宏芬：《我也来谈谈复旦大学》，载《语丝》1928年第38期。
[2] 张耀曾：《求不得斋日记》，载杨琥编：《宪政救国梦：张耀曾先生文存》，北京法律出版社2004年版，260页。

虽有增加,但实际仍多兼任他校课职,嗣后主要职员,应绝对限制在外兼职或兼课,教员应尽延聘确能专任者充任。"并且教育部还强调:"教员待遇应设法提高,并须按时照实数发薪以利教学。"〔1〕受困于如此窘迫局面,又常常饱受学店之讥,各所私立法校的办学道路,无疑是举步维艰的。

---

〔1〕上海市档案馆藏:Q248－1－61,《伪教育部派员视察上海法政学院并指示改进各点》。

第四章　一花一世界：东吴大学的法学教育

　　私立东吴大学法学院是近代中国著名的法学院之一，享有"南东吴，北朝阳"的美誉。并且自 1915 至 1937 年间，其法学教育从未中断过，相比其他学潮不断的法校，有着稳定的"量产"。此外，尽管民国时期上海存在很多有影响力的法校，如私立上海法政大学、私立震旦大学、私立大夏大学等，但仅就法学教育特色而言，私立东吴大学法学院应是最具影响力的，其教育模式甚至被沪上其他高校所模仿。

　　二十世纪二三十年代，上海的法学教育界发生了翻天覆地的转变，这种变化若聚焦于一所学校研究，将会显得尤为清晰。本章即以东吴大学法学院作为一个具体案例，讨论法学教育的现代化经过了怎样的量变和质变。

第一节　兰金与卜舫济的"法""政"之辩

一、失之交臂：兰金与卜舫济

　　1914 年 10 月，在东吴大学校务例会上，兰金被派往上海并被要求做两件事，一是接管东吴附中，二是在上海办一所东吴法科。这年，兰金来到上海，除了找到罗炳吉外，他还找了另一个人，即时任圣约翰大学的校长卜舫济（Francis Lister Hawks Pott）。

　　兰金找到卜舫济不为别的，是要讨论联合创办法科一事。在其与卜舫济的信中，他希望卜舫济能考虑合作办学，无论卜氏是否抱有在圣约翰大学开设法科的想法。因为，兰金认为在上海出现超过一所以上的外国法律学校是没有必要的。兰金也提到了东吴大学校董会并没有合适的计划，仅仅授权让他组织，只要能够建立起来，一切可便宜从事。

卜舫济在回信中认同兰金不应出现两所外国法律学校的看法，但他对联合办学一事表示无能为力，因为圣约翰筹办法科的条件远未成熟，圣约翰大学无法承担一位全职法律教师的费用。[1]尽管如此，兰金并未放弃，直至 1916 年 3 月 14 日（此时东吴大学法科已开办半年），他仍在征求卜舫济合作办学的意见，渴望能和他谈一谈，期望联合班尽快能于秋季开学。可惜的是，卜舫济再次谢绝了兰金的提议，并且告知他自己有办政治科的意向。[2]

从个人角度而言，卜舫济对办法科的想法并没有太大兴趣，相比而言，他更想开设政治学，他认为当时的中国社会对经过普通法训练的律师并没有太大的需求，相反却更需要经过政治学训练的人。1917 年，在一封他招募总统前助理弗朗西斯·萨尔瑞(Francis B. Sayre)[3]担任教职的信中，可以看到，他对东吴大学法科的前景并不看好：

> 说到需要，我并不认为现下中国迫切需要这样一所教授方法同我们在美国的教学如出一辙的法律学校，在上海已经尝试开了一所这样的学校，它名叫'比较法学校'（The School of Comparative Law），由一位卫理公会的律师创办。在我们着手准备之前他占了先机，他招募了很多执业于美国驻华法院的律师志愿者。这所学校还没证明非常成功，而且学生数量也很少。他渴望和我们合作，但我还没想好。如果我们办政治科的话，我相信从一开始就会很受欢迎，我们也会有相同规模的教室。现在大学大概有 250 位学生，我认为他们可以大三的时候开始上政治学，它也可以是一门三年制课程。学校的性质，您的论断是非常正确的，即在中国系统的学习英美法将不会有任何的实践价值，新的中国法典是建立在日本

---

[1] 上海市档案馆藏：Q243-1-101，《圣约翰大学同东吴大学办理联合法学院文件》。
[2] 同上。
[3] 当时萨尔瑞在威廉姆斯学院(Williams College)执教。上海市档案馆藏：Q243-1-101，《圣约翰大学同东吴大学办理联合法学院文件》。

法的基础之上的,转而以拿破仑法为范本。现在有很多中国公立法律学校存在,但大部分学校更愿意让他们的学生熟悉新法典。一个讲授罗马法或者普通法(general juridence)的教师会发现学习中国法制史会加更有趣。[1]

由信的内容,我们可以发现,卜舫济并不认为讲授英美法的东吴大学法科会成功,而且他认为政治科可以囊括法科的授课内容,如政治科的科目可以包含有:罗马法、民法、国际法、社会学、宪法史等等。[2]而卜舫济治下的圣约翰大学,也正是按这一思想设科的。1918年,圣约翰大学政治学部课程即分为:政治学、政治学理论、国际法、法律学、国政比例学、法学理论之历史、万国公法择要、外交实行、东方外交学。其中法律学是"研究法律之本性、法律之纲要及诉讼法并中国现行法律",国政比例学则以"专研究法、英、德、美等国政治,互相比较",法学理论之历史是"专研究希腊、罗马、法、英、德、美等国历来法学之理论,并以中国之法学相与比较"。[3]从这些课程的介绍中,可以看到比较法学教育的影子。

那么,是卜舫济反感大学添设法科吗?似乎也不是。早在1907年,卜舫济在圣约翰大学校长年度报告中就有添设法学院的想法,"在未来,我们的目标是组建法学院、工程学院和师范学院。"[4]在卜舫济看来,中国近代工商业的发展和社会的变化,会对律师、工程师和教师等新式人才有大量需求,圣约翰大学必须未雨绸缪。[5]为应对这一趋势,1912年,卜舫济马上便在课目中增加了法学课程,"本学中文科中,素无法学。但现今搞国体共和,国民应具普通法律之知识。卜监督有鉴于此,特于中文科中,设法学一门,以期学生稍有法律上学识。"[6]由此可见,卜舫济并不排斥法学教育,并且敏锐地意识到了法律知识在新政府建设中的价值,甚至曾设想在圣约翰大学开设法科。

---

〔1〕上海市档案馆藏:Q243-1-101,《圣约翰大学同东吴大学办理联合法学院文件》。
〔2〕同上。
〔3〕《圣约翰大学章程汇录》,1918年9月至1920年7月,第87—89页。
〔4〕上海市档案馆藏:Q243-1-1446,《圣约翰大学1899—1902年外文资料二本、1924—1941年外文概括介绍十三本》。
〔5〕石建国:《卜舫济研究》,2008年上海师范大学世界史专业博士学位论文,第17页。
〔6〕The St. John's Echo(中文部份),October 1912,第21页。

因此,之所以卜舫济拒绝兰金联合办学的想法,应是其教育观念的转变,即遇到兰金时已经转而更加认同政治科在新时代的作用:

> 我想最主要反对办法科的理由,在于它没有教育的实际价值。一个人接受了思维的训练当然会用到他们,但他也会学到很多在中国无法运用的知识。在我们学校的政治科学,我们可以教授某些具有实际价值的法律科目给他们。[1]

与卜舫济的想法相反,在创设法科之前,兰金就把即将成立的学校定位为培育掌握熟练技能且爱国的律师的训练所。因为在他看来律师是承载着国家希望的职业,他的祖国——美国的政府体系就是在托马斯·杰弗逊(Thomas Jefferson)、亚历山大·汉密尔顿(Alexander Hamilton)、约翰·马歇尔(John Marshall)一众律师的参与下建立的,也正是法院、律师公会和律师让政府成为人民的政府。他认为正在建立新政府的中国,现有的律师无论质量与数量都远远不够,而相比出国留学,在国内学习可以更好地了解本国的司法体系,因此法科可以借助上海独特的司法环境,培训中国的年轻人让他们更好地服务于人民。[2] 为此,他找到了志同道合的罗炳吉,在后者的帮助下,东吴大学法科在蹒跚中于1915年成立。

有趣的是,东吴大学本部也一直有和圣约翰大学合作办学的想法。笔者猜测,是兰金向东吴大学本部汇报了之前的讨论,1922年,东吴大学苏州总部仍旧在做与圣约翰大学合作办学的尝试,但相比首次,合作对象更加多了,除了原来的圣约翰大学外,还有金陵大学、之江大学等。这一次卜舫济对这一联合项目非常热衷,并且认为联合法校是有美好未来的。但此时却有反对的声音出现,在他写给教会特派团(Church Missions House)约翰·伍德(John W. Wood)的信中提到,这一联合法校的提议受到了圣公会上海教区第五任主教郭斐蔚(F. R. Graves)的反对,后者认为教会不应该为办法科花钱,这些花费应该由当地筹集。卜舫济显然不认同

---

〔1〕上海市档案馆藏:Q243-1-101,《圣约翰大学同东吴大学办理联合法学院文件》。
〔2〕See Charles W. Rankin, "Law, Constituion and Lawyers", *Peking Gazette*, Aug 17, 1915.

郭氏的这一看法,他认为教会可以通过法科培养出基督徒律师,这对中国的发展是贡献巨大的。[1] 卜舫济的这一想法和兰金可谓殊途同归,后者也是"希望造就确信教义的法律家"。[2]

可惜的是,当兰金与卜舫济的办学理念渐趋一致时,1926 年 2 月 27 日,伍德写给卜舫济的信中明确表示教会不支持这一计划,"教会很遗憾的认为,现在还没有找到支持东吴大学法科的方法。"不过卜舫济的遗憾和理想,被他曾经拒绝合作的兰金所继承,只不过兰金治下的东吴大学法科,在培养基督徒律师的路上越走越远。

二、以法科为名的"神学院"

没有卜舫济的帮助,兰金能坚持在艰难的条件下创办东吴大学法科,这是值得敬佩的,只不过在其任下,这位虔诚的基督教徒将法科逐渐转变成为一所神学院。而这一切,自他离开苏州东吴大学总部之时便已有端倪,有传言认为,兰金是被"发配"到上海的,这位"圣经读太多"的律师,创办法校的目的是"希望造就确信教义的法律家",其坚持的是"宗教为体,法律为用"的主张。[3]

这一说法的真实性,在兰金掌校的 5 年时间里得到了验证,在他的同僚罗炳吉看来,兰金创办法科的真正目的是在传播一些古怪的宗教和道德观念,教授法律是伪装,并且他对其他课程并不重视。当兰金安排法学院课程时,这种古怪更加的变本加厉,他拟定了一门非常宽泛的英文圣经课程,可是罗炳吉认为将神学的内容加入到法律课程是不合适的,但兰金执意按照自己的计划安排课程,以至于法律学校变的有名无实。[4] 在兰金任内的东吴大学法科课程中,除了将宗教训练列为必修科目外,学生遇礼拜天必须到教堂做一次礼拜,否则以缺课论,"这位来自美国南部州信奉正统派基督教主义者,表现的有些狂热。"[5]

---

[1] 上海市档案馆藏:Q243-1-101,《圣约翰大学同东吴大学办理联合法学院文件》。

[2] 卤厂:《东吴法律学院的今昔》,载《新社会》1934 年第 9 期。

[3] 同上。

[4] C. Sumner Lobingier, "Legal Education in Twentieth Century China", *Lawyers Guild Review*, Vol. IV, 1944(4), p. 2.

[5] 谢颂三:《回忆东吴法学院》,载上海市政协文史资料委员会编:《上海文史资料存稿汇编——教科文卫》,上海古籍出版社 2001 年版,第 58 页。

其实,早在东吴大学本部任教时,兰金就已经坚持在星期天上午为学生讲授《圣经》。[1] 转任东吴第二中学校长时,仍坚持以传教布道为己任,[2] 兰金作为虔诚的基督教徒,将传教的任务带到了课堂之上,将在东吴二中的偏执的教学风格转嫁到了法科。他所期望培养的是"有基督教理想,同时接受过良好训练的律师。"他也以东吴大学法科作为中国惟一一所有特色的基督教法律学校为傲。[3] 他在写给东吴大学总部的报告中更是请求组建一支优秀且有经验的教职员队伍,以便他们把基督教的思想传输给学生。[4]

这位喜欢在大学课程中传播《圣经》的教师常常会告诫学生,如果不掌握《圣经》中的知识的话,是不能够了解文化和艺术的,世界发达国家的艺术和文化充满着《圣经》的思想,而拒绝最高道德法典(圣经)对青年的指导,以及拒绝上帝关于解救深陷在罪孽和万劫不复中的人类的宏伟指导,都是不可饶恕的犯罪。[5] 这种观念引起了学生们的不满,吴经熊就是其中一位:

> 我对兰金极度失望,因为我听人说他的观点变的越来越狭隘,不宽容了,在灵性和信仰上变的越来越僵化顽固、阴郁沉闷了。他辞了法学院的职——该院本是他创立的——并在上海附近建立一所独立的机构,叫作"圣经大学"(The Bible University)。对他来说,一切真理都包含在《圣经》中了,要组建一所大学,别的课程都是不必要的了。他本人作为一名基要主义者(a fundamentalist),不能够容忍持有"自由派"看法的传教士。他写信批评这个又批评那个传教士。他的意愿是好的,他的观点却未免太狭隘。在我看来,圣经只是活生生真理的一部分,但在兰金手里,它却

---

〔1〕葛赉恩:《东吴大学报告(1912)》,载王国平等编:《东吴大学史料选辑(历程)》,苏州大学出版社 2010 年版,第 117 页。

〔2〕兰金:《东吴大学第二中学报告(1915)》,载王国平等编:《东吴大学史料选辑(历程)》,苏州大学出版社 2010 年版,第 128 页。

〔3〕兰金:《东吴法科报告(1919)》,载王国平等编:《东吴大学史料选辑(历程)》,苏州大学出版社,第 166 页。

〔4〕兰金:《东吴法科报告 1919—1920 年度报告》,载王国平等编:《东吴大学史料选辑(历程)》,苏州大学出版社 2010 年版,第 172 页。

〔5〕EFARSI, "Religious Instruction: Inspiration of the Past", *The North-China Herald and Supreme Court & Consular Gazette*, Nov. 23, 1932.

与神的宇宙的其余部分隔绝了，就像一只可怜的鱼跳脱了水并喘喘寻求生命。[1]

在这种以神学为主体，法学为辅助的教育理念下，很难培养出优秀的法律人才。例如我们从霍姆斯（Oliver Wendell Holmes）与庞德（Roscoe Pound）对吴经熊法学素养的评价中可见端倪，"我想你知道有个年轻的中国人吴经熊……他想申请一个 1923—1924 年度的奖学金，希望得到你的推荐。他曾在《密歇根法律评论》上发表过一篇讨论我观点的文章，但其所言并非是我写作的主旨，而是他对我的部分了解……我认为他是个非常聪明，尽管可能受到了误导。"[2]不久之后，庞德也在回信中提到了吴经熊所受法学教育的影响：

> 可惜的是，吴还未受过更全面的普通法训练，他没有掌握英美法中理清事情的技能，贝茨（Henry M. Bates）已经在密西根办了所好学校，但是在吴读书期间，有太多老学校的精神，这其中库利（Thomas M. Cooley）的《侵权法》曾是佳作。
>
> 我担心他有时候认为他可以凭借快速的直觉能够完全理解超出他能力之外的概念。[3]

霍姆斯与庞德均将吴经熊英美法训练不足的问题，归咎于他所就读的密西根大学法学院，至于东吴大学法科所提供的基础训练，却只字未提。[4] 但是，吴经熊于 1920 年 10 月 5 日在密大法学院注册，1921 年 6 月 30 日毕业获得法律博士学位。他作为法学院三年级，也即毕业班的学生入学，在法学院仅修习了一年。因为密大承认他在上海东吴大学法科三年的成绩，所以按规定只须完成第四年学习即

---

〔1〕吴经熊：《超越东西方》，周伟驰译，北京社会科学文献出版社 2002 年版，第 76 页。
〔2〕Paul Sayre, *The Life of Roscoe Pound*, College of Law Committee, University of Iowa, Iowa City, 1948, p. 281.
〔3〕Ibid, p. 283.
〔4〕参见孙慧敏：《制度移植：民初上海的中国律师（1912—1937）》，台湾中央研究院近代史研究所 2012 年版，第 190 页。

可。在这一学年中,他攻读了五门课程,即政治理论(Political Theory)、宪法(Constitutional Law)、国际法(International Law)、罗马法(Roman Law)及法理学(Science of Jurisprudence)。[1] 由此可见,这些课程并无太多英美法的内容,故而引起霍姆斯与庞德针产生对吴经熊英美法训练不足印象的始作俑者,其实是他在上海东吴大学法科的学习经历,而东吴大学法科英法法教育不佳的原因又与兰金的教学主张不无关系。

除了在教学上兰金会展现对宗教的"狂热"外,在生活及社交场合也表现出了这一面。例如除非宴会上没有含酒精的饮料,他才同意参加美国远东律师协会招待英国律所的晚宴。东吴大学法科也曾失去过一位一流律师的服务,仅仅因为兰金听闻他曾经与英美烟草公司有过联系,而尼古丁是布道者的禁忌。[2] 此外,兰金也与其他教员相处的不甚愉快,例如与费信惇(Stirling Fessenden)[3]之间就有很深的过节,并与他的仇家交好,而这位仇家却被公认为是位毫无品行和职业操守的律师。[4]

1920 年,美国卫理公会总部经过再三考虑决定将兰金召回,同时,东吴大学管理层也解除了兰金的教职。按兰金说法,被解雇的理由是因为他反对教会学校教授异端学说(unorthodox doctrines)不得以才离开学校的,有传闻认为其反对传教士讲授进化论,"他太守旧了,因为反对传教士讲进化论,才被教会开除。"[5]但这些言论很快就被教会发言人否定了。[6] 其实,不管以何种理由,兰金以其偏执的性格以及引起的种种不悦,似乎召回他也是预料之中的。

但是,需要强调的是,兰金的道德品质及法律专业的水准并没有问题,他在来华

---

〔1〕参见李秀清:《吴经熊在密歇根大学法学院》,载《华东政法大学学报》2008 年第 2 期。

〔2〕C. Sumner Lobingier, "Legal Education in Twentieth Century China", *Lawyers Guild Review*, Vol. Ⅳ, 1944(4), pp. 1 - 2.

〔3〕费信惇担任过工部局的督办,也是东吴大学法科创校元老之一,他被律师同行认可为是"具备良好品质的律师"。Eileen Paula Scully, *Crime, Punishment and Empire: The United States District Court for China*, 1906 - 1943. (*Volume I and II*), Ph. D. Dissertation, Georgetown University, 1994, p. 191.

〔4〕C. Sumner Lobingier, "Legal Education in Twentieth Century China", *Lawyers Guild Review*, Vol. Ⅳ, 1944(4), p. 2.

〔5〕卤厂:《东吴法律学院的今昔》,载《新社会》1934 年第 9 期。

〔6〕Methodist Missions To Chinese Defended: Dr. Pinson Denies Southern Church Board Indifferent to Heresy, *The Washington Post*, Dec. 26,1921.

前已是美国田纳西州"品学俱优之名律师",也擅长教授罗马法。[1] 对于办学事宜也是亲力亲为,"在上课前后,他亲自迎送各教员,在事先又到苏州路、河南路、四川路、香港路、园明圆路一带开设的美国律师公馆向各教员访问,约请来校上课。"[2] 在有些学生眼中他是"毋庸置疑的伟大法学家,而且像他这样的是世所罕见的。"[3]

兰金离开东吴大学法科后,全身心地投入到了传教事业,不久就在济南创办了圣经大学(Bible University),[4]完成了他筹办法科时的夙愿:"如果本校要把工作做得最好,更确切地说,如果本校的毕业生要把他们的工作做得最好,那么全中国应当有一大群基督徒。鉴于我们目前非常缺乏训练有素的牧师与基督教领导,我们迫切需要再建一所圣经学校。"[5]不管怎样,兰金创办法科的功绩是不可磨灭的,自他离开后,仍有许多学生怀念他在任时严格的办学,"他在'法科'时,内容虽简陋,管理却极严。现在虽不太宽,至少比较松懈了。"[6]

当我们回顾这段被罗炳吉称为创校之初的"不幸"史时,[7]不难发现,从一定程度上而言,东吴大学作为一所肩负传教布道任务的教会学校,兰金是其他教员中担任法科教务长的最佳人选,他既是律师出身更是虔诚的基督教徒,但是他的虔诚以及他所坚持的"宗教为体,法律为用"的主张逐渐偏离了法科教育的正轨,并走向了极端。或者说,其本意的确是想创办一所以培训律师为目标的法校,[8]至少在同僚佑尼干评价中是这样的,[9]但在实际运营中法科逐渐成为了宗教布道所。

---

〔1〕兰金原是美国田纳西州"品学俱优之名律师",也是基督教监理会的传教士。1912 年来华,在上海租界执业律师,加入远东美国律师协会,兼任东吴大学政治学教授。参见朱志辉:《清末民初来华美国法律职业群体研究(1895—1928)》,广东人民出版社 2011 年版,第 83 页。

〔2〕谢颂三:《回忆东吴法学院》,载上海市政协文史资料委员会编:《上海文史资料存稿汇编——教科文卫》,上海古籍出版社 2001 年版,第 58 页。

〔3〕"Appeal Withdrawn: The Bible and Legalism", *The North-China Herald and Supreme Court & Consular*, Aug. 13,1941.

〔4〕吴经熊:《超越东西方》,周伟驰译,社会科学文献出版社 2002 年版,第 176 页。

〔5〕参见兰金:《东吴法科报告 1919—1920 年度报告》,载王国平等编:《东吴大学史料选辑(历程)》,苏州大学出版社 2010 年版,第 173 页。

〔6〕卤厂:《东吴法律学院的今昔》,载《新社会》1934 年第 9 期。

〔7〕See C. Sumner Lobingier, "Legal Education in Twentieth Century China", *Lawyers Guild Review*, Vol. Ⅳ, 1944(4), p. 2.

〔8〕Charles W. Rankin, "Law, Constitution and Lawyers", *Peking Gazette*, Aug 17,1915.

〔9〕"The world's Great Lawyers", *The North-China Herald and Supreme Court & Consular Gazette*, Dec. 11,1915.

他把法学教育当做传教事业,把学生当做慕道友去感化去培养,因为在他心中这些学生有望成为中国未来的领导者,而在信奉上帝教义的老师的教育下,这些学生能够进一步成为感化中国民众内心道德世界的领导者。[1] 在区区几百字的校长报告中,我们可以看到,兰金很少提到法科的法学教育情况,反而对传教事宜更为重视:"所有学生对基督教教育都产生浓厚兴趣,基督徒学生们在校园里成立了基督教青年会学生分会。"[2]

因而,可以这样认为,兰金在任时的东吴大学法科的办学风格更像是"神学院"而非法学院,其培养效果也不尽如人意。直到 1920 年由刘伯穆(W. W. Blume)接任教务长,法科才真正开始走向正轨,发展成为一所较为成熟的法律院校,逐渐形成独到的法学教育风格。

第二节　他山之石:中国的美式法学院

兰金任下东吴大学法科的"不幸",直到刘伯穆接任后才得以修正。刘伯穆早期是在德克萨斯州接受法律训练的,曾在德州一所大学就读过一年,并在 1914 年加入德州律师公会。1917 年参军并被派到伦敦,之后进入伦敦大学学习直到 1919 年春,同年夏,他返回美国入读德克萨斯基督教大学,于次年获文学学士学位。[3] 1920 年 9 月 5 日,刘伯穆夫妇来到上海,先入东吴大学吴语科学习中文,不久后接掌东吴大学法科教务长一职。[4] 直至 1927 年,刘伯穆卸任,重新返回密西根大学深造,并于 1927 和 1928 年获得法学士及法学博士学位,随后留校任教。[5] 在刘伯穆任职期间,东吴大学法科一改兰金时期"宗教为体,法律为

〔1〕参见兰金:《东吴法科报告 1919—1920 年度报告》,载王国平等编:《东吴大学史料选辑(历程)》,苏州大学出版社 2010 年版,第 172—173 页。

〔2〕兰金:《东吴法科报告(1918)》,载王国平等编:《东吴大学史料选辑(历程)》,苏州大学出版社 2010 年版,第 151 页。

〔3〕参见 http://www. lib. umich. edu/faculty-history/faculty/william-wirt-blume/historical-research-augments-law-professor039s-courses,2015 年 6 月 29 日访问。

〔4〕参见兰金:《东吴法科报告 1919—1920 年度报告》,载王国平等编:《东吴大学史料选辑(历程)》,苏州大学出版社 2010 年版,第 171 页。

〔5〕http://www. lib. umich. edu/faculty-history/faculty/william-wirt-blume/historical-research-augments-law-professor039s-courses,2015 年 6 月 29 日访问。

用"的教学方针,逐渐让这所法校脱胎换骨走上正轨。

一、美式法学教育的生根

无论是兰金还是刘伯穆掌校时期,自 1915 至 1927 年间,东吴大学法科几乎游离于教育部监管体制之外。虽然,这段期间内曾尝试谋求政府认可,但结果却是无功而返,如 1922 年法科的报告即提到了这一点,"已经和王宠惠和其他北京的官员谈过,相比恳请特准我们的毕业生参加司法官和律师考试,想要寻求完全的被承认似乎并不太明智。"[1]直到 1925 年,东吴大学法科才获得北京政府"暂予立案",但随着后者的垮台,法科再度成为未立案法校,至 1929 年获南京国民政府立案后,才真正成为一所体制内的法学院校。因而,在民初教育部对待教会学校的态度仍延续清廷"不干涉亦不承认"的政策时,[2]东吴大学法科获得了很大的办学自由,在此基础之上,形成了一定教学特色。

(一) 以培养律师为目标

如前所述,在创设法科之前,兰金把即将成立的法校定位为培育掌握熟练技能且爱国的律师的训练所。罗炳吉也认为中国法制的进步更大程度上依赖于国家是否配备和维持一个有过良好教育的律师公会,法官和立法者皆能从中选出,律师公会也可为两者做好准备。[3]兰金与罗炳吉的看法得到了佑尼干等人的响应,他认为地大物博拥有人口众多的中国,竟然没有意识到教育年轻人了解公民的权利义务的重要性,故而建立法校可以在本土提供学习安全有序的社会和调控生活中的关系所依赖的原则,这也是中国所缺失的,掌握了法律也就了解了如何堂堂正正地生活以及尊重其他人的权利。[4]

因此,在东吴大学法科创校之际,教员之间可谓是志同道合,他们将法科的目标定位于培养在新兴法律体系中扮演重要作用的律师。这样的定位也为继任者刘

---

〔1〕上海市档案馆藏:Q243-1-101,《圣约翰大学同东吴大学办理联合法学院文件》。
〔2〕参见杨思信,郭淑兰:《教权与国权:1920 年代中国收回教育权运动研究》,北京光明日报出版社 2010 年版,第 58 页。
〔3〕C. Sumner Lobingier, "Legal Education in Twentieth Century China", *Lawyers Guild Review*, Vol. Ⅳ, 1944(4), p. 1.
〔4〕The world's Great Lawyers, *The North-China Herald and Supreme Court & Consular Gazette*, Dec 11, 1915.

伯穆所坚持,他认为法学教育的目标就是要为进入律师业的人做准备,这也让东吴大学法科有别于其他法校,其志在培养可为中国法学进步作出贡献的人,并且刘伯穆也呼吁中国所有的法校应当确立一个目标,即提升下一代律师的职业训练标准,并让他们成为社会中受人尊敬的领袖。[1] 其同僚萨贲德也认为中国的法学生将会在废除治外法权中发挥重要作用,这个国家未来的法官也会出自其中,法律也将在他们手中施行。[2]

由此可见,东吴大学法科无论是在兰金还是刘伯穆任内,培养律师的目标始终没有发生改变。当然,除了上述法科管理层的主观原因外,还有其他因素促成法科确立培养目标。

首先,东吴大学法科的教师团队成员大部分来自美国远东律师协会(Far Eastern American Bar Association)。这得益于身为协会会长罗炳吉的呼吁,他特别要求新赴上海的美国律师有义务支持、援教东吴大学法科。[3] 并且,他的《罗马法之演进》(Evolution of the Roman Law)一书也成为了法科的指定教材。[4] 此外,兰金在美国远东律师协会的会议上也一再期望协会能更多的更加持久的参与到法科的教育中。[5] 1915—1916 年度前来教课的美国法律职业者就有 13 人之多。[6] 这些教员基本不支取薪水,仅领取车马费而已。[7]

在刘伯穆掌校时期,华籍教员逐渐涌现,法科与上海律师公会之间的合作关系开始紧密起来,其会员如陈霆锐、何世桢、张一鹏等律师也加入到法学教育中。[8] 对此,萨贲德也感叹教授几乎全由执行律师事务的上海律师公会成员组成。[9]

[1] W. W. Blume, "Legal Education in China", *The China Law* Review, Vol. I, No. 7, 1923, pp. 309 – 310.

[2] "Law in China: Dr Sellet's Address Before Y's Men's Club", *The North-China Herald and Supreme Court & Consular Gazette*, Dec 20, 1924.

[3] See C. Sumner Lobingier, "Legal Education in Twentieth Century China", *Lawyers Guild Review*, Vol. IV, 1944(4), p. 2.

[4] W. W. Blume, "Judge Lobingier", The China Law Review, Vol. I, No. 6, 1923, p. 266.

[5] "Far Eastern American Bar Association: Second Annual Meeting", *The Shanghai Times*, Dec 7, 1915.

[6] 参见李洋:《近代在华美国法律职业群体形象的多重建构》,载《中外法学》2019 年第 1 期。

[7] W. B. Nance, *Soochow University*, New York: United Board for Christian Colleges in China, 1956, p. 76.

[8] 参见上海市档案馆藏:Y8-1-204,《1946 年东吴大学校刊》,第 149 页。

[9] "Law in China: Dr Sellet's Address Before Y's Men's Club", *The North-China Herald and Supreme Court & Consular Gazette*, Dec 20, 1924.

东吴大学法科的教员很多都是律师出身,这一高比例一直维持到学院后期,言传声教下,法科也烙上了深深的"律师"印记。

其次,民国初年上海中国律师群体在数量上比较匮乏。辛亥革命后,上海法校如雨后春笋般出现,但经过 1913 年教育部的整顿后,大批法校销声匿迹。在东吴大学法科创办之前,规模较大的法校仅有神州法政专门学校和震旦大学法科,[1]前者于 1921 年停办,[2]后者虽然声誉卓著,但至 1934 年时,也仅有 20 位法科毕业生在上海执行律师业务。[3] 故而,1915 年前上海法校的规模并不大,见到此景,兰金于是萌生了创办法科的想法,他承认法科成立初衷一方面是因为注意到了法律人在人类进步中扮演的作用,另一方面是因为中国本土以培养律师为主的法校数量不足。[4]进而造成了本土律师群体数量上的缺失,这也是兰金来沪时看到的法学教育市场,"宪法正在编订,法典在陆续公布,法庭不久也要组建到位了。但是,谁来为马上就要面临这些的人们做些什么呢?"[5]从公共租界会审公廨登记注册的律师数来看,1914 年时共有 40 名律师,其中仅有 3 人为中国人,其余皆是外籍律师,且这三人都是在国外取得律师资格后回上海执业的。1917 年登记共有 79 名,其中有 11 名是中国人,这 11 名中又有 6 人有外国律师资格,仅有 5 人有本地律师资格。[6]因此,东吴大学法科创办之初,上海的法校和华人律师群体在数量上都明显不足,这也为法科量身打造了培育目标。

最后,民初中国律师群体的职业素养不高。1912 年《律师暂行章程》甫一颁布,"凡昔日之伍伯胥吏,皆趋之若鹜。"[7]"不合格之律师滥竽其间"的报道层出不穷,[8]律师执业的乱象屡被批评,"各地律师之招待所,即为律师之支店招待所,

---

〔1〕《神州法政专门学校》,载《东方杂志》,1915 年 8 月第 8 号。
〔2〕中华民国教育部:《第一次中国教育年鉴》,中华民国教育部 1934 年版,第 149 页。
〔3〕参见孙慧敏:《制度移植:民初上海的中国律师(1912—1937)》,台湾中央研究院近代史研究所 2021 年版,第 187 页。
〔4〕Charles W. Rankin, "China", The Amercian Bar Association Journal, Vol. II , No. 1,1916, pp. 284 - 286.
〔5〕W. B. Nance, *Soochow University* , New York: United Board for Christian Colleges in China, 1956, p. 71.
〔6〕Thomas B. Stephens, *Order and Discipline in China: the Shanghai Mixed Court 1911 - 27*, University of Washington Press, 1992, p. 58.
〔7〕老圃:《读律杂谈》,载《申报》1924 年 4 月 17 日,第 17 版。
〔8〕默:《取消不合格之律师更不可不取消不合格之法官》,载《申报》1912 年 10 月 27 日,第 1 版。

所兜揽之生意倒有折扣,折扣如何视生意之大小而定。然则律师者,直营业耳,奉宪之讼棍耳,法律云乎? 人权云乎哉? 虽然律家满口法语,高据刑宪之席,推审科员莫不以颠倒纠缠之法政书为糊口之秘诀。"[1]这类景象,反映了律师制度施行之初律师职业素养普遍不高的一面。此外,由于上海复杂的法制环境,因而对律师的能力要求也很高,既会中英双语,且掌握英美法和中国法的法律人才,在现实中极其罕见,他们也是当时上海各大律所梦寐以求的人才。[2] 正是看到了这样的落差存在,因而东吴大学法科旨在培育高素质的律师群体来满足市场需求,教务长刘伯穆甚至认为放眼当时中国,明确做出努力解决上述这些问题的只有东吴大学法科,它通过法律伦理学、社会公正和宗教课程,通过个人谈话和讨论来矫正学生的生活方式,作为培育的第一步。[3]

随着东吴大学法科以培养律师为目标的确立,以及现实上海对美式中国法律学生的需求,"上海是中国的商业经济中心,培植一批美国式的中国法律学生,对上海的美籍律师事务所、美国工商业及会审公廨都有利益,因为这些机构需要吸收美国化的中国大学生充当译员及帮办。"[4]故而,学生在求学东吴大学法科之时,进修法律以便能在公共租界挂牌做律师或者翻译员,成为了一种职业选择。如 1918 年第一届毕业生陆聪祖就担任了穆安素(G. D. Musso)律师的翻译员,1924 年毕业生赵傅鼎则充任了上海检查厅翻译官,[5]1915 年,张籀云入读时,"早就在外国律师事务所做帮办,业余读完 3 年法律课程,为的是能挂牌做律师。"因此,东吴大学法科的毕业生与彼时的法律市场有着紧密的供需联系:

> 东吴法科出身的律师大都在公共租界挂牌,而以会审公廨为活动中心。有的也去南市地方法院代表当事人出庭。早期毕业生中有的任外国律师的翻译员或帮办,出入会审公廨。佑尼干与费信惇在香港路合伙挂

---

[1] 讼棍:《律师之弊》,载《申报》1918 年 4 月 26 日,第 14 版。
[2] Norwood F. Allman, *Shanghai Lawyer*, New York: Whittlesey House, 1943, p. 118.
[3] W. W. Blume, "Legal Education in China", *The China Law Review*, Vol. Ⅰ, No. 7, 1923, pp. 310 – 311.
[4] 谢颂三:《回忆东吴法学院》,载上海市政协文史资料委员会编:《上海文史资料存稿汇编——教科文卫》,上海古籍出版社 2001 年版,第 58 页。
[5]《东吴大学法律科章程》,1926 年版,第 25—32 页。

大律师招牌,他们雇用中国职员当翻译员及书记。中国职员亦为外国律师拉拢当事人并收取佣金。众所周知,上海的洋行采用买办制,而外国律师公馆也同样'买办化'了。在大革命前,上海公共租界的会审公廨和外国律师公馆成为法科毕业生的工作场所。[1]

至1926年时,东吴大学法科已有8人执业律师,[2]这还不包括留学生归国后再执业律师的,1924年第7届毕业生15人中,除了谢颂三外,均执业律师。[3] 至1936年,历届毕业生622人中,有268人执业律师,是各职业选择之最。[4] 这一传统即使到抗战后仍在延续,截止至1949年,该校历届法学院毕业生中执业律师的比例占全数的39%,司法界的比例仅占6%。"历届毕业生执业比较,律师约占全数百分之三十九,公务员百分之十三,商界百分之九,普通教育百分之八,会计员百分之七,司法界百分之六,法律教育百分之四。"[5]

(二) 法学教育特色的形成

游离于体制之外的东吴大学法科,有了自由发展的空间,可以不受教育部的管控,自行安排课程,刘伯穆的接任也让法科真正发展起来,逐渐践行"比较法"教育的理念,树立起英美法教学的特色,这也成为东吴大学法科的一个标志,"吾校科目以英美法及中国法为依据,而旁参大陆法,吾国法律学校之研究比较法律也,当自吾校始,其特色一。"[6]

比较法教学的确立源于罗炳吉的想法,早在东吴大学法科创办之前,罗炳吉就想在中国试办法校,尝试引入他在菲律宾的教学经验,不过遇到了严重的"水土不服",他发现当时的中国需要一整套新的法律体系,于是他觉得"授人以鱼,不如授人以渔",不如教授中国学生外国法律体系,让他们从中选择适合中国新兴法律体

---

[1] 谢颂三:《回忆东吴法学院》,载上海市政协文史资料委员会编:《上海文史资料存稿汇编——教科文卫》,上海古籍出版社2001年版,第63—6页。
[2] 《东吴大学法律科章程》,1926年版,第25—32页。
[3] 谢颂三:《回忆东吴法学院》,载上海市政协文史资料委员会编:《上海文史资料存稿汇编——教科文卫》,上海古籍出版社2001年版,第63页。
[4] 《私立东吴大学法学院一览》,1936年版,第87—88页。
[5] 上海市档案馆藏:Q245-1-92,《东吴大学法学院出版之通讯、学生自治会理事名单、通知记录物、各级之长名单及印签等》。
[6] 陈霆锐:《东吴法科大事记》,载上海市档案馆藏:Q245-1-486,《1923年东吴法科年刊》。

系的素材。〔1〕兰金也有类似的想法，他认为中国想要现代化的教育，能满足这样教育的学校、报纸、公开竞选人以及其他对启发民智有益的事物都来自于宪政政府，它交由人民自己运作，"当我说'由人民自己运作'时，我的意思是由中国人自己。"〔2〕因此，在中国法制近代化的大背景下，可以说比较法教学在早期创校元老的理念中，是为中国法典编撰提供素材的方法，让他们培育的学生（未来的法律改革家、领导者）通过学习，挑选适合自己国家的法律。

但在东吴大学法科的早期教学中，与其说是强调比较法教学的特色，不如说是突出了英美法教育。从 1915 年第一学年开设的课程来看，大多是英美法的内容：

> 第一年每周上课 17 小时，每学期共计 20 周。上学期，一、案件研究与法理分析（2 小时），毕射普；二、法理学初解（4 小时），兰金；三、亲属法（2 小时），王宠惠；四、契约法（2 小时），柏思德；五、罗马法与拉丁文法律成语（3 小时），罗炳吉；六、私人犯法行为（2 小时），罗礼士；七、宗教训练（2 小时），兰金。下学期，一、代理关系（2 小时），福兰金；二、票据法（2 小时），毕射普；三、罗马法与现代民法（3 小时），罗炳吉；四、契约法（2 小时），柏思德；五、私人犯法行为（2 小时），罗礼士；六、议会法与辩论实习（2 小时），德惟士；七、手续法与型式法庭（2 小时），罗思尔；八、宗教训练（2 小时），兰金。〔3〕

不过，比较法教学的这一理念，得到了继任者刘伯穆、萨贲德等人的认同。刘伯穆认为，虽然以西方国家法律为模板的现代法律中国已经制定，但中国传统的法律仍植根于人民心中，在这一矛盾下应将哪些西方法律移植进来呢？这一问题应

---

〔1〕 C. Sumner Lobingier, "Legal Education in Twentieth Century China", *Lawyers Guild Review*, Vol. Ⅳ, 1944(4), pp. 1 - 2.

〔2〕 Charles W. Rankin, "China", The Amercian Bar Association Journal, Vol. Ⅱ, No. 1, 1916, p. 287.

〔3〕 谢颂三：《回忆东吴法学院》，载上海市政协文史资料委员会编：《上海文史资料存稿汇编 教科文卫》，上海古籍出版社 2001 年版，第 58 页。

该暂且搁置,直到对中国各种法律制度予以鉴别,并将全部涉及的每种制度的习惯法予以收集分类,并且还须对西方的各种法律体系在其母语下认真地研究才能解决这一问题。[1] 萨赉德也做过类似的阐述:"以日本法(它模仿了德国法)为基础的新刑法已经法典化了,除了刑法外,中国还应该接受大陆民法或是英美普通法,因为基于古代习俗惯例的中国法律并不适合于现代商业环境,它已经被淘汰了。是时候让中国的立法者们决定什么才是最适合本国的法律,大陆法还是英美法,从现在的情形看,尽管其他方面还有些混乱,但在做出选择普遍适用于全国的法律的决定前不会持续太久。"[2] 故而,这一时期的管理层面对其学生——中国以后法制改革的接班人,同样认为直接教授他们某一国法律,不如介绍各国法律让学生比较,让他们自己选择适合中国国情的法律,这也是为什么东吴大学法科教授坚持比较法教学的原因。我们从两任校长掌校时期发布的招生广告中,即可探知一二:

东吴大学法律专科学校招生

本大学为养成中国法律人才起见,特在上海设立法律专科学校,教授世界各种重要法学。延聘当今最有声望之各国大律师,美国驻沪政界名人担任教科,并派本大学法学教习兰金君为教务长,规定课程三年毕业。入学资格至少须有本大学正科三年级以上之相当程度,每学年学费银元八十元,膳宿者每半年加银三十六元,阳历九月三日开学。有志就学者望先期向虹口昆山路二十号本校索取详章或与教务长接洽可也,东吴大学谨启。[3]

东吴法科招生

本校课程悉照美国法律大学兼注重大陆法、中国法为比较之张本,尚有余额可补入学者,至少有大学二年级之程度。又设有特别班,凡自问有

---

[1] W. W. Blume, "Legal Education in China", *The China Law Review*, Vol. Ⅰ, No. 7, 1923, p. 311.

[2] "LAW IN CHINA: Dr Sellet's Address Before Y's Men's Club", *The North-China Herald and Supreme Court & Consular Gazette*, Dec. 20, 1924.

[3]《东吴大学法律专科学校招生》,载《申报》1915 年 7 月 29 日,第 2 版。

与大学二年级相当之程度者,可以加入。一年毕业,升入正科,特别班学生一律通学,授课时间为晚七时半至九时半,本校现已迁址昆山路十一号洋房内。[1]

对比两则广告,不难发现,后者更加突出了比较法教育的理念。诚然,在刘伯穆任内比较法教学被重新提上了讲台,但其教学效果可能并不显著,或者说存在起伏,在某一时段不尽如人意。[2] 对比刘伯穆任下两位学生江一平与顾宪章的成绩册,前者(就读于 1920 年 9 月—1923 年 6 月)在法科修习的几乎全是英美法,而后者(就读于 1922 年 9 月—1925 年 6 月)的课程中则加入了中国法和大陆法(虽然比重不大)的内容,且突出了比较法学程(实际修习的是:国际公法、法律伦理、法律哲学、法理学、各国法制概略)。[3] 而与后者几乎同一时期的校友也回忆,虽然英美法与中国法并行教授,但也只是同时教授,事实上仅仅学习了不同的法律本身而已,并未更进一步学习。[4] 再从东吴大学法科章程所开课程来看,以"比较"命名的课程仅比较宗教学一课:

第一学年					
秋季学期			春季学期		
课目	时数	教员	课目	时数	教员
债权关系(契约)	3	萨贲德	债权关系(契约)	3	萨贲德
债权关系(侵权行为)	3	吴经熊	债权关系(侵权行为)	2	吴经熊
民事诉讼法(英文之部)	2	刘伯穆	民事诉讼法(英文之部)	3	刘伯穆
刑法(英文之部)	2	刘达江	刑事诉讼法(英文之部)	2	刘达江
刑法(中文之部)	1	何世桢	刑事诉讼法(中文之部)	1	何世桢

---

[1]《东吴法科招生》,载《申报》1923 年 8 月 15 日,第 2 版。

[2] 有学者认为这一时期,东吴大学法科根本没有比较法教学。Alison W. Conner, The Comparative Law School of China, In: C. Stephen Hsu, ed. *Understanding China's Legal System*, New York University Press, 2003, p. 214.

[3] 参见上海市档案馆藏:Q245 - 1 - 273,《1918 年至 1927 年 6 月法律系毕业生学籍材料》。

[4] Yu Kwei, "Some Judicial Problems Facing China", *Washington Law Review and State Bar Journal*, Vol. 23, Issue 4 1948, pp. 370 - 371.

课目	时数	教员	课目	时数	教员
亲属法（英文之部）（中文之部）	3	陈霆锐	罗马法	3	吴经熊
比较宗教学	2	白克门	人生哲学	2	白克门
型式法庭	1	刘伯穆	型式法庭	1	刘伯穆

第二学年					
秋季学期			春季学期		
课目	时数	教员	课目	时数	教员
证据法	2	刘伯穆	证据法	2	刘伯穆
物权法（动产之部）（不动产之部）	5	石颍	卖买法	3	萨贲德
中国民法	2	赵祖慰	中国民法	2	赵祖慰
大陆法	2	吴经熊	大陆法	2	吴经熊
票据法	3	蒋保釐	民事诉讼法（中文之部）	2	陈霆锐
型式法庭	1	刘伯穆	代理人法	3	吴经熊
			型式法庭	1	刘伯穆

第三学年					
秋季学期			春季学期		
课目	时数	教员	课目	时数	教员
国际公法	2	石颍	国际公法	2	石颍
宪法	3	陈霆锐	赁贷借权法及运输法	2	谢惠源
法理学	2	吴经熊	大陆法（债权之部）	2	吴经熊
国际私法	2	陈霆锐	法律哲学	3	吴经熊
私法人法	2	何世枚	合伙营业法	2	陈霆锐
保证法	2	萨贲德	保险法	2	阿乐满
中国商法	1	陈霆锐	法律伦理	1	萨贲德
型式法庭	1	刘伯穆	公法人	2	何世枚
			中国商法	1	陈霆锐
			型式法庭	1	刘伯穆

（《东吴大学法律科章程》，1926年版，第6—11页。）

从上表可见,法科的课程除了用英语上课之外,基本照搬了美国法学院主要的英美法课程。[1] 1920 年代法科的招生简章也强调了"悉照美国法律大学",因此刘伯穆几乎完全仿照了美国法学院教育。为了让白天有工作的法官和律师,下班之后能来兼职授课,也让学校能够吸引有工作的学生腾出时间进修法律,不耽误自己的工作,刘伯穆继续保留兰金时期夜间(周一至周五,4:30—7:30)上课的模式。[2] 此外,刘伯穆还商请清华大学增设留美进修法律奖学金,1923 年毕业的石颖就曾获得这一奖项。[3] 为了保证招入的学生有良好的通识教育水平,法科的入学标准也改为 2 年预科,[4] 当然实际招生如前述广告中所言并没有严格限定,法科还开设了特别班,"一年毕业,升入正科,特别班学生一律通学"。[5] 在这一时期法科开设了"型式法庭"的课程,让学生有诉讼实习的机会,英美法教学中也引入了案例分析法。[6] 但这一教学方法,似乎并未达到预期效果,在这一时期校友的回忆中得到了印证:

> 教学方法采取"实例研究法"(case method),先将每一案件中甲乙双方事由说清楚,再加分析,引前例论是非。有的案件甚长,二三十页不等。教员每次可能提出几个案件,一天三课,教本就要近百页。有的学生终日预备功课,仍感觉时间来不及;有的学生因日间担任工作,无暇详阅案件,到班上才翻阅及留心"听课"。教员也缺少备课时间,到班上朗诵一段后,

[1] 如在学生成绩单中反映的财产法、契约法、侵权法、公司法等课程,几乎全是当时美国主流法学院的课程。此外,法科因为教师少,毕业学生有限,所有课程都是必修,没有选修课。Alison W. Conner, The Comparative Law School of China, In: C. Stephen Hsu, ed. *Understanding China's Legal System*, New York University Press, 2003, p. 213.

[2] 以夜校形式上课当然也可以节省法科的开支,这也是沿袭了美国法校夜校的传统。参见孙慧敏:《制度移植:民初上海的中国律师(1912—1937)》,台湾中央研究院近代史研究所 2021 年版,第 187—188 页。

[3] 李中道:《东吴大学及东吴法学院》,载中国人民政治协商会议上海市委员会文史资料工作委员会:《解放前上海的学校 第 59 辑》,上海人民出版社 1988 年版,第 115 页。

[4] 美国两年大学毕业是当时作为进入法学院的最低要求,有些法校甚至要求须获得文学士学位(A. B.)。W. W. Blume, "Legal Education in China", *The China Law Review*, Vol. I, No. 7, 1923, p. 310.

[5] 这可能考虑到兰金时期招生数量较少,为了扩大招生额度,将原来的 3 年改为了 2 年。《东吴法科招生》,载《申报》1923 年 8 月 15 日,第 2 版。

[6] See W. B. Nance, *Soochow University*, New York: United Board for Christian Colleges in China, 1956, p. 76.

就向学生提问题。如遇某教员缺课,教务长兰金就来代课。这种教学法算是美国式"自学辅导方法"。教员不演讲,学生不记笔记,问答皆依照书本。考试时教员拟出若干假想案件,要学生分析说理、下结论。有的学生在 1 小时内即答完考卷,有的到 3 小时后尚觉时间不够。英文基础是先决条件。[1]

东吴的具体作法是先将每一案件的甲乙双方事由说清楚,然后加以分析,引用判例论断是非。由于有的案件内容复杂,有的学生即使终日预备功课亦感时间不够。加之多数在日间有工作,学习较吃重,而教员上课,往往朗诵一段后,即向学生提问题。教师不讲解,学生不记笔记,这自然会影响到教学质量。我在东吴毕业后,到美国著名法学院进修时,感到它们对学生的要求大大高于东吴法科。听说东吴法科后期毕业生到美国著名大学进修时,并不受欢迎。[2]

不管怎样,这一系列变革几乎是让东吴大学法科成为了在中国的美式法学院,突出的英美法教育也让法科培养的学生受到了上海律师界的欢迎,[3]此外,这一时期凡在国外注册的教会大学,其学生能凭其所颁学位证书,免试直接升入国外接受注册的大学,攻读研究生课程。[4] 1901 年时,东吴大学已经注册于美国田纳西州,[5]并与密西根大学、西北大学等美国大学保持着良好的关系,[6]因而法科的学生能够较为顺利的入读于美国各大学法学院。[7] 东吴大学法科对外招生时也

〔1〕作者是 1924 年东吴大学法科毕业生,谢颂三:《回忆东吴法学院》,载上海市政协文史资料委员会编:《上海文史资料存稿汇编 教科文卫》,上海古籍出版社 2001 年版,第 58 页。
〔2〕作者是 1924 年东吴大学法科毕业生,李中道:《东吴大学及东吴法学院》,载中国人民政治协商会议上海市委员会文史资料工作委员会:《解放前上海的学校(第 59 辑)》,上海人民出版社 1988 年版,第 114 页。
〔3〕Norwood F. Allman, *Shanghai Lawyer* (New York: Whittlesey House, 1943), p. 118.
〔4〕参见霍益萍:《近代中国的高等教育》,华东师范大学出版社 1999 年版,第 184 页。
〔5〕参见王国平:《东吴大学在美国田纳西州的注册文件》,载《苏州大学学报(哲学社会科学版)》1999年第 2 期。
〔6〕参见李秀清:《吴经熊在密歇根大学法学院》,载《华东政法大学学报》2008 年第 2 期。
〔7〕1924 年时,历届毕业生 29 人中,就有 13 人留学欧美。参见《东吴大学法科消息丛志》,载《申报》1924 年 6 月 2 日,第 14 版。

打出了这一口号:"三年得给以法学士学位,并由美国各大学承认,得直接入大学院。"[1]其培养的毕业生能够有很好的出路,这让法科的名声逐渐声名鹊起。东吴大学法科所取得的成绩也让其他想要试办法科的基督教教会大学望而却步,统一协定法律系交由东吴大学办理。"国内各大学如金陵、燕京、沪江、华中、协和、齐鲁、岭南、之江等因鉴于属校法学院法律系之成绩,特协定法律系归属校专办,燕京大学之法律系即以此而告收束,以十数大学之单位而办理此惟一之法律学习。"[2]

二、刘伯穆的"遗产"

(一)《法学季刊》

《法学季刊》是刘伯穆在任时提议,由东吴大学法科学生在教师的指导下于1922 年以中英文合刊编辑出版的专门讨论法律问题的学术性杂志,其目标围绕以下几点:1. 介绍法学上的重要学说;2. 研究关于法律的具体问题;3. 将中外同类的法学问题合起来作分析的比较研究;4. 择优翻译关于法学名著。[3]从出版之日起至 1940 年因太平洋战争停刊,共计 10 卷 55 期。

卷号	《法学季刊》期数(出版时间)
Volume Ⅰ	1(1922.4)、2(1922.7)、3(1922.10)、4(1923.1)、5(1923.4)、6(1923.6)、7(1923.10)、8(1924.1)、9(1924.4)
卷号	《法学季刊》期数(出版时间)
Volume Ⅱ	1(1924.7)、2(1924.10)、3(1925.1)、4(1925.4)、5(1925.7)、6(1925.10)、7(1926.1)、8(1926.4)
Volume Ⅲ	1(1926.7)、2(1926.10)、3(1927.1)、4(1927.4)、5(1927.7)、6(1927.10)、7—8(1929.2—4)
Volume Ⅳ	1(未印)、2(1929.11)、3(1930.2)、4(1930.4)、5(1930.7)、6(1930.12)、7(1931.1)、8(1931.4)

[1]《上海东吴大学法律科招生》,载《申报》1921 年 5 月 18 日,第 1 版。
[2]上海市档案馆藏:Q245-1-11,《苏州本部抄送伪教育部关于招收新生问题的原呈稿及指令训令》。文乃史:《东吴大学报告(1923)》,载王国平等编:《东吴大学史料选辑(历程)》,苏州大学出版社 2010 年版,第 190 页。
[3]记者:《本刊宣言》,载《法学季刊》1922 年第 1 期。

Volume Ⅴ	1(1932.1)、2(1932.2)、3(1932.7)、4(1932.11)
Volume Ⅵ	1(1933.1)、2(1933.4)、3(1933.7)、4(1933.10)
Volume Ⅶ	1(1934.1)、2(1934.11)、3—4(1935.2)
Volume Ⅷ	1(1935.5)、2(1935.8)、3(1935.11)、4(1936.2)
Volume Ⅸ	1(1936.6)、2(1936.9)、3(1936.12)、4(1937.3)
Volume Ⅹ	1(1937.6)、2(1940.6)

1931年底,《法学季刊》编委将季刊中的中文部分单独编辑成册刊行,取名《法学杂志》,每两个月出版,而原季刊英文内容仍照旧刊行。[1]之所以有此改变,据其称是为充实篇幅和编辑便利,[2]但也有可能是考虑到经济的原因。因为,自1932年第六卷第一期起,《法学杂志》相较往期开始大量刊登广告,[3]且《法学季刊》(《法学杂志》)是要求学生强制购买的,每位东吴大学法学院正式生都须缴纳季刊费"两元半"。[4]《法学杂志》自1931年第5卷刊行起至1941年第11卷第3期,共计发行了7卷39期。《法学季刊》和《法学杂志》自1931年起分别以不同名字和不同内容刊行,因而,有学者统计《法学季刊》共有72期的说法并不严谨。[5]

卷号	《法学杂志》期数(出版时间)
第5卷	1(1931.10)、2(1931.12)、3(1932.2)、4(1932.4)、5(1932.6)、6(1932.8)
第6卷	1(1932.10)、2(1932.12)、3(1933.2)、4(1933.4)、5(1933.6)、6(1933.6)
第7卷	1(1933.10)、2(1934.1)、3(1934.3)、4(1934.6)、5(1934.8)、6(1934.11)

---

[1]《法学季刊》并非始终都有英文版,如1929年第4卷第1期即因为"印刷困难"而裁撤掉了英文部分,仅以中文刊出。

[2]参见东吴法学杂志社出版部:《本刊启示》,载《法学杂志》1931年第1期。

[3]参见《法学杂志》1932年第1期,末页。

[4]上海市档案馆藏:Q245-1-489(1),《1932年秋至1933年夏私立东吴大学法律学院一览》,第21页。

[5]参见孙伟:《吴经熊法律实践研究1917—1949》,苏州大学博士学位论文2009年,第54页。

第 8 卷	1(1935.1)、2(1935.3)、3(1935.5)、4(1935.8)、5(1935.11)、6(1935.12)
第 9 卷	1(1936.2)、2(1936.4)、3(1936.7)、4(1936.9)、5(1937.1)、6(1937.2)
第 10 卷	1(1937.4)、2(1937.6)、3(1938.1)、4—5(1938.12)、6(1939.4)
第 11 卷	1(1939.11)、2(1940.10)、3(1941.1)

但无论是《法学季刊》,还是《法学杂志》,它们都是真正意义上实现东吴大学法学院"比较法"精神的代表。两本杂志不仅有吴经熊、董康、王宠惠等名家供稿,而且刊行的内容横跨中西,涉及五大法系,且突出了比较法的特点,如有:《英国合同法中的公平》[1]、《法国的行政审判》[2]、《证据法法制比较论》[3]等。《法学季刊》不仅将外国法介绍到中国,而且通过寄送外国法学院图书馆的方式,[4]让其他国家了解到变革中的中国法,如《中国是否需要建立统一的法律体系?》[5]、《中华民国民事诉讼法》[6]、《中国的通奸罪》[7]等文章均发表于其上,期刊收录的文章不限题目,内容多样,都保持了较高水平,堪称法学文萃中的精品。

有趣的是,在南京国民政府与前苏联恢复邦交后,对苏联法的介绍文章也逐渐增多,[8]但持有的态度无非保持中立或是轻视,对苏联法律中有无优秀之处的引

---

[1] P. H. Chu, Equity in the English Law of Contracts, *The China Law Review*, Vol. X, No. 1, 1937, pp. 15 - 54.

[2] Tao Tien Nan, The French Adiminnstrative Jurisdiction, *The China Law Review*, Vol. Ⅳ, No. 8, 1931, pp. 373 - 391.

[3] 参见王亢候:《证据法制比较论》,载《法学杂志》1939 年第 6 期。

[4] 上海市档案馆藏:Y9 - 1 - 204,《1946 年东吴大学校刊》。

[5] Charles Sumner Lobingier, Shall China have an Uniform Legal System? *The China Law Review*, Vol. Ⅵ, No. 4,1933, pp. 327 - 334.

[6] Kwei Yue, The Code of Civil Procedure of the Republic of China, *The China Law Review*, Vol. Ⅷ, No. 3,1935, pp. 223 - 236.

[7] Francis S. Liu, Adultery as Crime in China, *The China Law Review*, Vol. Ⅶ, No. 3 - 4. 1935, pp. 144 - 147.

[8] 例如有:N. Shoolingin, An Outline of the Soviet Technique of Criminal Investigation, *The China Law Review*, Vol. Ⅶ, No. 2,1934, pp. 69 - 76. 郑保华:《中俄法律关于结婚离婚规定之比较》,载《法学杂志》1933 年第 4 期。郑竞毅:《苏联的国籍法》,载《法学杂志》1934 年第 4 期。王英生:《苏俄民法中之侵权行为法》,载《法学杂志》1935 年第 2 期。陈晓:《苏联刑事法与我国刑事法之比较研究》,载《法学杂志》1935 年第 6 期。

介文章几乎没有,可能也是受到南京政府《出版法》和期刊审查制度的影响。[1]此外,《法学杂志》甚至会开设专刊讨论当下发生的法律问题,如《法律教育专号》[2]、《司法制度专号》[3]、《检察制度专号》[4]、《比较宪法专号》[5]。因此,《法学季刊》在推动民国司法改革方面起着不可忽视的作用,对我们至今存在的法律现象,仍有重要的借鉴意义,其价值也是恒久弥新。[6]

(二)"型式法庭"

除了《法学季刊》外,东吴大学法学院的"型式法庭"也值得一提,但历来法学院的宣传品关于这门课程的名称并不统一,除此之外,还有"诉讼实习"、"假法庭"等称谓,但开设目的均旨在"俾学生得以其课室中书本上所得者,以实习之"[7]。

虽然早在 1915 年时,法科的英文简章就有提到型式法庭,"参加辩论会,使学生们能应用议会法;并参加型式法庭,使学生们对法庭所采用的诉讼手续能熟练应用。"[8]但通说认为,"型式法庭"是 1921 年刘伯穆任教务长时创设的,因为当时上海法制环境的关系,故以会审公廨、英美法庭轮流演练。[9] 至 1927 年华人掌校后,上海法制环境发生了巨大转变,随着会审公廨的撤销,英美驻华法院的废止,法学院的"型式法庭"也改以中国民事法庭和刑事法庭实习演练,不过仍保留有"英美法庭"的实习项目。[10]

---

〔1〕1930 年 12 月南京国民政府公布的《出版法》就要求,杂志刊行时需寄送内政部、所在地所属省政府
　　或市政府政府及所在地检察署,且 1930 年代掀起的对前苏联和布尔什维克有所鼓吹的杂志期刊
　　都遭到了查禁,因而《法学季刊》在这一大环境下可能对苏联法律的介绍也有所偏向。参见张静庐
　　辑注:《中国现代出版史料(乙编)》,上海书店出版社 2011 年,第 206—255 页。
〔2〕《法律教育专号(下编)》,载《法学杂志》1934 年第 3 期。《法律教育专号(上编)》,载《法学杂志》
　　1934 年第 2 期。
〔3〕《司法制度专号(上编)》,载《法学杂志》1935 年第 4 期。《司法制度专号(下编)》,载《法学杂志》
　　1935 年第 5 期。
〔4〕《检察制度专号》,载《法学杂志》1937 年第 5 期。
〔5〕《比较宪法专号(上编)》,载《法学杂志》1940 年第 2 期。《比较宪法专号(下编)》,载《法学杂志》
　　1941 年第 3 期。
〔6〕参见张仁善:《近代法学期刊:司法改革的"推手"》,载《政法论坛》2012 年第 1 期。
〔7〕上海市档案馆藏:《1923 年东吴法科年刊》,Q245 - 1 - 486。
〔8〕谢颂三:《回忆东吴法学院》,载上海市政协文史资料委员会编:《上海文史资料存稿汇编——教科
　　文卫》,上海古籍出版社 2001 年版,第 58 页。
〔9〕W. B. Nance, *Soochow University*, New York: United Board for Christian Colleges in China,
　　1956, p. 76.
〔10〕上海市档案馆藏:Y8 - 1 - 207,《东吴大学法律系 1945 年级刊》。

"型式法庭"大概每两周开庭一次,由学生轮流扮演法庭上的角色,具体演练流程参照实际法律程序,"事前,主教者以案情通知原被告律师,两造律师各具诉状答辩。而后,双方提出人证物证相证佐,各出其舌剑唇枪,以为胜负之一决,辩论既告终结,法官乃宣读判词,使诉者不服,得请求复审或昌言上告",[1]模拟演练的具体情景,从当时报道中可以窥见:

　　　　本埠东吴大学法科,上星期六举行型式法庭,假定一美国驻华按察使署讼案,案情为美人某甲自旧金山乘船来沪,某夜进□前犯禁酗酒并违背该轮定章,欲自上层甲板至下层,致从正在修理之扶梯缺口跌下,折伤左足,现在按察署控诉该船之疏忽,要求赔偿损失美金五千元(如医药费及失业等等之损失)。原告律师为盛振为、汤宗威,被告律师为杨逢春、邓绳武,审判官为该校教务长勃罗姆氏。双方问供时,对于证人之直诘、反诘及辩论时对于法律问题之援引例案,互相争持,精神抖擞,不稍疏忽。迨辩论终结,由审判官宣布判词。首先,详释关于本案之法律争点,次发对于事实之意见,谓原告因犯禁违章之行为致伤,倘被告方面并无过失存在,自属自不小心,与人无尤,不准有何赔偿损失之要求。惟详审双方所举证据,原告之酗酒无可抵赖,而被告否认过失一层,未能提出充分之反证,是双方各有不是。特援美国海洋法损失分担之法理,判决原告胜诉,着被告赔偿原告医药费美金一千元并负担堂费。退庭后,由该校教授萨莱脱博士批评双方律师问供及呈进书面证据之得失,而认为满意云。[2]

　　除了有"型式法庭"方便学生练习外,法学院教师还在课外安排学生参观如监狱等司法机关,以期了解其具体运作。[3]
　　当然"型式法庭"并非东吴大学法学院独有,上海其他法校也开设了类似课程,

---

〔1〕上海市档案馆藏: Y8-1-201,《东吴大学廿五周年纪念特刊》。
〔2〕《东吴法科之型式法庭——假定之"美按署"讼案》,载《申报》1924年5月27日,第14版。
〔3〕意之:《参观漕河泾监狱》,载《申报》1928年5月3日,第17版。

如复旦大学法律系的"诉讼实习"〔1〕、上海法学院的"法庭实习"〔2〕。其具体内容与"型式法庭"相似,但也稍有不同,大夏大学法律系的诉讼实习包含了诉状写作与假法庭等,"为诉讼书状、手续、辩论、判断等之实习,除实地参观外,尚有假法庭之组织以资练习。"〔3〕还有更精细者,如持志大学的诉讼实习专门是为刑事事务开设的:

> 本学程就刑事所为实习,盖只研究刑法及刑事诉讼法,而不为实习,虽娴于法理,仍不能适于实用,此诉讼实习之所以极为重要也。实习计分两种:(一)法庭实习,凡侦查程序、审判程序均属之。(二)制判撰状,凡制作起诉书、不起诉处分书、再议处分书、上诉书、答辩书、意见书、各审判决裁定及撰拟告诉状、告发状、自诉状、上诉状、反诉状、辩诉状、抗告状、声请状、再审状均属之。并将各种用纸附加说明,以便明了检察官、推事、书记官及律师之实务,将来运用时均有程序可循也。〔4〕

上述实习课程的内容大致与公文程序类似,而东吴大学法学院则另开有"公文程序"一课"讲授各种公文之格式及其应用方法。"〔5〕因此,上海其他法校所办的不管"诉讼实习"还是"法庭实习",可能都没有达到东吴大学法学院"型式法庭"这一课程的广度和深度。

三、"东吴系"的教员

近代活跃于上海法律舞台上的,除了众所周知的"东吴系"律师外,〔6〕还有一批"东吴系"教员频繁出现在各所大学的讲堂之上,他们毕业于东吴大学法科,又任教于

---

〔1〕《复旦大学一览》1936 年版,载张研,孙燕京主编:《民国史料丛刊 1076——文教·高等教育》大象出版社 2009 年版,第 148 页。
〔2〕参见上海法学院编:《上海法学院一览》1933 年版,第 34 页。
〔3〕《私立大夏大学一览》1931 年版,载张研,孙燕京主编:《民国史料丛刊 1092——文教·高等教育》大象出版社 2009 年版,第 319 页。
〔4〕《私立持志学院一览》,1937 年版,第 32 页。
〔5〕《私立东吴大学法学院一览》,1935 年版,第 45 页。
〔6〕参见律师:《东吴系律师之会议》,载《福尔摩斯报》1934 年 4 月 24 日,第 1 版。持法:《工部局法律顾问之东吴系》,载《福尔摩斯报》1930 年 6 月 17 日,第 2 版。征闻:《改选后之上海律师公会》,载《福尔摩斯报》1929 年 1 月 11 日,第 2 版。

其他法学院校,在推广母校的教学方式的同时,一定程度上推动了近代上海法学教育的发展。

截止至 1935 年,东吴大学法学院毕业生中担任教员者有 70 名,[1]其中当然也包含了大学教授。[2]例如,春申大学校长马景行,即是 1920 年毕业生。[3]大夏大学法律系教授 5 人中就有 2 人兼职东吴大学法学院即倪征噢和钟洪声,[4]前者更是东吴大学法学院 1928 年毕业生。[5]复旦大学法律系教员中有张元枚、金兰孙、仇子同。[6]其中,张元枚是 1922 年毕业生,金兰孙是东吴大学法学院的法学学士和硕士毕业生,仇子同是 1932 年本科毕业生。[7]再如上海法政学院也有"东吴系"教员参与,如杨兆龙、马君硕等人,[8]而杨兆龙和马君硕则是 1927 年毕业生。[9]盛振为、孙晓楼等人也担任过上海法学院教员,[10]而上海法学院校长董康,还是东吴大学法学院 1923 年的荣誉博士。[11]同样的,持志大学的校长和副校长何世桢、何世枚两兄即是东吴大学法学院第 4 届的毕业生。[12]甚至东吴大学法学院院长吴经熊也常常跑去帮忙代课。[13]1926 年,远东大学法科主任是陆鼎揆,[14]1928 年时改由纽约大学法学博士端木恺担任,[15]两人也均是东吴大学

---

〔1〕《私立东吴大学法学院一览》,1935 年版,第 130 页。

〔2〕也有学者认为这一批全是大学教员,See Hugh Chan, Modern Legal Education in China, The China Law Review, Vol. IX, No. 2,1936, p. 148.

〔3〕上海市档案馆藏:Y8‐1‐204,《1946 年东吴大学校刊》。

〔4〕钟洪声早在 1929 年即任教于东吴大学法学院,参见:《1929—1930 年私立东吴大学法律学院院章》,第 9 页。上海市档案馆藏:Q459‐1‐146,《律师朱仁日记》第二卷,第 75 页。上海市档案馆藏:Y8‐1‐204,《1946 年东吴大学校刊》。《私立大夏大学一览》1931 年版,载张研,孙燕京主编:《民国史料丛刊 1092 文教·高等教育》大象出版社 2009 年版,第 157 页。

〔5〕上海市档案馆藏:Y8‐1‐204,《1946 年东吴大学校刊》。

〔6〕台北中央研究院文哲所图书馆藏:《复旦大学一览》1931 年春,第 5—7 页。《国立复旦大学一览》1936 年版,载张研,孙燕京主编:《民国史料丛刊 1076——文教·高等教育》大象出版社 2009 年版,第 307—318 页。

〔7〕上海市档案馆藏:Y8‐1‐204,《1946 年东吴大学校刊》。

〔8〕《私立上海法政学院一览》,1932 年版,第 161 页。

〔9〕上海市档案馆藏:Y8‐1‐204,《1946 年东吴大学校刊》。

〔10〕《私立上海法学院一览》,1933 年版,第 50—75 页。

〔11〕上海市档案馆藏:Q245‐1‐19,《中华监理公会年议会五十周年纪念刊》。上海市档案馆藏:Y8‐1‐204,《1946 年东吴大学校刊》。

〔12〕上海市档案馆藏:QY8‐1‐204,《1946 年东吴大学校刊》。

〔13〕晨鸣:《吴经熊之交情》,载《福尔摩斯》,1931 年 5 月 11 日,第 1 版。

〔14〕《远东大学聘定各科教授》,载《申报》1926 年 3 月 3 日,第 10 版。

〔15〕《远东大学之新设施》,载《南洋商报》(Nanyang Siang Pau)1928 年 3 月 2 日,第 16 页。《各团体消息》,载《申报》1928 年 2 月 10 日,第 17 版。

法学院毕业生。

东吴大学法学院以教授英美法闻名，是当时中国唯一一所教授"普通法"课程的法学院，[1]并以"比较法"教学为荣，其英文校名直译而来即"中国比较法学院"。"吾国法律学校之研究比较法律也，当自吾校始，其特色一。"[2]"本埠东吴大学法科，为中国以比较法教授之唯一之学校"。[3]上述"东吴系"教员通过活跃于各所院校讲台，将东吴大学法学教育的这些特色带入到了其他法律院校。

以国立暨南大学法学教育风格为例，如前所述，暨南大学法律系设立于1927年，系主任即是东吴大学法科1923年第6届毕业生石颖，[4]石氏毕业后，以法科第1名的身份考取了清华公费留美名额，1924年获密歇根大学法学硕士学位(LL. M)，1925年获耶鲁大学法学博士学位(J. S. D.)。[5]学成归国后，石颖回到了母校东吴大学法学院任教，教授物权法和国际公法。[6]1927年，国立暨南大学拟添设法律系，校长郑洪年聘任石颖为系主任筹备一应事务。石颖的到任逐渐让新兴的暨南大学法学教育增添了浓重的"东吴"色彩。

首先，体现在法律系教员上。1927年时法律系除石颖外，教员仅有张树铭、汪翰章、刘世芳3人。[7]1929年时，教员数量有所增加，加聘了张元枚、李中道、潘序伦、钱树声、张相时，其中张元枚、李中道两人分别是1922年和1924年东吴大学法科毕业生。[8]1930年时，暨南大学法律系扩建为法学院，法律系教员数量进一步增加，而"东吴系"教员更是占了相当比例，新增教员中又有4人为东吴大学法科毕业生，他们是丘汉平、傅文楷、盛振为和袁仰安。[9]如此高的比例，自然与系主任石颖有关，1929年刚在东吴大学法科获得法学士学位的袁仰安，便能在1930年进入国立暨南大学担任法律系助教兼西洋史讲师，[10]即可揣测一二。

---

〔1〕"Law in China: Dr. Sellett's Address Before Y's Men's Club," *The North-China Herald and Supreme Court & Consular Gazette*, Dec. 20,1924.

〔2〕陈霆锐：《东吴法科大事记》，载上海市档案馆藏：Q245-1-486，《1923年东吴法科年刊》。

〔3〕《东吴大学法科消息丛志》，载《申报》1924年6月2日，第14版。

〔4〕上海市档案馆藏：Y8-1-204，《东吴大学校刊1946》。

〔5〕王伟：《中国近代留洋法学博士考》，上海人民出版社2011年版，第76页。

〔6〕《东吴大学法律科章程》，1926年版，第8—9页。

〔7〕《国立暨南大学校务特刊》，国立暨南大学出版1927年版，第62页。

〔8〕上海市档案馆藏：Y8-1-204，《东吴大学校刊1946》。

〔9〕《教员一览》，载《国立暨南大学一览》，1930年版，第11—13页。

〔10〕上海市档案馆藏：Q240-1-491(2)，《1930年暨南大学年鉴》。

其次,体现在修业规定上。一方面,暨南大学法律系在预科设置和修业年限上与东吴大学法学院具有相似性。东吴大学法科从创设之初便仿美国法学院样式,要求入读学生必须有 2 年的著名大学教育经历,刘伯穆时期设立了预科以求变通,非校方承认的著名大学,须再入读预科 1 年,无任何大学经历则须入读 2 年,"凡中学毕业生未有二年以上大学程度者,可先进苏州东吴大学特设之法律预科肄业,期满再进本校法律正科。"〔1〕因此,入读预科是考生不满 2 年大学经历而入读东吴大学法科的强制性规定,故而,其培养的学生至少有 5 年的高等教育经历。

1927 年,暨南大学法律系初设时原设有预科,预科学生经考试合格后方可升入本科,也同样是强制性规定,且时间条件与东吴大学法科颇为相似,"本系编制分本预两科。本科四年卒业,预科定为一年。预科学生经考试及格后,得升入本科。"〔2〕总计共需 5 年方可获得法学学士学位。虽然,不久之后,预科的设置经暨南大学教务会议取消,但 5 年的教育年限并未更改:

> 本系初分正预两科,定正科为四年,预科为一年,后经大学教务会议议决,以本校其他各系不设预科,法律系不便独异,于是将预科废止,而并入本科共成五年。〔3〕

另一方面,暨大法律系开设的课程也具有很强的荫袭特征,以 1927 年的法律系课程为例:

第一学年					
课目	授课语言	学分	课目	授课语言	学分
国文	/	3	国文	/	3
三民主义	中文	1	三民主义	中文	1
民法总则	中文	2	科学方法	中文	2
亲属法	中文	2	民法总则	中文	2

〔1〕《东吴大学法律科章程》,1926 年版,第 4 页。
〔2〕《法律系课程及说明书》,载《暨南周刊》1927 年第 1 期。
〔3〕《国立暨南大学校务特刊》,国立暨南大学出版 1927 年版,第 62—64 页。

债权法	中文	3	债权法	中文	3
罗马法	英文	2	承继法	中文	2
法学总论	英文	3	会议法	中文	2
侵权行为	英文	2	罗马法	英文	2
军事学识	中文	2	侵权行为	英文	2
兵操	/	1	犯罪研究	英文	2
			兵操	/	1
第二学年					
国文/	中文	3	国文	/	3
物权	中文	3	刑法总则	中文	2
刑法总则	中文	2	刑事诉讼	中文	2
刑事诉讼	中文	2	商法总则	中文	1
契约法	英文	3	法院编制法	中英文	2
动产法	英文	2	契约法	英文	3
亲属法	英文	2	动产法	英文	2
劳法	英文	2	刑法	英文	2
			法律与道德	英文	2
第三学年					
国文	/	3	国文	/	3
民事诉讼法	中文	3	民事诉讼法	中文	3
刑法分则	中文	3	公司法	中文	2
破产法	中文	2	商法行为	中文	2
买卖法	英文	2	票据法	英文	2
票据法	英文	2	合伙法	英文	2
保证法	英文	2	私法人	英文	2
证据法	英文	2	证据法	英文	2
德国民法	英文	2	海商法	英文	2
运输法	英文	2	代理法	英文	2

破产法	英文	2	保险法	英文	2
普通法词状	英文	2	法庭实习	中英文	1
			普通法词状	英文	2
第四学年					
国文	/	3	国文	/	3
刑事诉讼法	英文	2	中国法制史	中文	2
公法人	英文	2	海商法	中文	2
宪法	英文	2	赔偿法	英文	2
国际私法	英文	2	行政法	英文	2
国际公法	英文	2	国际公法	英文	2
法理学	英文	2	德国民法	英文	2
法庭实习	中英文	1	法律哲学	英文	2

（**斜体字**的是必修，其余为选修课程。《法律系课程及说明书》，载《暨南周刊》1927 年第 1 期）

如上表所列，不难发现，除了同东吴大学法科一样采用中英文教学外，英美法课程占据了很大比例，在必修科目中可以看到侵权行为、动产法、契约法的开设，其中，大陆法的课程仅占了很少一部分，仅开设了德国民法一课。这一份课表在废除预科之后略有变动，但大体上仍保留了很高的英美法课程的比例：

> 今以第一年为造就学生研究法律之基础，而与以缜密之预备故，内设国文、英文、演说学、心理学、政治学、社会学、论理学、经济学、生物学、中国史，及西洋历史诸课。
>
> 自第二年至第五年方始研究法律，进入专门之学程，第二年除大学共同必修课外，中国法有民法总则、法院编制法、亲属法、债权法、承继法、会议法等；英美法有契约法、侵权行为法、亲属法、动产法，及法学总论等。
>
> 第三年除国文外，中国法有物权法、刑法总则、刑事诉讼法、劳工法、商法总则及公司条例等；英美法有买卖法、刑法、私法人、代理法、合伙法、票据法，及普通法词状等，此外更有罗马法，及法律伦理两课。

第四年除国文外,中国法有民事诉讼法、刑法分则、票据法、商行为法、行政法及比较宪法等;英美法有保证法、公法人、国际公法、国际私法、运输法、保险法,及赔偿法等,此外更有德国民法一课。

第五年除国文外,中国法有民事执行法、破产法、及中国法制历史等,英美法有破产法、证据法、海商法、平衡法,及法理学等,此外更有南洋现行法,法庭实习,及论文三课。[1]

一直至1930年,暨大法律系仍开设了不少英美法课程,如平衡法和英美刑法,前者"讲授英美平衡法之起源,严格,性质,及平衡法理,并就平衡法院之组织,诉讼程序,及与普通法院(Common Law courts)不同之点,详加研究,以见英美今昔法制之大概。"后者则"用英美选案讲授,其目的在,使学生谙习英美刑法,以与中国刑法比较研究。"[2]当然,课程教材也采用英文原著,如英美契约法即用科宾(Arthur Linton Corbin)的《契约法的案例》(*Cases on Contracts*)[3]。

最后,体现在教学方式上。国立暨南大学法律系在教学的方式上也承袭了东吴大学法科的特色,即案例教学法和比较法教学。前者,如暨大法律系契约法一课的讲授,即是以案例作为授课内容,学生需要将全案作成摘要,分析事实,归纳法例,并将各案互相比较,"本课以英美契约法名案,为研究之根据,用英语直接教授。学生需将全案作成摘要,分析事实,归纳法例,并将各案互相比较,以评得失,期获精密之训练与持久之记忆。"[4]而比较法的教学方式则体现在多门课程中,如其法律系的教学要旨即突出了这一教学方式:

本系以研究中国之新旧法制为根本,而参考英美、大陆诸国学说,及现行法制,以资比较,……在此一年试验之中,与学生以比较之研究,加以选案之训练,成效昭著,照此赓续习求,则数祀之后,本系在中国之

---

〔1〕《国立暨南大学校务特刊》,国立暨南大学出版1927年版,第62—64页。
〔2〕《国立暨南大学一览》,1930年版,第115页。
〔3〕石颖:《法律系教授方案:英美契约法》,载《暨南周刊》1928年第4期。
〔4〕《国立暨南大学一览》,1930年版,第112页。

法律学校中,必能首屈一指,而学生对于中国司法前途之贡献亦必夥也。[1]

具体而言,如石颖讲授的罗马法一课,即是与"英美法及中国法作比较研究。"[2]乃至,1931 级法律系的格言(motto)也是"权衡比较,才能判断正确"(He only judges right, who weighs and compares.)。[3]

因此,从暨南大学法律系的教学中,我们可以清晰地看到"东吴系"教员带来的影响。尽管 1937 年因战事牵连,东吴大学法学院一部分师生被迫迁往重庆办学,但他们并未因战乱而中止英美法及比较法课程,仍继续保留教育传统,开设了英美刑分、英美法大纲、英美衡平法等课程。[4]此外,法学院还专门开设了法科研究所比较法专门部,[5]并且设立了中国比较法学会。[6]当然,上述这些变化并非全部是"东吴系"教授之功,还有上海法制环境的影响,以及其他法校主动模仿东吴大学法学教育模式的可能性存在。

第三节　洗净铅华:卸妆后的法学院

1920 年代末,掀起的收回教育权运动波及到了东吴大学法学院,[7]刘伯穆以家庭原因卸任,校务由萨贲德代理。[8]1927 年,在改聘吴经熊为院长和盛振为为教务长后,[9]东吴大学法学院逐步从"教会学校"转变为"私立学校"。[10]校名按

[1]《国立暨南大学校务特刊》,国立暨南大学出版 1927 年版,第 62—64 页。
[2]《国立暨南大学一览》,1930 年版,第 114 页。
[3]上海市档案馆藏:Q240-1-491,《暨南年鉴 1929》。
[4]上海市档案馆藏:Q245-1-45,《1943 至 1945 年本校在重庆时期所开课程表》。
[5]《东吴法学院消息》,载《中华基督教卫理公会通讯》1944 年复刊 26 期。
[6]《美重视我法律教育》,载《四川教育通讯》1945 年第 5 期。
[7]参见《东吴大学交华人自办之提议》,载《中华教育界》1927 年第 9 期。《东吴法科收回运动圆满解决》,载《中华教育界》1927 年第 10 期。
[8]上海市档案馆藏:Q243-1-101,《圣约翰大学同东吴大学办理联合法学文件参见》。
[9]起初吴经熊并非是首选,一位名叫 E. E. Barnett 的人,先被考虑作为继任者。上海市档案馆藏:Q243-1-101,《圣约翰大学同东吴大学办理联合法学院文件》。W. B. Nance, *Soochow University*, New York: United Board for Christian Colleges in China, 1956, pp. 80-81.
[10]"查外人捐资设立学校,应与本国各私立学校一律待遇。"《外人捐资设立学校认可办法》,载《教育杂志》1926 年第 1 期。

照教育部要求冠以"私立"字样,法学院也于 1929 年获得南京国民政府批准立案,[1]开始接受教育部的管理,其法学教育也悄然发生了一些变化。

一、所谓的名师团队

从兰金创设东吴大学法科伊始,担任学校教职者就不乏名流,"曩时教授,如王宠惠,梅华铨,谢永森,陈霆锐,张君劢,张一鹏……诸先生,均系中外著名法学专家,先后任本院主要学科。"[2]除上述外,还有如"美国罗马法大家驻华按察司罗炳吉、工部局督办费信惇、前驻沪总领事美国律师公会会长佑尼干等"[3]也参与到法科教学中。学校选聘教师一直以高标准自诩,"吾校教员,皆为海上中西法学大家,其一知半解,滥竽充数者,绝不厕身于其间。"[4]聘请著名学者,一方面为学校带来了声誉,另一方面似乎也会对教学有所裨益。

兰金和刘伯穆两任前教务长的做法,得到了继任者的认同和效仿,如盛振为便认为办学的优良与否,选任教授是否得人,是一个重要的方面:"教授选任以专门学识为要件,夫学校之优良,端在办事者之热心,亦在教授之得人。……最近聘请教授中,如担任法理学之吴经熊氏,担任宪法之乔万选吴芷芳氏,担任罗马法之应时丘汉平氏,担任公司法之潘序伦氏,担任德国民法之刘世芳氏,担任法制史之董康氏……皆负盛望之法律专家,各尽其长,各献其能,来本学院讲学,此本院办学方针五也。"[5]在一定程度上,这些名师的确推动了东吴大学法学教育的发展,如罗炳吉即是一例。[6]为感谢这些教员为东吴大学法学教育做出的贡献,1923 年校方特授予罗炳吉荣誉法学博士学位,第二年又"增王宠惠、董康二先生荣誉法学博士

---

〔1〕参见盛振为:《法学院概况及本年大事记》,载《1930 年东吴年刊》,第 91 页。参见《教育:(甲)学校教育》,载《各省市各项革新与建设》1930 年第 4 期。

〔2〕《东吴法律学校开学纪》,载《申报》1916 年 2 月 19 日,第 10 版。《东吴大学法律科消息》,载《申报》1922 年 9 月 11 日,第 15 版。盛振为:《十九年来之东吴法律教育(附表)》,载《法学杂志(上海 1931)》1934 年第 2 期。

〔3〕上海市档案馆藏:Q245－1－19,《中华监理公会年议会五十周年纪念刊》。

〔4〕陈霆锐:《东吴法科大事记》,载上海市档案馆藏:Q245－1－486,《东吴法科年刊》1923 年版,第 20 页。

〔5〕盛振为:《十九年来之东吴法律教育(附表)》,载《法学杂志》1934 年第 7 卷第 2 期。

〔6〕罗炳吉对东吴法学院的建立贡献巨大,因此也被东吴大学法学院师生称为真正的创始人(参见《东吴大学年刊》,1920 年版,第 40 页)。李洋的《罗炳吉与东吴法学院》(载《华东政法大学学报》2014 年第 6 期)一文对此有详细论述。

学位"。〔1〕诚然,东吴大学法学院在网罗名师方面可谓不遗余力,但是,在盛名之下是否一定会产生积极的教学效果呢?

以著名法学家董康为例,1929 至 1932 年间,他在东吴大学法学院教授中国法制史和比较刑法两课。比较刑法并不是中外刑法的比较,"而是中国从古到今历代刑法的比较,这是一门学术性很强的功课。"〔2〕具体而言是"用讲义,以比较之方法研究唐、明、清刑律与现行之新刑法,并考其得失异同。"〔3〕比较刑法一课分别于大三上下两学期开设,上学期(1931 年秋)董康共缺席 2 次,但到了下学期(1932年春),董康缺课达 6 次之多。

三月九日,雨,今晚董康告假,行政法虽上课而未授书。〔4〕

三月二十五日,晴,午后五时到校,董康、章寿昌闻均往南京就职,一时当不能来校上课也,新添预科人数亦多。〔5〕

四月六日,晴,午后到校上课,董康又告假一星期。〔6〕

四月十五日,晴,下午五时到校上课,吴经熊、董康均告假。〔7〕

五月二十七日,雨,午后五时到校,董康告假,比较刑法无课。〔8〕

六月三日,晴,午后五时到校,董康仍未来。〔9〕

下学期从正式上课(1932 年 3 月 3 日)到考试日(1932 年 7 月 1 日),董康缺席了近一半的课程。上半学期董康仅缺课 2 次,看似很少,但须考虑 1931 年秋东吴

〔1〕上海市档案馆藏:Q245-1-19,《中华监理公会年议会五十周年纪念刊》。《东吴大学法科消息丛志》,载《申报》1924 年 6 月 2 日,第 14 版。

〔2〕倪征燠:《淡泊从容莅海牙》,北京法律出版社 1999 年版,第 23 页。值得一提的是,到 1933 年时,比较刑法的教授范围又包含了各国刑法:"本学程以比较方法研究各国刑法与我国唐、明、清刑律及现行刑法,并考其得失异同。"上海市档案馆藏:Q245-1-489(1),《1932 年秋至 1933 年夏私立东吴大学法律学院一览》。

〔3〕上海市图书馆藏:《1929—1930 年私立东吴大学法律学院院章》,第 13 页。

〔4〕朱仁,1929 年考入东吴大学法学院,于 1932 年毕业。上海市档案馆:Q459-1-146,《律师朱仁日记》第二卷,第 223 页。

〔5〕上海市档案馆藏:Q459-1-146,《律师朱仁日记》第二卷,第 225 页。

〔6〕同上书,第 228 页。

〔7〕同上书,第 230 页。

〔8〕同上书,第 237 页。

〔9〕同上书,第 238 页。

大学法学院经历了一个多月的反日罢学风波,[1]而上半学期正式上课则是在 9 月 10 日。[2] 此外,比较刑法一课的讲义到上半学期临近结束还未印好,以至于董康只能讲讲工作经历应付:"十一月十七日,晴,今晚比较刑法因讲义未印好,董康即杂谈当年刑部掌故,颇饶兴趣。"[3]同样的,其所授仅半学期的中国法制史也遭遇了类似的情形。因此,临近期末考试,董康似乎也感有愧,不想为难学生,特准开卷考试:

> 七月一日,晴,今日考法制史与比较刑法,特准参阅讲义,惟题目系论说体裁,故所费时间甚多,予在八点半缴卷时,当有多数人在课堂内未曾完毕也。[4]

董康并非东吴大学法学院众多名师中的特例,吴经熊仅一学期的法律哲学一课就缺席了 4 次,[5]瞿曾泽更是整整 1 个月不来上课。[6] 在学生回忆中也记载了老师缺课的事情:"第二次上课,等了好久,说俞先生(作者注:俞叔平)没空,由一位刑事处的孙处长代课……放课,放课,又是放课。来了一位姓谭的科长……可是很长时间不见俞先生人影,直到放假前最后一堂课,俞先生才再次露面了。"[7]

此外,还因为教授们缺席次数太多,最后只能压缩课程内容,例如担任契约法一课的萨赉德,即是一例:

> 二月十七日,星期一,晴,今日萨赉德未来,契约法及侵权行为均无课。[8]

---

〔1〕上海市档案馆藏:Q459-1-146,《律师朱仁日记》第二卷,第 201—208 页。
〔2〕同上书,第 182 页。
〔3〕同上书,第 197 页。
〔4〕同上书,第 242 页。
〔5〕同上书,第 228—235 页。
〔6〕同上书,第 153—156 页。
〔7〕参见马裕民:《忆吾东吴》,载东吴大学上海校友会,苏州大学上海校友会编:《东吴春秋——东吴大学建校百十周年纪念》,苏州大学出版社 2010 年版,第 25 页。
〔8〕上海市档案馆藏:Q459-1-146,《律师朱仁日记》第二卷,第 62 页。

三月二十五日,晴,东吴教授萨赉德将伴驻华美国按察使赴粤审一案件,故自明日起契约法及侵权行为均将暂停。[1]

四月九日,雨,萨赉德又因事离沪,本周课暂缺。[2]

五月二十六日,晴,今日晚萨赉德告假,契约法侵权行为均未上课。[3]

因为萨赉德多次缺课,以至于契约法一课到最后只能通过遴选重点加快速率讲完,而且也并非仅契约法一门课程如此,其他课程也有类似情况发生,"本学期各种功课因时间关系不能授完,现在如契约法等均增加速率以期将重要处在考前讲毕。"[4]这类现象屡屡发生,以至于学生不得不向学院教务会议反映,教授缺课太多的问题。[5]

其实,问题并非仅出在这些法学名家身上,而在于法学院的管理者选任教师往往看重了教授的名誉或是其学术水平,而忽视了教学能力。这一点,即使是在迁台后的东吴大学法学院,仍能看到一些迹象。例如王世杰看到时任东吴大学法律研究所所长的梁鋆立,便评价他虽满腹经纶,但并非大学良师:

一月十二日,午后梁鋆立来美国文化研究所,讲述美国对国际新政府"承认"诸事例。此君于史实具有见解,惟不善讲述,虽在学校及许多政府机构任职多年,仍非大学良师。[6]

同时,学校为了保证教学阵容的"著名",不得不放弃稳定的教学计划,而时常因事替换教授。例如,法学院原聘租界临时法院推事作为教授,但是在临时法院改组后又一一辞退,固然学校可以通过再聘名家保证卓越师资,但因这些教师的变动所

---

〔1〕上海市档案馆藏:Q459-1-146,《律师朱仁日记》第二卷,第72页。
〔2〕同上书,第75页。
〔3〕同上书,第86页。
〔4〕同上书,第88页。
〔5〕上海市档案馆藏:Q245-1-4,《东吴大学校务会议及校委会议记录1930—1937》。上海市档案馆藏:Q459-1-146,《律师朱仁日记》第二卷,第107页。
〔6〕台湾中央研究院近代史研究所藏:《王世杰日记》1978年1月12日。

引起的教学后果却由学生承担,"自上海租界临时法院改组后,在东吴兼课之数推事都解任,故课程与授课者又将略有更动,闻继承法仍由钟汝声担任云。"[1]因此,尽管东吴大学法学院竭尽全力网罗名师,但实际授课质量也有差强人意的一面。

但需要强调的是,因为各时期聘任教师的不同,所以缺课情况也有差异,并且,校中仍有许多出色的教授为学生所敬佩,如张志让分析问题抽丝剥茧,让学生印象深刻:"晚间到校上课,今日民事诉讼法课上关于选择之合并,有极详细之讨论,张师志让头脑清晰,分析问题如抽茧剥蕉,同学无不钦佩,教师中之上选也。"[2]值得一提的是,在抗战期间的中国比较法学院,教员反倒基本不缺课。[3]

此外,再推敲法学院诸名师的工作,则可发现无一不是兼职教授。东吴大学法科聘任兼职教授已有悠久之传统,创校之初就以聘请罗炳吉、佑尼干等人作为兼职教授而为社会公众所知,但当时学校全职教员仅教务长一人,除此之外,全部是在职的推事或者正在执业的律师。[4] 自华人掌校后,聘请的教授也大都是法律圈的名流,这些名流身兼数职,例如有兼任法院推事的郑文楷、钟洪声、应时等,[5]有兼任执业律师的丘汉平、张正学、刘世芳等,[6]还有兼任其他法学院教授的俞承修、张正学、瞿曾泽等。[7]

尽管,聘请兼职教授会一定程度影响课程的稳定性,但学校的管理层似乎对此并不在意。管理者一如既往地聘请"兼职"教授,因为,这些兼职教授大多被社会公众所熟知,且都活跃于司法界,不仅可以教授最新的司法实务,[8]最重要的还能为学校带来更大的知名度。因此,社会对东吴大学法学院的评价也水涨船高:"依

---

〔1〕上海市档案馆藏:Q459-1-146,《律师朱仁日记》第二卷,第75页。

〔2〕同上书,第140页。

〔3〕2015年5月8日,作者台北采访。

〔4〕W. B. Nance, *Soochow University* , New York:United Board for Christian Colleges in China, 1956, p. 76.

〔5〕上海市图书馆藏:《私立东吴大学法律学院院章》,1930年版,第4页。

〔6〕《私立东吴大学法学院一览》,1935年版,第6—7页。

〔7〕《持志年刊》,1931年版,第6期。《私立上海法政学院一览》,1932年版,第90页。

〔8〕关于实务经验,我们可以从同样存在兼职教授问题的震旦大学法学院了解管理者的意图:"本国教授之聘任,不必以留学回国者为标准,而以法官或律师占绝对多数,其故盖以新法典尚乏判例,欲其不过违旧俗,则解释之际,非富于实际经验者,不能胜任。复以新颁各法典,虽经审慎通过,然以期强制的革新,容有与人们积习相距略远者,新旧冲突之际,尤非阅历充足者,不能定其取舍。"《私立震旦大学一览》,1935年版,第63—64页。

上列诸法科之声誉言,自东吴为最著且历史亦最久,其次则为持志,该二校教授均法院推事以及著名律师充任。"〔1〕

通过对法学院兼职教授人数进行统计,可以得出大致如下情形:

年份	专任	兼任	总计
1934 年	6 人	12 人	18 人
1935 年	7 人	14 人	21 人
1941 年	4 人	12 人	16 人
1942 年	4 人	19 人	23 人

(参见上海市档案馆藏:Q245-1-5,《1922—1936 年教育部派员视察指示改进与东吴往来文书》。上海市档案馆藏:Q245-1-11,《苏州校本部抄送伪教育部关于招收新生问题的原呈稿及指令训令》。上海市档案馆藏:Q245-1-24,《1942 至 1944 年汪伪教育部调查学校状况及教职员待遇规定,征收学费、设置免费学额等函令及本校甄报的调查表》。)

不难发现,尽管统计年数存在断代,但兼任教授所占比例非常清晰,在明确记载兼任教授数据的年份中,兼任教授普遍占据总教授人数的三分之二以上。而且,教授兼任的现象也存在于法学院研究所:

年份	专任	兼任	总计
1943 年	4 人	5 人	9 人
1944 年	1 人	4 人	5 人

(上海市档案馆藏:Q245-1-35,《伪教育部调查本校研究所概况的来往档》。)

这一比例已经远远超过《大学组织法》规定的兼任教员"总数不得超过全体教员三分之一"的要求。〔2〕 因而东吴大学法学院也受到了教育部的批评:"该院负责行政人员均在他处兼任职务,全系教员亦几全系兼职,殊属不合,应即设法纠正,并改聘专任教职员。"〔3〕面对教育部的饬令,法学院只能增聘一些专任教员,并且

---

〔1〕持平:《上海各大学之法科谈》,载《福尔摩斯报》1930 年 1 月 23 日,第 1 版。
〔2〕《大学组织法》,载《国民政府公报》1929 年第 227 期。
〔3〕上海市档案馆藏:Q245-1-5,《1922—1936 年教育部派员视察指示改进与东吴往来文书》。参见"University Reforms Prescribed by Ministry of Education", *The China Weekly Review*, Aug 11, 1934, "College Here Counseled on Needed Reform", *The China Press*, Aug 6, 1934.

顾左右而言他的向教育部陈情：

> 教员计共十八人，专任教员经增聘者六人，兼任教员十二人，并新建
> 教员宿舍六幢，以便专任教授住校，复增添运动器械等用以改善学校生
> 活，此改进点应行呈报者，一也。[1]

事实上，学校管理层中也不乏兼任现象，法学院院长吴经熊就兼任持志大学教授，[2]盛振为不仅是教务长还是立法委员，[3]鄂森更是上海滩鼎鼎大名的大律师。[4]因此，学校似乎对这一现象持放任的态度。在实际教学中，学校管理层也更倾向于配合兼任教授调整上课时间，"现因徐维震长院后，推事出外教书须告假，闻自下学期起……东吴亦将改迟，以免与推事审案时间有所冲突也。"[5]

大量聘任兼职教授，其结果可想而知，这些教授一边忙于社会事务，一边要手执教鞭，频繁的缺课就成为了普遍现象，进而影响了教学质量，学生对教员缺课太多的抱怨也随之产生。[6]面对学生的质询，法学院并没有强制教授按时上课，而是委婉的告知教授，希冀其因事缺席能提前通知学校："倘各教师有因故迟到或缺席者，敬祈事先能以电请或书面通知本校教务处，以便设法调上其他课程，另定日期通知补课。"[7]然而，兼任教授数量居高不下的现象，至学院发展后期仍能发现踪迹。[8]

兼任教员对教学的损伤其实早被东吴大学法科的管理者所知。[9]除了考虑

---

〔1〕上海市档案馆藏：Q245-1-5,《1922—1936年教育部派员视察指示改进与东吴往来文书》。

〔2〕"今知何氏新在持志法科增添法律哲学一课，自为教授，吴乃致函何氏自荐，愿任持志讲师，演讲法理学一课，并不支酬报。晨鸣：《吴经熊之交情》，载《福尔摩斯》，1931年5月11日，第1版。此外，吴经熊还与张志让、李晋孚合开律师事务所。参见天僊：《吴经熊受任法律顾问》，载《福尔摩斯》，1930年11月5日，第2版。

〔3〕《私立东吴大学法学院一览》，1935年版，第4页。

〔4〕参见拙作：《东吴遗珠——鄂森博士小传》，载《社会科学论坛》2014年第10期。

〔5〕持平：《上海各大学之法科谈》，载《福尔摩斯报》1930年1月23日，第1版。

〔6〕上海市档案馆藏：Q245-1-4,《1930—1937年东吴大学校务会议及校务会议记录》。

〔7〕上海市档案馆藏：Q245-1-99,《1946—1949年校长办公室、教务处的布告和关于考试、开学、开会等问题致教师的函件等》。

〔8〕上海市档案馆藏：Q190-1-14574,《上海律师公会关于陆昭华律师于1948—1949年间担任东吴法学院教授期间，陆与该校往来信件及学生名册》。

〔9〕兼职教授带来的副作用并不仅仅是缺课，法学院管理层认为还有以下几点：1.律师或者 （转下页）

有些是知名学者外,管理层更多的聘请兼职教授,是因为他们仅收取课时费。[1]
而东吴大学法学院长期面临经费拮据的压力,迫于教育部一系列限制法科发展的
措施,法学院不得不减少招生名额,停办日校并缩减修习时间,这些操作不仅导致
东吴大学法学院生源人数的下降,而且也意味着经费收入的减少。1930 年前后,
上海其他私立法校如上海法学院、上海法政学院陆续得到了教育部的立案,各综合
性大学如大夏大学、复旦大学等也相继开设法律系。面对如此多的竞争者和教育
部的种种限制,无疑给东吴大学法学院增加了巨大的经济压力。[2]

> 属校近年来因国外补助费锐减,已支绌万分,重以学额之限制,经济
> 更为拮据。呈奉钧部颁布各级学校免费公费学额规定,则属校于二十五
> 年度至少应设置百分之五之免费学额,经济之负担更重。[3]

如此经济窘迫的局面还能从其他方面得到反映,例如法学院出版年刊花销过
多,以至于有停刊的想法:

> 东吴每年例有年刊,今岁以适逢创立三十周年纪念,即改为三十周年
> 纪念刊,颇闻所费太多而获效殊鲜,今以有发止之意,明年或缩小范
> 围也。[4]

(接上页)推事由于工作忙碌,而没有时间备课,经常将上课变为了分享自己最近的经历;2.学校也
因此会收到很多资历较浅律师的求职信,以求能够通过在法学院教学获得声望;3.法学教育和研
究,其本身就是事业,因而要求全身心的投入。早期外国人掌校时,法学院管理层其实已经意识到
了兼职教授带来的副作用,并且努力拟定聘请专任教授的方案,聘请了三位全职和一位工作半日
的美国律师。但是校方也承认这样的方案算不上成功,因为在中国"全职"并不意味着一定是"全
职",有些年富力强的"全职"教授还是投入于大量的校外工作,仅仅将一小部分时间花在教学和研
究上。See W. B. Nance, *Soochow University* (New York: United Board for Christian Colleges in
China, 1956), p. 77.

[1] 参见盛芸:《盛振为先生落难记》,载《世纪》2014 年第 5 期。
[2] 1931 年到 1935 年间与东吴大学法学院类似的上海同类学校,如大夏大学、沪江大学等有 50% 的
经费来自学生缴纳的费用。参见 Wen-Hsin Yeh, *The Alienated Academy: Culuture and Politics
in Republican China 1919 -1937*, Harvard University Asia Center, 2000, pp. 201 -202。
[3] 上海市档案馆藏: Q245 - 1 - 11,《东吴大学苏州本部抄送教育部关于招收新生问题的原呈稿及指
示训令》。
[4] 上海市档案馆藏: Q459 - 1 - 146,《律师朱仁日记》第二卷,第 156 页。

至 1949 年时,法学院仍在面对经济压力,《法学杂志》也不得不因经济原因暂缓出版。

> 法学杂志复刊,筹备已久,⋯⋯尤应尽量搜集法学方面重要资料,编译并提供术界研究,至出刊期,暂定每学期出刊一次,顷已广泛征稿。闻原定三十八年一月即可出版复刊号,但因受近来经济情势变更之打击,恐须展缓出版期云。[1]

法学院常年的入不敷出,[2]迫使其之后开设了会计专业,以求增加收入。[3]全校性的开源节流也影响到了聘任教师,但兼职教授过多的数量也带来了负面作用,除上述已经提及的外,兼职教授不负责任的现象比比皆是,如在学生回忆中有艾国藩上课不认真,魏文达教学敷衍的现象:"艾国藩先生教'国际公法',上课并不认真。外语一般。他在瑞士驻沪领事馆担任法律顾问,兼任律师⋯⋯他在领事馆的报酬高的惊人,教书仅是消遣而已。""教'海商法'的魏文达先生,是船老板,开了一家运输公司。来上课已经卖足面子,从不点名,也没有什么教学方法。上完课,坐上汽车走了。"[4]

二、所谓比较法教学

东吴大学法学院英文校名为"The Comparative Law School of China",即"中国比较法律学院",以比较法教学和研究作为自己的特色而闻名于世,[5]正如其自

---

[1]《法学杂志筹备复刊》,载《东吴大学通讯》1949 年 1 月 8 日第 2 期,第 2 版。上海市档案馆藏:Q245‒1‒92,《本院出版之通讯、学生自助会理事名单、通知、记录、记录物、各级级长名单、印鉴等》。

[2] 仅 1935 年,法学院账目就亏空 3700 多元,之后不仅缩减教师薪水,各项开支也力行节省。上海市档案馆藏:Q245‒1‒5,《1922 至 1936 年教育部派员视察指示改进与东吴大学往来文书》。

[3] See W. B. Nance, *Soochow University* (New York: United Board for Christian Colleges in China, 1956), p. 83.

[4] 参见马裕民:《忆吾东吴》,载东吴大学上海校友会、苏州大学上海校友会编:《东吴春秋——东吴大学建校百十周年纪念》,苏州大学出版社 2010 年版,第 25 页。

[5] Alison W. Conner, The Comparative Law School of China, In: C. Stephen Hsu, ed. *Understanding China's Legal System*, New York University Press, 2003, p. 210.

诩的:"吾校英文原名,为中国比较法律学校,故教授方法,无不有比较之精神参于期间,学生闻见较多,获益自广。"[1]而东吴大学法学院之所以以此为办学方针之一,是因为它考虑到彼时的司法环境需要中西法律兼长的人才,"除本国法律已入门径外,于各国法律亦涉猎其大要,此际三级三审制实行伊始,法院数量激增,需才尤亟,而尤以在此领事裁判权急求收回之际,此项中西法律兼长之法学人才更当力求充实以为之备。"[2]值得一提的是,这一治学策略直到学校发展的后期还被校管理层所坚持,甚至教务会议曾通过授予比较法学士学位的决定:"凡修满本院所开比较法课程满若干学分者,授予比较法学士学位(B.C.L.)(学分数由教务处核定)"。[3]

在早期毕业生的印象中,学校虽然"名为'比较法律学院',实际上所教的几乎全部是英美法,在中国人掌校后,才改以中国法为主。"[4]1930年代,随着学校管理层的变动,现行中国法的教学内容也进一步增加,比较法教学似乎才得到真正的发展,以至于被前来参观的哈佛大学法学院教授称为真正的比较法学院:"据我了解,你们学校是不同的,国内法是在英美法和大陆法相比较的基础上教授的,你们是我所知道的唯一一所真正堪称比较法法学院的学校。"[5]

虽然,东吴大学法学院以比较法教学驰声走誉,但如今我们不妨回过头再看看,在中国比较法学院这一金字招牌下,比较法教学是否真的货真价实? 有趣的是,上述哈佛法学院教授哈德逊(Manley O. Hudson)对东吴大学法学院的评语,是于1927年来校参观时所作。而同年毕业生的回忆却展现出了截然不同的一面:

> 说到比较法学,我想我可以说下我的个人经历,1924至1927年间我在
> 中国比较法学院学习(东吴大学的法科),那所学校主要是以一般的美国法

[1] 陈霆锐:《东吴法科大事记》,载上海市档案馆藏:Q245-1-486,《1923年东吴法科年刊》。
[2] 上海市档案馆藏:Q245-1-11,《苏州校本部抄送伪教育部关于招收新生问题的原呈稿及指令、训令》。
[3] 上海市档案馆藏:Q245-1-123,《1949年8月10日至1950年1月3日教务会议纪录》。
[4] 李中道:《东吴大学及东吴法学院》,载中国人民政治协商会议上海市委员会文史资料工作委员会:《解放前上海的学校 第59辑》,上海人民出版社1988年版,第114页。
[5] Manley O. Hudson, Address at the Inauguration Exercises, *The China Law Review*, Vol Ⅲ, No. 4,1927, p. 149.

律院校为模型。因此,大部分的科目是英美法,由美国老师以英语教授。主要的中国法课程也会与外国法并行教授,尽管比例并不相等。很明显,学校以比较法标榜并无其他原因,只是因为同时教授了中国法与英美法,但事实上,我们仅仅学习不同的法律本身而已,并未更进一步学习。[1]

两者时间节点一致,但反映的情况却大相径庭,现有的材料所呈现的似乎更加接近校友回忆,法学院比较法教学的效果可能需要重新思考。

首先,就法学院对外发布的宣传品而言,的确开设了许多琳琅满目的课程,但在实际教学中,东吴大学法学院却常常会采取以其他课目顶替应授课程的做法:

> 查地方政府乃政治学中一节目,不能以之代替政治学,比较刑法为中外刑法之比较,不能代替刑法分则,社会问题与社会学完全两事,会计学亦不能代替经济学,应令该校改正,并于改正后将上述各科讲义呈院核阅,相应函复贵部,查照饬遂。[2]

此外,就东吴大学法学院公开发布的学院章程中所载的比较法学程而言,似乎开课数量也略显不足。

> 比较法(Comparative Laws):教授:萨赛德、吴经熊、盛振为、刘世芳、应时、丘汉平、梁仁杰、裘汾龄、姚启胤、普善、王英生、徐傅保。
>
> 罗马法——法系 217、218——二——大学二年级
>
> 德国民法——法系 415、416——三——大学四年级
>
> 近代大陆民法比较——法系 505、506——二——大学五年级
>
> 英美契约法——法系 309、310——三——大学三年级
>
> 法国民法——法系 415、416、603、604——三——大学四年级及研究院

---

[1] Yu Kwei, "Some Judicial Problems Facing China", *Washington Law Review and State Bar Journal*, Vol. 23, Issue 4 (November 1948), pp. 370–371.

[2] 上海市档案馆藏:Q245-1-7,《东吴大学苏州校本部抄送关于本校呈报毕业生名单、成绩证书与教育部等来往文书》。

苏俄民法——法系 606、607——二——研究院

英美侵权行为——法系 413、414——二——大学四年级

英美商法——法系 712——选课

公法人法——法系 714——选课

英美民法——法系 601、602——二——研究院

瑞士民法——法系 605、606——二——研究院

日本民法——法系 609、610——二——研究院[1]

　　这些课目一旦除去研究院和选修的课程,留给法学院本科生的仅有几门,平均每一学年只上一门外国法课程而已,在"中国比较法学院"的盛名之下,这样的开课数量似乎略少。

　　其次,自华人掌校后,法学院在教学中的确引入了很多中国法的内容,大有形成中国法、英美法和大陆法相互比较讲授之势。但是,我们回顾这一时期学生的成绩册,不难发现,对外公布的章程列出的英美法课群和大陆法课群,看似开设了多门课程,可实际讲授的并没有那么多。其实质是在补充中国法课程和改变大陆法课群的情况下,大幅度的缩减原有的英美法课程,或者将必修课改成选修课教授,英美法课程占总课程数不到三分之一。[2]从 1930 年代中期开始,相比 1920 年代,比较法课群与中国法、大陆法、英美法等课群,并列出现在了毕业生的成绩单上,以 1934 年毕业生的成绩表为例,比较法课群包含的课程有如下几种:

课程	学期	学分	备注
比较宪法	春	1	实际上的是国际公法(Int law)
国际公法	秋	2	
国际公法	春	2	
法律分析	秋	1	实际上的是国际关系(Int Relation)
法律伦理	春	1	

[1] 上海市档案馆藏:Q245－1－489(1),《1932 年东吴大学法律学院一览》。
[2] 参见上海市档案馆藏:Q245－1－273,《1918 年至 1927 年 6 月法律系毕业生学籍材料》。

法制史	/	/	
法律哲学	春	2	
法医学	/	/	
法理学	秋	2	
讼诉法	/	/	
各国法制概略	/	/	
意大利民法	春	2	

（上海市档案馆藏：Q245－1－280(2)，《1934 年 6 月法律系毕业生学籍材料卷》。上海市档案馆藏：Q245－1－278，《1932 年 6 月法律系毕业生学籍材料卷》。上海市档案馆藏：Q245－1－280(1)，《1934 年 6 月法律系毕业生学籍材料卷》。）

从上表可知，比较法课群总计开设了 11 门，除去未上的 4 门课（法制史、法医学、讼诉法、各国法制概略），有关国际法内容的课程就占了比较法课群总数的一半，比较宪法与法律分析两课，实际讲授的是国际公法和国际关系。而这一年也并非个例，其他年份毕业生的成绩册也不同程度体现了，以部门法课程充数比较法课群的现象。[1] 即使是中国法的课程也有这类现象，如 1934 年毕业生马振宗的议会法一课的学分便是以其他课替代的，这在吴芷芳写给他的信中可以看到："议会法虽补修，而尚缺一学分，以其他学课替代之，可也。"[2]

再次，就比较法课程的质量而言，亦需重新审视。以比较法学程中颇为重要的罗马法课程为例，这一门曾被罗炳吉坚持开设的课程，[3] 一度从 3 学分降到 2 学分，最后沦为了选修课，[4] 成为"教学双方都不重视"的课程。[5]

---

[1] 例如将犯罪学（讲述犯罪之性质、原因、类别及犯罪与政治社会之关系，与自然之关系，与生理之关系，并罪人之侦查及犯罪之救治等，参见《1935 年秋至 1936 年春私立东吴大学法学院一览》，第 45 页。）也纳入进了比较法课程。上海市档案馆藏：Q245－1－282，《1936 年 6 月毕业生学籍材料卷》。

[2] 上海市档案馆藏：Q245－1－280(1)，《1934 年 6 月法律系毕业生学籍材料卷》。

[3] Charles Sumner Lobingier, The Place of Roman Law in the Legal Curriculum, *China Law Review*, Vol. Ⅰ, No. 7, 1923, pp. 332－334.

[4] 上海市档案馆藏：Q245－1－489(2)，《1931 年东吴大学法律学院一览》。上海市档案馆藏：Q245－1－489(2)，《1933 年东吴大学法律学院一览》。上海市档案馆藏：Q245－1－489(1)，《1936 年东吴大学法律学院一览》。

[5] 参见马裕民：《忆吾东吴》，载东吴大学上海校友会，苏州大学上海校友会编：《东吴春秋——东吴大学建校百十周年纪念》，苏州大学出版社 2010 年版，第 25 页。

值得一提的是,这门课程所使用的教材还曾发生过侵权。东吴大学法学院的罗马法由应时和丘汉平讲授,教材采用应时的《罗马法》一书,"应推事所著罗马法及毛悦所著罗马法大纲,讲述罗马法之沿革渊源及人法、物法、诉讼法等项与现行法加以比较之研究。"[1]而应时编著的讲义,在1930年时却被人指为抄袭。

> 东吴所用之罗马法讲义为应时所编述,近日忽有一人名陈允者,致函学校当局,谓此本讲义全系抄袭其昔年在杭州法政专门所编之讲义,故特依照《著作权法》来函警告该抄袭者并应负刑事与民事上之责任云云。今晚应时在上罗马法时特为解释,谓陈允原在法专授罗马法,其所用讲义系从日文译来,其后应时由德回国被聘为法政之教务长授罗马法,当时得陈氏之许可,即取其所译之讲义,加入己之心得修改而成今日东吴所用之讲义。所谓抄袭所谓警告皆近恐吓,且依著作权法亦应得有著作权也。有一二同学拟撰为新闻送登各报,应氏即声明不愿。[2]

此事虽记载于学生日记,但其真实性应该没有问题。笔者查到陈允编译(浙江法政专门学校出版)的《罗马法》[3]及其教学记录。[4]而应时的确在浙江法政担任过教务长,[5]编辑过《罗马法》一书,且仅印有"吴兴应时编"字样,[6]因此,两者的《罗马法》讲义都是单独署名的。但是,在1930年陈允写信至东吴大学法学院警告应时侵权后一年,商务印书馆出版的《罗马法》则变成两者共同署名,且陈允署

---

〔1〕上海市档案馆藏:Q245-1-489(1),《1932年东吴大学法律学院一览》。
〔2〕上海市档案馆藏:Q459-1-146,《律师朱仁日记》第二卷,第81页。
〔3〕参见何勤华主编:《法律文化史研究 第1卷》,北京商务印书馆2004年版,第428页。
〔4〕《私立浙江法政专门学校同学录》,转引自吴斌:《法苑撷英:近代浙籍法律人述评》,武汉华中师范大学出版社2012年版,第66页。
〔5〕参见沈文泉:《海上奇人王一亭》,北京中国社会科学出版社2011年版,216页。
〔6〕笔者所见应时的《罗马法》讲义一书也是残本,其内容与1931年陈允和应时出版的《罗马法》内容并无太大区别。但是中国大学版的《罗马法》一书,笔者无法确定其年代,猜测为侵权事件发生之前。此外,应时的巴黎大学法学博士学位似乎也存在问题,1936年的《中国名人录》仅记载其毕业于瑞士洛桑大学,巴黎大学法学院硕士,未记载法学博士学位,"The China Year Book 1935"仅提到了毕业于瑞士洛桑大学,并无留学巴黎大学记录,另据学者考证,也无法查到应时在巴黎大学的博士论文和学位记录。参见王伟:《中国近代留洋法学博士考(1905—1950)》,上海人民出版社2011年版,第281页。

名在前，[1]而这本书却与应时独编的中国大学《罗马法》讲义内容几无区别，也就是说应时很可能的确侵权了。再者，结合上述事件应时的态度，最终结果可能是两人达成和解，并以联合署名的方式出版。而应教授声明的不愿登报，似乎也未能实现，一年后小报便报导了时任上海法租界地方法院院长应时宽容大度和解此事的消息。[2] 因此，法学院聘请有侵权嫌疑的应时作为罗马法教习的做法似乎有待商榷了。

从次，就比较法教学理念而言，似乎也存在问题。1929 至 1933 年间，法学院开设了法西斯社团法（Italian Fascist Corporation Law）作为比较法课程的扩充，聘请意大利法学家克斯坦蒂尼（Dr. Cav. G. Costantini）作为教授。[3] 对于这一极具争议的课程，盛振为认为这属于教授自由、学术自由、思想自由，且讲授并不等于认同：

> 没有比较就没有鉴别，是先进还是落后，是文明还是野蛮，都首先需要认识它，不能无视它的存在，也不能以成见视之，更没有理由拒之门外。所以法学院应当讲授各个国家的法律，包括苏联的法律和法西斯的法律。教授自由、学术自由、思想自由，人们未必赞同所讲授的法律，但有必要讲授这些法律，讲授并不等于同意，但不讲授就不知道它是什么，更无法进行比较鉴别。[4]

但是，事实好像并非如此，至少法学院院长吴经熊对法西斯社团法是非常推崇的，这在他与意大利法西斯党魁墨索里尼（Mussolini）的信中可以看到：

> 尊敬的墨索里尼首相先生：很荣幸告诉阁下，东吴大学中国比较法

---

〔1〕陈允，应时：《罗马法》，商务印书馆 1931 年版，封面。
〔2〕参见立达：《应院长编印罗马法之交涉》，载《福尔摩斯》1931 年 8 月 11 日，第 1 版。
〔3〕参见杨大春：《中国英美法学的摇篮——东吴法学院院史研究》，载杨海坤主编：《东吴法学 2003 年卷》，黑龙江人民出版社 2004 年版，第 23 页。参见 "Italian Law in China: Course to Be Started in Shanghai", *The North-China Herald and Supreme Court & Consular Gazette*, Jan 11, 1933。
〔4〕高积顺：《中国现代法律教育的拓荒者——盛振为》，载周永坤主编：《东吴法学》2008 年春季卷总第 16 卷，中国法制出版社 2008 年版，第 278 页。

学院通过尊敬的齐亚诺先生的斡旋,聘请了克斯坦蒂尼博士为意大利法西斯社团法的讲习,这部法律是我们这个时代最具原创性和表现力的政治构想。希望以此契机,对您为贵国所做出的巨大成就以及您为全世界建立这一进步的新领域表达由衷的钦佩。[1]

为此,法学院还专程举办了大型的招待会,意大利公使齐亚诺(Count Ciano di Cortellazzo)出席并发表了演说,除了盛赞墨索里尼的功绩外,他还宣扬了其他国家正如火如荼进行的法西斯运动,并期望学生们能通过这门课程明白法西斯主义和社团法的基本原理,他强调相比自由主义和共产主义,法西斯主义是更实用的。讲演临近结束时,齐亚诺还表示坚信这门课程将会对中国有所帮助。[2] 作为墨索里尼的女婿,齐亚诺如此大张旗鼓地宣传法西斯主义并未出人所料。但作为东吴大学法学院院长的吴经熊,似乎并非如盛振为所说的"讲授并不等于同意"的态度,他对法西斯社团法不吝赞美之词,推崇备至,并且认为法西斯主义者是在道德基础之上建国的,而其中的有些原理和孙中山的三民主义是异曲同工的。[3] 同时,吴经熊还坚信在时局混乱之际,迫切需要一种更好的组织系统,这门课程也就显得更有价值了。[4]

　1930 年代法西斯主义的拥趸甚众,影响甚大的力行社即是一例,[5]东吴大学法学院的做法似有追逐政治潮流之嫌。将法西斯社团法纳入到比较法教学范畴而教书育人的做法,显然已经逾越了盛振为所言客观介绍课程的说法。

[1] 墨索里尼也写了回信:"得知贵校开设了有关社团法的课程,我感到非常高兴。这将有助于加强两国之间的文化纽带,使中国悠久的司法传统与根植于千年罗马法观念的现代偶然性思想相联系。" Italian in China: Course to Be Started in Shanghai, *The China Law Review*, Vol. VI, No. 1, 1933, pp. 4 - 5.

[2] "Italian Minister on uses of facism: Count Ciano Addresses Students of Law School", *The North-China Herald and Supreme Court & Consular Gazette*, Mar 15, 1933.

[3] "Minister For Italy Speaks on Italian Law", *The China Press*, Mar 7, 1933.

[4] Italian Law in China: Course to Be Started in Shanghai, *The China Law Review*, Vol. VI, No. 1, 1933, p. 4.

[5] 法西斯主义的风潮在民国盛行于一时,与东吴大学法学院开设法西斯法同年,蒋介石派出"中国童子军总会筹备处欧洲考察团"(由滕杰等力行社成员组成),拜访了法西斯代表人物墨索里尼、希特勒等人。参见滕杰口述,劳政武编撰:《从抗日到反独:滕杰口述历史》,净名文化中心 2014 年版,第 189—204 页

最后，另一个反映东吴大学法学院比较法教学情况的便是期末考试试题。从目前档案披露的试题来看，似乎并未反映出比较法教学所应承载的目标和成效。以列入东吴大学法学院比较法课程[1]的国际私法为例：

国际私法考题：1.妻之限制行为能力适用何国法？其理由何在？2.法律适用条例第五条第二项之立法理由何在？3.何以夫妻之结婚效力适用夫之本国法，而夫妻财产制适用夫之结婚时之本国法？[2]

上述试题并未反映出盛名之下的"比较法"内容，而且并非仅就国际私法一课的考题如此，其他课程的考题也未特别考察学生是否掌握了"比较法"，仅有的考题停留在考察法律概念的"区别"上。

需要强调的是，笔者并非一味否认东吴大学法学院没有比较法教学，而是着重指出，这所被誉为南中国讲比较法，首屈一指的大学，[3]似乎在盛名之下，其比较法教学并无可与名气相匹配的授课内容。这一情况到了学校发展后期依旧存在，据一位1946年毕业的校友回忆，当时"教中国法的教授基本不懂英美法，教英美法的对中国法也不熟，比较就留给学生课下自己比较。"[4]故而，法学院比较法教育实际恰如孙晓楼定位的"大学法律科学生，能于本国法律有一个彻底的了解，旁及于一二国国情比较相同的法律的研究，已是难能可贵。"[5]其中的"难能可贵"更似勉为其难之意，不难看出该校实际授课似乎并未如我们所期待的，更确切的说，是某些时间段并没有达到它应该达到的高度，或者说失去了它原有的水平。

---

〔1〕上海市档案馆藏：Q245-1-282，《1936年6月法律系毕业生学籍材料卷》。
〔2〕上海市档案馆所藏试题是不完整的，这些试题中的中国法部分如刑法总则、民法、宪法等试题，并未体现出"比较法"的意味。上海市档案馆藏：Q245-1-37，《1939至1945年本校为举行毕业考试呈请伪教育部、伪司法院派员监试并核定考试委员会的来往文书》。
〔3〕参见徐谦：《法学季刊发刊词》，载《法学季刊》1922年第1期。
〔4〕2015年5月8日，笔者台北采访。
〔5〕孙晓楼：《法律教育》，王健编校，中国政法大学出版社1998年版，第67页。

三、孔令仪的成绩单

1929 年后的东吴大学法学院,自下而上的看,学生的权力逐渐扩大,愈加主动参与到学校的运作。自上而下的看,校方的权力有所削弱,开始呈现"服务型"法学教育,即尽力满足学生的各种要求。学校控制力的下降,学生权利意识的上升,这一变化不仅体现在将原半强迫性的宗教课程由必修改为选修,[1]还体现在学生与校方的相互关系,学生已不再是简单的个体,他们形成了一股令校方忌惮的力量。

(一) 师生间的纠葛

如果说,东吴大学法科初期的学生们颇为乖巧的话,那么 1920 年代末的学生则颇有主人翁意识。前者从校友的回忆可以窥见,"有一次礼拜日早晨,他(笔者注:兰金)带领学生们(其中有何世桢、世枚兄弟)到龙华孤儿院去参加礼拜,为的是他佩服在该院当牧师的蔡老先生。兰金在礼拜日有不乘车的习惯,学生们只得陪他一同步行到龙华,并步行回校。那日天气甚热,大家满头是汗。"[2]这则小事,不仅描绘了兰金的固执,而且展现出了一群甘于忍受兰金固执的学生。

1927 年后,东吴大学法学院管理层在办学过程中逐步开始注重学生的意见,例如在一场浩浩荡荡的收回教育权运动中,该校学生向校方提出了很多意见,其中不乏有涉及教务和学校管理权限方面的:

> (甲)学校各种行政会,学生得自行推派代表,该代表有发言权及表决权,其人数照各该委员会人数三分之一;(乙)学校经济公开;(丙)学费应于可能范围内减少;(丁)学校当局应于最短期内向国民政府注册;(戊)学生有言论、集会、结社及出版绝对自由。[3]

这些意见都被学校管理层接纳了,"该校校董会已完全承认前项各条件,同时

---

[1] 上海市档案馆藏:Q245 - 1 - 489(1),《1932 年私立东吴大学法律学院一览》。

[2] 谢颂三:《回忆东吴法学院》,载上海市政协文史资料委员会编:《上海文史资料存稿汇编——教科文卫》,上海古籍出版社 2001 年版,第 60 页。

[3]《东吴法科收回运动圆满解决》,载《中华教育界》1927 年第 10 期。

新院长亦表示承认学生所提五款。"当然,这并非是个案,它仅是学院管理层重视学生意见的一个片段,无论在学校发展中期还是后期,都能看到学生积极参与学校事务的身影:

> 曾征集各学生之意见发给调查表一种,令彼等填写,刻已全数收回,学生意见归纳起来可分为下列各项:(甲)各级分组教授,(乙)排座位席次,(丙)讲授功课应较速,须于规定之学年或学期终了授完,(丁)教授缺课太多,(戊)程序法钟点太少。
>
> 学生提出之三项请求:(一)请求各教授新授之课程于规定之学期或学年授完,(二)请求各课讲义全发毕,(三)请求各教授常给彼等询问机会。[1]
>
> 查本院复员以来力图恢复旧观,并益谋改进,年来增聘名教授,添扩设备,调整课程,顷复拟参照欧美各国法学教育制度,改进院务。兹为征求全院同学意见以资参酌起见,定于下星期一(本月十九日)举行全院学生意见测验印发调查表(附后)一种,至希凡我同学各抒所见,率直建议,无任企盼,此布。[2]

上述几则信息,证明了法学院管理层对学生参与校务所持的民主开放态度。当然东吴大学法学院作为一所私立学校,更多的依赖学费作为主要的经济收入,因而一定程度上也不得不考虑学生的感受。学生们的热情参与,主要表现在:

一方面,学生参与纠正教学方式。尽管,彼时东吴大学法学院拥有多位优秀的法学家,并且宣称:"吾校教员,皆为海上中西法学大家,其一知半解,滥竽充数者,绝不厕身于其间。"[3]但不可否认,良莠不齐的现象的确存在,社会上的批评之声也不时出现:

---

[1] 上海市档案馆藏:Q245-1-4,《东吴大学校务会议及校务会议记录(1930—1937)》。
[2] 上海市档案馆藏:Q245-1-99,《1946—1949年东吴大学校长办公室、教务处的布告和关于考试、开学、开会等问题致教师的函件等》。
[3] 陈霆锐:《东吴法科大事记》,载上海市档案馆藏:Q245-1-486,《1923年东吴法科年刊》。

他们这种'玩票'式的教书，没有什么得失之心，绝不过问学生的拥戴或反对，拿着外国大学的'标准'课本，一小时指定四五十页，上课就按照名薄一个一个叫起来问，仿佛在法庭上讯问对造证人似的硬干。半读的学生哪有那么多时间预备功课？况且，各学校向来由教员替学生读书，在课室将整理好了的材料慢慢的讲，学生尚不高兴细听，等到考试，方开夜车，临时抱佛脚。在那里每天受三小时的审讯，与通常的习惯实在不合。所以一学期终了，总要淘汰十几名，第一学期毕业只剩了七个人，第二学期更少，只有二人。'东吴法科'严格之名于是大著。[1]

并且，往届学生的回忆也印证了这类批评：

> 俞先生（笔者注：俞叔平，时任上海市警察局局长）一口绍兴官话，对学生非常和气，可在局里又是一副神气。讲的内容和书对不起来。当然刑事犯罪侦破的故事对他说来俯首即是，哪里需要备课。听故事，谁不愿意？下课他就走，并没有什么布置。[2]

似乎法学院教员懒散不积极，教学方法单一枯燥，是一种较为普遍的现象，即使是吴经熊也难逃被学生抗议的窠臼，其学生回忆当时他教书的情景：

> 他教书的方法，喜欢用照书上字句宣读的方法，你如其预先读过的话，听他按句读下去，自会得到许多新的了解，发现许多新的意义。但有某一级的学生，反对这种教授法，他一点不恼，说教书是他的终身事业，应该接受任何意见。他就请这级学生共举一位认为教授法好的教授来代课，他自己坐在学生座中学习。这事哄动了全校，引得别级的学生和校中茶房们都探头探脑站在窗口张望，认为奇事。[3]

---

[1] 卤厂：《东吴法律学院的今昔》，载《新社会》1934年第9期。

[2] 参见马裕民：《忆吾东吴》，载东吴大学上海校友会，苏州大学上海校友会编：《东吴春秋——东吴大学建校百十周年纪念》，苏州大学出版社2010年版，第26页。

[3] 周壬林：《吴经熊先生》，载《人间世》1935年第42期。

我们撇去恭维之词,不难发现吴经熊的教学方法其实也很普通,另据笔者查证这段轶事也并非虚构,这一被学生捧为"自会发现新意义"的教学方法经常被诟病,以至于师生之间发生龃龉:

(1932年,笔者注)十月二十七日,晴,今日法理学课上,倪征燠(笔者注:倪为吴经熊助教)忽出二问题,拟举行考试,同学皆反对,有数人更提出对教授法表示不满,争论多时,结果作为温习。[1]

十月二十八日,七时许,盛振为至我级教室报告谓吴经熊因昨日本级之事态度颇为消极,拟辞职云,乃又开同级会决议仍请盛氏前往解释误会,同时并贡献对于教授法之意见。[2]

十月三十日,晴,关于法理学一课之事,昨经级会议决推江鸿治、周淑娴二君为代表向吴经熊解释误会,今日周氏未去仅江君一人往唔,谈后结果极圆满,吴氏今晚照常上课并宣布改良教授法之主张。[3]

十一月三日,晴,晚有雨,午后至通易银行,四时半到校,今日法理学一课由张志让讲演,吴经熊谓张氏之教授法甚佳,故先请张氏讲授二小时,而后彼再采张氏之方法以授吾辈也。[4]

这场因为教学方法引起的争论,最后以吴经熊"大度"的答应改良收场。吴经熊尚能听取学生对教学方式的意见,而其他老师却对学生的要求置若罔闻,例如有"行政法教授韦维清讲解甚为迟缓,且喜将参考数据书于黑板,同学苦之,有以发讲义请者,彼以事冗却之。"[5]此外,还有的教员因为授课拖沓,学生们一再提出批评:"讲授功课应较速,须于规定之学年或学期终了授完"。[6]

---

〔1〕上海市档案馆藏:Q459-1-146,《律师朱仁日记》第二卷,第193页。
〔2〕同上书,第193页。
〔3〕同上书,第194页。
〔4〕同上书,第195页。
〔5〕上海市档案馆藏:Q459-1-146,《律师朱仁日记》第二卷,第229页。
〔6〕上海市档案馆藏:Q245-1-4,《东吴大学校务会议及校务会议记录1930—1937》。

另一方面,学生还参与择定教员。以东吴大学法学院学生罢黜高君湘为例。高君湘,又名高筠,出身名门,是南社高吹万的第三子。[1] 早年毕业于复旦,之后转入东吴大学法学院,1924 年毕业后求学美国密西根大学,次年获法学硕士学位。1926 年获美国底特律大学法律博士学位。[2] 因此,高君湘的学识似乎并无太大问题。1929 年时高氏已在东吴法学院任教,担任议会法一课教习。[3] 1930 年,转授公司法,但他的教学方法始终未让学生满意,遭到了联名罢黜,详细经过大略如下:

> 二月十二日,晴,午后五时到校上课,今年法院编制法由高君湘担任,但愿其授课成绩较胜于去年之议会法。[4]

> 九月二十三日,晴,本期公司法一课由高君湘担任,教授法殊未能使人满意,昨晚开班会时,曾有人提议请学校更换,附和者甚众,遂决议推代表三人致函学校交涉,此函已于今日递送。七时许,吴院长经熊乃召全级同学开会,谓此事学校当局处境甚难,高氏学问并不低劣,诸君似宜平心静气再考虑云云。吴氏去后,重开班会议,决添派代表二人继续进行,达到去高目的不止。[5]

> 九月三十日,雨,今晨本级代表将致高君湘之函差人送去,故晚间高氏未来校上课。

> 十月三日,晴,高君湘辞职必成事实无疑,然继任何人,校中当局尚未宣布也。[6]

自法学院开除高君湘后,学校马上聘请了临时法院推事瞿曾泽作为继任讲师,而瞿氏的教学方法得到了学生们的一致认可:"讲解颇为明了,一般同学殊为满

---

〔1〕参见徐国平编:《不可磨灭的记忆 百年南社后裔寻访》,古吴轩出版社 2009 年版,第 285 页。
〔2〕参见王伟:《中国近代留洋法学博士考 1905—1950》,上海人民出版社 2011 年版,第 80—81 页。
〔3〕参见上海市图书馆藏:《1929 年至 1930 年私立东吴法学法律学院章程》,第 10 页。
〔4〕上海市档案馆藏:Q245-1-146,《律师朱仁日记》第二卷,第 61 页。
〔5〕同上书,第 109—110 页。
〔6〕上海市档案馆藏:Q245-1-146,《律师朱仁日记》第二卷,第 111 页。

意。"[1]由此可见,学生力量之不一般。

事实上,只要与学生切身利益相关的,他们都会指派代表向学校接洽,即使是毕业论文,学生们也会请求学校免交:"闻校中定三月一日开学,地址拟借中社楼上,尚未确定,当由到会级友议决请学校准期开学、不缴论文及免去上学期考试、暨战区同学可展期缴费等,并推出华懋生、江鸿治、严泼葳、史乃修四人为代表,向学校接洽一切。"[2]得到的答复当然是拒绝的,但从其提出和答复我们也能看出,学生们对自身利益的关切和校方的退让,1932年法学院教务会议通过了对毕业论文的数量与质量准予通融的决议,"三年级生论文不能免作,惟质量与数量准予通融,上学期考试不能免除"的决议。[3]在学生的日记中也记录了此事:

> 四月八日,晴,今晚法理学一课因吴经熊未到遂开级会讨论论文问题,颇闻学校当局以为不做论文恐将来影响于毕业,至于论文质量方面,自必从宽径。同学各抒己见后决定一方面由级长再向学校磋商,而同学方面则可着手于撰著,以免将来发生纠葛也。[4]

从上述这一连串事件中,我们不难发现,东吴大学法学院管理层非常重视学生的意见,涉及学生利益时会让他们各抒己见,让学生参与到学校的具体运营中。[5] 自下而上的看,东吴大学法学院学生的权利意识,以及参与学校教务的程度越来越强,校方也不得不考虑迎合学生之情绪。

(二) 孔令仪的成绩单

自上而下的看,1929年后,东吴大学法学院校方在教学问题上对于学生显得更加的包容,或者说呈现了"服务型"的教育,频频出现的学生问题与现实规章开始

---

〔1〕上海市档案馆藏:Q245-1-146,《律师朱仁日记》第二卷,第115页。
〔2〕同上书,第217页。
〔3〕上海市档案馆藏:Q245-1-4,《东吴大学校务会议及校务会议记录1930—1937》。
〔4〕上海市档案馆藏:Q459-1-146,《律师朱仁日记》第二卷,第228页。
〔5〕这当然也与五四运动以后,学生风潮的影响有关,有夸张说法认为:"教育界的势力几乎完全掌握在学生手里有关,如果有各校长不满于学生,学生主张要撤换,校长只好卷铺盖,至于为教员的去留,尤其要听从于学生。"神农:《今后教育界情势之变迁》,载《福尔摩斯》1929年9月26日,第1版。

出现冲突，而校方对此往往倾向于迎合学生。担任过该校教授的沈锡庆，就曾批评过学校的做法："唯就校长、教务长等观之，似为以近合学生心理，巩固地位为标准，对外发言为称严整，按诬实际，名浮于实不尽然，风纪上固不见如何整饬，设施上亦未能完全，自欺欺人，盘踞把持而已。"[1] 然而，东吴大学法学院素以办学严格著称，它在对外的宣传材料中一直强调严格教学是其办学方针，[2] 并且向教育部的回复信亦宣称如此：

> 属校办学素主严格，于招收新生时，因当从严擢选，及其入学后，倘发现其本性不近于研究法律者，参欧美著名大学成例随时加以淘汰。就属校过去之情形言，则新生以一百名入学者，经迭次淘汰，或以属校功课严格而自动转学他校之结果，其能善始善终以毕业者，不及半数。[3]

不过，所谓的办学严格，似乎也存在着虚饰成份，即使学校章程明文规定，现实往往并不照章办事，有随意变更之嫌。按学校章程规定："各生如有补考者，须于补考规定日期以前预向本院注册处声请。"[4] 但是，相较其他同学必须事先申请，与校管理层相熟的朱仁的补考经历似乎简单很多。"晴晨至湖校上课，午后至东吴与盛振为商量补考，盛云须书面呈请声明事实，然后可行。嗣吴经熊来校谓今晚即可补考，彼即出一题给我，命我明日缴卷。"[5]

此外，孔令仪在东吴大学法学院的求学经历更足以印证学校管理存在的问题。孔令仪于 1936 年入读东吴大学法学院，[6] 1939 年毕业。期间可能因为战事于

---

〔1〕绍兴市图书馆藏：《沈锡庆日记》第 7 册，1934 年 8 月 16 日，周四。

〔2〕参见盛振为：《十九年来之东吴法律教育（附表）》，载《法学杂志（上海 1931）》1934 年第 7 卷第 2 期。

〔3〕上海市档案馆藏：Q245－1－11，《苏州本部抄送伪教育部关于招收新生问题的原呈稿及指令、训令》。

〔4〕上海市档案馆藏：Q245－1－489(1)，《1932 年秋至 1933 年夏私立东吴大学法律学院一览》。

〔5〕上海市档案馆藏：Q459－1－146，《律师朱仁日记》第二卷，第 52 页。

〔6〕对孔令仪的入学成绩，笔者也是存疑的，在入读东吴大学法学院之前，她入读过私立金陵女子文理学院、美国奥伯林大学及私立沪江大学。但是，她所读的私立沪江大学，实质是沪江大学的暑期学校。按照教育部 1930 年第六四七号训令"暑期学校为中等以上学校之学生及教职员或其他公务员补习或进修而设，各级学校之学生必须依法定修业年限修业，期满方得毕业。其在暑期学校修习之成绩，概不得算作正式学分及修业期限。"（陈德征：《令市立、私立中等以上学校（不另行文）：为 （转下页）

1937 年辍学,转至私立广州大学借读 3 个学期,至 1939 年才回到东吴大学法学院继续学业,补考所剩课目。[2] 我们可以从孔令仪和法学院一来一往的书信中瞥见端倪:

晓楼、振为先生惠鉴,敬启者,仪自离校来港借读于广州大学,所选科目计有:罗马法(四)、物权(二)、票据(二)、行政(二)、证据(一)、债编(四)、劳工(二)、民法总则(二)、刑法总则(二)、政治(二),综共计廿四学分。而民诉与刑诉该校本拟在暑期办一暑期班以资补授,嗣因人数不足,故已中止,惟仪个人现已利用暑期之暇从事补习,该校并允给予学分。国际公法与英美刑法亦正由黄应荣先生代为补习,至于其他英美法以广大无此科目,无法研习,只有俟将来回校再为补读。至于去年仪虽未经大考,即已离校,亦拟俟将来回校再行补考。兹以教部已有明令,略谓凡战区各校学生在他校借读时所得学分,将来得移归本校与原有学分一并计算云云。不知仪前回金大及美国移来学分与本校所读学分,及现在广大借读所得各学分合并共计已有若干学分,更与本校所规定一百四十四毕业学分相差若干,除已在本校选读及现在广大借读各科目之外,尚应选习何种科目?兹因与吴先生经熊晤而得悉校务现有两先生负责主持,故特修函奉读,务请费神饬查详复,俾便在广大选读有所遵循,毋住感荷之至,专此,敬颂教祺。学生孔令仪启,廿七年七月廿日。

令仪女士台鉴,阁下致本校教务长函已敬悉,查本校必修课,阁下在

(接上页)奉部令暑期学校修习之成绩不得作正式学分及修业期限转令遵照》,载《上海特别市教育局教育周报》1930 年第 30 期。),因此其暑期学校的分数是不能够算作学分的。此外,孔令仪在金陵私立女子文理学院仅是肄业,而美国奥伯林大学的成绩并不算好,平均在 C 以下且仅修习三门课程,故按照东吴大学法学院的招生规定"凡在国内外大学毕业得有大学毕业,得有大学学士学位者,可投考本院法律系三年级第一学期。"(参见《1935 年秋至 1936 年春私立东吴大学法学院一览》,第 13 页),入学资格似乎也存在很大的问题。上海市档案馆藏:Q245-1-280(2),《1934 年 6 月法律系毕业生学籍材料卷》。

[2] 有趣的是,孔令仪在东吴大学法学院的考试成绩并不理想,但到了私立广州大学,成绩突然间变的非常优秀,以罗马法为例,在东吴大学法学院时,仅考得 53 分,而在广州大学罗马法成绩考到了 90 分,甚为蹊跷,这也许是与私立广州大学校长陈炳权和孔祥熙的私交有关。上海市档案馆藏:Q245-1-280(2),《1934 年 6 月法律系毕业生学籍材料卷》。

金陵修习者计有国文、英文、社会学数门。在本校修习者,计有:契约法上、英美刑法上、法国民法、国际公法上、亲属法、刑法总则上、警察行政各课。在本校修习而须补考者,计有:法院组织法、国际关系、英美衡平法、英美亲属法、宪法上、保险法、大陆民法上、法律伦理、罗马法上各课。按照来函在广州大学新习者,计有:罗马法下、物权下、票据法、行政法下、证据学、债编下、劳工法、民总下、政治学等课。除去已习及须补考各课外,计尚缺修者为:行政法上、民总上、债编上、物权上、继承法、刑法分则(全部)、公司法、海商法、英美契约法下、英美刑法下、英美侵权行为(全部)、大陆民法下、国际私法(全部)、国际公法下、法理学、法律哲学、宪法下、土地法、破产法、民诉(全部)、论理学、强制执行法、经济学、第二外国语、论文。另附本校法律系新订之日校课程表一件,希为参阅,至于学分数量,为上开各课已径修毕,似可不生问题也,专此,来复□□,学□。东吴大学法学院于廿七年七月廿六日。[1]

此外,在其毕业成绩单[2]中我们可以发现一些吊诡的现象,其中最大的疑问是多出了4门她并未参加考试,但却填有毕业成绩的课程。它们分别是军事训练、党义、宪法、生物学,这4门课程并不是孔令仪在东吴大学法学院学习所得,更不是

---

[1] 上海市档案馆藏:Q245-1-280(2),《1934年6月法律系毕业生学籍材料卷》。
[2] 孔令仪,入学年月:民国二十五年九月;毕业年月:民国廿八年六月;英文名:Kung Ling E;注册号数:832号;本院学分总数:132学分;总平均分数:84分;毕业总学分数:173.5。第三年级,民国廿五年秋季学期:民法总则70、刑法总则71、法院组织法70、宪法70(孙教务长嘱加)、罗马法90、英美刑法80、国际公法70、法律伦理70、论理学80,平均分数75;民国廿六年春季学期:民法总则88、刑法总则87、宪法85、罗马法90、行政法88、劳工法86、英美刑法90、国际公法90、刑法总则85,平均分数88;第四年级,民国廿六年秋季学期:民法物权86、民法债权89、公司法89、民事诉讼法90、刑事诉讼法88、英美侵权行为86、监狱学70、国际关系(删除)70;民国廿七年春季学期:民法物权86、民法债编89、票据法85、民事诉讼法90、刑事诉讼法88、证据学80、英美侵权行为92、英美亲属法70、法制史90,平均分数:85;第五年级,民国廿七年秋季:民法亲属72、保险法70、破产法88、英美契约法82、国际私法85、法理学88、诉讼实习84、大陆民法85、英美衡平法70,平均分数80;民国廿八年春季学期:民法继承90、土地法90、海商法90、强制执行法90、英美契约法90、国际私法85、诉讼实习84、法律哲学88、论文95、大陆民法90,平均分数89;历年所读选课:第二外国语95、政治学70、哲学82、心理学82、法国民法74、警察行政75、政治学90、国际关系70、军事训练70(孙教务长嘱加)、党义70(孙教务长嘱加)、体育及格(在金陵修习)、生物学70(孙教务长嘱加,航空法代)。上海市档案馆藏:Q245-1-280(2),《1934年6月法律系毕业生学籍材料卷》。

在广州大学、金陵女子文理学院和沪江大学学习的,那究竟从何而来呢？成绩后的注解给了我们答案——"孙教务长嘱加",孙教务长即东吴大学法学院教务长孙晓楼。这也就解释了为什么孔令仪明明没有修习的科目,奇怪他出现在了毕业成绩单上,并且竟以航空法的成绩替代生物学,为保孔令仪毕业,校方篡改的做法颇为明显。

再以她的罗马法成绩为例,在东吴大学法学院时,孔令仪仅考得 53 分,按学校规定属于需要补考的课目,但她在私立广州大学成绩考了 90 分。待孔令仪返沪后,历来素主严格治校的东吴大学法学院却以 1937 年广州大学的 90 分直接取代了自己 1936 年给出的 53 分,抹去了原先的不及格成绩,因此在成绩单中已经无法看到 53 分一项,而孔令仪的成绩最终也获得了教育部的核准:

> 来电处所：重庆,廿九年五月七六日
>
> 余新安兄随到随译随送东吴法学院盛维平先生,孔毕业资格业经教部核准,请仍照原议呈复。[1]

其实,孔令仪并不是个案,从现已披露的法学院管理层的私人书信来看,法学院通过各种人脉"关照"学生的现象层出不穷:

> 振为吾师□□□系知悉,天赐兄□之关照□竟大致可无问题,惟当须造一补报该年毕业生名册一份呈部,该册仅须列者,酌兄一人。[2]
>
> 振为夫子大人函丈,日前在德国饭店蒙宠召,得亲教诲,深以为幸。母校毕业同学十五名尚未核发毕业证书一节,已代催询。惟恐尚有问题,此事现正在办理中,大约下星期可有令文到校也。
>
> 国维学兄惠鉴,敬复者,次奉□教数悉一切,母校去岁寒假毕业同学十五人因学期学分均属参差,呈报之成绩单与名册所列者间有未符,部中

---

〔1〕上海市档案馆藏：Q245-1-280(2),《1934 年 6 月法律系毕业生学籍材料卷》。
〔2〕上海市档案馆藏：Q245-1-36,《1940 至 1945 年本校为毕业生审定学籍,报毕业名册于伪教育部等来往文书》。

慎重行事,已令校中查复,但呈复各点当有未尽处,又于昨日再令校中查复,想校中即可收到此项令文矣。其中数点已经铨加以解释,惟学期学分未合规定,此为未核准之原因。[1]

由此可见,东吴大学法学院对学生有诸多方面之"照顾",这些做法如果发生在学生生活中似无可厚非,但却发生于教学活动之中,且不论公平性,单就对教育的伤害已不言自明,如此培养出的毕业生,投身于司法活动之中,利弊若何,或可揣测一二。

东吴大学法学教育的嬗变脉络,既是近代上海法学教育发展中的一簇剪影,亦是中国法学教育发展历程中的一段缩影。北洋政府时期,教育部的管制可谓"令不出部门",条例形同具文,不少学校游离于政府管理之外,作为一所教会学校,东吴大学法科在办学方面展现出了十足的活力。创校之初,其借法学教育之名行传教之实,以及移植美式法学教育的做法,均是在没有严格监管的制度下自由发展的结果。南京国民政府成立后,加强了对法学院校的监督管理,并且设定了法学教育的官方模板,东吴大学法学院在这场教育自主权的博弈中处于弱势,最终得到了立案资格,失去了办学活力。与此同时,随着时势的变化,英美法、大陆法、比较法等课程的重要性大不如前,校方、教员及学生之间关系的失衡也深刻影响了法学教育的发展,法学院的外国法教育似乎仅剩下一副皮囊。通过对该校法学教育的考察,我们可以看到晚近上海法学教育现代化的一例具象,在校园深处,校方、教员和学生发生了什么样的化学反应,法学教育的内涵究竟发生了哪些改变。

---

[1] 上海市档案馆藏:Q245-1-7,《东吴大学苏州校本部抄送关于本校呈报毕业生名单、成绩证书与教育部等往来文书》。

第五章　须弥与芥子：上海法学教育比较观

1920 年代，上海的法学教育界尽管混乱无序，乃至被污名化，但其体现出的办学活力，以及客观上普及法律知识的作用不应被否认。况且，彼时法学教育形成的地域性特征，不啻为近代中国法学教育发展史中的一抹亮色。1930 年代，上海各大法学院校经历了立案和整顿的风波后，开始趋于平稳发展，法学教育的舞台虽然仍以私立学校为主角，但已悉数纳入国家监管体制之内，在教育部和司法院严格的监督之下，各校逐渐改善办学环境，剔除传统痼疾，似乎正在形成一种统一、规范、"良性"的法学教育模式。

本章通过横向与纵向的比较研究，试图展现近代中国视域下"海派"法学教育的诸多特征，描绘上海法学教育的模式转型的历程，呈现法律人才从"制造"到"包装"的"流水线"，以及抗战时期弦歌不辍的教育精神。

第一节　法学教育中的"海派"与"京派"

民国时期各地的法学教育，尤以上海与北京最为突出，前者有声誉卓著的东吴大学法科，后者有闻名遐迩的朝阳大学法科，因此遂有"南东吴，北朝阳"之谓。两地在 1929 年前均以私立法校办学为主。

1920 年代，沪上兴起的第二波办学热潮中，众多私立法校相继而起，"上海之律师，固日见其多，而上海各大学之法科学生亦日见其发达，按上海之有法科大学，始自东吴法律学院，创办于西历 1915 年，继起者，则有持志大学法科、法政大学、法科大学三校,近者,大夏大学、暨南大学、群治大学及东亚大学等等,咸有法科之附设焉。"[1]1924年时,全国各地公私立法政专门学校26所中,就有6所位于北京,它们分别是国立北京大学、北京法政专门学校、北京民国大学、北京中国大学、平民大学、朝阳大学。[2] 前两所为国立,后四所均为私立。而上海仅有一所存在时间短暂的国立暨南大学,鉴于私立法校是上海法学教育之主流,且国立暨南大学多承袭于私立法校,因此本节将着重讨论1929年前京沪两地私立大学法学教育的异同,以期明晰近代上海法学教育的"海派"特点。

一、招生的层次

1920年后逐渐兴起的华资私立法校,一方面承受着"学店"之讥,另一方面,它们也扮演着普及法律知识的角色。相比教会和公立法校,很多私立法校的入学门槛较低,但这也让更多的学生有机会得以进入大学学习法律。因此,上海的法学教育在招生上呈现了层次丰富的特征。

以入读法校新生所须缴纳学费为例,教会学校普遍颇高,1915年东吴大学法科入学时就须缴纳80元一年的学费。[3]1929年时,东吴大学法学院住宿生最低须缴纳104.5元学杂费,另一所震旦大学也须缴纳70元,且不包括膳食费(每月约8元)。[4]

沪上华资私立法校中也有收费较高的。如大夏大学开学伊始,就收取报名费2元和入学费10元,而本科学费每学年80元,注册、诊查、体育各费每学期7元,赔偿准备金每学期4元,图书费每学期2元,基金费每学期1元,总计本科新生第一学年入学时须缴纳120元,这还是不包含膳费费用和校服费用的。[5]上海群治大学收费也不低,不包括膳宿费的情况下,本科生须缴纳学费80元,杂费5元,书报费4元,体育费4元,基金4元,一年共计缴费97元。[6]1926年上海法政大学大学部

〔1〕持平:《上海各大法科谈》,载《福尔摩斯》1930年1月23日,第1版。
〔2〕阮湘:《第一回中国年鉴》,商务印书馆1924年版,第1840—1848页。
〔3〕"Law School Opened", *Peking Daily News*, Jun. 22,1915.
〔4〕《上海著名大学调查录》,载《寰球中国学生会特刊》1929年5月,第52页。《上海著名大学调查录》,载《寰球中国学生会特刊》1929年4月,第10页。
〔5〕上海市图书馆藏:《大夏大学一览》,大夏大学出版部1926年版,第31页。
〔6〕上海市图书馆藏:《上海群治大学章程》,上海群治大学1924年版,第8页。

本科学费,每学期为 40 元,讲义费 4 元,医疗费、杂费、仆费等总计为 7 元,全年须缴 102 元。[1] 这些费用几与教会大学相等。

相比而言,北京的私立法校收费似乎少了很多。如 1924 年北京民国大学,大学专门各本科生每学期均为 22 元,讲义费每期 6 元,体育费每年 2 元,校友会费每名全年 1 元,平民夜校捐每年 3 角,徽章费 0.5 元,总计一名大学部法科新生入学时第一年须缴纳 59.8 元,[2] 这一数目,仅是上海大夏大学的一半而已。同样如平民大学学费也不高,"大学部各本科每年学费 39 元,讲义费 12 元",[3] 北京中国大学学费每期 21 元,讲义费 6 元,加上冬夏两季制服费 10 元,总计不过 64 元。[4] 即使是 1929 年的朝阳大学,本科各系每学年每人缴纳学费 48 元,讲义费每年 8 元,图书费 2 元,体育费 1 元,总计 59 元。[5] 由此而言,仅收取学费一项,这一时期北京的私立法律院校似乎较上海低了不少。但是,上述这些费用还没有加上生活费及各项杂费,平民大学仅书籍杂志费、旅游费、沐浴膏火费就要 140 元,每年耗费不超过 200 元,最多不超过 300 元。[6] 朝阳大学也是如此,总计在每学年 200 元以上,相当于北京一个普通家庭一年的收入。[7]

乍看起来,上海如此高的法学教育成本,很难让平民阶层有机会进入大学攻读法律,1925 年初,陈云在商务发行所上海虹口书店当店员时,月薪仅为 9 元,[8] 仅上海群治大学的学费一项,就已够他半年的工资了。因此,鉴于这一教育市场缺口的存在,上海仍有不少法校降低学杂费,减免适当学费,来满足这一阶层的求学需要。如大陆大学就一再减免学费:"本校开始招生后,各处来函报名索章者日数十起,其中多有以为征费太高,使革命青年有望洋兴叹之感者,这点本为本校所预闻,□亦同人所最引为痛苦的。惟本校创办伊始,用费浩繁,眼前空谈'免费',实在办

〔1〕上海市图书馆藏:《上海法政大学章程》,1926 年版,第 17—18 页。
〔2〕《北京民国大学一览》,1924 年版,第 5 页。
〔3〕《平民大学概观》,1922 年版,第 87 页。
〔4〕北京中国大学十周年纪念筹备委员会:《北京中国大学十周年纪念册》,1923 年,第 77 页。
〔5〕《朝阳大学学则》,1929 年版,第 11—12 页。
〔6〕上海市图书馆藏:《北京平民大学纪略》,北京平民大学组织委员会 1924 年版,第 39 页。
〔7〕邱志红:《现代律师的生成与境遇——以民国时期北京律师群体为中心的研究》,社会科学文献出版社 2012 年版,第 127 页。
〔8〕王淇,陈志凌主编:中共党史人物研究会编:《中共党史人物传(第 71 卷)》,中央文献出版社 2000 版,第 6 页。

不到,现为顾全各革命同志困苦情形起见,特急将本校每期征收名费,一律改正如下:(一)学费二十元,(二)讲义费六元,(三)杂费仆役费均免,其他仍旧。"[1]此外,还有一些法校通过增加免费生、半费生名额来减轻学生负担。如学艺大学鉴于"目下时局日就不安,社会经济甚形窘促,青年学子往往抱出拔之才,而无升学之望",添招免费、半费学生以为广罗英才,"免费生法科、预科及文科专门部各十名,以试验成绩优异者补充之,半费生六十名。"[2]文治大学则更人性化,"以学校而代其家庭负完全之责",学生如果要添置袜履、衣服、书籍,学校愿代办并能享有最优惠之价格,学生如果遇到意外疾病,学校一面通知家人,一面暂付垫款。[3]

除学杂费呈现层次性外,上海法校在招生资格上也存在着差异,大体而言,教会大学的法科录取标准更高。如1926年东吴大学法科规定新生须有著名大学肄业二年以上的程度,如未达到这一标准则须先进入该校特班或法律预科学习。此外,还要求学生掌握一定的外语能力:"该生须表现有运用英语之能力,并须谙达国语。"[4]另一所震旦大学院的入学资格更为严格,其入学考试有笔试和口试两种,考试的内容划分的非常细致:

> 凡在上海投考者,须应笔写及口试两种试验,笔写四种,一中文论说,二法文记事或书写,三中文译法文,四算学,每次以二小时为限。口对如下:一、口答考单上所列之各项法语原文,释以法语解其词类与文法问题;二、口答历史与地理问题;三、口答初等代数及几何学问题;四、口答初等物理问题;五、口答英文问题(随意)每次约延十分钟。[5]

笔试须满8分才能进行口试,两项考试平均至少11分,方为合格,即使通过了考试还有掌握法语的要求:"法文平均不及十分者不得入文科"。而且对于资禀不

---

〔1〕《大陆大学》,载《申报》1928年8月19日,第6版。
〔2〕《学艺大学添招免半费学生》,载《申报》1925年9月17日,第2版。
〔3〕《上海文治大学创办署史(五)》,载《南洋商报》(Nanyang Siang Pau)1927年3月15日,第16页。
〔4〕《东吴大学法律科章程》,1926年版,第4—5页。
〔5〕上海市档案馆藏:Q244-1-17(4),《震旦大学各种简章、概况及一览表1908—1948》。

足的学生,校方可予以劝退,"学生试读一月明显其未能追随本科者,当降级肄业;一学期内倘见学生资格于学业实有不足者,当即通知其家属请于下学期弗再来院。"[1]

相比之下,上海私立华资法校的入学标准则宽了不少,不仅不要求外语水平,而且还对旧制中学持开放态度,如学艺大学仅须旧制中学毕业,新制高中第一年修毕或同等学校毕业即可。[2] 上海法政大学也仅规定"旧制中学毕业或高中修业一年"便能投考。而实际招收标准可能更低,在 1929 年教育部对法政大学的审查中,可见法校因为招生宽滥经常被批评,"调阅新生试卷,程度低浅,嗣后招考新生,应从严录取",[3]"该院向来录取新生失于宽滥","入学考试应认真举行,并提高录取标准,宁缺毋滥","新生入学试验,应认真举行,并提高录取标准"。[4]

对比之下,北京的法校在招生上并没有展示出这种层次性,设置了相对较高的入学门槛。如 1924 年北京民国大学入学试题中就有句子改错(Correct the following sentences)、英译中、中译英等题型,题目长短不一,难易不同。短的如改错题:"Neither he nor she are here",长的有中译英:

The question which lay before them and which had been agreed for weeks, was still unsettled.[5]

平民大学的招生考试也有类似试题,例如中译英题目有:"a. 他喜欢研究文学;b. 他是佛教徒;c. 太平洋会议是美哈丁总统发起的;d. 今天天气很冷",英译中的题目如:"Washington was a clever general and a great stateman. He fought for the cause of justice and freedom. He was loved and respected by his friends and his countrymen."[6]

---

〔1〕上海市档案馆藏:Q244-1-17(4),《震旦大学各种简章、概况及一览表 1908—1948》。
〔2〕《学艺大学添招免半费学生》,载《申报》1925 年 9 月 17 日,第 2 版。
〔3〕上海市档案馆藏:Q248-1-2,《上海法政学院立案文件》。
〔4〕上海市档案馆藏:Q248-1-61,《伪教育部派员视察上海法政学院并指示改进各点》。
〔5〕《十三年度入学试题:北京民国大学》,载《全国专门以上学校投考指南》1925 年第 3 期。
〔6〕《平民大学概观》,1922 年版,第 202—205 页。

此外,对入学资格也有较高要求,朝阳大学多招预科及同等水平毕业生,但"各学院本科各系学生缺额时,如有在与本大学各学院预科同等之学校毕业,或三三制高级中学毕业,经本大学编级试验合格者,得编入各学院本科各系第一年级。"[1]中国大学要求须大学预科毕业,"入大学部各科本科者,须在大学预科毕业。"[2]当然,实际考试可能并不严格。如1928年朝阳大学的毕业生回忆,入学考试更加偏重国文,其他几门并不十分重要:"朝大历年的入学考试,最注重的就是国文;国文这一门最注重的,就是那篇文言论说,只要你能做到'通顺晓畅'四个字,那就解决了问题;若是再能做得有些像梁启超派的论说,或是《大公报》社论的气息声调,那就要蒙学校当局另眼看待,不愁不名列前茅了。其余数门不过是那么回事,只要不交白卷,凑合着及格就行。"[3]

二、多元的师资

上海的私立法校就师资而言,呈现了这样一种趋势,即教会学校多聘外籍教师,而华资法校则以本土教员为主。前者在1920年代中后期,逐渐添聘华人教员;后者,通过招募留学生扩充师资。

东吴大学法科早期的教员大多由美国律师组成,几乎都来自于远东美国律师协会,如前述的罗炳吉、佑尼干、费信惇、阿乐满等人。与东吴大学法科相反的震旦大学法学院,因与法国耶稣教会的关系,其大部分教员来自法国,如1911年最早教授民法的孔道明(R. P. Lapparent)、教授法律学的巴和玛守(M. Barraud)、教授中法法律的巴和述里(J. Barraud)等等,[4]而且早期该校24名教员中,有19人是传教士。[5]

华资法校在创办之初,颇重视引进师资。私立上海法政大学开办时聘请了前湖北省司法司长张知本担任教务主任,前长沙地方审判厅庭长郭卫担任法律系主任。[6]还有如上海群治大学,是由李登辉、章炳麟等人发起组织的,法科教员中

〔1〕《朝阳大学概览》,1929年版,第38页。
〔2〕北京中国大学十周年纪念筹备委员会:《北京中国大学十周年纪念册》,1923年,第77页。
〔3〕赵世泰:《漫谈朝阳大学》,载全国政协文史资料委员会编:《文史资料存稿选编(24)——教育》,中国文史出版社2002年版,第196页。
〔4〕上海市档案馆藏:Q235-1-651,《上海市教育局关于私立震旦大学立案问题(三)》。
〔5〕上海市档案馆藏:Q244-1-5,《震旦大学关于学校概况的中、英文报告》。
〔6〕《学务丛载》,载《申报》1924年7月18日,第20版。

亦有何世桢等知名教授，"为改造社会思想收回法权起见，拟先行开办文法二科，闻担任教授者，如郭任远、何世桢、何葆仁、吴冕各博士等，均系教育界知名之士。"[1] 远东大学法科的教师团队则由"何世枚、应成一、陆鼎揆诸博士，董修甲、郑觉民诸硕士，章世炎、康荣森、陈文伯诸学士"组成。[2]并且由端木恺担任法科主任，"办理迄今，已经五稔，成绩甚为良好，自去冬开盛大之五周年纪念后，校长殷志恒更力求精进。"[3]即使是声名不好的春申大学也添聘了日本法律教授上海大律师加藤正雄担任教务长。[4]

随着留学生回国任教，教会学校与华资法校之间的师资差距也在不断缩小，如二十年代后期，震旦大学的袁家瀚、顾守熙等人，东吴大学法科的吴经熊、盛振为、鄂森等相继在母校任教。而华资法校中留学生教师的比例也在逐年上升，如1930年私立上海法政学院，外国毕业教师人数为36人，[5]2年之后增至39人。[6]这些留学生来自不同国家，据学者统计，1929上海法政学院正式立案后，在38名法学教授中，有22人是留学生。其中有11人留学日本，5人留学法国，4人留学美国，1人留学比利时，1人留学德国。再如，大夏大学6位法学留学教授中，有4位留学美国，留学日本和德国各1位。[7]

相比之下，虽然北京私立法校同样也保持着高学历的师资，但其法律类课程教员则多是日本留学生。如北京平民大学几乎清一色是日本法科留学生，校长汪大燮曾任留日学生监督，专门部法科主任林卜琳是东京日本大学法学士，13门法律类课程中，有11门任课教师为日本留学生。[8]北京民国大学亦是如此，校长江天铎和总务长马鹤天都毕业于日本早稻田大学。[9]该校法律课程教员中，留学生比例并不高，大都是国内大学毕业的法学士，但仅有的几位也是留日学生。如讲授

---

〔1〕《上海群治大学消息》，载《申报》1924年5月20日，第15版。
〔2〕《远东大学聘定各科教授》，载《申报》1926年3月3日，第10版。
〔3〕《远东大学之新设施》，载《南洋商报》(Nanyang Siang Pau)1928年3月2日，第16页。
〔4〕《学校消息》，载《学灯》1925年1月17日，第4版。
〔5〕上海市档案馆藏：Q248－1－2，《上海法政学院立案文件》。
〔6〕上海市档案馆藏：Q248－1－623，《上海法政学院廿一年度概况》。
〔7〕参见袁哲：《法科留学生与近代上海(清末—1937)》，复旦大学历史学系中国近现代史专业2011年博士学位论文，第63—106页。
〔8〕《平民大学概观》，1922年版，第33—40页。
〔9〕《北京民国大学现任职教员一览》，载《北京民国大学一览》，1924年版，第1页。周川主编：《中国近现代高等教育人物辞典》，福建教育出版社2012年版，第164页。

商行为和票据的刘鸿渐,毕业于东京帝国大学法科,[1]讲授战时国际公法的陈必达,毕业于日本早稻田大学。[2]北京中国大学为数不多的法律学系教员中,也以留日法科学生为主,如戴修瓒、江元亮、王元增等。[3]朝阳大学的情况相对好一些,聘请了几位英美留学生,但他们们大都分任于专门的英文刑法、英文民法、英文宪法的课程,主要法律类课程如宪法、行政法、商法各编、刑法等几乎全是日本留学生讲授。以"民法各编"一课为例,该课教员 18 人中,2 人为本国法科毕业(叶在均、郁嶷),1 人为英国法科留学生(梁敬錞,英国伦敦大学法律硕士),其余 15 人均是日本法科留学生。[4]

由此可见,上海的法律院校,除了早期教会学校外,教员的引进并没有特别倾向于某一国家的留学生,因而呈现出了师资引进的多元化特点,但在北京的法律院校中,大陆法系尤其是留日学生受到很大程度的青睐,这可能与北京初期法学教育环境有浓厚的日本色彩有关。

三、荟萃的课程

1913 年时,教育部曾对法科课程做过系统规定,[5]但执行并不严格,尽管罗列了一些必修科目,却在条文后做了但书:"法政专门学校各科目授业时间,由校长酌量设置,呈报教育总长",此外,1924 年颁布的《国立大学条例》不啻将厘定课程之权交予了学校。因此,法学课程并未形成统一之势,各校也各行其道自由发展。[6]

基于此,沪上法校在教学层面呈现出了各自的特点,形成了多国法律荟萃于一地的局面。如以教授英美法为主的东吴大学法科,是当时中国唯一一所教授"普通

---

〔1〕参见尤小明主编:《广西民国人物》,广西人民出版社 2008 年版,第 56 页。
〔2〕《北京民国大学现任职教员一览》,载《北京民国大学一览》,1924 年版,第 3 页。
〔3〕北京中国大学十周年纪念筹备委员会:《北京中国大学十周年纪念册》,1923 年,第 217—218 页。
〔4〕《朝阳大学概览》,1929 年版,第 49—68 页。
〔5〕"法政专门学校预科科目有:一、法学通论,二、经济原论,三、心理学,四、论理学,五、伦理学,六、国文,七、外国语(英、德、法、日本语择一种)。法律科的科目则规定有:一、宪法,二、行政法,三、罗马法,四、刑法,五、民法,六、商法,七、破产法,八、刑事诉讼法,九、民事诉讼法,十、国际公法,十一、国际私法,十二、外国语。"《教育部公布法政专门学校规程》,载《教育杂志》1913 年第 10 期。
〔6〕薛铨曾:《我国大学法学课程之演进》,载《中华法学杂志》1944 年第 3 卷第 8 期。

法"课程的法学院,[1]还有围绕法国法展开教学的震旦大学法学院,以现行中国法为主的上海法政大学,及综合各国法律内容混合教授的,如群治大学法科等。

震旦大学开设法律课程有着悠久的历史,据云:"自公历1911年,孔明道司铎(R. P. de Lapparent)初授民法课时起,即初具规模。"[2]但早在1902年创建时,其附课政治科中便有万国公法的课程(International Law)。[3] 1909年时,该校高等科第一分科之文学科第3年便有万国公法和政事法律的课程,第二分科之语言第3年还有商律初级的课程。[4] 震旦大学法科早期与文学科混同,1916年时称法政文学科,定为3年毕业,教授科目"概仿法国大学现行规程",[5]具体的课程如下所示:

> 第一年,罗马法律,民律,每星期各二小时,又政治经济学,每星期二小时。第二年,民律、国际公法、政治经济学每星期各二小时,教授时刻与第一年同。第三年,以每星期二小时,补全教授民律,又刑法,每星期二小时,又宪法每星期二小时,又加授商律实业律及关税律每星期二小时。此外,下列诸科,为预科中已起始教授者,继续推广教授,一哲学,二法文,不特于古今名人著作中选择数篇教授学生,揣摩攻读,乃择取大文豪之全篇原著,用作课本,俾学生与之有直接之感触。三历史地理,教授欧美各邦之历史地理,对于其历来与中国实务与实业上有关系者,尤为注意,并以近时为最。[6]

直至1932年,震旦大学院各科目仍非常注重法国法的讲授,如比较民法是"以法国民法为根据与各国民法作比较之研究,分四年授毕。"比较刑法是"以法国刑法

---

[1] "Law in China: Dr. Sellett's Address Before Y's Men's Club," *The North-China Herald and Supreme Court & Consular Gazette*, December 20, 1924.

[2] 震旦大学编:《私立震旦大学一览》,震旦大学出版1935年版,第59页。

[3]《震旦学院章程》,载《翻译世界》1902年第2期。

[4] 上海市档案馆藏:Q244-1-16,《抗战期间之震旦大学、震旦大学概况及震旦大学震旦新图书馆等》。

[5] 彭廉石:《震旦大学法学院概况》,郑永泰译,载《大学季刊》1941年第2期。

[6] 上海市档案馆藏:Q244-1-17(5),《震旦大学各种简章、概况及一览表1908—1948》。

为根据,与各国刑法作比较之研究。"行政法也是"以法国行政法为根据与各国行政法作比较之研究。"[1]

此外,还有以教授现行中国法为主的,如上海法政大学、上海法科大学等,其开设的法律课程,几乎都是现行法律的内容:

> 国文4、英文8、法文俄文或德文8、宪法4、行政法6、刑法总则6、刑法分则6、商行为4、商法总则2、海商法2、票据法4、保险法2、公司法4、民事诉讼法12、刑诉法6、破产法3、民事执行法3、平时国际公法6、国际私法4 法院编制法4、罗马法6、法理学4、法制史4、形事政策3、监狱学4、法律实习6
>
> 附随意课目:法医学3、法化学2、法律伦理2、犯罪学2、拉丁文4[2]

有的学校则兼授英美法、大陆法、现行中国法,如5年制的私立群治大学,最后两年内英美法和大陆法的课程就占了较多的课时,如下表所示:

第一学年				第二学年			
课程	课时	学分	备注	课程	课时	学分	备注
宪法	3	6		国家学	3	3	一学期
政治学	2	4		民法债权	3	3	一学期
经济学	2	4		民法物权	3	3	一学期
行政法总论	3	6		行政法各论	3	6	
民法总论	2	4		民法亲属	3	3	一学期
刑法总论	2	4		民法继承	3	3	一学期
商法总则	2	4		刑法分则	2	4	
财政学	2	4		财政学各论	3	6	

---

〔1〕上海市档案馆藏:Q235-1-649,《上海市教育局关于私立震旦大学立案问题(一)》。
〔2〕上海市图书馆藏:《上海法政大学章程》,1926年版,第8页。

国际私法	2	2	一学期	经济史	2	4	
国际公法	2	2	一学期	社会学	2	4	
本科英文甲	2	6		本科英文乙	3	6	
第二外语甲	2	4		第二外语乙	2	4	
薄记学	3	6		经济地理	2	2	一学期
				政治地理	2	2	一学期
				商行为	2	2	一学期
				公司条例	2	2	一学期
				货币论	3	3	一学期
				银行学	3	3	

第三学年				第四学年			
课程	课时	学分	备注	课程	课时	学分	备注
票据法	2	2	一学期	破产法	2	2	
保险法	2	2	一学期	英吉利法	2	2	
海商法	2	2	一学期	刑事诉讼法	3	6	
民事诉讼法	3	6		民事诉讼法	3	6	
法院编制法	2	2		中国法制史	2	4	
本科第二外语丙	3	6		第二外国语丁	2	4	
强制执行法	2	2					

第五学年							
课程	课时	学分	备注				
罗马法	2	2					
监狱学	2	2					
法理学	2	4					
法兰西法	2	2					
德意志法	2	2					
论文	1	2					

（上海市图书馆藏：《上海群治大学章程》,上海群治大学 1924 年版。）

当上海法学教育内容呈现多样化时,北京的法学教育则执着于现行中国法教学。如北京平民大学法律系的课程,即是一例:

> 法理学、宪法、行政法、民法总则、刑法总则、民法全部、刑法分则、商法全部、民事诉讼法、刑事诉讼法、刑事政策、法院编制法、罗马法、法制执行法、国际公法、国际私法、中国法制史、第一外国文(英文)、第二外国文。[1]

不难看出,1922 年时,该校课程几乎全是中国法的内容,而且法律实习的相关课程也没有开设。至 1924 年,平民大学法律的课程虽有所增加,但仍是以现行中国法为主,并没有较大的改变。[2] 北京中国大学法律学系除了罗马法之外,同样没有开设任何外国法的课程。[3] 相比之下,北京民国大学的法律学系课程可能更多样一些:

> 民法总则、债权总论、债权各论、物权、亲属继承、刑法总则、刑法分则、民事诉讼法、刑事诉讼法、行政法总论、国际公法、国际私法、外国法(英法、德法、法法)、商法总则、公司律、商行为、票据、海商、破产法、宪法。
>
> 选修科目:证据法、罗马法、法理学、名著研究、法院编制法、社会立法论、中国法制史、欧洲法制史、财政学总论、经济学、社会学、强制执行法、诉讼实习、监狱法、外国语。
>
> 研究问题举例:中国各种法律案、风俗习惯与现行法律之冲突、各种法律原则、改良司法制度、律师事业、收回法权问题。[4]

---

〔1〕《平民大学概观》,1922 年版,第 7—8 页。
〔2〕"宪法、行政法、国际公法、国际私法、民法总则、民法债权、民法物权、民法亲属、民法继承、商法、海商法、刑法总则、刑法各论、刑事政策、监狱学、强制执行、民事诉讼、刑事诉讼、破产法、法院编制法、中国法制史、罗马法、英文及日文、演习民事诉讼刑事诉讼。"上海市图书馆藏:《北京平民大学纪略》,北京平民大学组织委员会 1924 年版,第 18 页。
〔3〕北京中国大学十周年纪念筹备委员会:《北京中国大学十周年纪念册》,1923 年,第 95 页。
〔4〕《北京民国大学学则概要》,载《北京民国大学一览》,1924 年版,第 17—19 页。

但是，如上所示，北京民国大学也仅仅是开设了一门外国法的课程，且罗马法、中国法制史、外国语等课程也都被划入到选修科目中。著名的朝阳大学法律系的开课情况也同样如此，除了增加"英德日文法学原著"一课外，教学内容并无其他外国法的元素出现。[1]

四、法商的结合

1927 年前，上海许多大学院校开设了商科，但经济学的科目则一般划入法科，而非专业更接近的商科。如文治大学设文法商三科，法科分法律学、政治学、经济学三系，[2]远东大学同样设置文科、商科、法科，经济系也划入法科。[3]学艺大学设有文法两科，法科下分法学和政治经济学。[4]

沪上法校的另一特色便是法律课程与商科、经济科的结合。以教授法科为主的大学，其开设的商科和经济科的科目几乎一半是法律课程。例如从上海法政大学的商科和经济科课程中，我们可以分别看到法律对商科和经济学科的渗透：

> 国文 4、英文 8、俄文法文或德文 8、国际商约 3、宪法 4、民法概论 8、商行为 4、商法总则 2、海商法 2、票据法 4、保险法 2、公司法 4、国际私法 4、政治大纲 4、统计学 4、商业政策 8、货币论 3、银行学 3、商业簿记 3、商业史 4、会计学 4、商业经济 4、国际贸易 3、国际汇兑 3、商品学 4、商业组织 3、运输学 2、银行簿记 4、商用统计 3、商业实习 6。

> 国文 4、英文 8、法文俄文或德文 8、宪法 4、民法概论 8、商法总则 2、票据法 4、保险法 2、公司法 4、破产法 3、国际商约 3、国际私法 4、财政学 8、经济学 8、社会学 6、统计学 4、农业政策 2、工业政策 6、商业政策 4、交通政策 4、殖民政策 4、社会政策 4、经济史 3、货币论 3、银行学 3、商业簿记 3、会计学 4、国际汇兑 2、关税论 3、海商法 2、商行为 3、经济学史 6。[5]

---

〔1〕《朝阳大学学则》，1929 年版，第 3 页。
〔2〕《上海著名大学调查录》，载《寰球中国学生会民国十五年特刊》1926 年 4 月，第 5—6 页。
〔3〕同上书，第 9 页。
〔4〕《上海又多一华人自办大学》，载《南洋商报》(Nanyang Siang Pau)1925 年 7 月 30 日，第 4 页。
〔5〕上海市图书馆藏：《上海法政大学章程》，1926 年版，第 7—10 页。

还有如上海法科大学,其经济系的必修科目不仅有财政学、会计学、银行学、保险学等专业课程,还设有宪法、民刑法、商法、公司律等法律课程,[1]而且商科和经济科的教员也由法科的教授兼任。如上海法科大学经济系中法律教授有楼桐荪、陈顾远、赵琛等人。

虽然,同一时期北京的法学院校,北京民国大学、朝阳大学、平民大学的法科或法学院下也分设法律学系、政治学系和经济学系,但经济学类课程仅仅是在选修课中开设了几门法律课程,如北京民国大学即是一例:

经济学原理、经济史、会计学、统计学、经济地理、经济学史、货币论、银行论、国际金融及外国汇兑、政治学原理、财政学总论、外国文。

选修科目:财政学各论、财政史、企业论、公司理财、铁路经济、高级薄记、信托论、工厂管理法、宪法、市政论、保险通论、国际公法、商业政策、社会主义及社会运动、社会问题及社会政策、第二外国语。[2]

平民大学相对好一些,开设了宪法、民法总则、商法总则的课程,但相比上海法校的开课数量,仍存在着不小的差距:

经济学、经济学史、经济地理、财政学、财政史、货币论、银行论、经济政策、社会学、社会问题、税关论、统计学、会计学、薄记学、宪法、民法总则、商法总则、第一外国文(英文)、第二外国文。[3]

当然,法科与商科、经济科课程的结合不仅于此,一些上海法学院校即使是法律系的必修课程也会开设商科和经济类的课程。如前述群治大学的法科就开设有公司条例、货币论、银行学、薄记学等商业类课程,震旦大学法科也设有经济学说

[1] 何元明:《大学部经济系四年级概况》,载《上海法科大学戊辰年刊》,1928年版,第121页。
[2] 《北京民国大学学则概要》,载《北京民国大学一览》,1924年版,第20—21页。
[3] 《平民大学概观》,1922年版,第7页。

史、统计学、会计学、财政学等必修科目。[1] 即使在南京国民政府成立后，新设的法学院校中仍可找到这些痕迹。如1930年的华国大学法学院选修科目中开设了会计和保险学的课程，[2]直到1938年，震旦大学法学院仍有会计学、统计学等科目，只是相比之前，这些课程的数量已经大大减少了。

这一特征在北京法律院校中并未出现，或者说并不明显。以朝阳大学为例，1929年朝阳大学刊布了两张课程表，大体内容相似，课程数量有所增减，但两份课程表中均无会计、薄记学等类似课程出现：

宪法、行政法、刑法总则、刑法分则、民法总则、债权总论、债权各论、民法亲属编、民法继承编、商人通例、公司条例、商行为、票据法、海船法、法院编制法、刑事诉讼法、民事诉讼法、破产法、强制执行法、平时国际法、战时国际法、国际私法、罗马法、中国法制史、外国法制史、法理学、刑事政策、监狱学、财政学、政治学、法医学、英德文法学原书、英文、德文或法文。[3]

宪法、行政法、刑法总则、刑法分则、民法总则、民法债编、民法物权编、民法亲属编、民法继承编、商人通例、公司法、票据法、海商法、保险法、法院编制法、刑事诉讼法、民事诉讼法、破产法、强制执行法、平时国际法、战时国际法、国际私法、劳工法、政治学、经济学、社会学、罗马法、中国法制史、外国法制史、法理学、刑事政策、监狱学、刑事判例、民事判例、刑事法庭实习、民事法庭实习、法医学、英德日文法学原著、英文、德文或法文。[4]

虽然，朝阳大学的两份课表中列有财政学和经济学两课，会计学、薄记学、统计学等商业经济类知识有可能包含在其中，但北京的法律院校对经济类课程并不重视的现象似乎比较普遍。以北京平民大学和民国大学为例，前者并未开设任何有

---

[1] 上海市档案馆藏：Q244-1-909(1)，《震旦大学1920—1934年法律系毕业生成绩册》。
[2] 上海市图书馆藏：《华国大学章程》，华国大学1930年版，第47页。
[3] 《朝阳大学概览》，1929年版，第34—35页。
[4] 《朝阳大学学则》，1929年版，第3页。

关商业经济类的课程,后者则将财政学总论和经济学两课列入选修科目中。北京中国大学法律学系的课程也是如此,除了公司条例可以有一些联系外,并未设置任何商业经济类课程:

第一学年			第二学年			第三学年			第四学年		
学科	钟点	学分	学科	钟点	学分	学科	钟点	学分	学科	钟点	学分
宪法	3	3	民法债权	3	3	民法亲属	3	3	强制执行法	2	2
民法总则	4	4	民法物权	3	3	民法继承	3	3	监狱学	2	2
刑法总则	3	3	刑法分则	2	2	民事诉讼法	3	3	国际私法	2	2
法院编制法	2	2	民事诉讼法	3	3	刑事诉讼法	2	2	论文	2	2
罗马法	2	2	刑事诉讼法	2	2	保险法	2	2			
商法总则	2	2	票据法	2	2	海商法	2	2			
商行为	2	2	公司条例	2	2	破产法					
本科英文一(甲组或乙组)	4	4	本科英文二(甲组或乙组)	4	4						
本科第二外国语甲	3	3	本科第二外国语乙	3	3						

(北京中国大学十周年纪念筹备委员会:《北京中国大学十周年纪念册》,1923 年版,第 95 页。)

上海法校科系设置的这一特征,当然有地区经济繁荣因素的影响。一方面,归因于现实之需要,如孙晓楼就曾指出上海司法实践对会计知识的需求:

> 普通研究法律的人,都认为会计和法律是没有直接关系的;所以在中国的法律学校中,还没有人想到会计学课的添设。我认为会计常识,是我们研究法律的人们所不可缺少的;我们看法院里的民事案件,十分之六七是为着债务金钱的纠葛;再看到法院里刑事案件,除烟赌案外,要推窃盗罪、诈欺罪是最多了。这许多债务纠葛的民事案件,这许多窃盗诈欺的刑

事案件,我们读了法律,无论做法官做律师做实业机关的顾问,要使它有一个公平的解决,常常牵涉到帐目计算上的许多问题,这所以读法律的不可不有会计的常识。[1]

另一方面,为保证其毕业生能适应社会,竞争不同岗位,增加商业经济类的课程也是沪校有意为之的,恰如震旦大学法学院院长彭廉石所言:"法律系养成律师人才,其毕业生可参与各种文官考试,并可进保险公司,实业界,新闻界等处服务。"[2]

第二节　殊途同归：1929 年后的上海法学教育

自 1929 年开始,上海法学教育界无论是课堂讲授,还是校园氛围似乎都在悄然发生变化。呈现出了如下几种趋势:一则,在教学内容上,英美法大陆法的讲授开始逐渐淡化,取而代之以现行中国法为主;二则,在教育宗旨上,以保障毕业生能够执业律师为最低要求,竟会通过篡改成绩、简化考题等手段,以求保证这一目标的完成;三则,在教学形式上,自愿或被迫地放弃了原有的教学传统,各校在形式上趋于统一。

一、外国法的退热

如果说 1929 年之前上海法学教育是百花齐放的话,那么在此之后,可以说是万马齐暗。从法学教育特色的角度而言,相比 1929 年前英美法和大陆法教育荟萃于一地的场面,1929 年后的教学内容的确暗淡了很多。

1929 年后,现行中国法的教学在沪上法校中逐渐占据主流地位,受限于《司法院监督国立大学法律科规程》对法校课程的规定,各校课程逐渐趋于一致。尽管,诸如私立上海法学院在选修课程中设置了欧美法制史的课程,[3]私立上海法政学院也在选修课程中设置了英美法院组织和外国法研究,[4]持志学院则在选修

---

〔1〕孙晓楼:《法律教育》,商务印书馆 1935 年版,第 34 页。
〔2〕彭廉石:《震旦大学法学院概况》,郑永泰节译,载《大学季刊》1941 年第 1 期。
〔3〕《上海法学院一览》,1933 年版,第 34 页。《上海法学院一览》,1935 年版,第 40 页。
〔4〕同上书,第 46 页。

课中规定了欧美法律思想史，[1]但是，绝大多数华资私立法校不会将英美法设置为必修课程，更不消说有大陆法课程了，即使是一向特立独行的中国公学大学部法律系也是如此。[2] 如果1929年前成立的"老牌"学校至少会在选修科目中保留一二门英美法和大陆法课程，那么1929年后新兴的法校对外国法教学的不重视程度则更加明显。如1930年的私立华国大学，即清一色是现行中国法的课程，[3]还有如1932年的私立江南学院的法律课程也是如此：

第一学年		第二学年		第三学年		第四学年	
课程	每周时数	课程	每周时数	课程	每周时数	课程	每周时数
党义	2	国文	2	民法亲属	3	劳工法	2
国文	3	民法物权	2	民法继承	3	刑事政策	2
宪法	3	民法债总	2	票据保险海商	5	法律哲学	2
民法总则	2	刑法各论	3	刑事诉讼法	2	法医学	2
刑法总则	2	公司法	2	民事诉讼法	3	强制执行	2
法院组织法	1	刑事诉讼法	2	国际私法	2	诉讼实习	3
商事学	1	民事诉讼法	3	破产法	2	法律思想史	2
政治学	3	行政法总各论	3	法制史	2	监狱学	2
经济学	3	国际公法平战时	3	英文或国文	2	选修科目	4
罗马法	2	英文或日文	4	选修科目	2		
社会学	3	军事训练	2				
英文或日文	4						
军事训练	2						

(上海市图书馆藏：《江南学院章程》，1932年版。)[4]

需要强调的是，英美法和大陆法课程并非在沪上法校中绝迹了，华资法校中如

---

[1]《持志学院一览》，1937年版，第97页。
[2]《中国公学大学部一览》，1930年版，第51—57页。
[3]上海市图书馆藏：《华国大学章程》，1930年版，第40—47页。
[4]法律系三年级选修课程：社会心理、地方自治研究、社会问题、国际政治经济；法律系四年级选修课程：社会事业、土地问题、经济思想史、中国政治问题。

1937 年的复旦大学法学院曾开设英美法一课并且规定了必修,只不过也仅此一门课程而已。[1] 历来以教授英美法为传统的私立东吴大学法学院虽然仍保留着一定数量的英美法课程,但这一数量相较于 1929 年前已经明显下降了很多。围绕法国法开展教学的震旦大学法学院,其课时数也在不断缩减,尽管其对外章程罗列了很多比较法科目,但是出版品与实际上课存在着较大的差距,如党义、体育、军训等科目,震旦大学法学院的对外章程均未列出。[2] 我们通过对比以下两份分别来自 1924 年和 1935 年毕业学生的成绩表,便能发现其中的明显变化:

第一学年				第二学年			
课程	必修或选修	课时	学分	课程	必修或选修	课时	学分
中国法制史	必	1	1	民法	必	3	3
民法	必	1	1	比较民法	必	3	3
比较民法	必	3	3	罗马法	必	1	1
罗马法	必	1	1	宪法	必	1	1
经济学	必	1	1	外交史	/	/	/
会计学	必	2	2	高等经济学	选	2	2
历史	选	2	2	经济学说史	/	/	/
地理	/	/	/	会计学	必	2	2
心理学	必	2	2	近代史	选	2	2
国文	必	2	2	经济地理	/	/	/
法文	必	2	2	伦理学	必	2	2
英文	选	2	2	法文	必	2	2
翻译	必	1	1	英文	选	2	2
翻译	/	/	/				
第三学年				第四学年			
民法	必	2	2	比较民法	必	2	2

[1] 上海市档案馆藏:Y8-1-165-65,《1937 年复旦大学一览:各学系开设课程》。
[2] 上海市档案馆藏:Q244-1-17(3),《关于震旦大学各种简章、概况及一览表共 38 种》。

272 摩登法律人:近代上海法学教育研究(1901—1937)

比较民法	必	2	2	比较刑法	必	2	2
刑法	必	1	1	比较商法	必	2	2
比较刑法	必	1	1	国际私法	必	2	2
比较商法	必	2	2	民事诉讼法	必	2	2
国际私法	必	2	2	经济学说史	/	/	/
劳工法	必	1	1	公司法（仅第一学期）	必	1	1
刑事诉讼法	必	1	1	票据法（仅第二学期）	必	1	1
社会学	必	1	1	破产法	必	1	1
法律哲学	选	1	1	海商法（仅第一学期）	必	1	1
高等经济学	选	2	2	行政法	/	/	/
经济学说史	/	/	/	公法沿革	/	/	/
宪法	/	/	/	高等经济学	/	/	/
经济地理	/	/	/	宪法	/	/	/
财政学	/	/	/	财政学	选	2	2
行政法	选	2	2	国际公法	选	2	2
国际公法	/	/	/	劳工法	/	/	/
法文	/	/	/	统计学	选	1	1
英文	/	/	/	保险法（仅第二学期）	必	1	1

第一学年				第二学年			
课程	必修或选修	课时	学分	课程	必修或选修	课时	学分
中国法制史	必	2	2	民法	必	5	5
民法	必	2	2	比较民法	必	2	2
比较民法	必	2	2	罗马法	必	2	2
罗马法	/	/	/	体育	/	2	1
经济学	必	2	2	军训	/	2	1

会计学	必	1	1	党义	/	1	1
历史	选	2	2	经济学说史	/	/	/
地理	/	/	/	会计学			
心理学	/	/	/	近代史			
国文	必	2	2	经济地理			
法文	必	2	2	伦理学			
英文	选	2	2	法文			
翻译	必	1	1	英文	选	2	2
社会学	必	2	2	翻译	选	1	1
中国宪法	必	1	1	比较宪法	必	2	2
体育	/	2	1	比较刑法	必	1	1
党义	/	1	1	政治学	必	2	2
军训	/	2	1	刑法	必	2	2
				土地法（仅第二学期）	必	1	1
第三学年				第四学年			
民法	必	3	3	比较民法	/	/	/
比较民法	必	2	2	比较刑法			
刑法 （仅第一学期）	必	2	2	比较商法	必	1	1
比较刑法	/	/	/	国际私法	必	1	1
比较商法	必	2	2	民事诉讼法	必	2	2
国际私法	/	/	/	经济学说史	/	/	/
劳工法	必	1	1	公司法	必	2	2
刑事诉讼法	必	2	2	票据法	必	1	1
社会学	/	/	/	破产法	必	1	1
法律哲学	/	/	/	海商法 （第二学期为保险法）	必	1	1
高等经济学	/	/	/	行政法	必	2	2
经济学说史	选	2	2	公法沿革	/	/	/

宪法	/	/	/	高等经济学 （仅第二学期）	选	2	2
经济地理	/	/	/	宪法	/	/	/
财政学	必	2	2	财政学	/	/	/
行政法	/	/	/	国际公法	必	2	2
国际公法	/	/	/	劳工法	必	1	1
法文	选	2	2	统计学	选	2	2
英文	/	/	/	诉讼实习	必	2	1
民事诉讼法	必	1	1	监狱法 （第二学期为商标法）	必	1	1
法院组织法 （仅第一学期）	必	1	1	执行法 （仅第一学期）	必	1	1
体育	/	2	1	判词实习 （仅第一学期）	选	1	1
党义	/	1	1	土地法 （仅第二学期）	必	1	1

（上海市档案馆藏：Q244－1－909(1)，《震旦大学 1920—1934 年法律系毕业生成绩册》。）

由上表可见，1924 年时震旦大学的法学教育较为重视比较法的讲授。该校的比较法实质是以法国法为主，兼而比较他国法律，如在课程简介中，比较民法是"以法国民法为根据与各国民法作比较之研究"，比较刑法是"以法国刑法为根据，与各国刑法作比较之研究。"[1]因此可以说其比较法课目的减少，也可能意味着法国法内容的减少。对比 1935 年的成绩表，比较类的课程有明显的缩减，如比较民法、比较刑法、比较商法课时数及学分数都有显而易见的下降。[2]仅隔 3 年，及至1938 年毕业生的成绩表，其中的比较宪法一课也消失了，改为中国宪法。[3]

震旦大学课程调整的节奏相较其他各校已稍显缓慢，但比较法课程渐渐消失成为一种趋势。例如 1928 年时，大夏大学法学院英美法大意、大陆法大意、比较宪

〔1〕上海市档案馆藏：Q235－1－649，《上海市教育局关于私立震旦大学立案问题（一）》。
〔2〕上海市档案馆藏：Q244－1－909(1)，《震旦大学 1920—1934 年法律系毕业成绩册》。
〔3〕上海市档案馆藏：Q244－1－910，《震旦大学 1935—1937 年法律系毕业生成绩册》。

法和新旧刑律比较等课都还是必修课,1929 年后已全部改为了选修课程。[1] 还有如新兴的上海文化学院法律系的课程,也是将英美法、大陆法及比较法类课程放入到选修课中:

第一学年				第二学年			
课程	必修或选修	学分		课程	必修或选修	学分	
		上学期	下学期			上学期	下学期
党义	必修	1	1	英文	必修	2	2
国文	必修	2	2	法文	必修	2	2
英文	必修	2	2	债编总论	必修	2	/
法学通论	必修	2	2	债编各论	必修	/	3
民法总则	必修	3	3	罗马法	必修	2	2
刑法总论	必修	2	3	刑法各论	必修	2	2
经济学	必修	2	2	平时国际法	必修	3	/
宪法	必修	3	3	战时国际法	必修	/	3
行政法总论	必修	2	2	民法物权	必修	2	2
军事训练	必修	1	1	民事诉讼法	必修	3	3
政治学	选修	2	2	刑事诉讼法	必修	2	2
社会学	选修	2	2	司法公文程式	必修	2	/
统计学	选修	2	2	军事训练	必修	1	1
第三学年				第四学年			
课程	必修或选修	学分		课程	必修或选修	学分	
		上学期	下学期			上学期	下学期
民法亲属	必修	2	/	行政法各论	必修	2	2
民法继承	必修	/	2	监狱学	必修	/	2
土地法	必修	2	/	诉讼实习	必修	2	/

---

[1]《大夏大学一览》,1928 年版,第 166 页。《大夏大学一览》,1929 年版,第 180 页。《大夏大学一览》,1931 年版,第 210 页。

劳动法	必修	/	2	社会心理学	选修	3	3
商法票据	必修	/	2	法律哲学	选修	2	2
商保险法	必修	2	/	法律思想史	选修	2	2
破产法	必修	/	2	指纹学	选修	2	2
法院组织法	必修	2	/	现代社会问题及社会政策	选修	2	2
公司法	必修	/	2	比较宪法	选修	2	2
海商法	必修	2	/	比较刑法	选修	/	2
国际私法	必修	2	2	犯罪学	选修	/	2
强制执行	必修	2	/	不平等条约	选修	/	3
中国法制史	必修	3	/	判例研究	选修	2	/
军事训练	必修	1	1				
证据法	选修	2	2				
刑事政策	选修	2	/				
法理学	选修	2	2				
英美法	选修	/	2				
法医学	选修	/	2				
地方自治	选修	2	2				

（《文化学院南京一院上海二院一览表》，1932年版，第52页。）

　　尽管外国法课程呈现出了下降的趋势，但比较法的教学方式仍活跃于各校讲台，并未随之消失。如持志学院法律系课程中犯罪学、罗马法、强制执行法等课都谈到了要"比较研究"。[1] 再如私立三吴大学法律系的必修课程都是中国法的内容，但在选修中设有英美法、德国民法、西洋法理思想史等课程，且都提到了比较研究，如英美法课程是"讲授各种英美法之内容，随时与吾国现行法加以比较之研究。"[2]

　　1927年之前，由于上海租界内不仅设有会审公廨，还有各签约国领事法庭的

〔1〕《持志学院一览》，1937年版，第61—84页。
〔2〕上海市图书馆藏：《三吴大学学则》，无出版时间，第36页。

存在,出现了多种法律体系汇聚于一地的场景。1927 年后,随着会审公廨被撤销,六法体系的不断完善和治外法权的收回,减少英美法和大陆法的教育已是必然趋势。一些学校看似仍旧在提供英美法和大陆法的教育,但似乎逐渐成为一种点缀,其保留的意义可能是方便法学院毕业生留学时能更容易融入欧美法学院校。[1]

二、律师工厂诞生

1929 年颁布的《大学组织法》规定,大学应以"研究高深学术,养成专门人才"为宗旨,[2]上海各所法学院校的教育宗旨均遵照此条做了修改,如上海法政学院前身是 1924 年由徐谦和张一鹏等人发起成立的女子法政学校,当时的宗旨是以普及法政知识为己任,"共和国人民应具法政知识,教育继趋平等,则凡属女子亦应有讲学法学之方。"[3]1929 年后,转变成为"研究高深学术,造就实用人才"。[4] 上海法学院初建时也以养成人民参政能力为宗旨,"今日之务,莫急于养成人民参政之能力,欲养成人民参政之能力,莫急于法政教育。"[5]之后改为了"研究高深学理,造就法政人才"。[6] 原教会学校的教育宗旨同样发生了改变,震旦大学 1905 年时是:"主为便益本国学生不必远涉重洋留学,留学欧美而得欧美普通及高等程度之教育",到 1924 年时宗旨成为"务使中学毕业后生得其所需之高等教育为完备其造就以成专门济世人才"[7]获准立案后又变为"专为造就法官及律师而设"。[8]

其他各校的法律系亦将形塑法律人才作为培养目标,如大夏大学"以造就法律专门人才应社会需要为宗旨",[9]中国公学大学部法律系以"应社会之需要,养成

---

〔1〕一位东吴大学法学院的毕业生感慨,留学美国法学院后,发现很多法律课程都在学校上过,熟悉起来非常快。2015 年 6 月 11 日,笔者台北采访。

〔2〕《大学组织法》,载《教育部公报》1929 年第 8 期。

〔3〕《批沈仪彬准予开办上海女子法政学校文》,载徐绍桢:《徐绍桢集》,陈正卿,徐家阜编校,四川师范大学出版社 1991 年版,第 261 页。

〔4〕《上海法政学院一览》,1932 年版,第 3 页。

〔5〕《吾人创办上海法科大学之原由及其方针》,载潘力山:《力山遗集》,渊大遵编,上海法学院 1932 年版,第 471 页。

〔6〕《上海法学院一览》,1933 年版,第 21 页。

〔7〕上海市档案馆藏:Q244-1-17(4),《震旦大学各种简章、概况及一览表》。

〔8〕《震旦大学一览》,1935 年版,第 61 页。

〔9〕《大夏大学一览》,1929 年版,第 177 页。

法律人才,故修习科目全注重现行法规及社会所必需法律常识"为宗旨,[1]持志学院法律系宗旨是"研究法律原理及学识,造就法学专门人才。"[2]

在众多法政专门人才的培养中,上海的多数法学院校更加青睐培养律师,不仅相继开设了与此相关的课程,而且在许多方面为学生执业律师提供便利。例如持志学院开设有律师实践一课,"本学程除阐明律师之地位职权,与责任外,尤重于律师执行职务之一切手续,如接见当事人,讨论案情,准备书状,代表出庭,以及诉讼上各种程序等等,均详予说明,使俾有实用。他如律师道德与律师惩戒处分等等,亦附带论及。"[3]大夏大学也开设了律师道德课程,"律师保障人权执行职务贵重道德,故专设学程以资提倡"。[4] 东吴大学法学院则开设了法律伦理学,通过学习这门课程孙晓楼期望学生能了解执业律师对社会所负的使命:"读了法律伦理学至少可以使学生知道些他们将来做律师时对于社会所负的使命,不致盲人瞎马,去害了人,还要害自己。"[5]

此外,一些学校还开设了"型式法庭"一类的课程,使学生熟悉诉讼程序,如持志大学开设了"诉讼实习",[6]上海法学院的"法庭实习"。[7] 具体而言,以东吴大学法学院的"型式法庭"为例,该课大概每两周开庭一次,由学生轮流扮演法庭上的原被告律师,法官的角色由教员扮演,"事前,主教者以案情通知原被告律师,两造律师各具诉状答辩。而后,双方提出人证物证相证佐,各出其舌剑唇枪,以为胜负之一决,辩论既告终结,法官乃宣读判词,使诉者不服,得请求复审或昌言上告"。[8]

上海各大法学院校如此注重律师养成,实际上也取得了不错的效果,在1930年代各校的法科毕业生中,律师成为了第一职业。例如,1927年至1937年间,上

〔1〕《中国公学大学部一览》,1929年版,第104页。
〔2〕《持志学院一览》,1937年版,第96页。
〔3〕《持志学院一览》,1937年版,第86页。
〔4〕《大夏大学一览》,1931年版,第217页。
〔5〕孙晓楼:《法律教育》,商务印书馆1935年版,第33页。
〔6〕《私立持志学院一览》,1937年版,第32页。
〔7〕参见上海法学院编:《上海法学院一览》,1933年版,第34页。
〔8〕上海市档案馆藏:Y8-1-201,《东吴大学廿五周年纪念特刊》。

海法政学院的毕业生 247 人中,有 129 人从事律师业务。[1] 至 1936 年,东吴大学法学院的历届毕业生 622 人中,有 268 人执业律师,乃各职业之最。[2] 量产的表象下,各所法学院俨然已似一间间律师工厂,其法学教育的含金量究竟有多少自是一个问题,能够如此量产的原因,也得益于律师制度的设计和校方的灵活操作。

(一) 免试资格与毕业生成绩

自清末至民初,律师制度从无到有,立法者一再尝试形塑律师职业的正当性乃至高尚性,但在律师职业准入的实践方面多流于宽滥,[3] 待南京政府成立后,尽管有所尝试和改变宽滥的律师准入制度,并且取得了一定的成效,[4] 但始终没有建立起律师考试制度,以至于除 1946 年举行的台湾省律师考试外,民国政府主政时期从未有一位中国律师是通过律师考试的方式产生的。[5] 而彼时取得律师资格的普遍途径,正如居正所言,是通过甄拔律师委员会甄拔,"律师考试,从未举行,具有法官资格而充律师者,亦居少数,故事实上现执行职务之律师,十分之九,皆属于甄拔合格出身。至得受甄拔之资格,则于甄拔律师委员会章程内规定之。"[6]

1927 年 8 月 5 日公布的《甄拔律师委员会章程》中可普遍适用于本国私立法学院校应届毕业生的规定是:"在曾经中央教育行政最高级机关或司法行政认可之公立、私立大学或专门学校修法政学科三年以上毕业,平均分数满七十分以上,取具中央教育行政最高机关或本校校长证明书,证明属实者。"[7] 也就是说,已立案

---

〔1〕上海图书馆藏:《上海法政学院同学录》,1948 年版。
〔2〕《私立东吴大学法学院一览》,1936 年版,第 87—88 页。
〔3〕参见尤陈俊:《阴影下的正当性——清末民初的律师职业与律师制度》,载《法学》2012 年第 2 期。
〔4〕例如关于以外国私立大学或专门学校的毕业文凭申领律师证书的条件,南京国民政府有了更为具体的规定,基本杜绝了伪造或购买外国大学文凭借此取得律师资格的现象,相关研究可参见赵霞的一系列论文。李严成、赵霞:《留日毕业文凭的泛滥与治理(1901—1931)》,载《湖北大学学报(哲学社会科学版)》2011 年第 3 期。赵霞:《近代文凭造假与社会组织参与治理:以留日文凭造假和上海律师公会为例》,载《武汉大学学报(哲学社会科学版)》2015 年第 1 期。赵霞:《国家与社会组织对留学文凭的共同监管——以民国时期的汉密尔登文凭案为例》,载《华中师范大学学报(人文社会科学版)》2014 年第 2 期。
〔5〕南京国民政府始终没有举行律师考试,可能是基于经费考量,因为申领律师证书需要缴纳 200 多元,可以为财政捉襟见肘的政府,开拓财源。参见孙慧敏:《制度移植:民初上海的中国律师(1912—1937)》,中央研究院近代史研究所 2012 年版,第 203—210 页。
〔6〕居正:《十年来的中国司法界》,载范忠信、尤陈俊、龚兴砧选编:《为什么要重建中国法系——居正法政文选》,中国政法大学出版社 2009 年,第 360 页。
〔7〕《甄拔律师委员会章程》,载《司法公报》1928 年第 2 期。

的私立法学院校学生呈请免试取得律师证书,必须修习法政科满3年,毕业成绩平均在70分以上,并且取得教育部或者是本校校长的证明书。这一规定直到1933年的《修正甄拔律师委员会章程》公布才有了一些细微的变化,要求申领者的修习科目从法政学科改为了法律学科,"取具中央教育行政最高机关或本校校长证明书"也调整为"得有毕业证书",但是成绩仍为法科应届生申领律师证书的必备条件,"在国立,或经最高教育行政机关立案或承认之国内外大学、独立学院、专门学校,修习法律之学三年以上,得有毕业证书而成绩特优者。"[1]

这项规定对法学院校的毕业生产生了一定的影响,例如素以严格著称的震旦大学法学院,向来在考试成绩上从严给分,但正是因为给分过于严苛,导致了其学生毕业成绩不满法律规定,无法取得律师证书的情况发生。为此,震旦大学法学院不得不动用人脉关系,通过其校友时任司法行政部长的谢冠生从中斡旋:

> 冠生部长,学兄大鉴,政府西迁,乍违良晤,遂听贤声,如闻馨欬,山川缅邈,钦企为劳。兹恳请者,母校本届法律系毕业生沈福祥、吴泳二名,呈请大部核发律师证书,因成绩未合被驳。惟念吾校百分计数,系从二十分计数原分转核而来,原分实际既以十八分为止,教员给分又多主严,故实际不啻扣除十分,七十分原可合为八十分。第因历年本校毕业生成绩在七十分以上者,多蒙大部照发证书,因未更张,有此情形,可否请公格外体谅,从实核许,不胜企盼,专此奉恳,敬颂勋安。弟校董才尔孟,校长胡文耀,谨启。[2]

这一封信也透露出一条信息,即面对1933年《甄拔律师委员会章程》中"成绩特优"的模糊规定,沪上法学院校在实际操作中仍以1927年《甄拔律师委员会章程》规定的70分为标准,并且成功取得了律师证书,"历年本校毕业生成绩在七十分以上者,多蒙大部照发证书"。收到震旦的信件后,谢冠生回信道:

---

[1] 《甄拔律师委员会章程》,载《法令周刊》1933年第138期。
[2] 上海市档案馆藏:Q244-1-130,《震旦大学关于抗战前后及解放前司法部门有关法学院学生资历文件》。

雪琴学长兄大鉴,顷奉台函,敬悉一是,本部甄拔律师资格关于毕业成绩之合格标准,向由甄拔律师委员会依据各校毕业生名册,视其毕业人数及成绩,酌量核定。母校二十六年度法律系毕业生五人中,沈福祥、吴泳二君,分数较低,经会决议不予合格,此种合格标准一经议定,更改殊多未便。惟最近尊处曾补报梁曾僖、董纪唐二君补考毕业,既称雅嘱,拟交会根据此案重议标准,沈福祥君当可合格,第吴泳君名次最后,仍难通融耳,专此奉复,并颂教安,弟谢冠生谨启。[1]

谢冠生的回信除了表达会尽力通融之余,还透露出了以下几条重要信息:第一,甄拔律师资格关于毕业成绩的规定并非是硬性规定,而是由甄拔律师委员会根据各校毕业生名册,视毕业人数和成绩酌定:"本部甄拔律师资格关于毕业成绩之合格标准,向由甄拔律师委员会依据各校毕业生名册,视其毕业人数及成绩,酌量核定";第二,提交至甄拔律师委员会的毕业生成绩,经会议议决不合格后,就不得再次更改;第三,可操作的空间仍然存在,即在甄拔律师委员会议定毕业生成绩前,可重新拟定新的合格标准。只不过这样的通融也有底线,成绩实在不堪者,谢冠生也婉言回绝了,"惟最近尊处曾补报梁曾僖、董纪唐二君补考毕业,既称雅嘱,拟交会根据此案重议标准,沈福祥君当可合格,第吴泳君名次最后,仍难通融耳。"[2]

震旦大学法学院的事例证明免试申领律师证书的成绩规定,的确存在一定的操作空间,只不过须有关系网在司法部,对于绝大多数法学院校而言,得到这种机会是非常渺小的。但是如俗语所言:"上梁不正下梁歪",如果律师制度的顶层设计者尚不能严格执法的话,那么律师养成的最前线——各大法学院校对待毕业证书和成绩的态度也可想而知。从各校诸多办学细节中,我们可以看到学校为其毕业生能够顺利取得律师证书所做的"努力"。

(二) 考试题目中的乾坤

在成绩取得之前,沪上法校首先会对考试题目做些文章。如私立上海法学院及法

---

[1] 上海市档案馆藏:Q244-1-130,《震旦大学关于抗战前后及解放前司法部门有关法学院学生资历文件》。

[2] 同上。

政学院的试题就因设计过于简单而遭到教育部的批评:"两院试卷,均未编列号数,由学生自行择定座位,试题多而选择易,然学生答案仍属草率,稿纸未粘附试卷,夹带等弊端均有之。"〔1〕当然,这一批评并非子虚乌有,试摘几则法政学院的试题为例:

> 判例研究试题,乙法四:1.主参加之诉,应向本诉讼第一审法院提起,从参加则不拘审级,理由安在。2.某甲在第一审胜诉,于判决送达后死亡,其对造人乙是否得逐□上诉。3.一诉而有二以上之请求,各标的又不在一法院管辖区域内者,应如何定其管辖。(选作二题)〔2〕
>
> 诉讼程式试题,乙法四:1.诉状上所载当事人姓名年龄住址职业,其意义如何能说明之歟。2.民事诉讼起诉状应记载者共有几点。择作一题为完卷。
>
> 刑法各论试题:1.说明强盗罪与抢夺罪之区别。2.煽惑罪构成之要件若何。〔3〕

不难看出,上述试题的设计的确过于简略,而且这类现象普遍存在于其他法校中,名声卓著的东吴大学法学院试题也有类似情况。笔者摘取同是刑法各论一课的题目,以做比较:

> 刑法各论试题:(一)何谓妨害国交罪?在何种情形下须外国政府之请求乃论?(二)和诱与略诱之分别安在?其刑罚亦有轻重之分否?试详述之。〔4〕

从试题难易的程度而言,东吴大学法学院与其他学校并无很大差距。题目太易,只能归咎于出题人——教员,但单纯的将责任推给他们又有失偏颇,曾兼职数

---

〔1〕《沪法学院法政学院教部令停招新生》,载《中央日报》1933年7月21日,第3版。
〔2〕上海市档案馆藏:Q248-1-202,《上海法政学院于1932—1933年举行毕业考试、请伪教育部等派员来校监试来往函件》。
〔3〕上海市档案馆藏:Q248-1-22,《上海法政学院1930—1931年院务会议记录》。
〔4〕上海市档案馆藏:Q245-1-37,《东吴大学为举行毕业考试呈请教育部、司法院派员监试并核定考试委员的来往文书》。

校教授的汪瀚章评论过：

> 教员最怕的，就是在放假之前的考试。因为在考试的时候，种种为难。比方考得太宽了，不独对不起学生的学业，而且对不起自己的良心。考得太严了，有些不用功的学生，又非常不愿意。据我个人的意见，考试的题目，不妨出的宽一点，而考试的纪律，不可不严厉执行。[1]

这段评语道出了不少法学教授们的心声，因而在考试之际，各校教员们往往于学生方便，于己方便。客观而言，设置简单容易的考题，自然可以为准备充分的考生提高成绩，满足呈领律师执照的成绩条件。如孙晓楼所言，一些教授不仅设计试题相对简单，而且给分至少在 70 分以上，使学生个个满意，"到考核学生成绩的时候，出了一个或两个很大的题目，由学生自由发挥。批起分数来，每个学生至少在七十分以上，使学生个个满意，没有人反对便是好教授。"[2]

即使考题设计简单，学生的作弊仍时有发生，以至于张耀曾特意设计考题：

> 早，法学院上课，作学期中小试。余以学校试验，学生偷窥讲义及抄袭他人答案最为恶习，宜力予革除，故此次试以应用问题，令其恣阅讲义，并演述独立人格之重要，务须发挥自己本领，勿讨人便宜，似学生中尚能稍有警觉。[3]

除上述现象外，还有更加荒唐的，如仅是中学毕业的金雄白就通过一定的门路取得了一张"远东大学"的转学证书，顺利转入了持志学院。原先当记者的他，上课时碰到很多老师是旧相识，有些教授见到他来上课也不好意思，直接将试卷送给他："'请帮帮忙，不要来上我的课，免的彼此尴尬。'我索性追问他：'到学期学年考试时怎样？'多承有几位的成全，慷慨地答应我到时会将题目与试卷偷偷送给我，等

---

〔1〕汪瀚章：《上海教员的生活》，载《现代学生》1930 年第 2 期。
〔2〕孙晓楼：《我国法律教育的几个重要问题》，载《法学杂志》1934 年第 3 期。
〔3〕张耀曾：《求不得斋日记》，载杨琥编：《宪政救国梦：张耀曾先生文存》，北京法律出版社 2004 年版，第 355 页。

我在家抄完写完,再在校外交还给他。这样,连我自己也无从计算,前后两年中一共去上了几天的课。等写完了一篇叫作'中国历代婚姻法论'的论文之后,居然在在毕业典礼中戴起了方帽子,也算是一个法学士了。"[1]

(三) 考试成绩中的猫腻

尽管题目出的简单些会让不少复习充分的考生取得好分数,但也不能保证所有的学生都能考好,对此,校方最简单的做法便是在成绩单上做文章。

以 1933 年的上海法学院为例,这一期学生中有一位名叫张守恒的,他的考试成绩就颇为奥妙。大一上学期时,他的民法总则成绩小考为 55 分,大考为 53 分,最终平均成绩竟成为了 65 分,这一学期各科总平均成绩为 74.22 分。[2] 到大一下学期时,张守恒的总平均分数为 68.9,但党义、英文、民法总则、经济学原理、社会学、政治学各科分数均为补考所得。[3] 大二上学期,张守恒总平均成绩为 69.84 分,其中英文和日文又是重读成绩。[4] 大二下学期,张氏的成绩除了军事训练、债编总论、物权法、刑法总论、罗马法、比较刑法、地方自治论等课分数都是重新补考所得,总平均成绩为 71.5 分。[5] 到了大三一学年,张守恒的成绩,除了犯罪学,其余各科又多是补考所得,如债编各论、刑法各论、民诉、刑诉、国际公法,而英文和日文更是重读,总平均成绩上下两学期分别为 67.5 分和 68.75 分。[6] 到了 1936 年大四上学期,平均总成绩上升为 75.77 分,其中海商法、土地法、劳工法、民诉、法庭实习、行政法、法律思想史等都是补考所得。而临近毕业,张守恒尚有保险法、民事执行法、比较刑法、应用文未考,并有多处旷课记录。[7] 因为最后一学

---

[1] 金雄白:《记者生涯五十年》下集,吴兴记书报社 1977 年版,第 66—67 页。
[2] 上海市档案馆藏: Q247 - 1 - 87(4),《上海法学院 1942 年度第一学期至 1944 年度第二学期法律系毕业生名册》1948 年法律系及司法组毕业生成绩清册》。
[3] 上海市档案馆藏: Q247 - 1 - 87(5),《上海法学院 1942 年度第一学期至 1944 年度第二学期法律系毕业生名册》1948 年法律系及司法组毕业生成绩清册》。
[4] 上海市档案馆藏: Q247 - 1 - 87(6),《上海法学院 1942 年度第一学期至 1944 年度第二学期法律系毕业生名册》1948 年法律系及司法组毕业生成绩清册》。
[5] 上海市档案馆藏: Q247 - 1 - 87(7),《上海法学院 1942 年度第一学期至 1944 年度第二学期法律系毕业生名册》1948 年法律系及司法组毕业生成绩清册》。
[6] 上海市档案馆藏: Q247 - 1 - 87(8),《上海法学院 1942 年度第一学期至 1944 年度第二学期法律系毕业生名册》1948 年法律系及司法组毕业生成绩清册》。
[7] 上海市档案馆藏: Q247 - 1 - 87(9),《上海法学院 1942 年度第一学期至 1944 年度第二学期法律系毕业生名册》1948 年法律系及司法组毕业生成绩清册》。

第五章　须弥与芥子:上海法学教育比较观　285

期成绩校方并未记录,如果仅计算其余七个学期的平均分的话,折合为 70.9 分。考虑到张守恒时常旷课和补考、重读,竟能取得如此成绩,着实令人吃惊。不仅如此,1933 年上海法学院这一期学生的总平均成绩也有吊诡的趋势,第一至第八学期分别为 74.1(最低分为 69.8)、73.97(最低分为 68.9)、77.8(最低分为 69.8)、79(最低分为 71.55)、78.1(最低分为 67.5)、85.2(最低分为 78.1)、77.5(最低分为 68.5)、82.8(最低分为 75.77)。不难发现,以上成绩总平均分数随着学期呈递增趋势,最低分数则一直徘徊在 70 分上下。不仅 1933 年如此,其他学年也都存在考试成绩问题,即临近毕业学期学生成绩畸高的现象。[1] 这也解释了为什么下图中,上海法学院毕业学生获得乙等成绩(80—89 分)[2]的人数畸高,获得丙等成绩(70—79 分)人数持续走低。

由此,我们可以推断,私立上海法学院试图通过拉高学生最后两学年的成绩,平均此前学年中较低的分数,以此保证更多的学生能够取得 70 分以上的平均成绩,进而有资格免试取得律师证书。从学生成绩档案中也可以印证这一点,上海法学院的毕业生很少出现总成绩平均分低于 70 分的。[3]

上海法学院的做法并非是个案,再如东吴大学法学院,干脆规定学生入学时必须在平均成绩在 70 分以上,[4]而且规定入学后课程考试成绩最低的分数也必须为 70 分。为了确保顺利毕业,法学院也开了方便之门,另外规定两门相同课程,有一门课程"在七十分以上者,得与其他一学期不及格分数平均"。[5] 举例而言,1936 年东吴大学法学院一位名叫尤虎臣的学生,他上学期国际私法考了 80 分,下学期考了 66 分不及格,则上学期分数 80 分减去章程规定及格分 70 分,剩下的分数平均后,可加入下学期考的 66 分中,从而下学期的国际私法也达到了 70 分以上,[6]"同类学程两学期分数之一项在七十分以上者,得除去及格分数后,将所余

[1] 上海市档案馆藏:Q247-1-87(3),《上海法学院 1942 年度第一学期至 1944 年度第二学期法律系毕业生名册》1948 年法律系及司法组毕业生成绩清册》。
[2]《上海法学院一览》,1935 年版,第 27 页。
[3] 上海市档案馆藏:Q247-1-87(4),《上海法学院 1942 年度第一学期至 1944 年度第二学期法律系毕业生名册、1948 年法律系及司法组毕业生总成绩清册》。
[4] 上海市档案馆藏:Q245-1-489,《1932 年秋至 1933 年夏私立东吴大学法律学院一览》。
[5] 上海市档案馆藏:Q245-1-4,《1930 至 1937 年东吴大学校务会议及校友会议记录》。
[6] 上海市档案馆藏:Q245-1-282,《1936 年 6 月法律系毕业生学籍材料卷》。

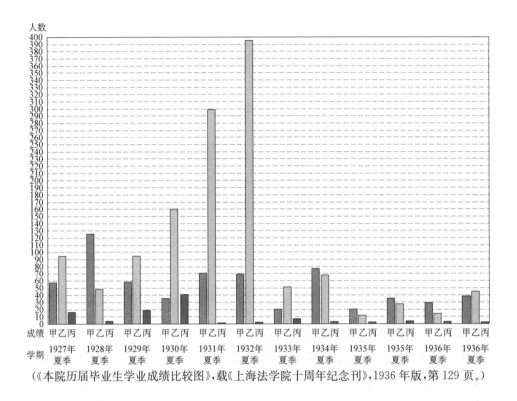

（《本院历届毕业生学业成绩比较图》，载《上海法学院十周年纪念刊》，1936年版，第129页。）

之分数与另一学期之分数以平均统扯。"不过校方对不及格课程总量也做了一定的限制，"每学年不及格学程逾三分之一者不得升级，逾二分之一者必须退学，由连年不及格或须补考之学程，其总数逾十次以上者，应予退学。"[1]再加上评卷老师常常给出高分，想不及格都成为了一桩难事：

> 鄂先生（笔者注：鄂森）教刑法课，全用英语。上课的评价是"so-so"，他虽布置预习，但从不检察。每次上课，反过来问学生前次讲到的地方。考卷没时间批改，每人80分。[2]

因此，从某种角度而言，东吴大学法学院是为毕业生能够执业律师保驾护航的，换

---

〔1〕上海市档案馆藏：Q245-1-489，《1932年秋至1933年夏私立东吴大学法律学院一览》。
〔2〕参见马裕民：《忆吾东吴》，载东吴大学上海校友会，苏州大学上海校友会编：《东吴春秋——东吴大学建校百十周年纪念》，苏州大学出版社2010年版，第24—25页。

句话说,只要东吴大学法学院毕业的,几乎都能取得律师证书。

对于考试成绩不理想的学生,不少法校也会予以通融,而且这种现象持续到了1937年后。例如,1938年入读私立上海法政学院的朱瑛,其第二学年第二学期的成绩就有很大的问题,这一学期各科有行政法、刑法、法文、法制史、海商、土地、继承、特别刑事法、票据法,其全部成绩统一为60分。[1] 无独有偶,同期同学王伯衡的成绩,这一学期除了特别刑事法和票据分别是65和66分外,其余各科也都是60分。如此巧合不免惹人怀疑,须知毕业生请领毕业证书,其成绩须经教育部核验,而法政学院的做法可能是将上下学期科目成绩做平均数登记,此两君上学期成绩并不一样,唯独这一学期存在问题,计算平均成绩自然各不相同了,以学年成绩分列上报教育部核验,其中端倪当然也无从查核,最后都拿到了毕业证书。[2]

(四) 毕业程序中的方便

除了在试题和考试成绩方面给予学生方便外,在与毕业有关的程序中,一些法校也会尽力帮助学生能够顺利取得律师证书。如1930年考试院成立,马上着手准备各种考试,同时也传出了要举行律师考试的消息,引起了沪上法校应届生的恐慌,"自此次考试院公布各种考试条例,将于七月间举行后,该校毕业同学闻之无不大恐。"[3] 对此,法学院校也是各尽所能,多方打探消息:

> 世杰学弟鉴,本院十九年度行将毕业,各生以前见报载考试院将于本年七月十五日起举行各种考试,恐律师考试未能除外,面询贵会何时截止甄拔者,日有数起,以未得确息无从置答,拟烦弟台迅示数行,借释群疑,公余有暇,仍希时惠好音为荷,耑此,即颂政绥。[4]

> 佛师教务长道鉴,昨奉赐书,敬悉一一承示之事,此间尚无确讯,本年七月举行律师考试与否,是否同时停止甄拔均难臆测,俟有特殊消息,再

---

[1] 上海市档案馆藏:Q248-1-214,《上海法政学院呈报教育部1940—1942年度第二学期毕业生名册及毕业生成绩表》。
[2] 上海市档案馆藏:Q248-1-216,《上海法政学院呈报1937—1941年毕业生名册、各年成绩表及毕业证书验印与教育部来往文书》。
[3] 晨鸣:《法学院大开方便之门》,载《福尔摩斯》1931年5月26日,第2版。
[4] 上海市档案馆藏:Q248-1-145,《上海法政学院为毕业生申请代办登录律师手续与伪司法行政部甄拔律师等来往文书》。

当随时奉□。〔1〕

　　从回信内容可以发现，似乎校方并未得到准确的消息，但对于马上面临毕业的法律系三年级学生们却不能因此坐以待毙，于是他们呈请校方准许由四年制的大学部转入三年制的专门部，期望能够提前一年毕业。但校方因教育部曾有规定，毕业级不得收录转学生，不敢应允。〔2〕为了能让学生逃避可能即将举行的律师考试，又不会触犯教育部禁令，私立上海法学院和私立上海法政学院可谓是绞尽脑汁，最后想出了将毕业考试时间提前的做法，以此保证学生尽早获得毕业证书，并及时免试呈领律师证书。毕业考试提前，须经教育部获准并解释原因，两校的理由当然不是为了逃避律师考试，而是以便利毕业生应试七月份的中央文官考试作为原因呈请：

　　　　窃职院十九年度本科法律、政治、经济三系专门部法律政经二系，并预科各生业经依照定章修业期满，原拟六月八日开始毕业考试。嗣以中央文官考试将于七月一日举行，职院为便利本届毕业生应试起见，于遵周部章之中，厉权宜之意，爰将本届毕业班春季旅行之参观半个月期间，暂行停止，照常上课，而以毕业考试，提前两星期，定于五月二十五日起开始举行，庶于学业时间，两无缺憾。为此备文呈请，仰祈鉴核赐准，并恳派员监考，实为公便，谨呈教育部部长蒋。〔3〕

　　不久之后，这一理由得到了教育部的准许，"据称尚属实情，准予提前考试，至请派员监试一节，仰即由该院长慎重监试可也！"〔4〕为此，上海法学院与上海法政学院赶紧准备毕业考试，为学生大开方便之门，街头小报亦报道了此事：

〔1〕上海市档案馆藏：Q248-1-146,《上海法政学院为毕业生申请代办登录律师手续与伪司法行政部甄拔律师委员会等来往文书(2)》。
〔2〕晨鸣：《法学生之律师热》，载《福尔摩斯》1931年5月5日，第1版。
〔3〕上海市档案馆藏：Q248-1-203,《上海法政学院呈为教育部1929—1931年度毕业生成绩册、毕业证书验印的来往文书》。
〔4〕同上。

迩来法律学校林立，每年造就之未来律师，何止恒河沙数。即以上海一隅而言，律师已有七百余人之多，而本届毕业之法学生，为逃避行将举行至司法官律师考试起见，无不纷请具领律师证书。而本市之法政及法学院，特为此事大开方便之门，提早于五月间举行毕业考试，俾得早日具领。其毕业文凭，须首经教部验印认可，方得享与国立大学相等之待遇，故一面将文凭送呈教部，而一面另由学校出具证明书，持呈司法行政部律师甄拔委员会，请给免试合格证书。但毕业在先，立案在后之大学毕业文凭，可无须经教部验印，即得予以追认。故持志学院及先前之法政及法学院，即以此为例，省去一层麻烦。兹闻律师甄拔委员会，已有批复云，证明书不足为凭，须令补缴文凭。故一辈急于具领律师证书者，无不焦急万分，催请教部从速验印。而东吴法学院之辛未级毕业同学会，特召集大会讨论，请求教部通融，至今尚无确切办法云。[1]

为了能让其学生尽早获得律师证书，各校还专门组织人员，由校方出面代为呈领证书，在方便学生之余，也提高了获得律师证书的效率：

晴，晨至城内，午后至周宅上课如常。今日接到司法行政部甄拔律师委员会通知书一件，嘱补具确实分数证明书云云。因于课毕至华懋生处，据称已由学校开好寄交杨兆龙，故毋庸再行具呈矣。[2]

此次尊处转送潘润夫等五同学声请甄拔证费，及补赍顾汉黎等四同学毕业证书，查于本月二十九晨始行到齐，经即提付审议，当于最短期间尽速办，奉此□为有所令，自当极力效劳也。[3]

及至 1937 年淞沪会战，东吴大学法学院仍在呈请教育部，核准以本校颁发的证明书代替手续繁杂的验印毕业证书，以便其毕业生请领律师证书：

〔1〕维平：《两学院赶办毕业证书》，载《福尔摩斯》1931 年 9 月 9 日，第 2 版。
〔2〕上海市档案馆藏：Q459－1－146，《律师朱仁日记》第二卷，第 262 页。
〔3〕上海市档案馆藏：Q248－1－145，《上海法政学院为毕业生申请代办登录律师手续与伪司法行政部甄拔律师等来往文书》。

本校自二十六年度起每届应行呈报之验印证书均未实行,尤以目前沪市环境特殊,此项证书寄送更感困难,而本校法律系毕业生因就业关系,如须领□正式验印之毕业证书,始得请领律师证书必于执业前途发生影响。缘是本校除呈请教育部仍将本校法律系毕业生之资格已经核准者,即就近转送钧部备查外,理合呈请钧长仍援照前例,暂准凡经教育部核准毕业资格之学生,由属校先发毕业证明书借以领取律师证书,以省周折而免遗误。[1]

由此可见,1929 年后的上海法校为保障其毕业生能申领律师证书,可谓是不遗余力,这也造成了沪上法校多产律师的景象,进而在上海律师公会中出现了"东吴系""法政系""大夏系"等派别。事实上,这也要归咎于律师制度设计的问题。《甄拔律师委员会章程》规定的免试取得律师证书的四个要素中有三个均发生在学校:学习法政之学 3 年以上毕业,取得本校校长证明书,成绩为 70 分以上。1933年后虽对条文作了修订,但对成绩只是做了笼统的规定,法科的毕业文凭成为了唯一的申领条件。就连居正也认为仅凭一纸毕业证书,便能取得律师资格,这样的制度设计不免失于过滥,"至二十二年修正章程,始以修法律学者为限,其修政治学者,不得受甄拔。虽已不若前此范围之宽,然凭一纸毕业证书,即能取得律师资格,仍不免失之过滥。"[2]

但是需要强调的是,虽然上海多数法律院校青睐培养律师,律师制度的缺陷也使得学校有能力为其学生提供诸多便利。但这并不意味着学校的管理完全形同虚设,对于劣迹斑斑的学生当然也不会姑息。例如,东吴大学法学院对学生考试作弊的处罚就非常的严厉,"李志鸿考试作弊应为何处罚案,议决以公告式方法开除该生。"[3]此外,仍有不少刚正不阿的教授认真教学,如刘世芳因不肯签名同意仅上

〔1〕上海市档案馆藏:Q245-1-36,《东吴大学为毕业生审定学籍、报毕业名册与教育部等来往文书》。
〔2〕居正:《十年来的中国司法界》,载范忠信、尤陈俊、龚兴砮选编:《为什么要重建中国法系——居正法政文选》,中国政法大学出版社 2009 年,第 360 页。
〔3〕上海市档案馆藏:Q245-1-4,《东吴大学校务会议及校务会议记录 1930—1937》。

过十几次课的孔令仪能够取得法学士学位,便愤然离开教务会议,拂袖而去。[1]

三、杏坛的变形记

按 1929 年《大学组织法》规定"大学修业年限,医学院五年,余均四年。"[2]同年 7 月教育部颁布的《法医两种专门学校限期停办》将法科办学限制在了 4 年制的大学和独立学院,禁止 2 年或 3 年制的专科学校办法科,训令将法科和医科等同,以示对人民生命财产的尊重:

> 查法医两科关系人民生命财产至为重要,欧美各国通例律师及医师之培养年限均甚长,必须卒业于大学,经政府审查合格分别领取执照者,始得开业。盖于提高学术之中寓尊重人民财产之意,法良意美,足资借镜。[3]

对此,沪上原本 5 年制的法校不得不做出改变,如私立大夏大学和东吴大学法学院,被迫将修业年限减少为 4 年制。[4]东吴大学法学院一再呈请教育部期望改为弹性规定,并同样以法科有着与医科一样的特殊性反驳教育部:

> 修习法律学生修业期限似可酌许延长,不宜作四年之硬性制限规定。(理由)查术业有难易,学艺贵精熟,自不宜以各种不同学科等量齐观,概责于四整年中修习完毕,苟强为齐一,于是或□科系,虽时间殊有□裕,亦必耗有用之岁月,以修业之期满,或□科系(如法学院、医学院等),由学程之浩繁,固不应草率从事,迫限传业而仰符功令。倘束缚驰骋,强不办者于从同。如是以从事教育,不特贴削足适履,隔靴搔痒之试,抑且牵强制限,虽曰爱之,其实害之,实铸教育实施上莫大之错误。试□观欧美各国,

---

[1] 参见周劭:《黄昏小品》,上海古籍出版社 1995 年版,第 194 页。
[2]《大学组织法》,载《教育部公报》1929 年第 8 期。
[3]《转部令法医两种专门学校限期停办》,载《上海特别市教育局教育周报》1929 年第 12 期。
[4]《大学各学院四年毕业》,载《大夏周报》1930 年第 83 期。

关于法律教育之修业期限,在欧洲虽亦间有四年卒业之制,然其法学院入学学生之素质水准,皆远优于我国法律科系之入学学生程度,生如英美等,各世界闻名国家则对于法律教育大持多定为"六年制",尤先令肄业于文学院四年,得文学士学位后,始得选习法学。其延长期限,增修学科,严格训练,盖皆于法律入英,不三考意□,引彼例此,堪为□鉴。

试欠援医科之修业期限以证之,医药固攸关人民生死健康,有鉴于此,既于教育法令特为规定对医科教育,特许其延长修业期限,至六年或七年,始予毕业。盖深虞庸医之杀人,故有是制。今医药因关系民命,则从事法律业务者,何独惟刻之,桓机掌握人民之生杀予夺,轻重出入,不差毫黍,其"严重性"自不在医科之下。而应修课目之繁多,其肄习需时较诸医科实有过无不及。曩时制定功令者之贤明,既已重视医科矣,复何厚彼薄此而忽视法科。

今据各国法律教育之制度以考之,就法学之课目繁多以察之,依法律业务之严专性以观之,援医科之得延长研究期限以证之,则是于法律教育似有修改旧日四年制之"硬性制限规定"之必要,可否改为"弹性规定"。对法律教育"得依各校声请,酌许延长修业期限,但至少应为四年",庶符实际需要,培育优良法学专才,以期法制之修明,而图法治之贯澈。钧部对于各校延长修业期限之声请,自可衡情分别准驳,而控驭之权仍在钧部,犹可执长策驱御之。[1]

尽管东吴大学法学院言词恳切,但终究仍是徒劳,最后于 1936 年被迫改为四年制:"近年来社会经济日趋奔溃,中人之家子女能受高等教育者已属不易,多增一年即于学生经济多一年之亏损,职是之故,属校法学院拟自廿五年度起改为四年卒业制,以符部章。"[2]

---

[1] 上海市档案馆藏:Q245-1-98,《本院向伪教育部杭立武建议改进专科以上教育制度的意见书》。1933—1935 年东吴法学院夜校部仍为 5 年制,日校部为 4 年制。参见杨大春:《中国英美法学的摇篮——东吴法学院院史研究》,载杨海坤主编:《东吴法学》,黑龙江出版社 2004 年版,第 25 页。
[2] 上海市档案馆藏:Q245-1-3,《1935 至 1936 年苏州校本部抄送伪教育部指示改组法学院的训令及复文稿》。

学制的改革毕竟影响较小，相比之下，教育部对上海法校夜班的禁办则影响甚众。1930年之际，私立上海法学院、私立上海法政学院、私立东吴大学法学院、私立震旦大学、私立持志学院都相继开设了夜校，当时上海民众对夜校的需求很大：

> 我国自民国成立以来，数拟普及教育，然至今不识字者仍居多数，此固由于经济之困难人多不能使子弟求学为一原因，而夜学校不多亦一原因也。盖社会上多有有志求学之青年，徒以谋生之故，无机会可读书，深以为憾，而一般无识青年或儿童则于夜间无事之时，游荡偷闲，空费宝贵之光阴，更为可惜，有夜学校以补救之，则失学者既可求学，而于谋生又无妨碍，贫寒子弟无不乐从也。[1]

法校也迎合了这一社会需求，如上海法政学院的夜班，"该学院鉴于研习法政者日多，爰有添设夜班之必要，以便日间有职业者，亦有读律之机会，其学程与待遇，均与日班同。"[2]东吴大学法学院的夜校也是如此，"欧美各国均有法律夜校之设立，吾国法律教育尚属幼稚，当以社会经济不景气之时，将上课时间推迟，正为救济一班失学青年之一种策略。"[3]

各校夜班上课时间大致在下午五点至九点间，一则，夜班模式方便法校的兼职教员（主要是律师、推事）结束工作后，来校授课。二则，可以方便白天有工作的学生，下班后能有补习法律的机会。如震旦大学的夜校是在七点半到八点半，[4]上海法政学院的是下午五点到十点，东吴大学法学院定为七点半到九点半。[5] 这一模式受到了学生们的欢迎，如有学生来信询问震旦法科夜校情况，表示很感兴

---

〔1〕赵纶：《广设夜学校之必要》，载《申报》1926年1月4日，第11版。
〔2〕刑无：《法政夜班已开班》，载《福尔摩斯》1930年9月26日，第2版。
〔3〕上海市档案馆藏：Q245-1-11，《东吴大学苏州校本部抄送教育部关于招收新生问题的原呈稿及指示训令》。
〔4〕上海市档案馆藏：Q244-1-107，《震旦大学关于震旦办理法科夜大学的招生及申请入学文件》。
〔5〕1933年调整为下午二点到五点。上海市档案馆藏：Q245-1-7，《东吴大学苏州校本部抄送关于本校呈报毕业生名单、成绩证书与教育部等往来文书》。《东吴法科招生》，载《申报》1923年8月15日，第2版。

趣，[1]上海法政学院的夜班也收到了类似的询问信件，"贵校这一学期创办法律系，使有职业而俱有志愿求学的青年们得到这种补救方法，一定是要什么似的庆幸着，我也是这一类人，昨天特地十二分高兴的到贵校里探询一切，知道种种都照日间一样办法。"[2]但这种因时制宜的夜校模式，在1934年被教育部勒令禁止开设，其理由大致因为夜班的时间、课程及办学的不善：

> 查学生日间操业，夜间上课，凡需课外自习之课目，既无相当时间以资温习，而自晨至夜迄，无余暇休息，精力且感不济。在学校方面所定课程，除在室内讲授外，凡军事训练、体育及课外活动作业，均未能实行。学生既各有其职业，不能限制住校，所有训育管理诸端，尤无从严格实施。且此项兼有职业之学生，确为感觉智识缺乏而来求学者，固不乏人，其徒为挂名学籍，以求取文凭资格者，亦属有之。该项夜班既与学校教育之章程多所不合，而流弊更不可胜言。[3]

此令一出，立即引起了社会的强烈反对，"教育部近来对于各大学取严格主义方针，未尝不是，不过把所有的夜学院一笔抹煞，不给上海有职业的人们一个受大学教育的机会，揆之事理，岂得谓平？"针对教育部的令文，社会人士亦逐一对其反驳：

1. "开办夜校均属法商两科"
法商两科，实在不能成为单独限制的理由。上海是商务金融的中心，一班有职业者，需要晚上去受大学商科教育的机会正殷。
2. "上课时间自下午四时半起至一时止，共四课或五时"
如果此条成为限制五学院停办的理由，试问视察员所见通通如此么？

---

〔1〕上海市档案馆藏：Q244－1－107，《震旦大学关于震旦办理法科夜大学的招生及申请入学文件》。
〔2〕上海市档案馆藏：Q248－1－178，《上海法政学院员生为校务之改进有关课程的改革及为毕业生介绍职业等批评建议文件》。
〔3〕《令国立上海商学院，私立沪江大学，私立东吴大学等：为该校夜班自此次通令文到之日起不得再招新生或转学生在校学生由各校自定办法结束并将夜班学生名册项目报部备查如确有需要只应设置补习性质之夜班其学生不得与正式学校学生受同等待遇令仰遵办报核由》，载《教育公报》1934年第5—6期。

如果不然何以青红不分，一律看待。

3."学生日间职业，夜间上课，无相当时间以资温习，无余暇休息，精力不济"

不错，白天作事晚上读书，是苦一点，但是如果说白天作事的时候，连一点工夫都没有，这却不是事实。作事的人跑虽跑不开，不见得从晨至晚，都忙得不可开交。事实上，许多练习题都是在公事房作的。视察员是到各学院走马观花跑一趟，挡挡官差呢？还是看过学生的练习本，大概是观花罢，不然不至于这样笼统。

4."无军事训练，不能限于住校"

此条可谓打官话，试问日校的军事训练认真么？学生都住校么？这种末节不能认为停夜校的充分理由。

5."确为感觉智识缺乏而来求学者，固不乏其人，其徒为挂名学籍，以求文凭资格者，亦属有之。"

不错，挂名求文凭者有之，然而日校中亦不能说无此等情形，且学生能白天作事晚上读书，在教育部自身已经承认"确为感觉智识缺乏而来求学者，固不乏其人"。今不分优劣，凡夜校都一律停办，试问又有职业而求大学教育的人，而何处去求。[1]

但在教育部的强势要求之下，多数法校接此令后陆续停办夜校，专办日校。这对历来以夜班为主要授课模式的东吴大学法学院确是措手不及，学院管理层只能一再陈情其夜班教学的优秀，竭力与教育部接洽：

盛教务长报告本院日校限制招生及夜校停止招生两问题，虽与教育部接洽数次，大约日校本年度所招新生可以不生问题，夜校授课时间如能提前，至下午六时止，亦可继续设立。[2]

---

〔1〕晓岑：《论教育部与上海法商大学教育》，载《中华周报》1934 年第 113 期。
〔2〕上海市档案馆藏：Q245-1-4，《1930 至 1937 年东吴大学校务会议及校务会议记录》。

在不断的陈情下,教育部表面同意了法学院继续开设夜班,但附加了诸多条件:"该校法律学院曾经本部派员视察,据送报告,经详加审查,该院组织管理,尚循轨道,各项费用亦称经济……该院夜班姑准继续办理,惟每年只准秋季招生一次,招生额数自应遂本部通令,所定甲乙两类学院之比额办理,仍应将授课时间设法提早,并拟实施军训补救办法呈部核夺。"[1]鉴于如此苛刻的招生条件限制,法学院内部展开了激烈的讨论,究竟是办日校,还是只办夜校,还是两者兼办,学院管理层对此态度一直存在反复。[2]1932年东吴大学法学院曾尝试开设日校部,并于1933年逐渐成型,"日校部上课时间自上午九时至十二时,下午二时至五时,规定四年毕业"。[3]之后,又为保持办学质量停办了日校,"兹因格于钧部甲乙两类学院招收新生限制之通令,不得不将现有之两部停办其一,筹思至再,为维持属校十九年来之历史及成绩计,乃拟自本年下学期起将去秋新增设之一部,停招新生,专办原有之一部。"[4]至1935年时,法学院又取消了自创校以来一直坚持的夜校模式,同其他法校一样改以日班教学。[5]

教育部的这一举措还造成了白日有工作的人士,无处学习法律的苦闷,"鄙人先服务于某机关,因仅中学毕业,对于法律常识颇缺,如入法律学校攻读,又为金钱及时间所不许,不知道沪上有无法律夜校或函授学校,见□□赐予章程一份。"[6]这在一定程度上刺激了大量法律函授学校的出现,后者也填补了法学教育市场的需求。

---

[1]《令私立东吴大学为令知视察报告要点仰遵照具报由》,载《教育部公报》1934年第29—30期。之后刊载的关闭夜校的消息中已不再出现东吴大学法学院名字,参见《Order of Ministery of Education to Close Shanghai Night Schools》,载《英语周刊》1934年第74期。

[2]自1934年2月24日的教务会议起,东吴大学法学院对于如何选择日校还是夜校的办学模式一直在讨论,直至1934年5月29日才决定只办夜校。上海市档案馆藏:Q245-1-4,《1930—1937年东吴大学校务会议及校务会议记录》。

[3]上海市档案馆藏:Q245-1-7,《东吴大学苏州校本部抄送关于本校呈报毕业生名单、成绩证书与教育部等往来文书》。

[4]上海市档案馆藏:Q245-1-11,《苏州校本部抄送伪教育部关于招收新生问题的原呈稿及指令、训令》。

[5]值得一提的是,1937抗战爆发后,东吴大学法学院又重新恢复了夜班教学模式。"惠庆先生台鉴,敬启者,关于贵校法学院法律系恢复日校部与夜校部同时办理一案,奉嘱准予备案,此系奉委托办理,顺颂教绥,吴俊升启。"上海市档案馆藏:Q245-1-30,《东吴大学请教育部将法学院改办日校的呈文及教育部批准日校与夜校同时办理的来往文书》。

[6]《法律函授学校在何处?》,载《社会日报》1936年5月24日,第3版。

第三节　弦歌不辍：上海法学教育的离歌

齐邦媛女士所著《巨流河》一书讲述了抗战时期在重庆的南开大学和武汉大学"不到最后一日,弦歌不辍"的办学精神。1937 年淞沪会战爆发,上海的法校亦经历了一段"弦歌不辍"的办学历程,展现出了私人兴学的活力和艰苦不屈的民族精神。

一、十字路口：沪地法校何去何从？

1937 年,日寇侵沪,不少学校受到影响,上海各所法校走到了发展的十字路口,他们的选择主要分为四类,第一类是内迁复校的,第二类是留沪继续办学的,第三类是既内迁,又在沪设立分校的,第四类是涉嫌通敌而被取缔的。

内迁复校的有私立上海法政学院和私立上海法学院,"八·一三"事变爆发时,上海法政学院校舍成为了伤兵医院,校方不得不迁往辣斐德路(今复兴中路)另租房屋继续办学。1941 年,国中之国的租界,形势也变得岌岌可危,"为保全过去历史及紧守教育界之气节,决定暂时停办所有,学生转学他校",[1]私立上海法政学院经教育部核准,迁往安徽屯溪复校,校址定于屯溪汪家祠堂。[2]

> 窃太平洋战争爆发后上海形势日见恶化,本院经济来源断绝,无法支持留沪学生,除一部分由本院设法转学外,尚有二百余人,教职员亦有三十余人,矢悉忠贞,不受胁诱。念以本院自抗战以来艰苦奋斗,维持五载,倘使半途停顿,殊感可惜,况后方需要司法会计行政人才正殷,并悉陷区各私立学校如朝阳学院,上海法学院,东吴法学院均先后内迁,因一致主张本院应即准备内迁复院,俾以贡献国家而免流离失所。[3]

---

〔1〕上海市档案馆藏：Q248-1-21,《上海法政学院院史资料》。
〔2〕上海市档案馆藏：Q248-1-475,《上海法政学院抗战期间迁院屯溪及胜利后复员返沪复校等问题与伪教育部等单位往来文书》。
〔3〕同上。

另一所私立上海法学院遇到了类似的情况，1937年校舍被日寇所占，不得已迁至公共租界王家沙开学，在美国军队的庇护下勉强维持，尽管办学条件下降了不少，校务却反而蒸蒸日上，"学生人数极少，学校经济虽感困难，而同仁之意均以为校务不可因此而废弛，咸主缩短注册期限，严格考试，厉行点名制度，以求校务之改进，宁愿自薄其待遇，以期预算之平衡，故虽在极度困难环境之中，校誉反能蒸蒸日上。"[1]但这样的情形没有维持多久，随着太平洋战事骤起，1942年上海法学院被迫内迁浙江兰溪杨塘开学，后因浙赣会战，敌骑进占金兰，同年秋迁往皖南瑶溪，[2]并最终在万县设立分院，"兰溪沦陷，迁避常山，即音讯隔绝，一时无以为应。直至八月中旬，接到遂安电讯，并有流亡师生到万县请示，始知教部已令移屯溪开学。刘议长闻讯，又与诸院长商榷移万县，情词恳挚，院长以部令既定，无法迁万，惟有附设之商业专修科，尚未复学或可商量分设，以应万县之需要。"[3]

两所法校的内迁之路可谓布满荆棘，师生们于敌机环伺之下辗转各地，备尝流离之苦，但始终没有放弃教育事业，其精神可歌可泣，至今亦能感同身受："本院师生于敌机轰炸下西泝钱江，经浙属常山开化而避居遂安。当时梅节细雨连绵，船只供给军用，惟有结对步行，师生备尝流离之苦，代院长所率之队遭遇盗劫，更多损失。"[4]

另一方面，选择留在上海继续办学的法校，亦备尝艰辛。1937年时，震旦大学受到战事牵连，大礼堂及新厦地下室均被作为中国红十字会第三救护医院，并且震旦校方还参与接济难民和保护其他学校设备。与内迁学校相比，留在上海继续办学的震旦大学，终日苦苦与汪伪政权周旋：

> 本校因屡次辞谢其"邀请"，规避其"命令"，自不免招其疑忌，受其歧视。于是无理取闹，吹毛求疵之事，纷至沓来。例如日本宪兵派人至本校调查，殆无宁日，教授数人因拥护中央过分明显，曾遭逮捕。学生之有爱国行为及加入三民主义青年团者，辄被拘留，受尽淫虐，伪警局及伪保甲

〔1〕上海市档案馆藏：Q247-1-159，《上海法学院二十周年毕业纪念刊》。
〔2〕上海市档案馆藏：Q247-1-20，《私立上海法学院概况》。
〔3〕上海市档案馆藏：Q247-1-158，《上海法学院三十六年度毕业同学录》。
〔4〕上海市档案馆藏：Q247-1-156，《上海法学院丙戌年毕业纪念刊》。

处人员,迫令于日本国庆及伪政府纪念日悬旗。凡此种种,何可胜数,本校处于恶势力之下,危机四伏,周旋四年之久,今日提及,犹觉色变。[1]

故而,震旦大学也无愧于其宣称的,"母校对得住后方同学,后方同学也对得住母校"。1945 年 3 月,日本陆军鉴于太平洋战争之失利,预测上海将沦为战场,开始占领各处大厦,震旦大学校舍亦不能幸免,学校课程也不得不中断。但自 1937 年至抗战结束,该校仅有两次停课,且时间都不长,始终秉持着弦歌不辍的精神,"本校在八年之中,课务停顿仅两次,二十六年十一月一日,战事在离本校数百米外炽烈展开,曾停课二十四小时,此为第一次;校舍被占时,放假十五天,以便从事迁让,此为第二次。"[2]

除上述两类外,这一时期还有不少法校选择了既内迁,又设分部留沪继续办学的,如复旦大学、大夏大学和东吴大学法学院。前两校于抗战爆发内迁时曾一度联合办学,"沪复旦、大同、大夏、光华四大学,以校址处于战区,秋季不能如期在原址开学。为顾全学生学业起见,由四校当局协议,设联合大学于江西、贵州两处。"[3]但不久后,大同和光华决定在上海开学,退出了联大计划,于是大夏和复旦两校在愚园路 1136 弄 31 号成立筹备处,着手搬运图书仪器。[4]并拟在江西庐山设立第一部,在贵阳设立第二部,第一部分文、理、教、法、商五院,附设师范专修科,法学院下分法律学系、政治学系、经济学系。[5]第二部,虽然设立了文法学院,但仅政经系、史地系及社会系招生,[6]而新生登记册也仅有经济学系 2 名学生。[7]1937 年 11 月,两校的联大计划经教育部核准并颁发钤记,11 月 8 日,复旦大夏第一联合大学在牯岭正式上课,报到学生达 850 余人。[8]但仅在 4 天之后,随着国军西退,上海沦陷,日寇分兵三路进逼南京,庐山已陷入危险境地。联大第一部遂决定

[1] 上海市档案馆藏:Q244-1-135-20,《抗日战争之震旦大学(才尔孟)》。
[2] 同上。
[3] 《沪四大学迁赣黔》,载《申报》1937 年 9 月 21 日,第 2 版。
[4] 《复旦大夏筹设联合大学开学》,载《申报》1937 年 9 月 28 日,第 8 版。
[5] 《复旦大夏联合大学》,载《教育研究》1937 年第 79 期。
[6] 重庆市档案馆藏:0144000100110000066000,《复旦大学第二联合大学在渝招考各院新生姓名及学历一览表》。
[7] 重庆市档案馆藏:0144000100110000081000,《复旦大学第二联合大学各院新生登记册》。
[8] 《复旦大夏联合大学近讯》,载《申报》1937 年 11 月 16 日,第 6 版。

内迁贵阳,欲与第二部合并,后因事只能停留在重庆办学,并逐渐形成了重庆联大第一部即复旦,贵阳联大第二部即大夏,循名责实,已无继续联合之必要。[1] 两校遂于1938年4月起,正式分立。

留在贵阳办学的大夏大学,1938年时将法学院与文学院合并为文法学院,原法学院的政治系和经济系,合并为政治经济学系,其他院系均维持不变。次年,又将文法学院分立,恢复了原有建制。[2] 此外,图书、实验设备等亦陆续运黔,"图书馆及物理、化学、生物、土木工程,各实验室俱全,一切图书仪器,皆由该校在沪先期迁出,陆续运黔颇称充实"。[3] 不过,随着物价飞涨,政府补助及学费已无法满足学校日常开支,大夏大学的经济时有竭蹶之虞,幸赖社会人士积极筹措:

> 不幸国难遽作,仓卒迁黔,原有基业十九摧毁,年来物价高涨百倍,敝校经费仅增十倍,每年支出已达二百数十万元之钜,政府补助不过抵偿三分之一,其余均须□筹。现有学生千四百人,多数来自战区,不但无力纳费,且须代谋生活,致经济艰窘万状,时有竭蹶之虞。[4]

当大夏大学内迁之时,尚有留沪学生500余人,未免学子流离失学,大夏大学留沪教授傅式说、吴浩然、唐庆增等人遂筹备复校,租新大沽路451号作为临时校舍,于1938年4月21日,正式开学。[5] 学校内部编制与内迁的大夏大学保持一致,并开设了法律夜校,方便有工作的青年进修,"内部编制完全与黔校同,并设有法、商学院夜校,以便职业青年之进修。"[6]

另 所内迁的复旦大学,于1938年3月在嘉陵江畔北碚黄桷树镇,借黄桷小学为临时校舍,设文、理、法、商等学院,[7]法学院下设法律学系、政治学系和经济

---

〔1〕参见复旦大学校史编写组编:《复旦大学志第一卷(1905—1949)》,复旦大学出版社1985年版,第152—153页。
〔2〕关于大夏大学在贵阳的办学情况,谢晓博的《迁黔大夏大学研究》(2012年东华大学中国近现代史专业硕士学位论文)有较为详尽的介绍。
〔3〕《大夏大学在港招考新生托西南中学办理》,载《申报》1938年7月9日,第4版。
〔4〕重庆市档案馆藏:02960014002570000036000,《关于请捐助私立大夏大学基金致康心如的函》。
〔5〕《上海本校近况》,载《大夏周报》1938年第1期。
〔6〕欧元怀:《抗战期间大夏大学的苦斗》,载《教育杂志》1938年第4期。
〔7〕重庆市档案馆藏:00650005001550000001000,《国立复旦大学概况》。

学系。〔1〕即使彼时办学条件极度艰苦,师生间仍紧密合作,砥砺前行,"以庙宇为办公厅,以煤栈为宿舍。大风雨之夕,员生衣被之淋漓,毕业典礼上瓦片的飞坠"。〔2〕1942年1月,吴南轩出任校长,原私立复旦大学改为国立。〔3〕

此外,复旦大学内迁时亦有不少学生滞留上海,在同学们一再的请求下,学校于1938年2月在沪复课,初租中一大楼为临时校舍,暑假后迁至霞飞路,后又迁至仁记路中孚银行大楼上课。学校分文、理、法、商四院(比重庆分校少统计、生物两系),总共学生690人,教职员90人,法学院设法律、政治、经济三系有学生145人。因学校纯属私人办校性质,以学校行政收入勉力维持,因此教职员的薪俸标准降低不少,教员们多尽义务教学之职。〔4〕

东吴大学法学院的"弦歌不辍",亦始于1937年日军侵入上海。东吴大学法学院因为地处虹口,所以被迫迁移至南阳路治中女校复课,"八一三战事发生,母校因地处虹口,首当其冲,致未能如期开学。十月初,始假南阳路治中女校恢复上课。……在炮影弹声中,学校生命得以继续。"〔5〕1938年,上海沦为孤岛,法学院又转至慕尔堂作为栖身之地。1941年12月8日,又因日寇侵入租界,慕尔堂被占,法学院濒临解体。但法学院师生上下众志成城,在教务长盛振为的带领下,南下福建邵武,拟与协和之江两所大学举办东南基督教联合大学,但在须臾间,战事已近闽粤,不得以只能暂退南平,于是更改计划,率师生迁渝。

1943年春在重庆东吴大学法学院同学会的帮助下,法学院于被敌机炸毁的卫理公会社交会堂的废墟中复校,之后又联合沪江大学商学院组成了法商学院。1945年秋,之江大学工学院也加入联合学院,遂定名为东吴沪江之江联合法商工学院。〔6〕由盛振为任法学院院长,卢俊、姚铁心先后任教务长,陈晓任总务长,查

〔1〕重庆市档案馆藏:01440010011100000096000,《私立复旦大学招生简章》。
〔2〕参见复旦大学校史编写组编:《复旦大学志 第一卷(1905—1949)》,复旦大学出版社1985年版,第166页。
〔3〕重庆市档案馆藏:0120000100062000000004000,《关于将私立复旦大学改为国立复旦大学致四川省立重庆大学的公函》。
〔4〕《复旦大学最近概况》,载《申报》1938年10月28日,第8版。
〔5〕上海市档案馆藏:Y8-1-204,《1946年东吴大学校刊》。
〔6〕《东吴法学院在渝觅定校址》,载《中央日报》1942年9月6日,第8版。上海市图书馆藏:《东吴大学沪江大学联合法商学院手册日记》,第45页。上海市档案馆藏:Q245-1-31,《伪教育部关于本校一九四五年在渝改组联合大学及成立法商工学院问题的指令》。

良鉴、黄应荣相继任法律系主任。[1] 在此期间,法学院恢复了传统的 5 年制模式,并开设了英美亲属法、英美诉讼法、希伯来法等外国法课程。[2] 当然,在实际上课时也曾有 3 年制的毕业生出现,但在一位名为赵晋侯的学生成绩表中,仍可看到英美法大纲、英美刑法总则、英美刑法分则的课程成绩,[3] 由此可见,东吴大学法学教育特色的延续。

此外,法学院在复校后推行导师制,由各导师监督学生课内课外之态度、行为、生活等,每星期一为纪念周,邀请知名学者来校演讲。同时,法科研究所也准予复课,由吴经熊任所长,杨兆龙任法律专门部主任,新旧研究生共十余人。[4] 至 1945 年止,联合大学注册学生共计"法学院 244 人,商学院 530 人,工学院 132 人,共 906 人。"[5]

另一部分留在上海的师生,在 1942 年春借华龙路中华职业教育社教室,继续授课。为避免引起敌伪的注意,校名也改为"董法记"以取谐音"东法"之意,"斯时为谋避免敌伪注意起见,不再沿用'东吴大学法学院'名义,临时改称'董法记'取其谐音'东法',加计者,取其临近商号名种,盖处此重重恶势力环伺之下,不得不尔,其用心亦良苦耳。及于暮春之初,再迁重庆路'新寰中学'校址授课。"[6]

1942 年秋,滞留在上海约 200 多名学生不愿就读汪伪所办学校。作为校友的鄂森、费青等教授不忍看到学生身受流离失学之痛,决定复校,以南阳路爱国女子中学为校园,[7] 采用原英文校名"中国比较法学院"作为学校中文名。为躲避汪伪的骚扰,推举当时的社会名流吴蕴斋(上海金城银行经理)任院长。彼时,鄂森兼任上海北四行(中南、金城、盐业、大陆银行)法律顾问,与吴蕴斋相熟,鄂森与吴蕴

---

[1]《东吴大学法学院在渝筹划复校》,载《中央日报》,1943 年 2 月 15 日,第 5 版。上海市档案馆藏:Y8 - 1 - 204,《1946 年东吴大学校刊》。
[2] 上海市档案馆藏:Q245 - 1 - 45,《1943—1945 东吴大学法学院重庆时期所开课程表》。
[3] 重庆市档案馆藏:01250004000210000002,《私立东吴沪江大学联合法商学院学生成绩报告表》。
[4] 上海市档案馆藏:Y8 - 1 - 204,《1946 年东吴大学校刊》。
[5] 上海市档案馆藏:Q245 - 133,《1945 年 8 月—1946 年 1 月本校与沪江、之江两校成立联合大学时期的校务会议记录》。
[6]《东吴大学将由沪迁渝》,载《中央日报》1942 年 9 月 4 日,第 6 版。上海市档案馆藏:Y8 - 1 - 204,《1946 年东吴大学校刊》。
[7] 上海市档案馆藏:Q235 - 1 - 27,《中国比较法学院租赁爱国女子中学校舍契约》。上海市档案馆藏:Q245 - 1 - 20,《1942—1945 年东吴大学法学院常务会议记录》。

斋商讨办校事宜,吴氏允诺担任学院院长职务,但吴氏不到职,由鄂森作为代表,敌伪如有问题由吴氏负责解决。[1] 随后,学院设立院务委员会,费青任教务长,吴芷芳任副教务长,鄂森任秘书长还兼任院务会议委员和教授,[2] 由他们扛起重建东吴大学法学院的重任。鄂森在筹建过程中出力最多,因此有人回忆这段历史,由衷地感叹道:"幸鄂吕弓博士登高一呼,群山响应,热心教育者无不踊跃输将,经济之基础遂固,种种困难迎刃而解。"[3] 在如此艰辛的办学环境下,鄂森常常告诫学生:"我人处此黑暗时期,适足为砥砺气节,充实学问之机会;则将来海晏河清,即可出而用世,幸勿负此区区苦心耳。"[4] 而学生们也没有辜负老师的期许,这段期间,学生们积极请求老师上课,选修课也都被大家当成必修课学习,还请求增加课程,很多因为经济原因不能缴纳学费的同学,也都由学生会出面作保并组织社会捐款,几乎没有出现一位因为学费问题而不能上课的学生。[5]

留沪的东吴大学法学院,办学时遇到了许多阻碍,除了不得不开设日语课程(一年级为必修,每周需两课时)以应付汪伪教育局外,[6] 还常常面临学校经费开支短缺的窘境。例如,教务会议讨论为教授酌加报酬时,往往强调时局困难,只能许诺"将来"回报,"鄂委员又建议将来生活费用增高及校方经济宽裕时,专任教授、职员及校役薪水之增加,率当定一标准。"[7] 法学院的其他办学开支也是极力节省,"兼任教授教薪每年以十个月计算,法一、会一两班新生总数如在五十人以下者,则国英文等普通课程均可并为一班,计可节省约一万元,开办费节省三千元。会计员不另雇佣,其职由喻先生兼任,可节省一千八百元费。"[8] 在师生上下一心,艰苦努力下,中国比较法学院的法律、会计两系学生一度达 300 余人,并且一直

---

〔1〕刘哲民:《太平洋战争时期的中国比较法学院》,载东吴大学上海校友会,苏州大学上海校友会编:《东吴春秋:东吴大学建校百周年纪念》,苏州大学出版社 2010 年版,第 18—19 页。
〔2〕上海市档案馆藏:Q245-1-21,《1942 年 9 月至 1945 年 5 月东吴大学法学院常务会议记录》。
〔3〕上海市档案馆藏:Y8-1-204,《1946 年东吴大学校刊》。
〔4〕同上。
〔5〕2015 年 5 月 8 日,笔者台北采访。
〔6〕上海市档案馆藏:Q245-1-125,《中国比较法学院依照汪伪上海特别市教育局函令填报 1942 年—1944 年学校综合性调查表》。
〔7〕上海市档案馆藏:Q245-1-21,《1942 年 9 月至 1945 年 5 月东吴大学法学院常务会议记录》。
〔8〕上海市档案馆藏:Q245-1-20,《1942 至 1945 年东吴大学法学院常务会议记录》。

顺利开办至抗战胜利。[1]

抗战胜利后,在 1945 年 11 月东吴沪江之江联合大学第十四次校务会议上,盛振为院长做了学期结束迁沪复校的报告,[2]随后即南下,两支东吴大学法学院终于殊途同归。1946 年秋,法学院迁回昆山路旧校舍,同年,由司法行政部提请教育部核准增设"司法组","以专事训练司法人才,适应目前国家急切需要。"[3],东吴大学法学院逐渐复兴,"秋初学生人数遂激增至七百余人。"[4]

从 1937 年被迫迁出至 1946 年回归昆山路校区,无论是在上海的中国比较法学院,还是远在重庆的联合法商工学院,东吴大学法学院一刻都没有停止办学的脚步,正如其校友回首这段岁月时感慨道:"吾校自民廿六年迁出,三十五年重回故地,前后计历九年。屡经变幻,迭易沧桑,然已与民族国家同毕此历史之艰程险境,瞻前顾后,何当黾勉以求猛进耶。"[5]

当然,有弦歌不辍坚持办学的,自然也有投降附和伪政权的,战前小有名气的持志学院即是如此,因校长何世桢附和汪伪,持志学院遂被停办,"上海私立持志学院,平日办理不善,现该院长何世桢附和汪逆,参加祸国活动,教育部为澈底整顿起见,已令饬该院停办。所有学生,准转入其他适当学校,继续肄业,该院校董会亦撤销立案云。"[6]

二、最后一课:战火下的新兴法校

"大家都在严肃悲壮的课室里上课,并以最后一课相勉",中国版的《最后一课》在日寇铁骑下真实地演绎着。淞沪会战爆发后,南京政府忙于战事,教育部疲于应付时局,无法抽身监管上海的法学教育,同时不少法校内迁或暂时停办。为救济失学学生,这一时期的办学人秉持弦歌不辍的精神,一年间建立了数所私立法校,让正在经历战火的上海不至于留下法学教育的空白,同时也再次展现出

---

[1] 参见杨大春:"中国英美法学的摇篮——东吴法学院院史研究",载杨海坤主编:《东吴法学 2003 年卷》,黑龙江出版社 2004 年版,第 7 页。
[2] 同上。
[3] 上海市档案馆藏:Y8-1-204,《1946 年东吴大学校刊》。
[4] 同上。
[5] 同上。
[6]《教育文化消息:教育部解散持志学院》,载《教育与文化》1939 年第 2 期。

了私人办学的活力。

（一）战时建设大学

战时建设大学，又名上海战时大学，恰如其校名，该校于 1937 年淞沪会战之际，在陈立夫的积极推动下创办，[1]"将收拾轰炸之烬余，谋从焦土中再建文化教育之事业"，校址租赁于威海卫路重庆路路口。校长为杨虎，汪翰章为教务长，秘书长由戴英夫担任，由上海教授作家协会和战时文化建设委员会江海帆、韦维清等人发起。

战时建设大学下设文、理、法、商四院，先分十二学系，法学院分法律系和政治经济系，[2]法学院院长由江海帆担任，法律学系主任由韦维清担任。[3]战时建设大学无论是组织还是教学，都极具时代背景，如其创办宣言所称：

> 吾人今既发动全面之抗战，则不仅在尚有一兵一弹之际，不能放弃抗战，即在尚能上最后一刻之际，吾人亦必毅然决然上此最后一课。前方不能上课，吾人将于后方上之，甲地不能上课，吾人于乙地上之，吾人不辞使学校成为流动之学校，亦不辞吾人自身成为流浪之教育者。[4]

故而，战时建设大学的宗旨即为"应战时之需要，以研究高深学术，培养专门人才，发展战争期中之社会文化，救济战地失学学生"。该校许多组织规定也凸显出"战时"的特征，如修习年限亦可应时局变化而随时变更："文学院法学院理学院工学院商学院医学院总称大学部，除医学院毕业年限为五年外，余均为 4 年，但应时局之需要，得由校务会议议决缩短，呈请教育部核准施行。""本大学遇特别需要时，得设各种专修科或临时讲习班，其毕业年限，临时规定之。"[5]这些弹性规定也让

---

〔1〕金以林：《近代中国大学研究：1895—1949》，中央文献出版社 2000 年版，第 231 页。
〔2〕《上海战时建设大学招生》，载《申报》1937 年 10 月 25 日，第 1 版。
〔3〕《战时大学先后继起：上海战时大学》，载《教育研究》1937 年，第 79 期。
〔4〕上海市档案馆藏：Q6－18－371，《上海市社会局关于劳动大学、上海政法学院、东亚体专、立信建设大学、新中国大学立案问题》。
〔5〕同上。

战时建设大学能够适应实际环境,更好地发展教育事业,"吾人则必随时随地,收拾轰炸之烬余,从焦土中再建吾人之文化教育事业。"[1]

(二)新中国大学

新中国大学,校长为卢锡荣,秘书长由王新命担任,学校下设三院,分处不同校址。第一院在新闸路 1750 号,第二院在胶州路 2 号,第三院在黄家花园路。该校创办目的是"因战事关系,本埠各大学,多有不能开学者,时有学生请求设法开办一大学,以解决失学问题"。发起人乃田汉、许性初、樊仲云、郭文鹤等上海文化界人士。校董会由萨镇冰任董事长,卢锡荣、郭文鹤、胡文虎、王新命、潘公展为常务董事。[2]

新中国大学分文、商、教育、法、理工、医学六院。1938 年,校舍迁往南阳路,同时并文法为一院,文法学院院长是许性初,法律系主任由张隆延担任,教授有王效文、张金润、潘延干、杨振欧等人。[3]与战时建设大学一样,新中国大学也创办于淞沪会战之时,如其宣言所称:

> 人既处心积虑以摧毁我之文化,借逐吞并之谋,则我所以救亡求存之道,舍执干戈以卫社稷外,自不得不思所以保存及发扬文化之工作。于是失学之士,散馆之师,乃贾勇奋力,将以挽文化之浩劫,进而谋救国之至计,由是而新中国大学乃诞生于兹土。[4]

因此,学校的宗旨也确立为"以研究高深学术,促进社会进化,养成具有创造精神奋斗力量之新中国人才"。[5]因处战争年代,故而新中国大学的上课情形亦非常艰辛,在其校友回忆中体现的淋漓尽致:"记得我们上课的那一天,正是国军阵地西移的前夜,上海空气的紧张度到了使人窒息的境界,……大家都抱悲壮的念头,仁听飞机掷弹大炮怒鸣的声音,整个租界差不多已成为死市。然而,我们新中国大

---

[1]《战时建设大学业已开课杨校长发表谈话》,载《申报》1937 年 11 月 7 日,第 8 版。
[2]《新中国大学》,载《教育研究》1937 年第 79 期。
[3]《新中国大学教职员表》,载《新中国》1938 年第 1 期。
[4]《发刊词》,载《新中国》1938 年第 1 期。
[5]《新中国大学招男女生简章》,载《新中国》1938 年第 1 期。

学的先生既不会放下教鞭,新中国的学生也不会丢了书包,大家都在严肃悲壮的课室里上课,并以上至最后一课相勉。"〔1〕

(三) 三吴大学

三吴大学,由徐崇钦、王逢年、单毓华等人组织创设于 1937 年,校址位于仁记路 97 号中孚银行大楼,校长由杨贻诚担任,徐崇钦兼任教务长和商学院院长,单毓华兼任训育长和法学院院长,法律系主任由吴曾善担任。此外,校方还聘请了多位名师担任法学各科教授,"三吴大学所聘教授,均为当代硕望,本学期由前大理院推事单毓华担任刑法各论,巴黎大学法学博士王自新担任债编,刑法专家俞承修担任刑法总论,前常州地方法院院长吴曾善担任法制史,前高法院检察官安徽省政府秘书长狄侃担任刑事诉讼法,大东法律函授学校教务主任蔡肇璜担任继承法,曾任上海松江地方法院推事余克□担任亲属法"。〔2〕

该校分文、法、理、商四学院十四系,法学院分法律系、政治学系、经济学系、法律专修科,法律系教授有俞承修、金兰孙、王孝通、马君硕等。1940 年,有学生 200 余名,校内设备尚称齐全,有男生宿舍、图书室、理化室、游艺室等,在非常时期实属难能可贵。〔3〕此外,三吴大学为普及法律智识起见,〔4〕设有法律特科,一年即可毕业,并且开设了夜班,〔5〕上课时间每日下午六时至九时。〔6〕1941 年,日军侵入租界,因不愿屈于其管辖,学校管理层决定不进行登记,不久就停办了。〔7〕

值得一提的是,战时在沪创立的新大学并非仅此 3 所,上述这些学校均于 1937 年间出现。在 1938 年后,还有如健行大学〔8〕、新中国学院〔9〕等学校出现,它们也都开设了法学院系,充分体现出沪上法校弦歌不辍的办学精神。

---

〔1〕知白先生:《新中国的前途》,载《新中国》1938 年第 1 期。
〔2〕《学校汇讯》,载《申报》1939 年 9 月 30 日,第 7 版。
〔3〕《三吴大学概况》,载《青年》1940 年第 6/7 期。
〔4〕《学务汇讯》,载《申报》1939 年 3 月 5 日,第 8 版。
〔5〕《三吴大学文理法各院系招男女生》,载《申报》1939 年 2 月 6 日,第 2 版。
〔6〕《三吴大学法律特科宣言》,载《大学生》革新 1 第 3 期。
〔7〕刘衍文:《寄庐杂笔》,上海书店出版社 2000 年版,第 417 页。
〔8〕《学校汇讯》,载《申报》1939 年 1 月 28 日,第 11 版。
〔9〕《学校概况——新中国学院》,载《申报》1939 年 2 月 6 日,第 13 版。

结语

一

在近代中国法律教育发展史中,私立学校的元素尤不能被忽略,自清末至抗战,近代上海的法律教育舞台,导演的是私人兴学的剧本,私立学校扮演了几乎全部的角色。因此,近代的上海是民间力量参与法律教育的最佳代表。

清末,私人兴办法学教育长期受限于禁令,但从无疾而终的私立龙华法政大学,以及昙花一现的南洋公学特班,可见私人兴学的活力,如星星之火一般。待到民初,在新政府的放任下,瞬时形成了燎原之势,呈现出了短暂的繁荣景象,私人兴学展现了前所未有的活力,以特殊的方式登上了上海法律教育的舞台。1919年后,沪上法校的勃兴,相比民初,不仅存续的时间更长、规模更大,而且在法律教学方面也显得更加成熟。及至1937年淞沪会战,私人兴学的力量始终没有让沦陷区成为法律教育的空白地带,它们弦歌不辍的精神,再次弥补了公立教育的不足。

当然,私人办学的痼疾也历来存在。北洋政府时期,因缺乏监督管制体系,以及办学人教育理念之差异,各校竞相兴学之时,普遍出现了办学浮滥的现象,即使在彼时小说中亦有所体现,"学生之不到者十而九,而教员之缺席,又习以为常"的法校,校园内"教员学生沆瀣一气,彰明较著。"尽管学校办学腐败,但报名者踊跃,"惟法政学校而能如此腐败者,学生必乐就之欢迎之,而争着先鞭也。"作者也借主人公之口讽刺了彼时的法政院校,"学生得有种种便利,种种自由,学生有不赴之如流水乎？故吾所以谓法政学校者，必如是而学生始欢迎之，乐就之也。"〔1〕虽然，民初教育部进行过雷厉风行的整顿，一度使得上海繁荣的法政教育陷入荒芜，但私人兴学的力量始终没有熄灭，它们又以函授学校这种新的办学形式出现，充当着普及法学知识的角色。1919 年以后，上海的政治经济环境给了私人兴学很大的舞台，庞大的法学教育市场，让敏感的办学人嗅到了机遇，一时间大量法校蜂拥而出。然而，法校数量的增加，并未引起质量的提升。诚然，有一些优秀的法律院校值得关注，但更多的法校仍然遗留着办学浮滥的痼疾，"学店"成为了私立法校的代名词，这也为此后的整顿埋下了伏笔。

这种现象的出现，当然是供求双方共同作用的结果，一方面，校方怀揣着不同的办学目的，无心专注于教育品质的提升，在市场竞争的作用下，始终以吸引学生为最终目标。这是私立学校天然属性的作祟，对于它们而言，学费即是经费，降低入学门槛，学校办学经费自然充盈，办学规模亦会随之提升，假使再用心点裹以"办学认真"的包装，社会声誉也会随之上升。但在另一方面，办学浮滥也有迎合学生需要的原因，易得的法科文凭，降低了为寻找工作而付出的成本，而在收费昂贵的"名牌"法校的映衬下，办学浮滥的法校更能成为平民阶层获得法律知识的最佳去处。学生质量与教学品质的下降也让这些学校声誉受损，"文凭工厂""野鸡大学"遂成为了它们的标签。这些私立法校在其创办之初，也曾为获得官方承认而努力，不仅是期望提升其文凭的价值，而且还试图与政府维持良好关系，各校聘任的校董亦多是政界人士。待到被予以核准立案后，在这些学校的招生广告中"教育部立案"的字样尤为显眼。这种明显的变化，展现出了法校力图证明其具备正规办学的资质，同时亦是去污名化的过程。当然，为此付出的代价，便是自治权力的削弱，教学教务亦开始处处受制于政府，这也为上海的法律教育带来了新的变化。

1929 年《大学组织法》颁布可算作为一个分水岭，前后代表了执政者对待地方法学教育两种不同的态度，在此之前，可以看到私人办学展现出的十足活力，形成上海法学教育的诸多本土特征的同时，也存在着良莠不齐、办学浮滥的现象；在此之后，上海法校进入到南京政府既设的法律教育模式之内。当然，这一过程的确澄

---

〔1〕慈晖：《法学士》，载《生活日报》1914 年 3 月 9 日，第 12 版。

清了不少法校在办学中长期以来存在着的弊病，但此后一系列控制和限制法科发展的手段，也让法学教育发生了量与质的变化。如果说，北洋政府时期被誉为教授治校，体现了学校自主性的话。那么，南京国民政府时期，校园内多了政治力量的介入。

法校，作为法政人才的制造机，历来备受执政者重视，而尤以南京国民政府最为显著。通过控制法校，中央政府得以从思想与权力方面，渗透进入校园。对于本国私立学校，不过是假整顿之名而行党化教育之实，对于教会学校，亦不过是去耶稣而代三民主义，"统一"成为了南京国民政府成立后法学教育的唯一走向。具体到一所法学院，我们可以看到东吴大学法学院管理者、教员和学生，是如何在教育环境变化之下演绎法律教育的。东吴法大学法科在创建之初，其隐含的宗教目的及兰金的私心，以及之后移植美式法学教育模式，正是在没有严格监管的制度之下，法校得以自由发展的结果。南京政府成立后，设定了"理想型"法学教育模板，纵使各校有所反对，但最终仍屈从于既定程式。如东吴大学法学院曾呈请教育部删除关于专科以上学校必修及选修学程、科目及学分数额规定中的硬性条款，请求许可自主裁量：

> 学术演进日异月新，专科教育因材施教，学说、方式既各各之不同，亦因时以欠易，苟于专科以上学校各系必修及应修学程，固定准绳，勒令遵章办理，似适足对蓓蕾初放之中国专科教育，对其自由教育予以束缚而形成阻力。故拟请于各校遂按教育法令各示范规定所表见之标准，依为根据，于此项法定范围内拟定必修、选修课程，但须□钧部核定之。如是，则核定准驳固□钧部所柄握，而各校则复得自由，生发得见，奇葩竞猛，万卉盛放，国家文化可共睹于厥成也。[1]

屈从于强权之下的法校，须受来自以教育部和司法院为代表的形式化的监督及审查，而一系列的"统一"和集权措施，尽管在学生的政治思想教育上满足了上层

---

[1] 上海市档案馆藏：Q245-1-98，《东吴大学法学院向伪教育部杭立武建议改进专科以上教育制度的意见书》。

的要求,但似乎并没有达到培养专门法律人才的目的,反倒是校园内部开始有涣散之像,如在东吴大学法学院学生回忆中,教员常有上课敷衍的现象,"教'海商法'的魏文达先生,是船老板,开了一家运输公司。来上课已经卖足面子,从不点名,也没有什么教学方法。上完课,坐上汽车走了。"鄂森每次上课都要反问学生前次讲到哪里,因为没时间批改考卷,一律给学生 80 分。"鄂先生教刑法课,全用英语。上课的评价是'so-so',他虽布置预习,但从不检查。每次上课,反过来问学生前次讲到的地方。考卷没时间批改,每人 80 分。"〔1〕放眼全国,即使是声誉颇佳的远在北京的朝阳大学亦不能免,"一年级学生比较规矩,二年级以上多有长期不到校上课的。那时,大学里的学生,好多已经在外工作,学校里挂个名字,四年期满,大学毕业。"〔2〕

这也表明,彼时法学教育者的职业精神还没有完全确立,正如孙晓楼指出的:"我们要认清中国法律教育的缺点,并不是在于法律学生的数额太多,实在是因为办理法律教育的人们不是以法律学校当做一个教育事业——所谓为教育而教育。"〔3〕现实中,一些法学教育者常常会表现出语言与行动的脱节。例如,1934 年丘汉平曾撰文强调法律教育中道德涵养的重要性,"现在研究法律的人,太偏重功利而不顾道德,法律教育对于这一点万不能忽略。"并且指出:"在国家方面,亦应扶植成绩优良的法律学校,至于腐败的法律学校,当然要加以整顿或淘汰。"〔4〕同年,丘汉平还创立了上海私立中国法学函授学校,并亲任校长,该校"以函授方法灌输法律智识,并养成司法行政及律师应试人员"为宗旨,〔5〕教师团队中有郑竞毅、傅文楷、黄应荣等知名教授。但这所学校不久便受到学员举报,称缴费之后就不再收到教材,后经教育局调查发现"该校手续诸多不合",随即勒令停办,"函令其转知

---

〔1〕 参见马裕民:《忆吾东吴》,载东吴大学上海校友会,苏州大学上海校友会编:《东吴春秋——东吴大学建校百十周年纪念》,苏州大学出版社 2010 年版,第 24—25 页。
〔2〕 该校友还举了一位以此方式毕业的学生的实例,"我班有个同学张琳卿,当时在河北省宁晋县县党部工作,从二年级就不来校上课,有时来北京时到学校看看,每次学期完了,来校参加考试,请我吃饭、洗澡,每门功课由我猜题,由我写出答案,而每次考试名次总在我之前。他的为人聪明能干,文笔较好,这样的学生很多。在北京教小学、中学,在报社工作的,在各级党部工作的、经商的、做工的都有。只要交费报到,到时参加考试有成绩就能毕业。"贾秉仁:《大学时代琐忆》,载中国人民政治协商会议宝鸡市渭滨区委员会文史资料委员会:《渭滨文史资料》第 13 辑,1998 年版,第 103 页。
〔3〕 孙晓楼:《法律教育》,王健编,中国政法大学出版社 1997 年版,自序。
〔4〕 丘汉平:《法律教育与现代化》,载《法学杂志》1934 年第 2 期。
〔5〕 《私立中国法学函授学校招生通告》,载《申报》1934 年 1 月 5 日,第 9 版。

校长迅将办理经过及停办情形呈报本局。"[1]

是故,法学教育呈现了这样一种情境。教育部和司法院颁布了一系列法令,成功地将法校纳入到了自己的监管体系之中,但监督的盲点亦显而易见,如免试取得律师证书的形式化审查,给了学校足够的操作空间解决其毕业生的工作。政府一味的限制法科招生数量,不仅将法律知识束之高阁,也迫使学校放弃对培养质量的追求。与此同时,铤而走险的各大法学院校也承担着双向的压力,既要面对中央部院的审查,又要应付内部的乱局,教育自主权力的削弱和经济上的入不敷出,陷学校于唯诺之境。法学毕业生既是消费者也是受害者,他们和教员同是学校经济压力的释放对象,教员因微薄的薪资始终忙于生计而怠慢了本职工作,拙劣的教学质量和惨淡的个人前途促使学生向学校施压,毕业证书遂成为了校方最重要的资本。在这一时期,学校、教员和学生怀揣不同的心思,朝着同一目的,共同"默契"的制造出了法律人。

二

1930 年代,上海各大法学院校经历了立案和整顿的风波后,开始趋于平稳发展,法律教育的舞台虽然仍以私立学校为主角,但已悉数纳入到了国家体制之内,在教育部和司法院严格的监督之下,各校逐渐改善办学环境,剔除传统痼疾,似乎正在形成一种统一、规范、良好的法律教育模式。与此同时,又因法律教育与法律职业的天然联系,加上不少学生还视律师为发财之捷径,而竞相读律:"奈外界不察,以为为律师者无异发财捷径,于是竞起读律。"[2]"以律师一业视若黄金源数,莫不具有艳羡之念。"[3]因此,上海本土律师的比重也在逐年增加,成为了中国律师人数最多的城市。[4] 这些律师大多毕业于上海各大法学院校,尤以东吴大学法学院、持志学院法律系、上海法政学院和上海法学院 4 校毕业生为最,以至于在上海律师公会中

---

[1] 上海市档案馆藏: Q235-1-1920《上海市教育局关于沪光英文商业补校、潜落外国语补习学校、养性妇女补校、上海国送专科夜校、苏氏职业补校、中国法学函授学校立案》。
[2] 维平:《海上之凄惨律师》,载《福尔摩斯》1931 年 3 月 14 日,新闻版。
[3] 辰龙:《沉寂的大律师》,载《文友》1937 年第 4 期。
[4] 参见张丽艳:《通往职业化之路:民国时期上海律师研究》,华东师范大学 2003 届博士学位论文,第 41—47 页。

也形成了"东吴系"、"法政系"、"持志系"、"法学院系"的派别。[1] 虽然,上海法校多产律师的印象于 1930 年代渐趋成型,但各校培养律师的传统却是由来已久。

在北京政府时期,对于多数上海私立法校而言,发展的空间十分狭窄,因为很多法校并未获得立案的资格,他们只能游刃于律师制度之间。对于立案的学校,其毕业生之出路自然没什么问题,尽管其办学中可能也存在问题,如曾有人质疑神州法政专门学校毕业生是否有资格执业律师,"从前梁任公主办之神州法政,修业时间极短,毕业考试分数及格者仅有七名,今乃一例悬牌出庭,试问资格是否相符?"[2]但是,法校一经立案,即使办学有所问题也不妨碍其毕业生请领律师证书,1924 年毕业于神州法政专门学校法律别科的王亮就通过免试取得了律师证书。[3]

对于未能立案的法校,其毕业生无法通过正常途径取得律师证书。例如 1931年顾宪章举报姚肇第律师一事,顾宪章发现姚肇第于 1928 年 6 月入会时,其毕业母校上海震旦大学并未经教育部或司法部认可,因此姚肇第没有获得律师证书的资格,"不知其用何种资格或施何种妙策向法部领得律师证书"。律师公会接到顾宪章的举报信后转给了姚肇第,要求其做出解释。据姚肇第称,其自上海震旦大学法科毕业后即于 1927 年向浙江省政府请领律师证书,此后又根据司法部令换领了律师证书。[4] 尽管,姚肇第获得律师证书的过程符合程序,但却不能改变彼时上海震旦大学未被政府立案的事实,[5] 其学生只能通过"非正常"途径取得律师证书。实际上,姚肇第获得律师证书根据的是《浙江省律师暂行办法》,其规定的资格条件宽于不久颁布的《律师章程》和《甄拔律师委员会章程》。[6]

---

〔1〕参见浮云:《旧上海律师界概况》,载上海市政协文史资料委员会编:《上海文史资料存稿汇编　社会法制 12》,上海古籍出版社 2001 年版,第 57 页。
〔2〕亚公:《律师资格问题之讨论》,载《福尔摩斯》1927 年 11 月 2 日,第 2 版。
〔3〕《江苏高等检察厅牌示》,载《申报》1924 年 4 月 7 日,第 16 版。
〔4〕《致姚肇第会员函》,载上海律师公会:《上海律师公会报告书》1932 年第 30 期,第 76 页。《致顾宪章会员函》,载上海律师公会:《上海律师公会报告书》1932 年第 30 期,第 76—77 页。
〔5〕上海震旦大学于 1932 年 12 月获教育部核准立案。翌年 9 月 9 日,法学院获司法院特许设立。《司法院特许私立法政学校设立一览表》,载《司法公报》1933 年,第 90 期。
〔6〕按姚肇第所称,他是按《浙江省律师暂行办法》第 2 条第 2 款之资格规定取得律师证书的,实际上姚肇第可能记错了。姚肇第是于 1927 年 9 月 3 日获得浙江省政府颁发的律师证书的(《中华民国国民政府浙江省政府批法字第一九二一号》,载《浙江省政府公报》1927 年第 101 期。),而同年 6 月1 日的《浙江省律师暂行办法》的资格条件是在第 3 条,"中华民国国民有左列资格之一者,得向省政府请领律师证书:(一)现任或曾任推事、检察官者;(二)国内外大学或专门学校修法律之学三年以上毕业者。"(《浙江省律师暂行办法》,载《浙江省政府公报》1927 年第 19 期。)

因此,法校立案与否不仅关系到毕业生执业律师,还关系到私立法校的生存,如果不能立案,法校无法阻止其学生转学立案法校,1930年《申报》就刊载了一封私立法校学生的来信,其内容大谈未立案学校的劣势:

> 我们最大的难题,想你也明白,就是学校的立案问题。我们知道一个学法律的学生,不是毕业于国立大学,或已经教育部立案及司法院认可之私立大学的法学院,那末他或她所拿到的毕业文凭等于一张废纸,法律上是不生效力的,要考法官做律师都不行的。……我更感觉到全沪同学因学校立案问题,而连带发生了转学问题的一定不在少数,但看已立案学校的每期吸收大批转学生,便可明白。[1]

是故,各校都在用尽各种办法争取立案,如震旦大学为能保证其毕业生之出路企图通过各种关系以期达到立案的目标,"保障震旦学生毕业后出路的唯一办法,是以官方在毕业文凭推荐事上,争得官方学校或者通过官方手段,使中国政府承认震旦毕业文凭,与它承认中国自己的学校一样。"[2]

1929年后,上海多数法校获得了立案资格,开始逐步融入国家体制之内,与此同时,上海的律师也进入了量产阶段。从1930年起,以每年100多人的增长人数加入上海律师公会。1932年,上海律师占上海城市人口的比例为1:3100,即大约每3100人中就有1名律师。1933年度,全国7651名律师中,上海一地的律师已占了将近七分之一。[3]

量产之后的质量问题亦不断出现,这一法律职业群体常受社会指摘,如时有"上海律师甚多败类"之谓。[4] 不仅律师如是,司法官群体亦有污名化之势,"朝出学校,暮为法官,学理既未深明,经验尤非宏富,故论事多无常识,判决每缺公

---

〔1〕《值得注意的一封信:商榷转学问题》,载《申报》1930年6月17日,第8版。
〔2〕上海市档案馆藏:Q244-1-94,《震旦大学关于考试课程、毕业文凭、学校更改校名、广告等文件》。
〔3〕参见张丽艳:《通往职业化之路:民国时期上海律师研究》,华东师范大学2003年博士学位论文,第47页。
〔4〕参见李严成:《"上海律师甚多败类":从一起名誉纠纷看民国律师形象》,载《近代史研究》2018年第1期。

平"。[1] 其中,法律职业群体素养的参差不齐也是该职业群体饱受污名的重要原因之一,"西洋各国之正式司法官,鲜有以年事极轻,甫自学校毕业者充任,如我国目前之情形者。"[2]

所谓,成也萧何,败也萧何。法校作为法律职业化中最重要之一环,因此多受时媒指责,"法律学校毕业之学生,此类贤否不等,贤者无论焉,不肖者才识浅薄,违法滥权之事层见迭出。"[3]主持私立东吴大学法科的刘伯穆认为多数法政学校"不足以培养出担当共和制政府需要的那种人",在 1922 年济南教育会通过的一项决议中更是批评:"现有法政学校培养出'品行不端的毕业生'或'架词挑讼的律师',它们应该被撤销。"[4]《申报》曾刊载过这样一篇小品文,讲述了一位学生入读法校后如何上课及毕业的情形,恰可以为刘氏所言作注:

> "你没大考,怎么会毕业呢?"老陈放下他的情书,不失其为老实人的插嘴问。
>
> "去不去,不成问题。你想我事情多忙,(这里恕我不能举出他所忙的事实来)杭州去这里多远,天气多热,不是游山玩水的日子,去年学校在上海,我还是叫人去代我考的,自从日本的炮火,轰炸了校舍以后,学校迁到杭州,这一学期我就没有上过一课。横竖学校与学生的关系是纸的交易——钞票与文凭的关系。要是你每学期照例的去注册,照例的缴上一二百元的学杂等费,那末你可以坐在家里等待时间给你送文凭来。碰到考试,托朋友去敷衍一下,不上课又有什么关系,要是真的要上课,那才糟,谁耐烦去跟戏子们去读死书呢?横竖不是一样的毕业吗?不信你看:'学生×××系××省××县人,现年××岁,在本院××部××系肄业,因文凭呈送教育部验印,先给此证为凭……'"
>
> 老李把学习里寄来的证明书,像宣读判词样的读着。

---

[1]《司法界之大改良》,载《申报》1914 年 1 月 8 日,第 6 版。
[2] 桂裕:《司法官之素质与数量:司法问题之二》,载《东方杂志》1945 年第 20 期。
[3]《黔中司法界》,载《申报》1914 年 8 月 3 日,第 6 版。
[4] [美]刘伯穆:《二十世纪初期中国的法律教育》,王健译,载《南京大学法律评论》1999 年春季号。

"哎,学士先生失敬了!"大家同声的调侃着。"那末,现在你预备怎样?"

"自然做律师啰,现在文凭已到手了,花上二十元向司法行政部领取一张律师免试甄拔书,再花上一百八十二元,领一张律师证书,就可以挂牌子,执行律师业务了。哈哈,只消一件案子,就可以把过去所花的钱捞回来。那岂不是名利兼收吗?"老李快意地说。

"恭喜,恭喜"室内一片欢然的贺喜声。[1]

小说中荒诞的情节并不是是虚构的,因为类似的情景在现实中确有实例,如前文所举金雄白的故事便是最佳事例。民初,梁启超曾对当时律师资格的宽滥之弊提出过批评:"比者司法之为世诟病,其口实之起于律师者实居六七。……今律师之流毒于社会,实由律师资格太滥有以致之,今部中所发证书,已逾数千,其中品学优异者固亦有人,然或讼棍土豪贿买文凭,或新学小生,志气未定,照章呈请,批驳难施,孳乳浸多,遍于乡邑。"[2]一定意义上,梁启超所言贿买文凭的行迹在其批评之后,并未发生本质的改变,只不过从初期明目张胆地贿买文凭,到后期变为向已立案之"学店"缴费获得。是故,作为法律职业化的关键一环,法学教育始终脱不开"纸的交易",无论是学生与学校,还是学校与法律职业准入的审核机关之间,这种"交易"在近代似乎从未被打断。

三

回溯晚近上海的法学教育史,我们可以发现,有这样一种观念,法学教育的观念,在近代中国游荡。它便是法学速成教育的观念,是从事法律职业的人才能够短期形塑的集体性社会观念,这种观念有别于教育思想,[3]它是"个体或一代人的

---

〔1〕天力:《恭喜恭喜》,载《申报》1932 年 7 月 23 日,第 1 版。
〔2〕(清)梁启超:《呈请改良司法文》,载《梁启超全集 5》,北京出版社 1999 年版,第 2655 页。
〔3〕教育观念是对教育活动的浅层次认识,即片段的看法、想法、意见、要求等,并没有形成系统的思想体系。教育思想则是深层次的认识,是经过比较深入的研究,形成的比较系统、稳定的思想体系。参见潘懋元:《走向 21 世纪高等教育思想的转变》,载《高等教育研究》1999 年第 1 期。

思想中起作用的或多或少未意识到的思想习惯"。[1]

"观念是世界上最具迁徙性的事物",[2]近代本土法学速成教育的观念起源于日本法政速成教育。1905 年,尚在法政速成科留学的杨度便向端方建议:"仿日本法政速成科例,设法政讲习社,使人人皆可开法政普通知识。"[3]与此同时,沈家本等人呈请设立速成科,日本法政速成科的办学方式也是其课程设计的参考之一。[4]此后,在众多留日法政速成科学生的教育实践及执政者的刻意模仿下,法政速成教育的体制与观念在国内传播开来,[5]至清廷倒台之际,民间已有所谓:"中国之最取巧者,曰速成法政"之说[6]。民国肇建后,法学速成教育观念之焰更甚,黄炎培就曾批评:"光复以来,教育事业,凡百废弛,而独有一日千里,足令人瞿然惊者,厥惟法政专门教育。"[7]彼时法政学校在一夜之间遍地开花,郭沫若回忆成都的私立法政学校曾一时陡增四五十所,"三月速成,六月速成,一年速成,当时的学界制造法政人材真是比花匠造纸花还要脚快手快。因而父子同学、祖孙同学的佳话便处处都有传闻。"[8]至 1942 年时,新疆第一期的三年计划中,仍拟于第一年开设法律速成科,第二年开办法律简易科、法律讲习班。[9]逮至新中国成立,为适应司法建设之需要,速成之法仍能在法学教育中寻觅。[10]

是故,回溯这一观念的生命史可见,[11]这种能动的观念在不同的历史时期不

---

〔1〕[美]诺夫乔伊:《存在巨链:对一个观念的历史的研究》,张传有,高秉江译,江西教育出版社 2002 年版,第 5 页。

〔2〕Lovejoy A O. Reflections on the History of Ideas [J]. Journal of the History of Ideas,1940,1 (1):3 - 23.

〔3〕《杨度等函》,载中国第一历史档案馆编:《清代档案史料丛编》第十四辑,中华书局出版社 1990 年版,第 280 页。

〔4〕《修订法律大臣伍沈会奏请于各省课吏馆内专设仕学速成科片》,载《东方杂志》1905 年第 8 期。

〔5〕参见翟海涛:《法政人与清末法制变革研究——以日本法政速成科为中心》,华东师范大学历史学系 2012 年博士学位论文,第 200 页。

〔6〕《速成法政与进士举人》,载《时报》1911 年 9 月 23 日,第 6 版。

〔7〕黄炎培:《教育前途危险之现象》,载《东方杂志》1913 年第 12 期。

〔8〕郭沫若:《沫若自传》,求真出版社 2010 年版,第 98 页。

〔9〕参见设计委员会编:《新疆第一期三年计划》,新疆日报社 1942 年版,第 29—30 页。

〔10〕参见汤能松等编著:《探索的轨迹:中国法学教育发展史略》,法律出版社 1995 年版,第 381—392 页。

〔11〕See Arthur O. Lovejoy, "The Historiography of Ideas", *Proceedings of the American Philosophical Society*, Vol. 78, No. 4 (Mar. 31, 1938), p. 538.

断的重复出现,被不同历史推动者所运用。[1] 因此,诚如学者所言:"中国近现代法律教育在蹒跚起步之初,无论是取法欧陆,还是模范英美,甚至仿效东洋,皆带有明显的'速成教育'色彩。"[2]

1929年《大学组织法》颁布,四年制的高等法学教育框架成为定型,[3] 随着1930年南京国民政府禁止高等院校开设速成科部,不得招收速成科部学生后,[4] 由前清发起的法学速成教育,至此戛然而止。虽然,速成教育在形制上被"消灭",但速成的教育观念却仍然存在,恰如潘光旦所言:

> 现在速成的名称不时髦了,环顾学校林立的海上,差不多没有再用他的。不过"速成"的精神却始终是中国兴办新教育(学校教育)以来的一大特色。习艺性质的学校当然利在速成,可以不必说他。但是专门教育大学教育的机关也往往如此;在学生方面,亟亟于"学成"致用,竭力的想把年限缩短,把学分减少;在学校方面,为经济计,也就竭力迁就,甚至于故意在学分年限两端上不露痕迹的打些折扣,以广招徕;于是此推彼挽,而速成的精神乃日益牢不可破。[5]

故而,在1929年后,法学速成教育观念渐趋隐性,表现为教育群体(校方、教员、学生)在法律规定的修习年限内,行速成之法,其核心仍是围绕"速"字,一切都是为了尽快提前毕业。在法校内,知识的传授,演变成为商品的交易,[6] 学生与法校的关系变成为"纸的交易":"学校迁到杭州,这一学期我就没有上过一课。横

---

〔1〕See Quentin Skinner, *Rhetoric and Conceptual Change* , Finnish Yearbook of Political Thought, 1999,3, p.62.

〔2〕孙家红:《欲速则不达:清末法政速成教育之反思》,载《社会科学论坛》2019年第4期。

〔3〕《大学组织法》,载《立法院公报》1929年第8期。

〔4〕"近来私立各大学及学院,往往滥设专门速成等科部,借以招揽学生,殊足滋生流弊。自本年度起,各校应停止招收前项附设各科部学生,以杜冒滥。"《大学停收专门速成科学生》,载《江苏省政府公报》1931年第818期。

〔5〕潘光旦:《读书问题》,新月书店1933年版,第142页。

〔6〕Wen-Hsin Yeh, *The Alienated Academy: Culture and Politics in Republican China 1919 - 1937*, Harvard University Asia Center Press, 1990, p205.

竖学校与学生的关系是纸的交易——钞票与文凭的关系。"[1]因此,陈立夫对抗战前的法学教育非常失望,"公立学校则不免时长风潮,不能开课,私立学校则往往缴了学费而可以在家里拿文凭。每年毕业的学生虽然不少,但真正有用之才可以说一二十人中难得一个。大部分是学识浅薄而习气腐败。"[2]这种情况直至1949年时仍能在私立上海法学院中看到,学生因为工作关系"常常顾不到上课和温习的一方面",师生缺课习以为常,两者之间几无情感交流,"在外兼职的教授和同学也占绝大多数,他们是经常住在校中,上课时来一次,上完课又急着回去了。因此,师生之间没有情感交流。"[3]当时不少文章对这种风气极尽讽刺,"还有一辈只在开学时报到一下,平时是托人代领一份讲义,而本人终年不到校的,一样也得及格,年限到了,一样能取得那最可宝贵的毕业文凭呢。"[4]

在这种速成观念的作用下,敷衍的办学,简化的学程,迎合学生的行迹,成为彼时多数法校存在的问题,"创办者视为营业之市场,就学者借作猎官之途径"。[5]法校逐渐商业化,遂成为学店之中的重要一支,"革新以来,其他学校不见增而法政学堂则大盛,可以为司法官,可以为律师,入学者于是大盛。入学者盛,设学者于是亦大盛。入学者盛,视学犹营业也。设学者盛,以学生为营业也。"[6]法校逐渐商业化的同时,又与污名化相联系,民间多对这类办学敷衍的法校,冠以"野鸡大学"之称:

> 自国民政府成立后,上海的法科大学一时如风起云涌,纷纷创立,其中有郑毓秀所办的法政学院,褚辅成、沈钧儒合办的法学院,更有何世桢、何世枚弟兄所办的持志学院。这几所大学,对于像我这样的人,倒真是功德无量,只要交清学费,并不认真要学生上课,混过四年不忧文凭不能到手,上海一概给以雅号曰"野鸡大学"。[7]

---

〔1〕天力:《恭喜恭喜》,载《申报》1932年7月23日,第1版。
〔2〕陈立夫:《法律教育的重要性及其新动向》,载《高等教育季刊》1943年第1期。
〔3〕上海市档案馆藏:Q247-1-21《伪教育部通知呈报各项概况调查表》。
〔4〕啼红:《奇形怪状的法学生》,载《东方日报》1932年9月29日,第1版。
〔5〕《私立法政专门学校之限制》,载《生活日报》1913年12月1日,第3版。
〔6〕《法政学堂之营业》,载《申报》1913年12月15日,第3版。
〔7〕金雄白:《记者生涯五十年》下集,吴兴记书报社1977年版,第66页。

除上海法科大学、持志学院以外，一些颇有声誉的法校亦受污名化的影响，而它们受批评的一个共同点，便是法学教育的速成化。如上海法政大学常常是"教授整半年不来，也不请代课"，而被史良称为"拆烂污"。[1] 群治大学和东亚大学则因法学教授非纯粹之法学家，而受非议，"群治与东亚两校之法科，初不过聊备一格而已，成绩之不佳，固无容讳言。其最大原因，即法科教授非纯粹之法学家，若政治家、社会家等，咸权充法科教授，且全班上课，其不重视可知。"[2] 即使是朝阳大学亦被戏谑为"朝阳大店"：

> 只要按期缴纳束修，是不是来听课，学校是不问的。不少学生，四年里住住公寓，吃吃馆子，逛逛"八大胡同"，就带着一批讲义，成为法学士而衣锦还乡了。所以，学生们也说他们是"住"了四年朝阳大店。[3]

1932 年的《改革高等教育案》更是直言不讳地称，私立法校只会制造一般无职业能力之高等流氓，"最奇者，极不需要之私立法学院，及法政专科学校，反如雨后春笋，遍立各处，其内容甚为腐败，徒造就一般无职业能力之高等流氓而已。"[4] 又因法科生与学校的名誉天然绑定，故而同受污名影响，恰如蔡元培初到北京之时，"对于法政学生还没有看得起他。"

> 社会上所以看不起法政学生的是为什么？……中国新设的法政学校，也不知多少，大半不是认真教授，不过是为谋利而已。这种法政毕业生，既买得新招牌，便自以为很有本领。而中国因为从前法政之腐败，也以为应该用新生。那晓得这般新学生，腐败一如旧官僚，加之学得外国钻营的新手法，就变为"双料官僚"。因此之故，所以社会上大家就看不起他。……千万法政学生，虽多半是假冒招牌，但其中亦非无一二好人，不

---

[1] 子冈：《史良律师访问记》，载《妇女生活》1936 年第 2 卷第 4 期。
[2] 持平：《上海各大法科谈》，载《福尔摩斯》1930 年 1 月 23 日，第 1 版。
[3] 徐铸成：《旧闻杂忆》，生活·读书·新知三联书店 2009 年版，第 65 页。
[4] 中央组织委员会：《改革高等教育案》，载黄季陆主编：《革命文献　抗战前教育概况与检讨》第 55 辑，1971 版。

过群众心理大抵以大半数埋没少数,所以就一律看不起他们。[1]

这种污名化倾向还扩散至法科留学生,"今之留学外洋者,无不犯欲速之病"。[2]《晶报》还曾刊载"法学博士之捷径"一文,描绘留学法国的法学博士的速成秘笈,[3]当时社会就对这类外国法学博士学历颇有质疑,周劭就曾指摘:"广告上的法学博士,大都是美国野鸡大学 J. D. (法理学博士)。在抗战之前,有了法学士学位的人,只要花三千美元的学费和旅费,八个月功夫包括横渡太平洋的航行时间,便可以得到。"[4]时媒亦讽刺这种"区区九个月"速成博士的含金量:"这区区九个月的短时期中,竟能把什么西北大学、纽约大学、密歇根大学底的高深的法学,都看透了,拿了很荣誉的'都看透'的头衔回来,以博取国内著名大学底的主任教授,南北政府底的政治及外交官吏,以及律师职务等职位。"[5]当然,这些批评背后也有不了解外国法学博士培养制度的因素影响,[6]但是,短暂的修习过程仍是受抨击的重点。

在近代法学教育专业化发展的外衣下,驰而不息的速成教育观念始终没有得到有效性的规范,以至于速成化的教育能够间接自由放任式地发展。无论是在中央还是地方,校内还是校外,以及师生群体身上,均能发现法学速成教育观念留下的凿痕,而它产生的力量也深刻影响了近代法学教育整体性构建和法律职业精神的形塑,并为法律职业群体的社会形象带来了负面影响。速成的教育观念仅是近代中国法学教育史中的一个缩影,其实质反映了晚近法学教育现代化过程中"形"与"神"之间的脱节,尽管彼时法学教育的体制、法学院的设施、法学教育的队伍等日趋完备,但法学教育的精神、思想及观念的进步仍较为迟缓。

于今而言,我们不得不思考,中国法学教育的现代化至今已逾百年,但目前我国高等法学教育却还不能完全适应社会主义法治国家建设的需要,存在着"社会主

---

[1]《蔡子民先生演说辞》,载《法政学报》1919 年第 11 期。
[2]《留学速成之弊与退学之弊》,载(清)梦芸生:《伤心人语》,警世书会 1906 年版,第 60 页。
[3] 愚生自巴黎寄:《法学博士之捷径》,载《晶报》1926 年 6 月 30 日,第 2 版。
[4] 周劭:《黄昏小品》,上海古籍出版社 1995 年版,第 192 页。
[5] 大白:《介绍"殊为难得"的"大批法学博士"》,载《黎明》1926 年第 36 期。
[6] 王伟:《为速成博士辩护——兼论美国法学院博士学位制度的衍生与变化》,载《法学教育研究》2018 年第 1 期。

义法治理念教育还不够深入,培养模式相对单一,学生实践能力不强,应用型、复合型法律职业人才培养不足。"等问题,以至于提高法律人才培养质量成为当前我国高等法学教育改革发展最核心最紧迫的任务。[1] 如果反思其中原委,则是否有必要思考发轫迄今,究竟是什么在持续发挥影响? 今后,我们的法学教育应该如何实现摩登?

---

[1] "我国高等法学教育还不能完全适应社会主义法治国家建设的需要,社会主义法治理念教育还不够深入,培养模式相对单一,学生实践能力不强,应用型、复合型法律职业人才培养不足。提高法律人才培养质量成为我国高等法学教育改革发展最核心最紧迫的任务。"中华人民共和国教育部、中国共产党中央委员会政法委员会:《教育部中央政法委员会关于实施卓越法律人才教育培养计划的若干意见》,2011 年 12 月 23 日,教高〔2011〕10 号。

参考文献

一、档案类

1. 上海市档案馆藏：全宗号 Q245,东吴大学法学院档案。

   全宗号 Q248,上海法政学院档案。

   全宗号 Q244,震旦大学档案。

   全宗号 Q247,上海法学院档案。

   全宗号 Q240,国立暨南大学档案。

   全宗号 Q235,上海市教育局档案。

   全宗号 Q243,圣约翰大学档案。

2. 台北中央研究院近代史研究所藏：朱家骅档案。

3. 台北中央研究院胡适纪念馆藏：胡适档案。

4. 台北故宫博物院：军机处折件档。

5. 上海市图书馆藏：盛宣怀档案。

6. 重庆市档案馆藏：全宗号 0125,各学院全宗汇集。

   全宗号 0144,重庆私立复旦中学。

   全宗号 0065,重庆市教育局。

二、著作及译著类

1. 王健：《中国近代的法学教育》,中国政法大学出版社 2001 年版。

2. 王国平：《东吴大学简史》,苏州大学 2009 年版。

3. 金雄白：《记者生涯五十年》下集,吴兴记书报社 1977 年版。

4. 吴虞公：《续二十年目睹之怪现状》,黄子询校点,广西人民出版社 1993 年版。

5. 王伟：《中国近代留洋法学博士考(1905—1950)》,上海人民出版社 2011 年版。

6. 孙慧敏：《制度移植：民初上海的中国律师(1912—1937)》,台湾中央研究院近代史研究所 2012 年版。

7. 毕连芳：《北京民国政府司法官制度研究》,中国社会科学出版社 2009 年版。

8. 蒋晓伟：《上海法学教育史研究》,法律出版社 2008 年版。

9. 汪佩伟：《江亢虎研究》，武汉出版社 1997 年版。

10. 戴书训：《愈经霜雪愈精神——邹鲁传》，台湾近代中国出版社 1983 年版。

11. 邹鲁：《回顾录》，岳麓书社 2000 年版。

12. 朱志辉：《清末民初来华美国法律职业群体研究（1895—1928）》，广东人民出版社 2011 年版。

13. 刘衍文：《寄庐杂笔》，上海书店出版社 2000 年版。

14. 陈公博：《苦笑录》，现代史料编刊社 1981 年版。

15. 金以林：《近代中国大学研究：1895—1949》，中央文献出版社 2000 年版。

16. 李赐平：《我国近现代教育立法的探索与实践》，中国社会科学出版社 2013 年版。

17. 黄启兵：《中国高校设置变迁的制度分析》，福建教育出版社 2007 年版。

18. 陈同：《近代社会变迁中的上海律师》，上海辞书出版社 2008 年版。

19. 霍益萍：《近代中国的高等教育》，华东师范大学出版社 1999 年版。

20. 邱志红：《现代律师的生成与境遇——以民国时期北京律师群体为中心的研究》，社会科学文献出版社 2012 年版。

21. 阮湘：《第一回中国年鉴》，商务印书馆 1924 年版。

22. 孙晓楼：《法律教育》，商务印书馆 1935 年版。

23. 陈能治：《战前十年中国的大学教育（1927—1937）》，台湾商务印书馆 1990 年版。

24. 倪征燠：《淡泊从容莅海牙》，北京法律出版社 1999 年版。

25. 竺可桢：《竺可桢全集》第 22 卷，上海科技教育出版社 2012 年版。

26. 吴经熊：《超越东西方》，周伟驰译，社会科学文献出版社 2002 年版。

27. 杨思信、郭淑兰：《教权与国权：1920 年代中国收回教育权运动研究》，北京光明日报出版社 2010 年版。

28. 王绍培等著：《硕学丰功：王宠惠先生资料展暨纪念专刊》，台北市东吴大学出版社。

29. 吴斌：《法苑撷英：近代浙籍法律人述评》，华中师范大学出版社 2012 年版。

30. 沈文泉：《海上奇人王一亭》，中国社会科学出版社 2011 年版。

31. 陈允，应时：《罗马法》，商务印书馆 1931 年版。

32. 陈向阳：《晚清京师同文馆组织研究》，广东高等教育出版社 2004 年版。

33. 熊月之：《西学东渐与晚清社会》，上海人民出版社 1994 年版。

34. 尚智丛：《传教士与西学东渐》，山西教育出版社 2012 年版。

35. 黄炎培：《八十年来》，文史资料出版社 1982 年版。

36. 赵和珩：《江苏省鉴》下，上海大文印刷所 1935 年版。

37. 何勤华：《中国法学史（第三卷）》，法律出版社 2006 年版。

38. ［美］丁韪良：《花甲忆记——一个美国传教士眼中的晚清帝国》，沈弘、恽文捷、郝田虎译，广西师范大学出版社 2004 年版。

39. ［美］惠顿：《万国公法》，［美］丁韪良译，中国政法大学出版社 2002 年版。

40. ［美］毕乃德：《洋务学堂》，曾钜生译，杭州大学出版社 1993 年版。

三、编著类

1. 查建瑜编：《国民党改组派资料选编》，湖南人民出版社 1986 年版。

2. 徐国平编：《不可磨灭的记忆——百年南社后裔寻访》，古吴轩出版社 2009 年版。

3. 陈明章编：《学府纪闻·私立大夏大学》，南京出版有限公司 1982 年版。

4. 夏东元编：《盛宣怀年谱长编（下）》，上海交通大学出版社 2004 年版。

5. 金雄鹤编著：《国民党八十四位中长委实录（上）》，北京台海出版社 2013 年版。

6. 王国平等编：《东吴大学史料选辑（历程）》，苏州大学出版社 2010 年版。

7. 周永坤主编：《东吴法学》2008 年春季卷，中国法制出版社 2008 年版。

8. 杨海坤主编：《东吴法学》2003 年卷，黑龙江人民出版社 2004 年版。

9. 何勤华主编：《法律文化史研究（第 1 卷）》，商务印书馆 2004 年版。

10. 熊月之主编：《稀见上海史志资料丛书 5》上海书店出版社 2012 年版。

11. 熊月之主编：《稀见上海史志资料丛书 3》，上海书店出版社 2012 年版。

12. 沈云龙主编：《近代中国史料丛刊第十辑——端忠敏公奏稿》，文海出版社 1967 年版。

13. 沈云龙主编：《近代中国史料丛刊三编——第十辑》，文海出版社 1986 年版。

14. 沈云龙主编：《近代中国史料丛刊第五十九辑——筹办夷务始末（咸丰朝）》，文海出版社 1966 年版。

15. 沈云龙主编：《近代史料丛刊第——七十八辑》，文海出版社 1966 年版。

16. 沈云龙主编：《近代中国史料丛刊三编第十辑——学部奏咨辑要》，文海出版社 1986 年版。

17. 朱有瓛主编：《中国近代学制史料》第一辑上册，华东师范大学出版社 1983 年版。

18. 朱有瓛主编：《中国近代学制史料》第二辑上册，华东师范大学出版社 1987 年版。

19. 朱有瓛主编：《中国近代学制史料》第二辑下册，华东师范大学出版社 1989 年版。

20. 朱有瓛主编：《中国近代学制史料》第三辑上册，华东师范大学出版社 1990 年版。

21. 陈科美主编：《上海近代教育史 1843—1949》，上海教育出版社 2003 年版。

22. 张凤等编：《创校廿五年成立四周年纪念论文集》，国立暨南大学秘书处印务组 1931 年版。

23. 张晓辉主编：《百年暨南史（1906—2006）》，暨南大学出版社 2006 年版。

24. 李邦栋编述：《国立暨南大学校长郑洪年教育论集第一集》，国立暨南大学出版 1929 年版。

25. 尤小明主编：《广西民国人物》，广西人民出版社 2008 年版。

26. 吴汉民主编：《20 世纪上海文史资料库 8》，上海书店出版社 1999 年版。

27. 周川主编：《中国近现代高等教育人物辞典》，福建教育出版社 2012 年版。

28. 王云五，丘汉平，阮毅成等编：《私立中国公学》，南京出版有限公司 1982 年版。

29. 陈元晖主编；璩鑫圭，唐良炎编：《中国近代教育史资料汇编学制演变》，上海教育出版社 2007 年版。

30. 周建屏，王国平主编：《苏州大学校史研究文选》，苏州大学出版社 2008 年版。

31. 曹必宏，夏军，沈岚编：《日本侵华教育全史》第三卷，北京人民教育出版社 2005 年版。

32. 卓新平，许志伟主编：《基督宗教研究》第 7 辑，北京宗教文化出版社 2004 年版。

33. 王淇，陈志凌主编；中共党史人物研究会编：《中共党史人物传第 71 卷》，中央文献出版社 2000 版。

34. 飞白，方素平编：《没有被忘却的欣慰》，西泠印社 2006 年版。

35. 潘懋元,刘海峰编:《中国近代教育史资料汇编——高等教育》,上海教育出版社 1993 年版。

36. 张研,孙燕京主编:《民国史料丛刊 1092——文教·高等教育》,大象出版社 2009 年版。

37. 丁原基、连文萍主编:《双溪英华:东吴大学建校百年纪念文集(二)》,东吴大学 2003 年出版。

38. 张静庐辑注:《中国现代出版史料乙编》,上海书店出版社 2011 年版。

39. 滕杰口述,劳政武编撰:《从抗日到反独:滕杰口述历史》,净名文化中心 2014 年版。

40. 张曼娟主编:《坎坷与荣耀:东吴大学建校百年纪念文集》,书林出版有限公司 2000 年版。

41. 中国人民政治协商会议全国委员会文史和学习委员会编:《文史资料选辑合订本》第 46 卷总第 134—136 辑,中国文史出版社 2011 年版。

42. 上海市政协文史资料委员会编:《上海文史资料存稿汇编——教科文卫》,上海古籍出版社 2001 年版。

43. 国立暨南大学编:《国立暨南大学创校三十一周年完成大学十周年纪念刊》,国立暨南大学出版 1937 年版。

44. 国立暨南大学编:《国立暨南大学一览》,国立暨南大学 1930 年版。

45. 暨南大学华侨研究所编:《暨南校史资料选辑(第一辑)》,1983 年版。

46. 中国公学大学部编:《中国公学大学部一览》,1930 年版。

47. 中国韬奋基金会韬奋著作编辑部编:《韬奋全集 3》,上海人民出版社 1995 年版。

48. 中国社会科学院近代史研究所近代史资料编辑室编:《近代史资料总 69 号》,中国社会科学出版社 1988 年版。

49. 中国民主促进会中央宣传部编:《王绍鏊纪念集》,江苏教育出版社 1987 年版。

50. 全国政协文史资料委员会编:《文史资料存稿选编(24)——教育》,中国文史出版社 2002 年版。

51. 北京中国大学十周年纪念筹备委员会:《北京中国大学十周年纪念册》,1923 年版。

52. 东吴大学上海校友会,苏州大学上海校友会编:《东吴春秋——东吴大学建校百十周年纪念》,苏州大学出版社 2010 年版。

53. 中国第一历史档案馆,天津大学编:《中国近代第一所大学——北洋大学(天津大学)历史档案珍藏目录》,天津大学出版社 2005 年版。

54. 中国历史第二档案馆编:《中华民国史档案资料汇编第 5 辑——政治 4》,江苏古籍出版社 1994 年版。

55. 第一次中国教育年鉴编审委员会:《第一次中国教育年鉴丙编——教育概况》,开明书局 1934 年版。

56. 上海法政学院编:《上海法政学院一览》,上海法政学院 1932 年版。

57. 上海法学院编:《上海法学院一览》,1933 年版。

58. 上海法学院编:《上海法学院十周年纪念刊》,上海法学院 1936 年版。

59. 上海通志编纂委员会编:《上海通志》第 7 册,上海社会科学出版社 2005 年版。

60. 上海社会科学院宗教研究所,上海宗教学会合编:《宗教问题探索》1987 年文集,内部发行 1988 年版。

61. 沈钧儒纪念馆编：《沈钧儒家书》，北京群言出版社 2008 年版。

62. 震旦大学编：《私立震旦大学一览》，1935 年版。

63. 教育部编：《第一次中国教育年鉴》丙编，开明书店 1934 年版。

64. 教育部编：《教育法令汇编 第 1 辑》，商务印书馆 1936 年版。

65. 大夏大学编：《大夏大学简章》，1924 年版。

66. 大夏大学编：《大夏大学一览》，1926 年版。

67. 大夏大学编：《私立大夏大学一览》，1929 年版。

68. 浙江研究社编辑：《蔡孑民先生纪念集》，浙江研究社 1941 年版。

69. 复旦大学校史编写组编：《复旦大学志 第一卷（1905—1949）》，复旦大学出版社 1985 年版。

70. 上海学生联合会：《五四后之上海学生》，上海学生联合会 1925 年版。

71. 中国人民政治协商会议上海市委员会文史资料工作委员会编：《解放前上海的学校第 59 辑》，上海人民出版社 1988 年版。

72. 教育部教育年鉴编纂委员会：《第二次中国教育年鉴（二）》，1948 年版。

73. 国联教育考察团：《中国教育之改进》，国立编译馆译述，全国经济委员会筹备处 1932 年版。

74. 中国人民政治协商会议上海市委员会文史资料工作委员会：《解放前上海的学校 第 59 辑》，上海人民出版社 1988 年版。

75. 持志学院编：《持志学院一览》，1937 年版。

76. 《复旦大学百年纪事》编纂委员会编：《复旦大学百年纪事 1905—2005》，复旦大学出版社 2005 年版。

四、期刊论文类

1. 三余：《陈公博创办大陆大学索隐》，载《革命》1928 年第 60 期。

2. 李纯康：《上海的高等教育》，载《上海通志馆期刊》1934—1935 年第 1—4 期。

3. 唐仁：《上海租界教育的过去与将来》，载《政治月刊》1943 年第 1 期。

4. 李秀清：《吴经熊在密歇根大学法学院》，载《华东政法大学学报》2008 年第 2 期。

5. 盛芸：《盛振为先生落难记》，载《世纪》2014 年第 5 期。

6. 石颖：《法律系教授方案：英美契约法》，载《暨南周刊》1928 年第 4 期。

7. 王国平：《东吴大学在美国田纳西州的注册文件》，载《苏州大学学报（哲学社会科学版）》1999 年第 2 期。

8. 盛振为：《十九年来之东吴法律教育（附表）》，载《法学杂志（上海 1931）》1934 年第 2 期。

9. 章章：《上海两个著名的党化学校——上海大学与大陆大学之回忆》，载《当代史剩》，上海周报社 1933 年版。

10. 彭廉石：《震旦大学法学院概况》，郑永泰译，载《大学季刊》1941 年第 2 期。

11. 薛铨曾：《我国大学法学课程之演进》，载《中华法学杂志》1944 年第 8 期。

12. 李洋：《罗炳吉与东吴法学院》，载《华东政法大学学报》2014 年第 6 期。

13. 李涛：《民国时期大学单独招生中的失调与整顿》，载《高等教育研究》2014 年第 7 期。

14. 张太原：《20 世纪 30 年代的文实之争》，载《近代史研究》2005 年第 6 期。

15. 陈德军：《南京政府初期文科与实科比例失衡的社会政治效应》，载《史学月刊》2004 年第 6 期。
16. 刘恒妏：《二次战争前中国法学教育发展的顿挫：1932 年教育改革案》，载《国立中正大学法学集刊》2010 年第 31 期。
17. 宋洁如：《东吴大学的轮廓》，载《学生月刊》1941 年第 6 期。
18. 张仁善：《近代法学期刊：司法改革的"推手"》，载《政法论坛》2012 年第 1 期。
19. 周壬林：《吴经熊先生》，载《人间世》1935 年第 42 期。
20. 卤厂：《东吴法律学院的今昔》，载《新社会》1934 年第 9 期。
21. 施正宇：《试论清代来华西方人的中国语言水平——从京师同文馆的建立说起》，载《清华大学学报(哲学社会科学版)》2014 年第 6 期。
22. 李贵连：《二十世纪初期的中国法学(续)》，载于《中外法学》1997 年第 5 期。
23. [美]毕乃德：《同文馆考》，傅任敢译，载《中华教育界》1935 年第 2 期。
24. 冯子宸：《清末法律教育刍议》，载《史学集刊》2017 年第 3 期。
25. 朱志峰：《民国时期法学人才培养研究》，东北师范大学 2018 年博士学位论文。
26. 欧七斤：《盛宣怀与中国教育早期现代化——兼论晚清绅商兴学》，华东师范大学 2012 年博士学位论文。
27. 袁哲：《法科留学生与近代上海(清末—1937)》，复旦大学 2011 年博士学位论文。
28. 孙伟：《吴经熊法律实践研究 1917—1949》，苏州大学 2009 年博士学位论文。
29. 李洋：《美国驻华法院研究》，华东政法大学 2014 年博士学位论文。

五、报纸期刊类

1.《司法公报》

2.《光明日报》

3.《申报》

4.《福尔摩斯》

5.《江苏教育行政月报》

6.《政府公报分类汇编》

7.《教育公报》

8.《教育周报》

9.《北洋官报》

10.《考试院公报》

11.《群大半月刊》

12.《群治大学年刊》

13.《群大旬刊》

14.《中央日报》

15.《协和报》

16.《天韵报》

17.《月报》

18.《社会日报》

19.《妇女生活》

20.《兴华》

21.《中国摄影学会画报》

22.《大夏周报》

23.《民国日报》

24.《大夏周刊》

25.《大学院公报》

26.《行政院公报》

27.《寰球中国学生会特刊》

28.《中华基督教教育季刊》

29.《中央周报》

30.《中央党务月刊》

31.《法令周刊》

32.《奏设政治官报》

33.《现代学生》

34.《大夏学生》

35.《浙江大学教育周刊》

36.《司法杂志》

37.《江苏教育公报》

38.《上海特别市教育局教育周报》

39.《上海大东书局十五周纪念册》

40.《上海法学院十周年纪念刊》

41.《上海教育界》

42.《上海律师公会报告书》

43.《学灯》

44.《字林沪报》

45.《萃报》

46.《浙江教育官报》

47.《南洋商报》(*Nanyang Siang Pau*)

48.《北京日报》(*Peking Daily News*)

49.《北华捷报最高法院及领事公报》(*The North-China Herald and Supreme Court & Consular Gazette*)

50. 华盛顿邮报(*The Washington Post*)

51.《北京日报》(*Peking Gazette*)

52.《上海时报》(*The Shanghai Times*)

53.《密勒氏评论报》(*China Weekly Review*)

六、外文著述类

1. W. B. Nance, *Soochow University*（New York：United Board for Christian Colleges in

China, 1956).

2. C. Sumner Lobingier, "Legal Education in Twentieth Century China", *Lawyers Guild Review*, Vol. Ⅳ, 1944(4).

3. Charles Sumner Lobingier, "The Place of Roman Law in the Legal Curriculum", *The China Law Review*, Vol. Ⅰ, No. 7,1923.

4. Charles Sumner Lobingier, "Shall China have an Unifoem Legal System?", *The China Law Review*, Vol. Ⅵ, No. 4,1933.

5. P. H. Chu, Equity in the English Law of Contracts, *The China Law Review*, Vol. X, No. 1,1937.

6. Tao Tien Nan, The French Adiminnstrative Jurisdiction, *The China Law Review*, Vol. Ⅳ, No. 8,1931.

7. W. W. Blume, "Legal Education in China", *The China Law Review*, Vol. Ⅰ, No. 7,1923.

8. W. W. Blume, "Judge Lobingier", *The China Law Review*, Vol. Ⅰ, No. 6,1923.

9. Paul Sayre, *The Life of Roscoe Pound*, College of Law Committee, University of Iowa, Iowa City, 1948.

10. Wen-Hsin Yeh, *The Alienated Academy: Culture and Politics in Republican China 1919 - 1937*, Harvard University Asia Center Press, 1990.

11. Eileen Paula Scully, Crime, *Punishment and Empire: The United States District Court for China, 1906 - 1943*. (Volume I and II), Ph. D. Dissertation, Georgetown University, 1994.

12. Charles W. Rankin, "China", *The Amercian Bar Association Journal*, Vol. Ⅱ, No. 1,1916.

13. Thomas B. Stephens, *Order and Discipline in China: the Shanghai Mixed Court 1911 - 1927*, University of Washington Press, 1992.

14. Norwood F. Allman, *Shanghai Lawyer* (New York: Whittlesey House, 1943).

15. Alison W. Conner, "The Comparative Law School of China", In: C. Stephen Hsu, ed. *Understanding China's Legal System*, New York University Press, 2003.

16. Yu Kwei, "Some Judicial Problems Facing China," *Washington Law Review and State Bar Journal*, 1948(4).

17. Manley O. Hudson, Address at the Inauguration Exercises, *The China Law Review*, Vol Ⅲ, No. 4,1927.

18. Hugh Chan, Modern Legal Education in China, *The China Law Review*, Vol. Ⅸ, No. 2,1936.

19. Italian Law in China: Course to Be Started in Shanghai, *The China Law Review*, Vol. Ⅵ, No. 1,1933.

20. Kwei Yue, The Code of Civil Procedure of the Republic of China, *The China Law Review*, Vol. Ⅷ, No. 3,1935.

21. Francis S. Liu, Adultery as Crime in China, *The China Law Review*, Vol. Ⅶ, No. 3 -

4. 1935.

22. N. Shoolingin, An Outline of the Soviet Technique of Criminal Investigation, *The China Law Review*, Vol. Ⅶ, No. 2,1934.

23. *Treaties*, *Conventions*, *Etc*. *Between China and Foreign States*. Vol. Ⅰ , Shanghai: The Inspector General of Customs, China, 1908.

附录一　南洋公学特班学生日记作文节选

一、黄炎培日记与作文

壬寅四月五日以后日记。

四月初五日,凡西课不记,算课不记。译《支那史》二页半,第七十八至第八十二,卷四。看《公法总论》完。

初六日,译《支那史》三页,第八十五至九十。谷口氏《地文学》一页,第一。看《公法会通》一卷,卷一,公法之纪纲,公法所辖,邦国自主之权,诸国均势以保大局。

初七日,译《支那史》三页,第八十六至第九十,卷五。看《形性学要》十四页,卷五,声学总论,声之传布,应声,声之大小高下,弦管,耳管。《公法会通》一卷,卷二,国主代国之权,游历,国戚,邦国交际之责,通使之例,委员领事之职。

初八日,译《支那史》三页,百五至百九,《地文学》一节。看《公法会通》二卷,卷三,得地失地,定界,江海通用,世累。卷四,禁奴,定籍,保护侨寓,保护客民,交逃犯。

初九日,译《支那史》四页,《地文学》一节。看《形性学要》十四页,卷六,热学总论,寒暑表,热物涨实物,涨流物,浮物密率,形物变类。《公法会通》二卷,卷五,遵约之责,条约各式,保约必遵,合盟,废约。卷六,干预内政,调处公案,未战势逼。

初十日,译《支那史》。看《公法会通》一卷,卷七未完,交战缘由,战时事宜,敌国必遵之权责,战时违例之事。

十二日,看《形性学要》十三页,卷六,流物蒸汽,流物滚沸,流物自然蒸汽,气变为流实质,燥湿。《公法会通》一卷,卷八,水战处置敌货,战毕例约,先物复归。补阅上卷,待敌国兵民,处治逃兵、奸细、叛逃,陆战处置敌货。

十三日,译《地文学》三页。看《公法会通》一卷,卷九,局外之权利,查验局外船货,封堵敌国口岸

十四日,译《地文学》四页。看《形性学》要十四页,热力透传,热力传递,热力折射,热气透达,气机。《公法会通》一卷,卷十,交战权宜,处置敌国公私产,禁害人民,惩罚逃兵擒获人物交质,处治不按例助战人民,给予护照及处治卖国奸细,互易俘虏执白旗,凭信释放,停兵及败降,行凶违例,处治纷争叛逆,完。

十五日,译《地文学》四页,看《万国公法》半卷,卷一,释义明源。

十六日,译《支那史》四页。看《形性学要》十六页,光之性光之源,传布,影,光行速率,浓□,返照,镜,平镜,镜之呈像,水中倒影,湾镜。《万国公法》半卷,卷一,自治自主,自然权

十七日,译《支那史》四页,看《万国公法》半卷,卷二,制定律法。

十九日,译《拿破仑传》,十页,看《万国公法》半卷,卷二。

二十日,译《拿破仑传》,五页。看《形性学要》十三页,卷七,光之折射,折光认验,三棱镜,透光坯,日晷一种,照海灯。《万国公法》五页。

二十一日,看《形性学要》二十页,卷七,光分七彩,叠坏,千里镜,显微镜,影灯,光入暗室,照相法,目官。《万国公法》五页,以上看至第二卷第二十六页。译《支那史》六页,完。

二十三日,译《英国革命史》三页。看《形性学要》十页,磁石异性,地下磁力,传磁气法。《万国公法》十页,卷二,诸国平行之权,各物掌物之权。

二十四日,译《英国革命史》三页,看《万国公法》十页,卷三,平时往来,通使,商议立约。

二十六日,看《形性学要》十八页,电学总论,阴阳二电,引电法,生电机器,测电表,云中电,发电机,储电炕。

廿七,温课

廿八九,月考。

五月初一日，看《形性学要》十八页，电生于物化电槽，电流化物，电磁异同，电流表电磁石。

初七日，译《英国革命史》三页。看《形性学要》补初二，二十页，电报、电线、电铃、电□、干电、湿电，引电，透物电光，运机着身。

初八日，译《英国革命史》。看《形性学要》十八页，□律风，磁电机，电灯，气变、水变、电变，霜□，电击，虹，完。

初九日，看《外交通义》六页。

十一日，读《格致启蒙》六页，《名学》十页。

十二日，读《名学》六页，《外交通义》六页。

十三日，读《名学》十页，《格致启蒙》六页。

十四日，问：此国遣使而他国可以不接者，其例如何？答：凡国有遣使之权，而无强令他国必接之权，故如下列诸条有一于此，他国得据以拒其使：（甲）新立之国未经该国承认，而或骤遣使于该国，则该国可以不接。（乙）或疑其主于彼国未定其位，则可不接其所遣之使。（丙）所遣来之使，本为我国之民，侨寓于彼国而奉彼国主命而来者，我或不欲其以为彼使，故免我国管辖，则可不接其使。（丁）所遣来之使，或其人声名素劣，或其人于我国有夙嫌，则可不接。（戊）使来所欲办之事，或于我国有窒碍之处，而未经准行者，则可不接其使。

问：条约有可不遵者，据何理？答：（甲）凡国主或使臣经他国所逼胁，而立之条约，虽一时不得已而签字，事后仍得作为无效而不遵行。（乙）两国所立之条约，如彼国先有违约之行为，则此国除问罢彼国外，即可声言此约从此作为无效而不遵。（丙）已过约中所载遵守之年限，则此约可以作废。（丁）不在约中所载明当遵守之地方内，则不必守此约。（戊）临事暂订之约，则事后可以作废。

问：一约内前后条条款有异文，或两国前后约有异文，宜以何者为准？答：大抵一约而前后条条款有异文，不过其义有显晦，其字句有详略而已，然竟南辕而北辙也，则当从其显者详者。盖此言出者，必立约之特，因彼条之晦且略，乃别立此条以详显之也，然公法家亦有言禁于此，而许于彼，当从其所禁。

至两国前后约而有异文，则当先问立后约时，曾声言前约作废否，与已过前约遵行之期限否。如业经声废，或已过期限，则舍前约而遵后约，无可疑也。若两者俱未然，而前后两约守此即背彼，实无可以两全之势，则惟有两国公同妥议，择行其一。若一国而与两国分别所订之约亦有窒碍，不能两成者，当按此例行之。

读名学，篇三完。

十五日，读《名学》十三页。《格致启蒙》八页，化学，论□原质（非金类），氧气，氢气、氮气、炭、氯气，硫磺，磷，矽。《外交通义》四页

十六日，读《名学》六页，《新民丛报》。

十八日，问：似战非战之事有几？答：有三，拘留一也，彼国启衅，而此国留彼国船只、人民、货物之来我势力范围内者。报复二也，彼国行非礼之事于我，而我如其所行以报之。抢偿三也，彼国或负债不还，此国乃虏其国有货物或民有货物以为偿。按虏民有货物，公法家或许之，或不许之者之说，谓民为彼民本有输诸公之义务，彼政府本亦有取诸民之权利，虏民有者与虏国有者，不过为间接直接之差而已。然以理论推之，彼虏民有者，安知所虏者为本当较诸公者乎，如此行为与野蛮何以异，故惠氏谓："取地方公产则可，取民间私产则不可。"此三者皆为不平和之举动，而又未尝明示开战，故似战而不为战。

问：近世宣战之例，虽不似往日之严密，然交战之先有必行者三，试举其例？答：一、饬令彼国使臣出境及召我国使臣还。二、以将战告己国民人之在本国地方，及旅居彼国者，使预备避战。三、以情形宣示局外诸国，使预为备，按于交战之先，而著此宣示局外之例，于此觇世界之文化焉。盖战者，世界大不幸之事，必不得已而为之，君子恫焉，夫至两国成不得不战之势。斯时安危之机间不容发，而犹留此宣告局外之例，则局外者尚得起而调和仇衅，归于和平，皆于此例，是赖不綦要欤。惠氏谓两国有衅，莫妙于以情形宣布诸大国，使从而判其是，然而劝解之，使无出于战，则战祸或可少免，此其意也。

问：交战时两国人民仍不相仇之理？答：中古公法家谓："人民既各为其本国之一小部，则两国既开战，两国之人民即有互相仇敌之理。"近世公法家之谓："我与其全国战，非与其个人战也。"故凡就彼国官员与议员与持兵器，与我为敌者，战时不得有所侵虏，被俘之兵士立誓不复执兵为敌，即可释还，盖几处其民人于局外矣。灌边亭之瓜，饮羊公之酒，我国古代盖偶一见之，今著为例焉。

读《格致启蒙》五页（金类），铁、铝、钙、镁、钠、钾、铜、锌、锡、铝、汞。《西洋史

要》五页，《名学》十二页。

十九日，读《西洋史要》四页，《名学》八页。

二十日，读《格致启蒙》十页，《名学》部甲，完。

二十一日，读《西洋史要》三页，病，遂辍。

二十二日，病假。

二十三日，病假。

二十六日，译《政治泛论》五页。

二十七日，译《政治泛论》三页。

二十八日，译《政治泛论》四页，读《各国种类考》半卷。

国际法者，或云属道德，或云属法律，然道德法律区别之界，随世界文明之程度而转移，试纵言其究竟。

动物之进化而有人，群人而成家，群家而成族，群其族以至有领土，有共同之政权，与一定之主权，而国以成。世界之国无虑万，甲与乙交，乙与丙交，各本其社会交通之性质，以达其利己之欲望，而外交生。则又虑夫利己太热，各蔑他国以利自国，侵扰无极，乃卒归于两不利，而因以破世界平和之福，而国际法□生。国际法者，匪一国私创私守之法，乃各国公认之法，其事则限制外交之侵扰也，其旨则维持宇宙之平和也。实于道德法律二者有密接之关系，甲曰属道德焉，乙曰属法律焉，二说纷呶而未有已，而要之欲知国际法之谁属，当知道德法律二者有分合之时期。

混芒始辟，行走于其间者，徐徐于于，饥而食，食而息，弱肉强食，惟力是视，未尝交通，未尝团结。是为野蛮时代，无所为道德也，则更无所为法律也，不具论。

道德之兴，其本人类厌争之心乎，今夫弱肉强食，盖非物之本性，而迫于草昧世界，求遂其饮食男女之欲之势之不得不然者矣。好生而恶死，好群而恶独，趋乐而避苦，去危而就安，宁非物性邪。孟德斯鸠之言曰："野蛮之民，块然躯壳，然日思所以保其身者，汲汲也。"由是而举，夫一动一作，凡吾所好所趋所就者而目之，曰是曰善；一动一作，凡吾所恶所避所去者而目之，曰非曰恶。是非善恶之辨日明，而人人交接，常若有一至严不可越之矩以范围乎其间，蹈之而觉为安也，背之而觉为歉也，则道德兴焉，而未已也。当社会之既交通，人类日聚，人事日繁，则惧夫道德之微而不显也，又惧夫道德之说之有劝而无惩也，将显示一画一共同之则，以严束夫一群之人之心思官骸，而法律作焉。故夫道德法律二体之完全，其必自世界既开化始。

虽然，我乌敢知斯时之法律，厘然一当夫道德，而靡有差乎，世界之进而趋文明也，盖以渐，而万事万理之优劣之完缺即视之，此公例矣。伯仑知理氏曰："或谓法律出于天理之当然，为不变不坏之物，然变迁为人事所不能无，即天理所必有也。"今夫论最初之法律，若国法学家之所谓沿袭法，公法家之所谓例俗，岂非不甚合于道德者邪？盖法律为构成社会一大要素，方社会初通，凡所为画一，以束一群之人之心思官骸者，其创之之人，智识幼稚，既不足以窥道德之精妙，而一一范合之，则亦惟顺一群之习惯，而整齐之，以求无背于道德上和平之宗旨。斯亦文明幼稚时代所必历之一境矣，斯法也，其于道德离合为何如邪？

世界文化，既由幼稚而渐臻少壮，其间乃由一二大儒出，注其全力于学界，或以实验，或以理想，精研而力剖之，始不过著一书以自表，渐且鼓动一国而宗之，而党之。斯时也，道德大进，久之而一群之人闵旧制之窳陋而弗善也，则号于国中而乞改之，以为曩制固无以当乎理之当然也。虽然，其自倡议以迄告成，事又不知几盘错也。观欧西列国，若英若俄若法，当十八世纪之中叶，几推荡而乃得飒然一变其国□之法。由既变观之，彼旧法之失当为何如也，而以此日之法律证此日之所谓道德，其离合果何如也？

然则道德法律二者之疏密，固视文明程度之高下为比例者也，而道德之改良常先于法律，及彼之既改，而又觉此之失当也，则急起从之，二者盖如骖之靳焉。由是以推，而今之所为密合者，异日又觉为否断可知也。何者？文化进步，固无止境也，而国际法之属彼属此，其交系而莫能脱一之理，又可知也。

论国际公法之性质以国家学中民约论证明之

世界最初之有法，民约是也。民智乍启，一人之力，不足以去一人之害，而保其天赋之自由权，乃相约而兴社会，是为民约。国家之成立，实基于此，几迁变而成万国交通之世界，合世界各国家为一大社会。交涉孔繁，国各其法，则法之应用穷，则不得不破各国之境限，以组成国际团体，而国际法以生。于法律世界之幼稚时代而有民约，于其极盛时代而有国际法。论二者之形式则大小异，界限则广狭异，要其一以处理人与人之相互，一以处理国与国之相互，彼其性质，诚未始有异也。我于民约得国际法之性质焉，国际法之性质，或云属道德，或云属法律。主澳司汀氏之说者，以为国际间之关系，非有最高权力以执行其法，而效力甚少。且法律之性质，有立法者，有裁判所，有执行力，国际法不能具此三要素，故但得称为制定国际道德法。是说也，长冈氏狭之，且于其法律必先有裁判执行一语，以倒果为因讥之。长冈之意以为道德法律其区别极微，国际法当包斯二者，而归重于法律。今以民约证之，而益见奥说之谬也，民约之必归法律也明矣。当其未立之先，固已有是非曲直之见存乎人人之心，于无形中限制其举动，斯为道德。及此之不足，遂设为有形之限制，以显示其必当为，必不可为之准，而民约兴。故民约者，所以济道德之穷，而达道德之恉，其必归法律断然无疑也，然而卢梭之说民约，曰："欲视而无形可见，欲闻而无声可听，欲言而无辞可设。"一言蔽之，则在各人举其身家权利，合而为一，务取决于公理，以定治国之法而已。夫民约世界，固不必有君长也，则安有所谓执行力？不必有政府也，则安有所谓裁判所？即有之，要不过所谓公选一人，使长社事，全众人之利益，而不得逞一己之私见，夫岂若君主政体之一人，挟大莫与京之势力以制其下。有所谓最高权者，民约世界之所为裁判，所为执行者，公理而已矣，众力而已矣。然而此民约者，犹然归之法律而不疑，则何独于国际法之未备斯数者而靳之邪，准是以观，而奥说之谬妄，固已不辨自见。抑又闻英翘恩氏之说，曰："国内法为主权行动之所及，故曰法律。国际公法为诸国公共，非一国主权所可强，故仅可谓之道德，而不可谓之法律。"斯说也，将与奥氏谬论毋同。夫以一国主权之所及所不及，为国内法国际法二者区别之地，诚非不当。而欲遂以一国主权所不能强者，而夺其法律之名，则试问如民约者，曾非个人之权所能专制乎其间，乃群奉之为法律也。夫国际法之于一国，犹民约之于个人也。要之，国际法之于民约，其调和冲突，维持平和之主义，在在相同。而于其集合各国之势力权利凝而为一，以取决于公理，有共同之承认，而无一国之得以专制，则尤有密合而无间之势，明乎此之为法律，而于彼无得而疑也。长冈氏之排奥氏，不为无见，犹惜其未能引民约以痛驳之，而畅其旨也。

论外交有牵掣内政之力

蛮野睢盱，无所为内政也，则亦无所为外交也。文化渐进，有民而欲其智也，欲其足也，欲保吾群而强吾种也，而内政兴焉。保吾群邪，有他群在，强吾种邪，有他种在，而外交萌焉。文化益进，群与群益接，种与种益亲，其争存也益烈，于是亟亟求善其内政外交之念之所至，常适如其竞争之念之所至，而二者遂定为有群有种一成不易之义务。然则循是以观，而外交之显行其竞争，与内政之隐行其竞争，一直接一间接，其名不同，要其性质非有殊异也，则二者之相牵缀维系而不离可知也。然自研究斯际之学问，与发行斯际之事业者厘是而二之，而人之重外交也，常不如其重内政。则以公理不明，察于迩而蔽于远，知保我群而不知无群之不求保也，知强我种而不知无种之不求强也，人重外交顾不如其重内政邪，则请言外交足以牵掣内政之理。

无群而不求保矣，无种而不求强矣，则彼一群一种之人之精神，其专注乎群与群相接，种与种相际可知也。乃吾闻公法家之言，曰："有自主之国，有半主之国。自治其政，不请命他国，是谓自主；听命或请议，凡载于约而定为章程，是受他国节制，而为半主。"又曰："劝稼穑，勉百工，广贸易，大兵旅，增年税，徙民开拓，增航海捕鱼业归其自主。"然他国同此原权，亦可扼以自护。夫订章立约，外交所有事也，而得载入听命请议之文，以钳制其内政，然则一或不慎而受其愚弄，或势力不敌而遂其要索，章押一签，遂成铁案，而内政坏矣。通商惠工，训农经武，内政所有事也，而他国得以权力扼之，然则听命请议，载在约章者无论已。即主权尚全，而振兴百度，一利于己不利于彼，他国即得窥其动静而制之。苟国势稍悬，强弱不敌，前牵后掣，坐受羁縻，事无可为矣，凡此皆援据公法，名正言顺。然且干预及此，苟充其强并弱，智吞愚，大凌小之心，更安有限量。然则彼一群一种之人之精神，其不专注乎群与群相接，种与种相际之外交，而直致其目的于吾内政断可知也。而此牵掣之行为，更不得谓非外交固有之力，又断可信也。

今以吾国论之，自道光通商以迄今日，凡所为界约、税约、商约。无虑数百条，遣使无虑数十次。税则定而加抽税之为难也，揽筑铁路之约订，而无路之可筑也，揽收矿利之约订，而无矿之可开也，商约订而商权失也，会审订约而刑法不行也，允洋药进口而坐视其毒而无可禁也，不准军械入口而无械之可购也，船坞让而海军无可兴也,旅大威胶天险割尽而海岸无可守也。或不谙外情而受其愚弄,或深知其祸,势力不敌而遂其要求。驯至今日,兵政、财政、商政、工政,无一之可行,无一之不受钳束。行则跋前疐后,动辄得咎,坐则四面合围,束手垂毙,无政之可言矣,而其祸皆自外交种之。乌乎!牵掣之惨,乃至是哉,乃至是哉。

是知内政之与外交,实皆本于竞争之性,要其相维相系之故,即以显其争之烈者也。海通以来,列强环伺,争权拓利,内猜外昵,机牙肆应,莫可究测。显播其谲觚于外交,而实阴注其目的于内政,其理至显而施之者,无容讳也;其事至常而受之者,不足怒也;懈于其内,未有不绌乎其外也;而受侮于外,则未有不受病于内也,而吾独异乎人之重外交乃不如重内政也。

虽然,尤有所大惧而深虑者,我国外交之不讲,二千年于兹矣,内政失修,百年于兹矣。东衅一开,大梦少醒,朝野上下,交口言变政,而积怨蓄怒,固结不解,一旦不计生死,不顾利害而泄之,乃酿往年之变,和议成而内外上下又交口言变政矣。呜呼!吾乌知今之言变政,果有以异丁戊间也,然而政府之宗旨则可得而窥矣。曰我将变法求自强,以抗外侮报大仇。夫变法求自强可也,而曰将以是为报复地,夫不以智民强国尽我义务为内政宗旨,以开诚布公徐图转移为外交宗旨,乃阴曰求逞于是,苟循是以往,而奋发之气,经久遂衰,怨忿之积郁而不已。吾乌知往年之祸,不再见于今后也,则不举夫内政外交相牵缀维系而不离之故,与外交不慎足以败坏内政之理,明阐而切陈之,未足以攻其迷而弭患于将来也。

二、李叔同作文

论秦汉重农抑商

春秋战国之际,学术争竞之世界也。当时商学之精,亦不亚于兵、农、纵横、法律、道德诸家,端木赐、范蠡、白圭、计然、猗顿之流,相继而起。至汉初而遗风未坠,司马子长作《货殖传》,其言多与近世西儒谈商学者相发明,则昔时商学之精,概可知矣。商君废井田,开阡陌,为富强秦国之本。汉文、景间,贾谊、晁错屡上书言积蓄,实边备而御外敌,于是重农抑商之诏叠下。不数年,而县官之备日以充裕,然为商者寡,而商学渐以失其传矣。夫重农可也,因重农而抑商不可也。人之于世也,有饮食之欲,器用之便,宫室衣服之藏蔽,凡一切嫁娶、丧葬、养生、送死之具,不可胜计，必不能一其人而百其事，于是通功任职之义兴焉。通功任职者，天然之位置也。农也生之，商也运之，农以食人，商以济人，二者相需，缺一不可。若因重农而抑商，则凡人之所借以为生者，必一人取具而后可，必一州之内，一县之地，百物皆备而后可。然而其势必有所不能，加之地利物产，各有土宜，彼水有余鱼，山有余水，农有余粟，织有余布，举不能相通，多者益多而寡者益寡，重以旱干水溢，更复无自振救，抑商之害如是。况商每逸而得多，农每劳而得少，劳于智者宜商，劳于力者宜农，因才资之高下，而为商农之区别，何轻重之有？夫其理至浅，秦汉之君，岂不知之？彼所以然者，殆亦有故。当秦汉时，始创行专制政体，欲重君主之权，必其民皆愚而其权乃重，愚民之术，莫善于涂民耳目，不知他方之事。况汉文、景崇尚黄、老，老聃之言曰："至治之世，邻国相望，鸡狗之声相闻，民各甘其食，安其俗，乐其业，至老死不相往来。"汉人宗其说以治天下，其意欲尽天下之民，皆终身用力于南亩，邻里相安，习于故常，瞽其目而聋其耳，锢其聪明，使不得与朝廷势力相抗，而惟一人之号令是从。彼商贾之子，挟其术以遨游四方，过都越国，远者数千里，耳目所闻见，苟有以异于寻常，则其聪明必日增，于朝廷举动，必不能漠然而无关于心。设万民皆从而趋其后，是合群之聪明，可与朝廷之势力相迎拒，而君主之权，为不足重矣。嗟乎！重农抑商之说，荧惑二千余岁，而商学因之以中绝，至今日复有锁港谢客之谬谈，以不知外事为幸。并立于商战之世，彼业精而我绌，彼才优而我逊，有来无往，驯至漏卮日甚，而贫弱继之，盍亦考其所其由来乎！

去年北方之祸，我国拳党、各国联军，各有违戾公法之事，试条举而论之

去年拳党祸起，联军入我国，严其杀戮，肆其要求。论者莫不咎联军背和平之宗旨，恃其强暴，以鱼肉我中国，独不思我国苟无损彼权利之事，彼亦何忍为此残暴之行哉？其咎实在我而不在彼。然溯起事之初，各国水师提督公议，照会各省督抚，声明此次用兵，专剿义和拳匪，援救寓华西人，并无他意。斯言也，固天下所共闻也，乃其后假公济私，变本加厉，则又何为也哉。由是观之，则当日之咎固在我，而彼亦难辞不韪之名也。今举我国拳党、各国联军，当时所行之事，证诸公法，其有相违戾者，得其大略焉。公法有曰："冒犯公使，即为冒犯其国，若情节较重，即为目无公法，而获罪于万国。"案：公使代君行事，责任最重，而我国拳党纵庇匪徒，肆为

不法，此联军入我国之由，即公法所最不容之事也，此拳党违戾公法者一。公法有曰："遵约之责，出于义理，本于天良，否则邦国难以自立，即无以交接。"案：传教之事，本不关公法，然我国订立条约，既准他国入内传教。今拳党焚教堂，诛教士，是显与条约相背，背条约即所以背公法也，此拳党违戾公法者二。公法有曰："邦国禁止客民入境，即系违越人民本有之权利，故邦国或无故禁止，或无故驱逐，或加以凌辱，本国得凭公法理论，并可讨索赔补。"案：拳党仇视外人，必欲诛戮净尽以为快，故今日各国要索赔款，职是之故也，此拳党违戾公法者三。以上三大端，皆我国拳党违戾公法之事。若各国联军之违戾公法者，综举其要，亦有数端。公法有曰："此国官民侵犯彼国之权利者，若非奉命为之，则彼国只得请其惩治有罪，责令赔补而已。"案：北方之祸，凡戮使臣、诛教士、焚教堂诸祸端，实由顽固诸大臣把持其际，九重高远未之知也。联军始亦鉴及此，故以专剿拳匪为词，特未能持之永久，仅挟此为绐人之计耳，此联军违背公法者一。公法有曰："邦国自主者，他国不得假托公法，以干预其内政，即遭内变，亦不得过问。"案：联军假托仁义之名，既入京津，而反肆其挟制，恫喝要求，以干预内政，虽积弱中国，无如联军何，而实为公法所不容也，此联军违背公法者二。公法有曰："邦国既已失和，则为敌，其人民既不为敌，即不可以敌待之。"案：联军入我国，阳托复仇之名，阴肆荼毒之行，揆诸公法，果何如乎？此联军违戾公法者三。公法有曰："与敌立约（无论有无明文）而违之，如待以残忍，毁坏房产，放纵淫欲，贪利忘义，以及一切犯法之举，皆为公法所严禁。"案：去年联军入中国，以法、俄两国军士最为强暴，京、津之间，划界之内，居民心咸惴惴，有朝不保夕之势，淫掠妇孺，残害无辜，皆其违戾公法之实迹也，此联军违戾公法者四。公法有曰："敌国珍物，按例虽得运回本国，不可发售充赏，盖俟议和，方定谁属，若将古今书籍，以及资学机器运回，尤属不合。"案：联军入京，凡内禁珍物，焚掠殆尽，其运回国中者，无不据为己有，非公法之例也，此联军违戾公法者五。公法有曰："以带毒兵器，攻敌或暗施毒物，以图传染瘟疫等事，均为公法所严禁。"案：联军曾用氯气毒弹，以御我国，此联军违戾公法者六。公法有曰："军旅占踞敌国地方，非急需粮草等项，则不可勒输，若浮冒征取，或仅征银两，皆系违背公法。"案：联军入中国，随处勒索银两，当天津城将破时，曾传言城中能输银数十万，当加保护。由是观之，其所谓保护者，非其本心，实挟以为勒索银两之计耳，此联军违戾公法者七。

要之,拳党、联军,所以违戾公法同,实则其罪有轻重之别,使当日我国无大越公法之事,联军虽鹗顾鹰瞵,而何由起衅于我? 当此时局,惟有反躬自厚而已,奚必重责于他人哉?

附录二　毕业生采访节录

一、复旦大学法学院 1944 级

时间：2015 年 6 月 11 日

地点：台北

采访者：您还记得复旦当时有英美法课程吗？

受访者：不是很重视英美法的课程。我在复旦就没有上法律系有关英美法的课，但是我选的有外文史的课，而且我选的是他们四年级的课，对于我，因为语言很方便，所以没有问题。我选外文系的课，而且成绩很好。还记得有一件事就是在复旦举行全校英文演讲比赛，各系都可以参加，法律系没有人敢去参加英文比赛，但是我的同学知道我英文没有问题，就鼓励我，一定要我去参加。后来我去参加了，那时候是在大礼堂里面讲，这倒是蛮有趣的，就是讲完了之后，大家都说，XXX（指受访者，笔者注）讲的好，结果全校比赛我是第二名，那第一名是谁呢？外文系的四年级的学生。哎呀，人家说，外文系四年级学生，如果英文比赛不弄第一名，那多不好意思啊，所以我们很懂，我说没有关系，不要吵架，不要闹，那个时候非常有趣。没有英美法，我反正没有上。

采访者：那时候老师上课是什么方式，有没有什么案例分析？

受访者：每个老师不一样，有的老师，比如说他是跟英美有关系的，比如是留学英美的老师，他会跟学生有一点沟通、讨论什么的，有时候还用点判例，传统的法律一般都是老一辈的了，有很多老师后来到台湾了，我两面都上过课，传统的有的是用讲义，有书的就用书，那么他就照书教，一章一章的教。倒也很少问学生。要讨论，那还是英美的这种习惯，所以老师跟学生沟通的比较少。

采访者：那时候老师一般都是兼课的吗？

受访者：有专任的，当然也有兼课的，在上海的时候，因为那个环境不太安定，所以司法界的有但不多，但是律师界的不少。像我在复旦的好几位老师，后来也是到台湾来了，我在台湾大学又碰到这几位老师，可是他的课我已经上过了，因为我在那里念了三年，好几位都是在两个学校里都碰到。

采访者：抗战的时候，复旦受到了什么影响？

受访者：当日本人进来之后，租界它也进来了。我们那个时候是在中学了，复旦中学。复旦中学他倒没有真正干涉，只是有一段时间，要我们念日文。那时候说起来有趣了，我们学生不是好好的念日文，不想念，那日文老师都好难过，有的时候就哭了，两年日文，因为学生不好好的念，不然的话，日文应该我们学的也不错。

一直到大学了之后，到了复旦大学，那个时候就很乱了。我们是在江湾，那个时候我中间有一段时间是离开上海，抗日第三战区在浙江，过去江西，我跟一部分年轻的学生，我们就偷渡，我们没办法到重庆去，因为路太远，我们就从富春江坐船，就真是偷渡啊，白天不敢走，晚上走。有两面，有一面是日本人占领的地区，还有一面是游击队。我到那里面去了半年，后来就胜利了，我就回来了。所以那一段时间，上海的复旦情况我就不清楚了。

采访者：那您胜利之后，回复旦复学了吗？

受访者：复学很有意思，复学对我印象最深得就是，我们那时候叫重庆是后方嘛，也有复旦在那里，后来回上海了，我们就欢迎内地的同学，我们还在一起上过课。那一段时期也很有意思，内地同学他说汉话不行，就讲他们当地类似四川话，那一段时间，同学朋友都还蛮好，相处不太容易，因为生活方式啊语言啊等等都不一样，我的印象是，没有很不好的经历，偶然语言不通那一定有。内地回来的学生跟在上海的学生，相处都还好。那时候大部分同学都住校，我们那时候住校。因为日本人占领的时候，日本军盖了很多那种很简便的房子，但是也蛮好的，不是楼房都是平房，后来统统被我们收过来当校舍，当宿舍。好多名字，什么松庄（音），我记什么这个庄那个庄,那时候我们都住校。

采访者:复旦老师上课情形是怎么样的?

受访者:我们上课,复旦倒很幸运,学生都还蛮规规矩矩的。只有后来,我随便说一下,到后来就是,我们内部方面这个越来越在有些思想方面,不太协调。但是我都没有参加,我就是念书,我没有参加所谓课外的很多活动。我的同学有比较积极的。我就觉得复旦那时候你也知道,所谓的学潮嘛,有些什么事情、问题啊,有的就是要罢课,怎么样怎么样。我是都没有参加。

我在那里三年,没有什么太大的问题,你也可以想象到,因为那个时候在同学里面,有的是有这种想法,有的是有那种想法,那个时候就是共产的思想啊,什么东西已经都吵的很热闹了当时,学校里面都有,每个学校都有,那就看同学愿意不愿意参加,我比较少参加。

我在复旦学校中学里面很愉快,同学相处的很好,不是每一个同学的英文都很好,可是复旦因为校长李登辉,老校长他只懂英文,他中文不好,他是华侨嘛,所以他常常到中学去巡视,大家一说校长来了,他一定到英文那个班上,他要去听一下,别的班他不去,等他来的时候,我们教英文的老师就紧张了,一定会到这个班上来。他来了,那我们就忙了,有几个学生他知道英文可以,到时候他就叫这几个学生站起来问问题,校长在那里说,"不错,都会回答"。还有作文课要写作文,一个多钟头要写作文,有的同学的英文那是真不行,不是每班的同学英文都好,我就记得有时候,我写完了,我还得替至少两个、三个,替他们写。我也很高兴,能够帮助他们,他写不出来。

采访者:那您什么时候开始意识到要学习英文呢?

受访者:学习英文啊,我小时候隔壁邻居啊,那条街上都说英文,所以你不学没有办法,你没办法生活在那里。但是后来都很熟了,我父亲一看,不行啊,你光这样子学英文怎么行呢,他就请了一位老师,这位老师在上海很有名气,是圣约翰大学的高材生,他不做官也不做生意就教书,好几个中学都请他去。他跟我父亲很熟,他就请这个老师,我从四年级小学,一直到初三,五年,每天到家里来,两钟头,那不是光讲英文,还有文法、发音。所以我发音,后来很多外国同学说你发音是英国音,我说是我在上海学的,我不是跟你们美国人学的。

所以我很快出去留学念书了,我第一次出国是基辛格(音)请我去的,美国后来的国会委员。他们都知道我在台湾已经在大学里面跟美国教授一起教书了,他们就问我,你在哪学的?我说我没有在哪学,我是在家里学的,这个过程也是。换句话说,也是你要下功夫,你不管学什么,下一份功夫有一分成果,没有什么。

二、东吴大学法学院 1946 级

时间:2015 年 5 月 8 日
地址:台北

采访者:我想问问您对老师的印象?

受访者:当时我们的老师,在欧洲法方面的是刘世芳,英美法方面是姚启胤老师,当然其他老师还有。但真的讲学问的,要数姚老师,姚老师后来到台北来了,与富刚侯、蔡六乘,都是东吴的,三个人开办了律师事务所。后来,姚老师到了美国,在美国一个天主教大学教书。我到美国去看他,他还没退休,我问他您为什么还没退休,他说全校就只有他一个,任何老师请假他都可以代课,任何课他都可以教,学校不让他退。

采访者:那时候老师缺课会不会比较严重?

受访者:老师缺课?不严重。为什么?因为像他们这一批人在上海都比较忙,艾国藩在瑞士总领事馆,鄂森自己做律师,所以东吴是下午三点半上课,我们先上中国法律,等到他们教英美法律要到 5 点钟以后。

采访者:您当时进东吴的时候学费高吗?

受访者:当时我们的同学来注册的时候缺多少钱,他就要到学生会,学生会给他敲个图章,那学校就给他注册。到学期末再来统计同学差多少钱,那我们学生会就到学校外面募捐。所以当时没有一个同学是因为缺钱而上不了课的。当时东吴学生之间的感情特别好,一个因为人少。两个系,法律系和会计系。我们一个班大概七十多个人,我们大学二年级读国际公法,读狄更斯。这么厚一本,每个礼拜要读四十页到五十页。我们有个同学是孟子的后代当然姓孟,他说他晚上不睡觉查字典都读不完。有个国际公法的学者,要卖弄他的学问,有时候一页就一整句句子。你找这个主语在哪里就要找半天。所以他考了几分呢?考了 5 分,当然就淘汰掉了。所以我们进去的时候七十几个人,毕业的时候大概就只有十几个人到二十个人。但是淘汰掉的同学就去读复旦大学国际公法,考95分。其实就是英文啊,根本就不是国际公法的问题。

采访者:那当时上课的时候有没有强调比较法?

受访者:比较法,首先是没有这个课的。我们东吴法学院就中国法律全套都读,跟别的学校一样;除此以外,我们再学英美法。

采访者:那就是没有比较法这类课?

受访者:那你自己去比较啊。上课的时候,上中国法的人不懂英美法;上英美法的人不懂中国法。

采访者:那您当时上课是中国法多一点还是英美法多一点?

受访者:上课因为英文的关系,所以大家时间花的多。是因为英文的关系花的多,不是因为法律的关系花的多,没有办法。

采访者:那当时有没有苏联的法律?

受访者:没有。全世界的法律就两大系统,一是德日系,二是英美系。苏联不在这个法系里面。

采访者:抗战对东吴影响大吗?

受访者:抗战的时候,东吴是唯一的私立大学,或者说中国大学,沿海的大学。这么多年来几乎没有中断。为什么没有中断呢? 抗战八年,东吴一部分到重庆,跟沪江合并;在上海我们还继续上课;到了台湾再复校。

采访者:日本人来的时候有没有让你们上日语课呢?

受访者:日文学的,但当时因为抗日嘛,大家心里面反感,上课的老师也是知晓的,所以呢大家也就是敷衍敷衍。我会日文并不是当时学的,是后面到台北来,在台湾学的。

采访者:那您对那时候研究所有没有印象?

受访者:研究所? 那时候都没有研究所。因为那时候东吴毕业的人要读研究所就去美国了。一年就拿博士了你还读什么研究所? 我们这里拿一个研究所的学位要读三年,到美国去一年就可以拿到博士学位了。

采访者:在台湾复校的经过是怎么样的?

受访者:东吴在台湾复校,你也晓得当时大陆的学校在台湾复校的,东吴是第一家。先是不准住校,说我们在大陆被共产党打败有很多理由,其中一条理由就是学生造反。站在现在看历史是事实。当时最重要的一个学生造反的例子,就是十中有个女学生被美国人强奸,因为这个事当时学生造反。美国大兵在大陆被治罪,现在发现这个案子是个假案。但是这个是没有办法的事,政治斗争的时候哪管你真假,所以那个时候就不准大陆的学校复校。那我们就办了一个补习学校,为什么可以办补习学校呢?法律系、英文系、会计系,不需要设备只要有一栋房子,那房子是怎么来的呢?我们校友吴律师替别人打官司,打赢了,别人要谢他,他说你不要谢了,我们东吴要复校,你有房子吗?别人就借给了我们这所在汉口的房子给我们复校。复校了以后,就要上课了。上课嘛,很简单。英美法,就是校友会去教书。中国法,待遇非常低,都愿意来兼课,所以当时台湾的大学的老师都来兼课。是王宠惠先生去跟我们蒋介石报告说,东吴现在办一个补习学校办的非常好,要复校。那蒋介石为什么会对东吴有印象呢?因为纬国在东吴。我在苏州读初中一年级的时候,纬国在大学二年级。所以蒋介石就回复可以。之后,王宠惠先生就去跟教育部长说蒋介石答应可以复校。那教育部长就要去跟副总统兼行政部长陈诚去报告。陈诚马上脸色大变,说什么人去跟总统报告的?他要跟总统去争的。那估计没什么希望了,因为,我看过他们两个人开会,总统对于陈副总统是非常尊重的。但他一听说是王宠惠先生,脸色就好了。因为王宠惠先生大公无私,没有派别,他晓得王宠惠完全是为了学校,所以陈副总统才答应,之后东吴大学才复校。

三、东吴大学法学院 1948 级

时间:2014 年 2 月 22 日

地点:上海

受访者:我是 1948 年进东吴的,但是读了两个学期,因为我那时候,就参加地下党了,特别是到 1949 年第二学期,因为,地下党布置迎接上海解放,当时的形势摆在那里,国民党垮台指日可待,为了迎接解放军的渡江,要做很多调查研究工作,要组织上海人民保安队,保护城市完全的接收,不被破坏,这方面工作很多,所以我有时候学校都不大去了。上课有时候去,有时候也不去的。东吴当时的法学院在上海昆山路,还有会计系,其他的一些中文系历史系生物系,都在苏州。

采访者:您对当时上课情景还有印象吗?

受访者:刑事诉讼法、民事诉讼法、行政法都学的,专业课很多。他不像有些学校第一二年级都是预科,都是基础的,专业的到二年级。东吴法学院一进去就搞专业课,四年内像倾盆大雨,很吃力。特别是一本英美法大纲就是鄂森教的,他是教务长,他上课全部用英语,我是江苏常州人,我是到高中,初中的时候在日本人那里,叫沦陷区,都是学日语,强制性的,没有学英语,都是学日语的,学了三年日语。初中毕业,那年正好是抗战胜利,到高中一年级开始学英语,就学了三年。结果到东吴呢,上英美法大纲,我根本听不懂。上课的同学,他们从小学三年级就开始读英语了,到高中毕业,已经学了九年英语。我所有时间都扑在英美法上。而且那时候,工具书也没有,一般性词典上面没有法律的解释,同样一个词语,英美法大纲它是专业性很强的书你查普通词典,根本查不清楚,这很成问题。我把所有时间都花在这上面,这门课实际上等于主课,这门课如果上不去,那之后在东吴大学读下去是很困难的了。原来是想考新闻系的,考复旦大学新闻系没有考取,其他大学新闻系很少,复旦最有名,招生也很少。还有一个新闻专科学校,名声不是很大,那时候称为野鸡大学,实际上不完全是,很多大学都是私立的。考不上新闻系,就考了东吴大学的法律系,当时对法律概念根本就没有什么,我的亲友读大学也都很少的。读大学大都是理工科,文科的少,法律系的更没有。所以也没有地方打听请教,到上海来也不熟悉地方,也不认识人,所以感觉困难很大,后来又接触了一些进步同学就参加了地下党。

采访者:那您当时在东吴有参加课外活动吗?

受访者:课外活动有啊,当时组建社团。那时候监管没有那么严格。我们自己七八个人就可以起个名称组建了,可以活动了,没有人来管的。东吴法学院宗教的东西,根本看不出来,我是从来也没看出。唯一的就是有礼拜一上午。当时的法学院院长盛振为要讲话,关于学校的事,因为他是耶稣教徒,最后会讲一句阿门,好多同学都低着头,我不低头,这个印象有的。

采访者:您对当时的老师是否还有印象?

受访者：教过我课的解放以后基本上没见过面了，印象还有，鄂森讲话英语很流利，还有一位训导长，教民法的，他条文都背得出，能全部背出来，背一条解释一条，我当时觉得这个教授真是很了不起。还有一个讲刑法的，叫陈晓，又叫陈不晓，加一个"不"字，教师队伍师资队伍力量还是很强的。

采访者：上一节课大概多久？

受访者：大概四十分钟，课程都在下午上课，东吴大学都在下午和晚上，为什么呢，好多老师都是在职的，律师倒不多，像学校教员、国务员啊。我都是下午去的，好多晚上去的，都是业余去上的，也是很辛苦的。

采访者：您当时住校吗？学费怎么样？

受访者：我住在亲戚家，东吴宿舍也很小，没有多少床位，我当时住在舅父家里。学费倒是记不起来了，反正家里有点负担不起，加上我到上海的零用也要花很多，上海公共汽车的月季票都要银元，当时贬值太厉害，你不去换银元，马上就不值钱了，很少的钱买金圆券，其他都换成银元，袁世凯、孙中山，当时叫大头，袁大头、孙大头这样，马路上都是叮叮当当敲的，你拿多少钱就可以跟他换，他就买进卖出赚钱。后来解放以后，取缔银元投机。

采访者：您当时参加地下党，主要做些什么工作？

受访者：地下党当时一个工作就是把它组织起来，迎接解放，不要轻易暴露自己，要积蓄起来。第二个就是搞些调查研究，当时分配给我的吴泾路那的医院，怎么调查也没人跟你讲，尽量把最多的情况掌握起来，比如医院面积多大，里面医生有多少人，你没办法问的，只好自己去观察，多去几趟。还有一个当时分配给我，我和几个同学几个人一个小组，调查邮政储经会议局，邮政系统的，在海宁路吴淞路。解放以后我们几个同学去了人民保安队，保存一切档案材料，国家财产不被破坏，就做这个工作。解放以后，负责宣传共产党的政策，三大纪律八项主义的精神，后来就到肃清反革命了，到杨浦区和解放军配合一家一户搜查枪支，枪很多当时，国民党当时走的时候，留下很多。我们东吴大学法学院在昆山路，当时国民党军队驻扎在学校里面，解放以后组织上叫我第一时间赶到学校接受任务，我们去的时候学校到处乱七八糟，国民党已经逃掉了，到处都是枪支弹药，还有很多乱七八糟的东西，当时学校没有负责人了，什么人都可以进进出出，已经乱了。

索引

王人麟　57,58

王世澂　22,24－26,29,33

王世谦　24

王效文　69,307

王毓祥　99,145

王舟瑶　18

文化学院上海第二分院　53,120,147

文治大学　53,66,257,266

翁文灏　146

吴经熊　71,73,94,121,126,154,156,
　　197－200,209,210,215,219,225－
　　228,232,236,240,241,245,246,248,
　　249,260,303

吴敬恒　101

伍守恭　69

伍廷芳　39,47

X

厦门大学　99,101

新民大学　53,90,97,120,124,129－
　　134,180,181,190

新中国大学　53,307

徐崇钦　308

徐敬熙　24

徐谦　62,63,90,98,278

许冀廉　97

许世英　120,121,131,154

学艺大学　53,64,65,79,257,258,266

Y

颜惠卿　120

杨鸿烈　62,174

杨虎　306

杨天骥　39,47

杨兆龙　183,219,290,303

杨肇熉　63

杨振先　58,60

叶楚伧　69,101

叶开鑫　120,121,131

殷芝龄　121

殷志恒　66,68,260

应时　226,230,236,239,240

俞承修　69,230,308

远东大学　53,68,129,219,260,266,
　　284

Z

战时建设大学　306,307

张君劢　41,226

张美翊　30,34,35

张耀曾　121,133,173,180－184,190,
　　284

张一鹏　63,203,226,278

张元枚　58,219,220

张正学　230

张知本　63,78,259

张志让　119,156,230,232,246

震旦大学　52,53,70,73－77,81－85,
　　126－128,135－140,164,165,167,
　　169－172,182,186,189,204,230,
　　255,257,260,262,263,267,268,270,
　　272,275,278,281,295,299,300,
　　314,315
郑洪年　54－57,186,188,220
郑觉民　68,260
郑文楷　121,230
郑毓秀　63,82,92,172,176,189,320

中国公学　53,61,62,113,123－125,
　　128,166,172,180,182,186,188,
　　271,278
中西书院　13,14,71
钟洪声　119,219,230
周新民　181,182
朱兴汾　38－40,44
朱章宝　165
邹鲁　70
邹韬奋　94－96

后记

　　本书是对 1937 年前上海法学教育史的简单梳理,在笔者博士论文《近代上海高等法律教育研究(1919—1937)》的基础上,增加了一些近年的思考。笔者尚在探寻精研学术之门径,实不敢奢谈有多少贡献,唯盼能助以后研究这一主题的学者少走一些弯路,倘若对当下法学教育发展有些许裨益的话,幸甚至哉。

　　回首过往,百感交集。首先,感谢恩师李秀清教授,师从恩师六年,无论是生活还是学业,恩师都无微不至的关怀着我。师恩厚重,再造之情,没齿难忘,可惜我资质愚钝,光阴虚度,修学不精,有负恩师期许。

　　感谢何勤华教授,何老师严谨的治学,虚怀若谷的胸怀,以及对我的关心照顾,每每想起,便感激涕零。感谢龚汝富教授,龚老师待我亦师亦友,老师的治学风范让我深深折服。此外,还要特别感谢王立民教授、徐永康教授、丁凌华教授、陈颐教授在学习期间的指导和帮助。

　　在台访学期间,感谢孙慧敏老师的照顾,以及对我论文提出的诸多宝贵建议,让我受益匪浅。还要感谢东吴大学法学院林三钦教授,刘诗圣顾问,以及柯俊杰秘书长的引荐,让我获得了千载难逢的采访机会。

　　最后,感谢于明师兄、王捷师兄、晓鸣师姐、解锟师姐一直以来的提携和照顾;感谢汪强、李洋、朱颖、宫雪、赵博阳、李超、姜增、陈一、湝晰等师兄弟的帮助和指点;感谢肖崇俊、阎婷、肖志柯、杜丽君、谢志民、思杰、译之等同窗的勉励与支持;感谢上海三联书店郑秀艳老师认真的校对和编辑。最后的最后,感谢一直以来支持我的家人,你们是我前进的动力,谨以此书献给我的父母。本书成文匆匆,笔者学识浅陋,且仓促付梓,书中尚有许多疏漏之处,恳请读者不吝指正。

沈　伟

2020 年 4 月 23 日

图书在版编目(CIP)数据

摩登法律人：近代上海法学教育研究：1901—1937/沈伟
著.—上海：上海三联书店,2020.8
ISBN 978-7-5426-7047-2

Ⅰ.①摩… Ⅱ.①沈… Ⅲ.①法学教育-教育史-研究-上
海-1901-1937 Ⅳ.①D927.51

中国版本图书馆 CIP 数据核字(2020)第 089413 号

摩登法律人：近代上海法学教育研究(1901—1937)

著　者／沈　伟

责任编辑／郑秀艳
装帧设计／一本好书
监　制／姚　军
责任校对／张大伟　王凌霄

出版发行／上海三联书店
　　　　　(200030)中国上海市漕溪北路 331 号 A 座 6 楼
邮购电话／021-22895540
印　刷／上海惠敦印务科技有限公司

版　次／2020 年 8 月第 1 版
印　次／2020 年 8 月第 1 次印刷
开　本／710×1000　1/16
字　数／350 千字
印　张／23.75
书　号／ISBN 978-7-5426-7047-2/D·450
定　价／78.00 元

敬启读者,如发现本书有印装质量问题,请与印刷厂联系 021-63779028